民法 2
物権・担保物権

中山知己　草野元己　清原泰司
岸上晴志　鹿野菜穂子　鶴井俊吉

不磨書房

―――〔執筆分担〕―――

中山 知己（桐蔭横浜大学教授）　第Ⅰ部第1章，第Ⅱ部第5章
　　　　　　　　　　　　　　　§7～§12，第6章

草野 元己（関西学院大学教授）　第Ⅰ部第2章§1～§8

清原 泰司（南山大学教授）　　　第Ⅰ部第2章§9～§11，第
　　　　　　　　　　　　　　　3章，第Ⅱ部第5章§1～§6

岸上 晴志（元中京大学教授）　　第Ⅰ部第4章・第5章

鹿野 菜穂子（慶應義塾大学教授）第Ⅱ部第1章・第2章

鶴井 俊吉（駒澤大学教授）　　　第Ⅱ部第3章・第4章

―――〔執筆順〕―――

はしがき

　本書は，法学部や法科大学院未修者コース等における民法「物権・担保物権」の講義用テキストとして作成したものである。同シリーズの総則（2000年3月刊）に続いて，2003年3月頃には刊行の予定であったから，大幅に遅延したことになる。

　その理由は，2004年4月の法科大学院（ロースクール）開設および法学部改組等による公務の激化や勤務先大学の変更等という大学内外の騒動に，われわれ執筆者も巻き込まれるとともに，民法およびその隣接領域の法律の改正が頻繁に行われたからである。

　最近改正された法律は，以下のとおりである。

① 2003年（平成15年）7月25日，「担保物権及び民事執行制度の改善のための民法等の一部を改正する法律」（平成15年8月1日公布，平成15年法律第134号）が成立し，民法の抵当権を中心とする担保物権および民事執行法の一部改正が行われた（平成16年4月1日施行）。

② 2004年（平成16年）5月25日，破産法が，全面改正され（平成16年6月2日公布，平成16年法律第75号），現代語化された（平成17年1月1日施行）。

③ 2004年6月11日，不動産登記法が全面改正され（平成16年6月18日公布，平成16年法律第123号）され，現代語化された（平成17年3月7日施行）。

④ 2004年11月25日，「民法の一部を改正する法律」が成立し（平成16年12月1日公布，平成16年法律第147号），民法が現代語化されるとともに保証債務に関する規定の整備がなされた（2005年4月1日施行）。

⑤ 2004年11月25日，「債権譲渡の対抗要件に関する民法の特例等に関する法律の一部を改正する法律」（平成16年12月1日公布，平成16年法律第148号）が成立し，動産譲渡登記制度の創設と債権譲渡登記制度の見直しがなされた（施行日は，公布の日から1年以内）。

　他方，1990年代後半以降，民法に関係する重要な最高裁判例が続出したが，その多くは抵当権をめぐるものである（物上代位，短期賃貸借，法定地上権など）。

これらの最高裁判例は，バブル経済崩壊後の法的紛争に実務的な決着を付けたが，理論的問題を多々含んでおり，法的思考力（リーガルマインド）を培うための好個の素材である。

本書は，以上のような改正法や判例の動向にも十分に対応している。

(1) 執筆方針

民法は，1898年（明治31年）の施行から100年余を経た今，大きく変わろうとしている。その象徴が，2005年4月1日からの現代語化である。民法は，本来，「市民の法」として，われわれ市民に最も密接な関係を有するものであり，現代語化は，これから民法を学ぼうとする学生にとっても，以前に比べ理解が容易となろう。しかし，民法の「物権・担保物権」の分野は，条文や法律用語が抽象的・難解なものが多く，初学者にとっては，必ずしも理解が容易でないことも事実である。

そこで，民法の初学者にも理解できるように，基本的知識の習得を第1の目標とするとともに，さらに深く学ぼうとする学生にも対応でき，法学部等の教科書として十分に耐えうる内容とするという執筆方針に基づいて，本書を作成した。そのため，以下の4点の工夫を試みた。

① 初めて民法の「物権・担保物権」に接する読者に理解しやすく，興味をもって学習してもらうため，§（セクション）の冒頭（あるいは本文中）にできるだけ〔設例〕を入れ，〔設例〕に基づいて論述を進める。

② 〔設例〕に続く（ただし，〔設例〕のない§もある）本文の主要部分では，判例・通説から説き起こし，その§で習得すべき基本的事項をわかりやすく説明する。

③ より深く勉強する読者のために，必要に応じて，§に◇論点◇と◇発展・研究◇を設ける。◇論点◇では，§における「重要な論点」を少数説や執筆者の自説にも触れながら検討する。さらに問題を掘り下げて発展させる必要がある場合は，◇発展・研究◇で論述する。

④ 本文中にカコミ記事を適宜挿入し，重要語句・重要概念・関連事項を解説する。

(2) 学習の際の留意点

次の点に留意しながら，より効果的な学習を進めていただきたい。

① 多くの§で〔設例〕に基づいた説明がなされている。そこで，〔設例〕を自分で図示するなどして，その内容をよく把握したうえで，各§のテーマに取り組む。

② 必ずしも最初から◇論点◇や◇発展・研究◇を読む必要はない。◇論点◇や◇発展・研究◇を省いて通読し，「物権・担保物権」の基本を一応理解したうえで，再度，◇論点◇や◇発展・研究◇を含めて勉強するという方法もある。

③ 本文中に引用されている民法の条文を六法で必ず調べる。そうすることにより，民法の論理体系を自ずと理解できるようになるからである。

2005年3月

執筆者を代表して

清 原 泰 司

［追記］

本書のすべての校正が終了し，あとは刊行を待つだけとなった3月30日，共同執筆者である 岸上晴志 中京大学教授が逝去された。本書の刊行をともに祝うことができなかったことは，無念の極みである。岸上教授のご冥福を心よりお祈り申し上げる。

目　　次

はしがき

第Ⅰ部　物　　権

第1章　総　　説
§1　物権とはどのような権利か……3
〔設例〕
1　物権の意義……3
2　物権の性質……5
3　物権の客体……6
4　物権法定主義……8
5　物権の種類……9
◇論点◇　1　物権債権の区別とその意義……10
　　　　　2　数個の物の上に物権は成立するか……11
　　　　　3　慣習法上の物権……11
§2　物権の効力……12
1　優先的効力……12
2　物権的請求権……14
◇論点◇　費用負担（物権的請求権の内容）……18
◇発展研究◇　抵当権に基づく妨害排除請求権……19

第2章　物権の変動
§1　物権変動とは何か……21
〔設例〕
1　物権変動の意義……21
2　物権変動の原因……23

　　　　3　公示の原則と公信の原則 …………………………………24
§2　法律行為による物権変動 ……………………………………………26
　〔設例〕
　　　　1　意思主義と形式主義 ………………………………………27
　　　　2　物権行為の独自性 …………………………………………28
　　　　3　物権変動の時期 ……………………………………………30
　◇論点◇　物権変動時期確定不要説 …………………………………32
　◇発展研究◇　物権行為の無因性 ……………………………………32
§3　不動産物権変動の公示（その1）――不動産登記のしくみ …34
　〔設例〕
　　　　1　登　記　所 ……………………………………………………35
　　　　2　不動産登記簿 ………………………………………………35
　　　　3　登記の種類 …………………………………………………36
　　　　4　登記される権利変動 ………………………………………37
　　　　5　権利に関する登記の申請 …………………………………37
　　　　6　登記の有効要件 ……………………………………………40
　　　　7　登記請求権 …………………………………………………42
　◇発展研究◇　1　単独申請と職権による登記 ……………………43
　　　　　　　2　中間省略登記請求権 …………………………………44
　　　　　　　3　登記引取請求権 ………………………………………45
§4　不動産物権変動の公示（その2）――登記による対抗 …………45
　〔設例〕
　　　　1　債権的効果説 ………………………………………………46
　　　　2　相対的無効説 ………………………………………………46
　　　　3　不完全物権変動説 …………………………………………47
　　　　4　第三者主張説 ………………………………………………47
　◇論点◇　物権変動の「対抗」に関する近時の学説 ………………48
§5　登記がなければ対抗できない物権変動（その1）………………51
　〔設例〕
　　　　1　制限説と無制限説 …………………………………………52

　　　　2　法律行為 ……………………………………………………53
　　　　3　法律行為の取消し …………………………………………53
　　　　4　契約の解除 …………………………………………………56
　◇発展研究◇　96条3項の第三者と登記の要否 ……………………………57
§6　登記がなければ対抗できない物権変動（その2）……………58
　〔設例〕
　　　　1　相　　続 ……………………………………………………59
　　　　2　相 続 放 棄 …………………………………………………60
　　　　3　遺 産 分 割 …………………………………………………61
　　　　4　時 効 取 得 …………………………………………………62
　◇論点◇　「取得時効と登記」に関する近時の学説――類型説 ………65
　◇発展研究◇　1　指定相続分と登記 ……………………………………66
　　　　　　2　遺贈と登記 …………………………………………67
§7　登記がなければ対抗できない「第三者」の範囲（その1）……68
　〔設例〕
　　　　1　すべての第三者に対抗できないのか ……………………68
　　　　2　どのような者が「第三者」にあたるか …………………71
　　　　3　「第三者」にあたらない者 ………………………………72
§8　登記がなければ対抗できない「第三者」の範囲（その2）……74
　〔設例〕
　　　　1　悪意の第三者 ………………………………………………75
　　　　2　背信的悪意者 ………………………………………………75
　◇発展研究◇　1　背信的悪意者からの転得者 …………………………78
　　　　　　2　善意者から転得した背信的悪意者 …………………78
§9　動産物権変動の公示 ……………………………………………80
　〔設例〕
　　　　1　動産物権変動の公示（対抗要件）………………………80
　　　　2　動産の即時取得（善意取得）……………………………86
　〔設例〕
　◇論点◇　占有改定による即時取得は認められるか。また，指図による

　　　　　　占有移転による即時取得は認められるか …………………………94
§10　明認方法 ………………………………………………………………98
　　〔設例〕
　　1　明認方法の意義 ……………………………………………………98
　　2　明認方法の効力 ……………………………………………………99
§11　物権の消滅 ……………………………………………………………100
　　〔設例〕
　　1　物権の消滅原因 ……………………………………………………101
　　2　物権の混同 …………………………………………………………101
　　3　その他の消滅原因 …………………………………………………104

第3章　占　有　権

§1　占有権の意義 …………………………………………………………106
　　〔設例〕
§2　占有の種類 ……………………………………………………………108
　　〔設例〕
　　1　自己占有と代理占有（直接占有と間接占有） ……………………108
　　2　自主占有と他主占有 ………………………………………………110
　　3　正権原に基づく占有と正権原に基づかない占有 …………………111
　　4　善意占有と悪意占有 ………………………………………………111
　　5　過失ある占有・過失なき占有 ……………………………………111
　　6　瑕疵ある占有・瑕疵なき占有 ……………………………………112
　　7　単独占有と共同占有 ………………………………………………112
　　◇論点◇　他主占有から自主占有への変更（185条）は，どのような場合に生ずるか ……………………………………………………………113
　　◇発展研究◇　相続は185条の「新権原」に該当するか ……………………114
§3　占有権の取得 …………………………………………………………117
　　〔設例〕
　　1　原始取得 ……………………………………………………………117
　　2　承継取得 ……………………………………………………………117

　　　　　3　占有権承継の効果 …………………………………………118
◇論点◇　2個以上の占有が併合主張された場合，162条2項の善意・無
　　　　　過失の存否はどの時点で判定するか—162条2項と187条2項
　　　　　の関係 ……………………………………………………………119
§4　占有権の効力 ……………………………………………………………121
　　〔設例〕
　　　1　総　　説 …………………………………………………………121
　　　2　占 有 訴 権 …………………………………………………………122
◇論点◇　交互侵奪の場合，最初の占有侵奪者は，後の占有侵奪者に対
　　　　　し占有回収の訴えを提起できるか …………………………………125
　　　3　権利適法の推定 ……………………………………………………127
　　　4　善意占有者の果実収取権 …………………………………………127
　　　5　占有物の滅失・損傷に対する責任 ………………………………128
　　　6　占有者の費用償還請求権 …………………………………………129
　　　7　家畜外動物の取得 …………………………………………………130
§5　占有権の消滅 ……………………………………………………………130
　　　1　意　　義 …………………………………………………………130
　　　2　消 滅 原 因 …………………………………………………………130
§6　準 占 有 ……………………………………………………………………131
　　　1　意　　義 …………………………………………………………131
　　　2　要　　件 …………………………………………………………131
　　　3　効　　力 …………………………………………………………132

第4章　所　有　権
§1　所有権の意義 ……………………………………………………………133
　　〔設例〕
　　　1　総　　説 …………………………………………………………133
　　　2　所有権の性質 ……………………………………………………135
　　　3　所有権の内容 ……………………………………………………135
　　　4　所有権の制限 ……………………………………………………136

　　　　　5　土地所有権の及ぶ範囲 ……………………………………137
　　　　　6　相 隣 関 係 ………………………………………………138
　　◇発展研究◇　234条1項と建築基準法65条の関係 …………………143
　§2　所有権の取得 ……………………………………………………144
　　〔設例〕
　　　　　1　総　　　説 ………………………………………………144
　　　　　2　無主物の帰属 ……………………………………………144
　　　　　3　遺失物の拾得 ……………………………………………144
　　　　　4　埋蔵物の発見 ……………………………………………145
　　　　　5　添　　　付 ………………………………………………145
　§3　共　　　有 ………………………………………………………148
　　〔設例〕
　　　　　1　共有の意義 ………………………………………………148
　　　　　2　共有者間の内部関係 ……………………………………149
　　　　　3　対 外 関 係 ………………………………………………151
　　　　　4　共有物の分割 ……………………………………………151
　　　　　5　準　共　有 ………………………………………………152
　　◇論点◇　共有の法的構造と共有の弾力性 …………………………152
　　◇発展研究◇　裁判所による分割 ……………………………………153
　§4　建物区分所有 ……………………………………………………154
　　　　　1　建物区分所有法の意義 …………………………………154
　　　　　2　建物区分所有法の内容 …………………………………155

第5章　用 益 物 権
　§1　総　　　説 ………………………………………………………160
　§2　地　上　権 ………………………………………………………160
　　〔設例〕
　　　　　1　地上権の意義 ……………………………………………160
　　　　　2　地上権と土地賃借権 ……………………………………161
　　　　　3　地上権の取得 ……………………………………………162

　　　　　4　地上権の譲渡 ……………………………………………163
　　　　　5　地上権の効力 ……………………………………………163
　　　　　6　地上権の消滅 ……………………………………………164
　§3　永 小 作 権 ……………………………………………………165
　　　　　1　永小作権の意義 …………………………………………165
　　　　　2　永小作権の取得 …………………………………………166
　　　　　3　永小作権の効力 …………………………………………166
　　　　　4　永小作権の消滅 …………………………………………167
　§4　地 役 権 ………………………………………………………167
　　　　　1　地役権の意義 ……………………………………………167
　　　　　2　地役権の取得 ……………………………………………168
　　　　　3　地役権の効力 ……………………………………………169
　　　　　4　地役権の消滅 ……………………………………………170
　§5　入 会 権 ………………………………………………………171
　　　　　1　入会権の意義 ……………………………………………171
　　　　　2　入会権の取得 ……………………………………………171
　　　　　3　入会権の効力 ……………………………………………172
　　　　　4　入会権の消滅 ……………………………………………172

第Ⅱ部　担 保 物 権

第1章　総　　説
　§1　担保物権の意義 ………………………………………………175
　　　〔設例〕
　　　　　1　担保物権とは ……………………………………………175
　　　　　2　物的担保と人的担保 ……………………………………176
　　　　　3　担保物権法制の展開 ……………………………………178
　　　◆発展研究◆　担保的機能をもつその他の制度 ……………178
　§2　担保物権の種類 ………………………………………………179
　　　　　1　法定担保物権と約定担保物権 …………………………180
　　　　　2　典型担保と非典型担保 …………………………………181

◇発展研究◇　非典型担保の具体例 ……………………………………………182
　§3　担保物権に共通する性質 …………………………………………………183
　　〔設例〕
　　　1　附　従　性 …………………………………………………………………184
　　　2　随　伴　性 …………………………………………………………………184
　　　3　不　可　分　性 ……………………………………………………………184
　　　4　物上代位性 …………………………………………………………………185
　　◇論点◇　附従性の緩和 …………………………………………………………185
　§4　担保物権の効力 ……………………………………………………………186
　　　1　優先弁済的効力 ……………………………………………………………186
　　　2　留置的効力 …………………………………………………………………186
　　　3　収益的効力 …………………………………………………………………187
　§5　担保物権の消滅 ……………………………………………………………187

第2章　留　置　権
　§1　留置権の意義と性質 ………………………………………………………188
　　〔設例〕
　　　1　留置権とは …………………………………………………………………188
　　　2　法定担保物権 ………………………………………………………………189
　　　3　留置権の性質 ………………………………………………………………189
　　◇論点◇　留置権と同時履行の抗弁権の関係 ……………………………………190
　　◇発展研究◇　民事留置権と商事留置権 ……………………………………………191
　§2　留置権の成立要件 …………………………………………………………191
　　〔設例〕
　　　1　他人の物の占有者 …………………………………………………………192
　　　2　債権と物との牽連性 ………………………………………………………193
　　　3　債権が弁済期にあること …………………………………………………194
　　　4　占有が不法行為によって始まったものでないこと ……………………194
　　◇論点◇　1　建物の造作代金債権に基づく建物留置の可否 ……………………194
　　　　　　　2　建物の留置権者はその敷地の引渡しも拒絶できるか ……………195

◇**発展研究**◇　占有が不法に転化した後の費用支出と留置権の成否 …………196
　§3　留置権の効力 ……………………………………………………………197
　　　1　留置的効力 ……………………………………………………………197
　　　2　その他の効力 …………………………………………………………198
　　　◇**論点**◇　留置権者による目的物の継続利用は認められるか………199
　§4　留置権の消滅 ……………………………………………………………200
　　　1　一般的消滅原因 ………………………………………………………200
　　　2　留置権者の義務違反による消滅請求 ………………………………200
　　　3　代担保の供与 …………………………………………………………201
　　　4　占有の喪失 ……………………………………………………………201
　　　5　債務者の破産 …………………………………………………………201
　　　◇**論点**◇　債務者以外の所有者による留置権の消滅請求 ……………201

第3章　先取特権
　§1　先取特権の意義と性質 …………………………………………………203
　　　〔設例〕
　　　1　先取特権の意義 ………………………………………………………203
　　　◇**論点**◇　時代遅れの先取特権の見直し ………………………………204
　　　2　先取特権の性質 ………………………………………………………205
　§2　先取特権の種類 …………………………………………………………206
　　　1　一般の先取特権 ………………………………………………………206
　　　2　動産の先取特権 ………………………………………………………207
　　　3　不動産の先取特権 ……………………………………………………208
　§3　先取特権の順位 …………………………………………………………209
　　　1　先取特権相互間 ………………………………………………………209
　　　2　他の担保物権との順位 ………………………………………………210
　§4　先取特権の効力 …………………………………………………………211
　　　1　優先弁済権 ……………………………………………………………211
　　　2　物上代位 ………………………………………………………………211
　　　3　一般先取特権の効力 …………………………………………………212

xvi　目　次

　　　　4　動産の先取特権の効力 …………………………………………212
　　　　5　不動産の先取特権の効力 ………………………………………213
　　◇発展研究◇　動産売買先取特権による物上代位をめぐる問題 ………213
　§5　先取特権の消滅 ……………………………………………………214

第4章　質　　権
　§1　質権の意義と性質 …………………………………………………215
　　〔設例〕
　　　　1　質権の意義 ……………………………………………………215
　　◇論点◇　各種質権の変遷 ……………………………………………216
　　　　2　質権の作用 ……………………………………………………217
　　　　3　質権の法的性質 ………………………………………………217
　　　　4　質権の種類 ……………………………………………………218
　§2　動産質権 ……………………………………………………………219
　　　　1　動産質権の設定 ………………………………………………219
　　◇発展研究◇　質権設定契約は要物契約か ……………………………222
　　　　2　動産質権の対抗要件 …………………………………………222
　　　　3　動産質権の効力 ………………………………………………223
　　　　4　転　質　権 ……………………………………………………225
　　◇論点◇　転質の法的構成 ……………………………………………226
　　　　5　動産質権の消滅 ………………………………………………227
　§3　不動産質権 …………………………………………………………228
　　　　1　不動産質権の意義 ……………………………………………228
　　　　2　不動産質権の設定 ……………………………………………228
　　　　3　不動産質権の効力 ……………………………………………229
　　　　4　不動産質権の消滅 ……………………………………………230
　§4　権利質権 ……………………………………………………………230
　　　　1　意　　義 ………………………………………………………230
　　　　2　債権質の設定 …………………………………………………231
　　　　3　債権質の対抗要件 ……………………………………………231

4　債権質の効力………………………………………………………232
　　　5　その他の権利質……………………………………………………233
　　　6　債権質の消滅………………………………………………………234

第5章　抵　当　権

　§1　抵当権の意義……………………………………………………………235
　　　1　抵当権とは…………………………………………………………235
　　　2　抵当権の性質………………………………………………………236
　◇論点◇　抵当権は，質権と比較して，どのような特質および機能を有
　　　　　するか……………………………………………………………236
　§2　抵当権の設定………………………………………………………………239
　　〔設例〕
　　　1　抵当権設定契約……………………………………………………239
　　　2　抵当権の対抗要件…………………………………………………240
　　　3　抵当権の目的物……………………………………………………242
　　　4　抵当権の被担保債権………………………………………………243
　◇論点◇　数人の債権者が，異なる数個の債権を有する場合，これらの
　　　　　債権を1個の抵当権で担保することができるか………………245
　§3　抵当権の効力………………………………………………………………246
　　〔設例〕
　　　1　被担保債権の範囲…………………………………………………247
　　　2　抵当権の効力が及ぶ目的物の範囲………………………………248
　◇論点◇　抵当権の効力は，「従たる権利」に及ぶか……………………255
　◇発展研究◇　建物抵当権が実行される前に，土地賃借権のみが第三者に譲
　　　　　渡されていた場合でも，建物抵当権の効力は，その土地賃借
　　　　　権に及ぶか…………………………………………………………256
　§4　抵当権の物上代位…………………………………………………………258
　　〔設例〕
　　　1　物上代位とは………………………………………………………259
　　　2　物上代位効の目的物（代位目的物）……………………………260

　　　　3　物上代位権行使の要件——なぜ「差押え」が要求されるか…265
　◇論点◇　304条1項ただし書の「払渡し又は引渡し」とは何か……………269
　　　　　　1　代位目的債権の譲渡……………………………………………269
　　　　　　2　代位目的債権に対する転付命令……………………………273
　　　　　　3　代位目的債権の質入れ（質権設定）………………………275
　◇発展研究◇　物上代位と相殺の優劣……………………………………………277
§5　抵当権の実行と第三取得者の保護………………………………………282
　　　1　代価弁済…………………………………………………………282
　　　2　抵当権消滅請求…………………………………………………283
§6　抵当権制度の改正……………………………………………………………286
　　　1　抵当権の実行……………………………………………………286
　　　2　短期賃貸借保護制度の廃止……………………………………289
§7　抵当権と用益権の調整………………………………………………………291
　〔設例〕
　　　1　抵当権と用益権の関係…………………………………………291
　　　2　短期賃貸借………………………………………………………292
　◇論点◇　1　借地借家法との関係………………………………………298
　　　　　　2　期間の定めのない賃貸借…………………………………299
　　　　　　3　抵当権者の解除請求権と長期賃借権……………………299
　◇発展研究◇　併用賃借権の効力…………………………………………………300
　　　3　法定地上権………………………………………………………301
　〔設例〕
　◇論点◇　法定地上権成立要件の解釈………………………………………304
　◇発展研究◇　共同抵当における再築事例………………………………………307
§8　抵当権の侵害…………………………………………………………………308
　〔設例〕
　　　1　抵当権の侵害に対する抵当権の効力…………………………308
　　　2　抵当権の侵害とされる場合……………………………………309
　　　3　損害賠償…………………………………………………………311
　　　4　期限の利益喪失と増担保の義務………………………………311

◇論点◇　第三者の不法占有と抵当権に基づく妨害排除請求権 ·················312

§9　抵当権の処分···313
〔設例〕
　1　抵当権の処分の意義·····································314
　2　転　抵　当···314
　3　抵当権の譲渡・放棄および抵当権の順位の譲渡・放棄 ········316
　4　抵当権の順位の変更·····································317

§10　抵当権の消滅··318
〔設例〕
　1　消　滅　原　因···318
　2　抵当権の消滅時効·······································319
　3　目的物の時効取得·······································319
　4　抵当権の目的たる用益権の放棄 ··························320

§11　共　同　抵　当··320
〔設例〕
　1　共同抵当の意義···321
　2　共同抵当の設定・公示 ···································321
　3　共同抵当における配当と後順位抵当権者との関係 ·········321
　4　同時配当（392条1項）···································322
　5　異時配当（392条2項）···································323
◇論点◇　1　一部弁済と代位 ····································326
　　　　　2　代位の期待とその保護······························326

§12　根　抵　当···328
〔設例〕
　1　根抵当の意義···328
　2　根抵当権の設定と内容 ···································330
　3　根抵当権の内容の変更 ···································334
　4　確定前における債権・債務や地位の承継 ··················335
　5　確定前における根抵当権の処分 ··························338
　6　根抵当権の確定···340

7　根抵当権の共有 …………………………………………………344
　◇論点◇　共同根抵当 ………………………………………………345

第6章　非典型担保
　§1　非典型担保総説 …………………………………………………348
　　〔設例〕
　　　1　実務における展開 ……………………………………………348
　　　2　非典型担保の存在理由 ………………………………………349
　§2　仮登記担保 ………………………………………………………350
　　〔設例〕
　　　1　仮登記担保の意義と沿革 ……………………………………351
　　　2　仮登記担保権の設定（仮登記担保契約）…………………351
　　　3　公　示　方　法 ………………………………………………352
　　　4　仮登記担保の実行（私的実行）……………………………352
　　　5　競売手続による優先弁済 ……………………………………353
　　　6　仮登記担保と用益権 …………………………………………353
　　　7　仮登記担保の消滅（消滅事由）……………………………354
　§3　譲　渡　担　保 …………………………………………………354
　　〔設例〕
　　　1　譲渡担保の意義・機能・種類 ………………………………355
　　　2　譲渡担保の法的構成 …………………………………………356
　　　3　譲渡担保の設定 ………………………………………………358
　　　4　公示方法・対抗要件 …………………………………………358
　　　5　譲渡担保の効力の及ぶ範囲 …………………………………359
　　　6　譲渡担保の効力 ………………………………………………360
　　　7　譲渡担保の実行 ………………………………………………364
　　　8　集合動産・集合債権の譲渡担保 ……………………………365
　　　9　譲渡担保の消滅 ………………………………………………366

　◇論点◇　1　設定者AがBに動産譲渡担保を設定した後，第三者Eに

　　　　　譲渡担保権を設定したときに，ネームプレートなどの明認
　　　　　方法を施さないで設定した場合にはどうなるか……………………366
　　　　2　第三者の不法な侵害 ………………………………………………367
　　　　3　動産譲渡の対抗要件に関する改正 ………………………………368
　§4　所有権留保・代理受領・振込指定……………………………………369
　　〔設例〕
　　　　1　所有権留保 …………………………………………………………369
　　　　2　所有権留保の効力 …………………………………………………371
　　　　3　所有権留保の実行 …………………………………………………372
　　　　4　代理受領・振込指定 ………………………………………………372
　　◇論点◇　所有権留保の実行と権利濫用─再判昭和50・2・28民集29巻
　　　　　2号193頁 ……………………………………………………………373

事 項 索 引 ……………………………………………………………………375
判 例 索 引 ……………………………………………………………………383

文献略語

内田	内田貴『民法Ⅲ債権総論・担保物権』(東京大学出版会, 1996)
梅	梅謙次郎『訂正増補民法要義巻之2 物権法』(有斐閣, 1911)
岡松	岡松参太郎『九版註釈民法理由中巻』(有斐閣, 1899)
川井・概論	川井健『民法概論2　物権』(有斐閣, 1997)
川井・担保	川井健『担保物権法〔現代法律学全集〕』(青林書院, 1975)
川島	川島武宜『民法Ⅰ総論・物権』(有斐閣, 1960)
新コンメン担保	我妻栄＝有泉亨＝清水誠補訂『新版コンメンタール担保物権』(日本評論社, 1997)
末川	末川博『物権法』(日本評論社, 1956)
鈴木	鈴木禄弥『物権法講義〔4訂版〕』(創文社, 1994)
高木	高木多喜男『担保物権法〔第3版〕』(有斐閣, 2002)
注民(6)	谷口知平ほか編『注釈民法(6)物権法』(有斐閣, 1967)
道垣内	道垣内弘人『担保物権法〔現代民法Ⅲ〕』(有斐閣, 1990)
富井	富井政章『民法原論第2巻物権』(有斐閣, 1923)
広中	広中俊雄『物権法〔第2版増補〕〔現代法律学全集〕』(青林書院, 1987)
舟橋	舟橋諄一『物権法』(有斐閣, 1960)
星野	星野英一『民法概論Ⅱ(物権・担保物権)』(良書普及会, 1980)
柚木＝高木・総論	柚木馨＝高木多喜男『判例物権法総論〔補訂版〕』(有斐閣, 1972)
柚木＝高木・担保	柚木馨＝高木多喜男『担保物権法〔第3版〕』(有斐閣, 1982)
我妻・物権	我妻栄『物権法(民法講義Ⅱ)』(岩波書店, 1952)
我妻・担保	我妻栄『新訂担保物権(民法講義Ⅲ)』(岩波書店, 1968)
我妻・有泉	我妻栄＝有泉亨『新訂物権法(民法講義Ⅱ)』(岩波書店, 1983)

判例集等略語

大連判	大審院(連合部)判決(決定)
最大判	最高裁判所(大法廷)判決(決定)
高判	高等裁判所判決(決定)
地判	地方裁判所判決(決定)
民録	大審院民事判決録
民集	大審院民事判例集
	最高裁判所民事判例集
高民集	高等裁判所民事判例集
下民集	下等裁判所民事判例集
裁判集民	最高裁判所裁判集民事
家月	家庭裁判月報
判時	判例時報
判タ	判例タイムズ
金法	金融法務事情
新聞	法律新聞
判決全集	大審院判決全集
評論	法律評論

第Ⅰ部 物 権

第1章 総　　説

§1　物権とはどのような権利か

〔設例〕
(1)　Aは所有する本を教室の机の上に置いていたところ，Bが自分の本と勘違いして持っていってしまった。AはBに対して何が言えるか。
(2)　Aは所有する本をBに一時的な使用のために貸した。ところがBがいつまでたっても本を返さないので，AはBに対して本の返還を求める。そのとき，Aは何を根拠に返還を求めることができるか。
(3)　Aの所有する自動車のフロントガラスがBの投げた石によって壊された。AはBに何が言えるか。

1　物権の意義

　財産取引を主たる対象とする民法は，これを基本的に人（権利の主体）・物（権利の客体）・法律行為という構成要素に分けた（総則部分を参照）上で，権利義務の体系として構成している。その重要な二つの柱が物権と債権であり，日本民法典では第2編物権と第3編債権がこれにあたる。その中で本書は物権編とされる部分（175条〜398条の22）を対象としているので，物権とは何かという理解がまず必要である。人は物に対してどのような権利を有しているか，が問題となる。
　もっともわれわれは他人とのかかわりなしにはほとんど生活できないので

あって，これは財産取引に際しても例外でない。権利を有するといっても，それは結局他人に対してどのような法的意味があるのかが問題となるのである。

具体的に上記設例をもとに考えてみよう。〔設例〕(1)では，当然のことながらAはBに「本を返してほしい」と言うであろう。それはなぜか。「その本は私の物だから」と言うに違いないであろう。これを法的に表現すればその本に対する「所有権」があるということであり（206条以下），そして「本を返してほしい」という正当な要求を満たすために，返還請求することが承認されている（所有権に基づく物権的返還請求権）。そこには本という「物」に対して「私」が「所有」しているという観念があることが示唆されている（ここに前述した「人」・「物」という構成要素があることに注意）。ちなみにこれは法的な知識がなくても言えるはずであり，実際に幼い子供でも言っている。その意味で人間の所有意識という原始的な感覚に基づくものと言うこともできるであろう。

〔設例〕(2)ではどうか。本の返還を求めるという点では(1)と同じであろう。さらにその理由として「その本は私の物だから」という事情も同じであろう。しかし(1)と異なるのは，本の貸し借りの関係があることである。そのような関係があるならば，「貸した本は約束どおり返してほしい」という主張もできるであろう。これは法的には本の一時的な使用貸借契約があるとみることができ，その契約に基づいて返還請求することができると構成することもできる（そうすると所有権に基づく返還請求か，契約に基づく返還請求か，二つの請求権が認められるのか，あるいはいずれかでなければならないかという問題《請求権競合の問題》にもつながるが，ここでは深入りしない）。

〔設例〕(3)では，当然ながらAはフロントガラスの修理代金を支払え（弁償せよ）というであろう。その理由も「私の所有する自動車をおまえが壊したからだ」ということになろう。ここでも〔設例〕(1)同様，Aの自動車に対する所有権という物権が前提となる。しかしながら返還を請求するのが目的の(1)や(2)と違って，(3)では修理代金の請求が問題となる。後に検討するが，法的にはBによるAの物権侵害を不法行為とみて，不法行為に基づく損害賠償請求権がAに与えられる（709条）。

以上のように，Aに対して物権（所有権）が認められることによって，Aが法的に保護されることになり，Aの社会生活ひいては取引社会での地位が確保

されることになるわけである（物権の意義）。そのような法的保護をもたらすためには，本や自動車のような財貨が誰に帰属するかを決定し，その支配を法的に保障する体系が存在していなければならないのである。これを**財貨帰属秩序**という。

ところで，本や自動車の所有者は，目的物を利用する際に誰かの許可を得る必要はない。誰かの協力を得なければ使えないというわけでもない。つまり物権は物に対する直接的な支配を可能にするのであり，〔設例〕(1)のように直接的支配が妨害されたならば，そのような干渉を排除することが認められている。そしてその妨害が誰によってなされたかは問われない。

これに対して，〔設例〕(2)における使用貸借契約に基づくならば，使用借主Bの本の利用は使用貸主Aの関与（借主に使用させる）によって実現されているとみる。すなわち特定人に対して特定の行為（この場合目的物を使用させるという行為）を要求する関係，すなわち債権であると構成する。債権は，特定人に対して特定の行為（作為・不作為＝給付という）を請求することができる権利である。このように契約関係を中心として債権は**財貨移転秩序**を構成するとされる。

2　物権の性質

以上のように物権を理解するならば，その法的性質は以下のように説明されることになる。第1に，物権は特定の物を直接に支配する権利である（**直接支配性**）。これに対して債権は，特定人に対する請求権であって，その特定人の行為を通じて物に対する支配が実現できるにすぎない。第2に，物権が物に対する直接支配権であることから，同一物の上にいったん物権が成立したら，さらに同一内容の物権は二つ以上成立できない。これを**排他性**という（ただし抵当権に注意）。これに対して，債権の場合には，同一人（債務者）に対して同一内容の債権が複数成立することが認められている。例えば歌手Aに対して8月1日に東京で公演をさせるという債権が成立しているのに，同一日に大阪で同じ内容の公演をAにさせるという債権も成立することが可能である（現実にはどちらか一方しか実現できないので，実現されなかった側（債権者）が契約不履行に基づいて，例えば損害賠償を請求するという関係が残るにすぎない）。第3に，物に対する直接の支配が他人によって干渉される場合には，その者が誰であっ

ても物権には法的保護が与えられる(**絶対性**)。これに対して,債権は債務者との間でのみ相対的に主張しうるにすぎない権利であって,第三者によって侵害がなされても原則的にその者に対して侵害の排除を請求することはできないとされている。しかし,これには重要な例外がある。不動産賃貸借については,対抗要件を具備した賃借権者には無権原の妨害者に対する排除請求を認めるのが通説・判例(最判昭和30・4・5民集9巻4号431頁)である(詳しくは§2物権の効力を参照)。

第4に,物権は,排他性を有する強力な権利であることから,これを他人から目に見える形で公示する必要がある。公示しない場合には,取引の後になって見知らぬ者から物権(の排他性)が主張されることになって,思わぬ損害を被ることになるからである。そのため,法は登記,登録などの制度を公示方法として用意するが,民法では不動産については登記(177条),動産については引渡し(178条)を**公示方法**としている。

3　物権の客体
(1)　物権の客体である「物」

権利の主体と客体を区別する民法では,物権の客体が問題となる。物権の客体とは対象となる物を指し,物権の目的(物)ともいう。物権の客体は,特定の,独立した物でなければならない。すなわち物権は直接支配性を有することから,特定の物であることが必要である。債権が物の種類と数量だけ決まっていても成立しうる(401条)のと異なる。さらに,独立した物というのは,物の一部には物権が成立しないということを意味する(一物一権主義ともいう)。

客体となる「物」とは,民法上,有体物をいう(85条)。有体物とは,物理的空間を占める固体,液体,気体のいずれかであり,人間が五感で感知しうる物である(本シリーズ『民法1総則』96頁参照)。その代表例は,後述する不動産や動産である。もっとも例外的に財産権などの権利も物権の客体とすることがある。たとえば,抵当権は地上権や永小作権をも客体としており(369条2項),権利質は財産権を客体とし(362条),債権を客体とすることもある(債権質,363条)。

(2) 一物一権主義

物権の客体たる物は，1個の物でなければならず，また逆に，1個の物には1個の物権が成立する，という原則を一物一権主義という。複数の物に1個の物権を成立させることは原則としてできないことになる。目的物の特定性・独立性を確実にするとともに，物権の公示が容易となるからである（我妻・16頁）（◇論点◇参照「集合物」）。さらに，前述したように物の一部に物権が成立することもない。これを認める実益が少ないだけでなく，公示することも困難であるからである。

また，いったんある物権が成立した物の上には，さらに同じ内容の物権が成立することはない，という説明がこの原則の内容としてなされることがある（これは物権の性質からみれば排他性にあたる）。この関係で注意すべきは，複数人が1個の物を共有する場合と複数の債権者が同一物の上に有する抵当権である。これについて，たとえば共有は内容の量的に制限された所有権であるとの説明（我妻・11頁）や，抵当権には優先順位がつけられて（第一順位，第二順位など），その対立を解消するなどと説明されている（詳細はおのおのの章で検討されたい）。

(3) 不 動 産

民法は，不動産を「土地及びその定着物」と規定する（86条）ので，まず土地とその定着物が物権の客体となる。定着物には種々のものがあるが建物がその代表格であり，土地とは別個独立の不動産とされている（370条本文の規定はそれを前提としている）。

(a) 土地　土地は物権の客体となるが，もともと地続きであるために，これを区画しなければ個人の私有する客体になりえないものである。そこで，土地を人為的に区画して登記簿上一筆の土地としたものが，物権の客体である1個の「土地」となる。一筆の土地を分ける（分筆）こともできれば，二筆以上の土地をまとめる（合筆）ことも認められる。その手続は，不動産登記法が定める（不登39条以下）。

(b) 建物　わが民法上，建物は土地とは別個独立の物である。西洋諸国にはない考え方であるが，これはかつて日本では土地よりも建物のほうが価値が高かったことなどによる。したがって，土地の上に建物が存立し，土地所有者

が建物の所有者であるとしても，土地と建物とは別個の物権の客体となる。

建物といえるためには，どのような外形を備えていなければならないであろうか。判例は，単に棟上げしただけでは足りず，屋根を葺き，外壁を塗った段階であるとして，まだ床および天井を張っていなくても建物として認める（大判昭和10・10・1民集14巻1671頁）。

(c) 立木・未分離果実　土地の上には，建物以外に樹木があり，一般に立木(りゅうぼく)と呼ぶ。立木は原則として土地の一部とされ，土地所有権の客体でもある。しかし立木登記簿に保存登記された場合には，立木はその地盤である土地とは別個独立の不動産とみなされるため，立木の所有者は立木を譲渡したり，抵当権の目的としたりすることができる（立木法1条・2条）。このほか，立木やみかん，稲立毛（いなたちげ）などの未分離果実は，伐採や収穫の前でも土地から独立して取引される対象となる。もっともそのためには明認方法（後述する公示方法の説明を参照）が必要である。

4　物権法定主義

(1) 趣　　旨

民法175条は，「物権は，この法律その他の法律に定めるもののほか，創設することができない」と定める。すなわち物権取引の当事者は自由に「物権」を創設することはできない。このことを物権編の冒頭で明らかにしている。もともと民法典制定前には各種の物権的権利が錯綜しており，今後発展すべき物権取引に際して支障が生ずることが予想された。物権の効力としても前述したとおり，物に対する排他的な支配を内容とすることから，事前にその内容や種類が限定され，また公示されることが必要である。そこで物権の種類を限定し，その内容を定型化することによって，公示制度にも適合するようにしたのである。かくして民法制定前に慣習法によって認められていた物権が，入会権を例外としてすべて整理された（民法施行法35条）。

(2) 意　　義

物権法定主義の解釈上の意義は二つある。物権の種類を限定し，その内容を民法その他の法律によって定めること，すなわち定型化することから，第1に当事者の合意によって新しい物権を創設することが認められないことになり，

第2にすでにある物権の種類や内容を変更することが許されないことになる。民法に限ってみれば，所有権以下各種の用益物権と担保物権が全部で10種類物権として規定された（その分類については次項参照）が，これらと異なる物権を創設することも変更することも許されないことになる。その結果，物権の取引に関与する者は，あらかじめ物権の内容と種類が限定・画一化され，また登記簿に公示されていることから権利者や権利内容を閲覧することができるので，安心して取引を行うことができるのである（取引の安全確保）。

(3) 問　題　点

もっとも現行法で限定された物権で十分かどうかは別の問題であって，取引が高度に発展した現代から考えればその種類も十分でないであろう。また農業水利権など民法制定前から慣習上成立していた物権などへの配慮がなされていないといえる。たとえ立法によって追加されるとしても，経済取引の急速な発展に即応できるとは限らない。このような点から批判が加えられている（次の◇論点◇3　慣習法上の物権を参照）。

5　物権の種類

(1) 民法で規定する物権

民法で規定された物権は，所有権（206条）のほか，地上権（265条），永小作権（270条），地役権（280条），入会権（294条）という用益物権，留置権（295条），先取特権（303条），質権（342条），抵当権（369条）という担保物権，そして占有権（180条）である。

(2) 分　　類

物権の分類はいくつかの観点からなされる。所有権は目的物を全面的ないし包括的に支配することのできる権利であるが，所有権以外の物権は限定された権能しか与えられていない。しかもその権能も所有権の権能の一部であると理解することができ，例えば地上権が目的物上に設定されたときには，その権能の限度で所有権が制限されているとみることができる。したがって占有権を除いて，所有権以外の物権は制限物権と呼ばれる。

物権の追求効に基づいて，例えば地上権の設定された目的物が譲渡されても，地上権者はなんら契約関係の存在しない新所有者に対しても地上権を主張する

ことができる（ただし対抗要件が必要）。

(3) 民法以外の法律で認められた物権

　民法以外に商法で認められた物権には、商事留置権（商51条・521条・557条・562条・753条）、商事質権（商515条）、船舶債権者の先取特権（民842条）、船舶抵当権（商848条）がある。このほか特別法には数多くの物権が存在する。漁業権（漁業6条・23条）、入漁権（漁業7条・43条）、鉱業権（鉱業5条・12条）、採石権（採石4条）のほか、抵当法に関連する分野は数多い。工場財団抵当権（工場抵当法8条）、鉄道財団抵当権（鉄道抵当法2条）などのほか、原則として不動産を対象とする民法の抵当権に対して動産を目的とする自動車抵当権（自動車抵当法3条）、農業用動産抵当権（農業動産信用法12条）、航空機抵当権（航空機抵当法3条）などがある。

◇ 論　点 ◇

1　物権債権の区別とその意義

　物権の意義について債権と比較しながら排他性や絶対性などの性質をこれまで説明してきた。その基本的な特徴は押えておかなければならないが、しかしあまり固定的に理解するのも問題であろう。というのは、それらの性質自体が民法典で必ずしも維持されているとは限らないからである。例えば、物権の排他性も登記がなければ第三者に対抗することができない（177条、後述する）ので、未登記の物権の場合排他性があるか疑わしい。教科書によっては、物権債権の定義をテキストの最後に置くものすらある（例えば、鈴木・354頁）。

　また債権といっても例外的取扱いがある。例えば賃借権は、民法では債権として構成され、債権編に規定されているが、一方登記することが認められ（不登3条）、登記された賃借権は対抗力を有する（605条）。賃借権は物権にきわめて近い存在であることが理解できよう。このように物権だからといってかならず排他性があるわけでなく、また債権といっても物権的効果ないし性質を有することもあるのであって、そう単純に割り切れるものではないことが分る。民法その他の法律がおのおのについてどのような規定をし、またどのような効果を与えているかを理解することが必要であろう。

2　数個の物の上に物権は成立するか

　一つの物の上には一つの権利のみ認められる一物一権主義の原則からすれば，数個の物の上には一つの物権は成立しないというべきである。しかしながらこれにも例外が数多くある。例えば工場抵当法は，工場を構成する土地，建物，工場施設のほか，工業所有権，鉱業権などの権利をひとまとめにして抵当権の目的とすることができる（工場抵当法2条など）。このほかにもいわゆる財団抵当法（鉱業抵当法・鉄道抵当法など）と称されるものには同種の規定がある。一物一権主義の要請からすると異例であるが，工場や企業の財産が総体として把握されることにより，個々の物を担保とするよりもより多くの担保価値を得られるので，便宜なのである。

　さらに，譲渡担保に供される物の中には，店舗内の備品や家具などを一括する場合もあれば，倉庫にある在庫商品を一括して譲渡担保の目的とされる場合がある。前者と異なり，在庫商品は搬入や搬出が繰り返されることにより，その内容・数量も変動する（集合物）。したがって特定性との関係で譲渡担保の効力の及ぶ範囲が問題とされた。構成部分の変動する集合動産についても，その種類，所在場所および量的範囲を指定するなど，何らかの方法で目的物の範囲が特定される場合には，1個の集合物として譲渡担保の目的となる，とされる（最判昭和54・2・15民集33巻1号51頁）。

3　慣習法上の物権

　物権法定主義は，物権の種類・内容が民法その他の法律によって限定されることを意味するから，基本的に法律以外の，例えば慣行や慣習によってそれが形成されることを承認することはできないはずである。かつて判例は，「上土権（うわつちけん）」という，当時の大阪市内で通用していた地表に対する所有権を認めなかった（大判大正6・2・10民録23輯138頁）が，それもこのような意味で首肯できよう。しかしながら，他方で判例は，法律に物権としての定めがないにもかかわらず，地盤から独立して取引される水利権や温泉権の物権的性質を肯定している（温泉権の一種とされる湯口権について大判昭和15・9・18民集19巻1611頁，水利権について妨害排除請求権を認めた大判明治38・10・11民録11輯1326頁，大判明治42・1・21民録15輯6頁など）。

175条との関係では,「この法律その他の法律」には慣習法が含まれるかが問題となる。とくに,法例2条と民法施行法35条との関係で解釈論としてどのように構成するかが焦点となる。175条は,各人が任意に法定の制限物権を創設することを禁止する趣旨であるとする一方,民法施行法35条は,民法施行前から存続している物権について,民法施行後の効力について規定しているのであって,施行後に設定された物権は同条には関係ないと解釈することにより,慣習上の権利は法例2条により物権と認められるとする(鈴木・344頁)など,学説は結論的には判例に賛成している(このほか我妻・26頁,星野・11頁など)。

さらに,民法の認めた物的担保権以外に,譲渡担保権,代物弁済予約などのいわゆる非典型担保が判例によって承認されてきている。また債権者債務者間で増減変動する債権関係を継続的に担保する抵当権は,民法に規定がなかったが,根抵当権として広く実務界で利用され,判例も古くから承認してきたが,昭和46年に民法改正によって法定された(398条の2以下)。

§ 2　物権の効力

物権は,目的物を直接かつ排他的に支配しうる権利であることから,法的にも認められる効力がある。一つには,他の権利に対して直接かつ排他的支配を主張しうるということであり,これは物権の効力としてみれば他の権利に優先する効力(優先的効力)が認められることになる。もう一つは,物権の支配内容が侵害された場合には,その干渉を排除する効力であり,これは物権的請求権(ないし物上請求権)として認められる。

1　優先的効力
(1)　物権相互間

物権の直接かつ排他的支配という性質から,ある物の上にいったん物権が成立していながら,内容を同じくする物権が成立・並存することはない。甲が所有する土地上に(ある土地の上に甲の所有権が成立していると),甲以外の別人が

所有権を有することはなく，ある土地上に丙が地上権を有している場合，丙以外の別人が地上権を有することもない。これに対して，抵当権では事情が異なる。抵当権は目的物を換価して被担保債権の優先弁済を得られる担保物権である（369条）ことから，優先弁済を得てもなお余剰がある場合には，別の抵当権の成立が考えられる。そこでは抵当権の衝突が見られるわけではない。民法も抵当権は成立の前後によって順位をつけ，先に成立した抵当権が優先することにする（373条）。また，抵当権の設定前に同一物上に地上権が設定されていた場合には，抵当権の実行によっても地上権は消滅しないが，逆に抵当権の設定後に地上権が設定されたならば，抵当権の実行により地上権は消滅する。

もっとも以上の説明で注意すべきは，物権の公示との関係である。たとえ抵当権や地上権が成立してもそれだけでは十分ではなく，登記を具備しなければ第三者に対して排他性を主張できないからである。Aが所有する土地をBに売った後，登記が移転されない間に，AがさらにCに売却して登記を移転したとしよう（これを二重売買という）。このとき，177条に基づいてBは登記なくしてCに対抗できない（詳細は第2章§2不動産物権変動の公示を参照）。したがって，たとえ売買契約に基づきBは所有権をAから取得していても，Cに対して優先的効力を持たないことになる。このように日本民法の下では物権といえども，優先的効力を主張するためには登記などの公示が必要となることに留意しなければならない。

(2) **債権と衝突する場合**

ある物が債権の目的となっている場合に，物権が成立したときには，時間の前後にかかわらず物権が優先する。物権が目的物に対する直接の支配を内容とすることから，債務者の行為を介して間接的に目的物への支配を実現する債権に優先するのである。例えば，物権の目的物が他の債権者によって強制執行の対象とされ，あるいは破産によって破産財団に組成されることになっても，その目的物の所有権を有する者は，第三者異議の訴えを起こすことができ（民執38条），または取戻権（破産62条）を行使することができる。同様に，物権の目的物について担保物権を有する者にも，配当要求（民執87条）や別除権（破産65条以下）によって優先弁済を受けることができるのである。

他方，例外も存在する。不動産物権の変動を生じさせることを請求する債権

（所有権移転請求権など）は仮登記をなすことによって，後に成立した物権に対して優先する効力が認められる（不登105条2号・106条）。不動産賃借権は，対抗要件を具備することによって物権に優先する。この対抗要件には登記（605条）のほか，借地の場合には借地上の建物登記（借地借家10条1項），引渡し（借地借家31条1項，農地18条）などが含まれる。

2　物権的請求権

(1)　意　義

§1の1の〔設例〕(1)・(2)で，AがBに対して本の返還を求める場合に，物権的請求権が問題になることはすでに説明していた。本の所有者であるAは，所有権に基づき法令の制限内で自由に使用，収益，および処分をすることが保障されている（206条）が，他人による不当な干渉によって所有権の行使が妨害されている場合には，妨害状態を除去し，あるいは排除することを所有者に認めなければ，所有権の保護に欠けることになろう。そこで物権の円満な支配状態が妨害され，あるいは妨害されるおそれがある場合に，相手方に対して妨害の除去，または予防措置を求める請求権，すなわち物権的請求権が認められる。妨害状態の態様に応じて，**物権的返還請求権**，**妨害排除請求権**，**妨害予防請求権**の3種類がある。

(2)　沿革および法典の規定形式

旧民法では，所有権について物権的請求権を規定し（旧民法財産編36条），これを他物権について準用するという方式を採っていたが，現行民法では占有権について占有訴権規定（198条〜200条）を置いて，占有保持の訴え，占有保全の訴え，および占有回収の訴えを規定しているにすぎない。これは，民法典起草者が物権について物権的請求権が付与されるべきことは自明のこととして，これをいちいち掲げないとしたことによる。それゆえ民法は所有権や地上権など「本権」については，物権的請求権を正面から規定していない。ただ，物権的請求権を付与するまでもないとされた権利について，それを否定する明文規定を置いている（例えば，353条《動産質権》，333条《先取特権》など）。もっとも，物権的請求権が占有権以外の物権についても認められるべきことについては学説・判例ともに異論がない。

(3) 法 的 性 質

物権的請求権の法的性質をどのように理解するかについては，解釈上種々の学説が分かれる。物権は物に対する直接の支配権であるが，物権的請求権は人に対する請求権であるため，物権そのものではない。そこで物権の効力・作用であって独立の権利ではないとする説（大判大正5・6・23民録22巻1161頁，三潴信三・物権法提要上（昭和2）16頁など），純粋の債権もしくは債権に準ずるとする説（石田文・物権法（昭和22）28頁，末弘・物権法上54頁など），独立の請求権であるが純粋の債権でなく，物権に附従する特殊の請求権であるとする説（末川・35頁，舟橋・40頁，我妻＝有泉・23頁など）がある。しかし，それぞれの学説から必然的に異なる結果がもたらされるというものでもなく，法的性質を決定することに解釈論上の実益はほとんどないといえる。むしろ具体的な問題処理が重要であろう。例えば，物権的請求権は物権から独立して譲渡可能であるかについては，物権から常に派生するものであることから，否定するのが通説である。また物権的請求権が物権から独立して消滅時効にかかるかなども問題となるが，通説・判例（前掲大判大正5・6・23）は消滅時効にかからないとしてこれを否定する。

(4) 種　類

物権的請求権は，その相手方に何を請求しうるかという態様に応じて，物権的返還請求権，（物権的）妨害排除請求権，（物権的）妨害予防請求権の3種類があり，それらはおのおの，占有訴権における占有回収の訴え，占有保持の訴え，占有保全の訴えに対応している。

(a)　物権的返還請求権　　物権者が物に対する占有を完全に喪失している一方で，占有者が無権原者である場合，占有者に対してその物の返還を求める請求権を物権的返還請求権という。所有権に基づく，目的物の返還請求権がその典型である（所有物返還請求権 rei vindicatio）。以下，特に断らないかぎり，この所有物返還請求権を念頭において説明する。

物権的返還請求権が成立するためには，以下の要件が必要である。第1に，請求権を行使する主体は，占有すべき権利がありながら，占有を失った者である。占有を失った所有者からの譲受人（第三者が不法占拠している土地の買主など）も含まれる。占有すべき権利が必要であるから，占有を権利内容としない

担保物権，例えば抵当権や先取特権には，原則としてこれが認められない（ただし，後述する山林の伐採事例や，抵当権に基づく妨害排除請求権は近時新たな展開があることに注意——後述する◇発展・研究◇および抵当権の章を参照）。第2に，請求権の相手方は，所有者のなす所有物の占有を，無権原で現に妨げている者である。占有を奪った者（占有侵奪者）が，占有代理人によって物を占有している場合（例えば，目的物について賃貸借や寄託がなされているとき）には，占有代理人（賃借人，受寄者）に対して直接に自己への返還を請求することができる。

次に，返還請求権の内容は，目的物の占有の移転を請求することである。目的物が動産であれば引渡請求といい，不動産であれば明渡請求という。

(b) 物権的妨害排除請求権　物権の権利内容の実現が目的物の占有喪失以外の方法で妨害されている場合に，物権者はその妨害を排除する請求権を取得する。これを物権的妨害排除請求権という。例えばA所有地上に隣地の建築業者が建築資材を無断で置いた場合，Aはその撤去を請求できる。請求の相手方は，現に妨害を生じさせている者で，その妨害に故意・過失があることを必要としない。台風により樹木が隣地に倒れた場合のように妨害が自然力で生じた場合にも，その樹木の所有者を相手にして妨害排除請求権を行使できる。他人の土地の溝を無断で埋めた場合，その溝の原形が判明する限り，妨害排除として溝の復旧工事を請求することができる（大判大正4・12・2民録21輯1965頁）。

請求の内容は，侵害行為の停止，妨害状態の除去のために必要な積極的行為や原状回復など妨害の態様に応じてさまざまである。

なお返還請求権の場合との違いは，占有喪失以外の方法による妨害であるから，妨害によって物権者は目的物の占有を喪失しなくても妨害排除請求権が認められるということにある。したがって占有権原がない抵当権についても認められ，設定者（山林所有者）が通常の用法以上に抵当山林を伐採してその担保価値を減少させる事実上の行為について，これを抵当権侵害であると評価してその禁止請求が認められている（大判昭和6・10・21民集10巻913頁）。

さらに，妨害排除請求権の行使が権利濫用になる場合には否定されることがあり，その事例は比較的多い。もっとも有名な事件は，いわゆる**宇奈月温泉事件**（大判昭和10・10・5民集14巻1965頁）である。

> **宇奈月温泉事件とは**　　険しい黒部峡谷の，実際には利用価値の少ない斜面の一部（約2坪弱）の上を，源泉地（黒薙温泉）から7キロほど下流にある宇奈月温泉まで木製の引湯管が通過していたところ，それを知ったXが土地所有者からその土地全体を安価に買い取り，宇奈月温泉の経営者を相手として引湯管の除去を迫る一方，引湯管の通過している部分とその隣接地約3,000坪を不当な高額で（全部で30余円のところ，2万余円で）買い取ることを求めた。判決では，所有権侵害による損害の程度がいうに足らないものであり，他方その侵害除去のために莫大な費用がかかる（工事費約1万2,000円，工事期間約270日とされる）場合に，しかも第三者がこのような事情があることを奇貨として不当な利益を図り，ことさら侵害対象の土地を安価に買収して侵害状態の除去を迫り，他方不相当に巨額の代金で買取要求しその他の一切の協調に応じないという主張をするのは，全体においてもっぱら不当な利益の獲得を目的とするもので，所有権の目的に違背しその機能として許さるべき範囲を逸脱するものとして権利の濫用に他ならない，とした。このように判じて，Xの妨害排除の請求を否定したものであり，権利濫用論の代表例として有名である。

(c)　**物権的妨害予防請求権**　　前述した物権的返還請求権，物権的妨害排除請求権では，侵害が現実に生じた場合にその除去を目的としたものであった。しかしながら侵害がまだ発生していないが，発生する可能性が高い場合がある。このようなときにそれを予防する請求が認められなければどうなるであろうか。現実に侵害状態が発生してからでなければ妨害排除できないとすると，生じた侵害状態の除去に要する時間や費用は，予防請求できた場合に比べて多大なものとなろう。それは相手方にとっても，結局不利益になると考えられる。そこで将来，物権に対する妨害が発生するおそれがある場合には，妨害予防請求権が認められるべきことになる。例えば，土地から土砂を採取したため隣接地との間に段差ができ，高台となった土地が崩壊する危険が生じた場合（大判昭和7・11・9民集11巻2277頁），隣接地を掘り下げたために境界線付近の土地および地上建物が崩壊するおそれのある場合（大判昭和12・11・19民集16巻1881頁）などに認められる。

　請求の相手方，請求の内容などは妨害排除請求の場合と同様に考えてよい。

◇ 論　　点 ◇

費用負担（物権的請求権の内容）

　B所有の建物が隣地の家屋に向けて倒れそうになっているとき，危険が迫っている隣人Aは家屋の所有権に基づいて物権的請求権（妨害予防請求）を行使してよいと考えられる。しかしそのために費用が発生する（建物の補修その他倒壊予防工事）場合，誰が負担すべきであろうか。常識的には倒壊しそうな家屋の所有者が負担すべきであろう。しかし多様な事例を考えればそう簡単ではない。B所有土地にある土砂が隣のA所有土地に大量に流出したが，その原因が地震や台風による場合，土砂の運搬費用がかかるとき，いずれが負担すべきか。Bから見れば土砂の返還請求であり，しかもB自身になんら責任のない原因なので負担を負うべきであるとは考えないかもしれない。他方Aから見れば自分が費用負担すべき理由はないともいえる。Bの土砂がAの土地を妨害しているとも考えられるからである（土砂が例えば自動車であるとして，盗人が他人の土地に放置した場合も同様に考えられる）。これは，物権的請求権を行使する際に生ずる費用を誰が負担すべきかという問題（費用負担）である。

　これについて古くから主張されてきた説が二つある。妨害の排除あるいは危険の除去を相手方に負担させる，逆にいえば相手方に一定の行為（作為・不作為）を請求する権利であると解する立場（行為請求権説ないし行為義務説）と，物権者が自ら妨害の排除ないし危険の除去をなし，相手方はこれを認容する義務を負うに過ぎないと解する立場（認容請求権説ないし認容義務説）がある。行為請求権説に立てば費用は当然に相手方が負担することになるが，妨害排除や危険の除去を相手方自らなすわけでない認容請求権説では当然にはそうならず，むしろ物権者が負うことになりそうである。このように費用負担の問題は，物権的請求権をどのような性質の権利であると理解するかという問題と関わる。

　判例は，物権的請求権を行為請求権であると解して，費用を相手方に負担させる立場であると理解している（大判昭和5・10・31民集9巻1009頁〔所有権に基づく妨害排除請求の事案〕，大判昭和7・11・9民集11巻2277頁および大判昭和12・11・19民集16巻1881頁〔妨害予防請求の事案〕）。もっとも侵害状態が，自然力や不可抗力によって生じた場合については明確に判断していないようである。

§2 物権の効力　19

このような場合に，もし行為請求権説により相手方に費用負担の義務があるとすれば，相手方に不当な負担をかけるものだとの見方もありうる。

そこで学説ではこのような場合に，前述の認容請求権説で説明する立場（生じた費用については，不法行為・不当利得などの債権発生原因がある場合にのみ請求しうるとする）もあるが，原則的に相手方の費用で物権的請求権を行使できるとしつつ，所有者が自分で目的物を取り戻すことを認容しただけで目的を達成する場合（庭に飛び込んだ物，盗難された自動車の置き去りの場合など）には，相手方はそれ以上の義務を負わないと解する立場（我妻＝有泉・265頁）もある。これに対して，相手方がその行為で占有を取得した場合にだけ，あるいはその取得に故意・過失がある場合にだけ相手方の費用で返還すべき旨の請求をなしうるとする説（責任説という）もあり，議論は収束してはいないように思われる。

◇　発展・研究　◇

抵当権に基づく妨害排除請求権

Bに対して貸付をしたAはいわゆる貸金債権を有するが，この貸金債権を担保するためにBがAのために所有する土地建物に抵当権を設定するということは多い。抵当権は債務者からの弁済がなされない場合には，抵当目的物である不動産を換価して（競売手続による）その売却金から他の債権者に優先して弁済を受けることができる（369条）。そこで抵当権を実行しようとしたところ，債務者とは別人の第三者Cが建物を占有しており，会ってみると「出て行けというなら立退き料1,000万円を払え。払わなければいつまでも居座る。」と強硬な態度であり，見るからに暴力団風であった。このような状態では競売にかけても売れる見込みがない。どうすればよいであろうか。

もし，Cが建物をパワーショベルで破壊する行動に出ている場合は，問題がない。抵当権も物権であるから，物権的請求権が認められる。目的物を物理的に毀損する行為に対しては妨害排除請求が可能であり，損傷するおそれがあるときには妨害予防請求ができることは疑いない。問題は，そのような物理的毀損行為がない上述の場合（Cはたんに占有しているだけである）である。このような場合に物権である抵当権の侵害があると評価することができるであろうか。

抵当権は占有を債権者に移さない担保物権である点で質権と異なる（非占有

担保という)。この性質からみて，Cを立ち退かせて建物を明け渡させ，さらには抵当権者みずからが占有するということは認められるであろうか。学説・裁判例ともに分かれ，激しい議論があったが，近時，最高裁はこれを認めた(最大判平成11・11・24民集53巻8号1899頁)。詳しくは抵当権侵害の項目参照。

第2章　物権の変動

§1　物権変動とは何か

〔設例〕
　(1)　BはAからA所有の土地を2,000万円で買い，同土地の上に自宅を建てた。その際，BはD銀行から3,000万円を借り，担保として，購入した土地と新築家屋に抵当権を設定した。ところが，その3年後，同家屋が全焼し，さらに1年後，Bが死亡してしまった。残された土地は，他の遺産とともに，Bの一人息子Cが相続することになった。
　(2)　HはGからカメラを借りて使用していたところ，それをHの物と思ったIがHから買い取り，引渡しを受けた。Iはこのカメラの所有権を取得できるか。

1　物権変動の意義

　物権の変動とは，物権の発生・変更・消滅のことであり，これを物権の主体から見れば，物権の「得喪（取得・喪失）および変更」（177条参照）ということになる。

(1)　**物権の取得**

　物権変動のうち物権の取得は，原始取得と承継取得とに分けられる。
　(a)　原始取得　　このうち**原始取得**とは，他人の権利を前提とせず新たに物権を取得することである。上の〔設例〕(1)では，家屋の新築による建物所有権の取得がこれにあたるが，このほか，例えば野生動物を捕獲した場合の無主物

先占（239条1項），路上で財布を拾ったような場合の遺失物拾得（240条），埋蔵物発見（241条）などが原始取得にあたる。また，時効取得（162条・163条）や即時取得（192条）も，前主の権利に基づかない取得であるため，一般に原始取得とされる。

(b) 承継取得　以上の原始取得に対して，すでに存在する他人の権利を引き継いで物権を取得することを**承継取得**といい，これはさらに，移転的承継と設定的承継とに分けられる。

(ア) 移転的承継　**移転的承継**とは，〔設例〕(1)における売買や相続のように，他人の権利をそのまま引き継ぐものであり，売買などのように，前主が有する諸々の権利のうちの特定の権利を承継する場合を**特定承継**といい，相続や会社の合併などによって，前主が有する権利・義務全部を包括的に引き継ぐ場合を**包括承継**という。

(イ) 設定的承継　〔設例〕(1)では，所有者Bの抵当権設定によって，Bの土地・建物上にD銀行が抵当権（369条）を取得したことになるが，このように，前主が有する権利の権能の一部を引き継ぐことによって，新たに抵当権や地上権（265条）などの制限物権を取得する場合を**設定的承継**という。

(ウ) なお，承継取得は前主の権利を基礎とするものであるから，例えば〔設例〕(1)で，A所有の土地に地役権のような制限物権がつけられていて，それが対抗力を有している場合，承継人Bはその負担も引き継ぐことになる。

(2) 物権の喪失

物権の喪失には，絶対的喪失と相対的喪失とがある。このうち絶対的喪失とは，物権自体の消滅による喪失であり，〔設例〕(1)の所有権の目的物である家屋の滅失や，被担保債務の弁済による抵当権の消滅，地上権の放棄（268条）などがこれにあたる。

これに対し，相対的喪失とは，〔設例〕(1)の売主Aが売買契約によって所有権を失うような場合をいう。すなわち，物権自体が消滅してしまうわけではなく，従来の権利者はその権利を失うが，その一方で，他の者が同じ物権を取得する場合である。

(3) 物権の変更

物権の変更とは，物権の同一性を害さない範囲で，物権の客体または内容を

変更する場合をいう。例えば〔設例〕(1)で，D銀行が有する抵当権の被担保債権額を3,500万円に増額したり，Bが家屋を増改築する場合がこれにあたる。

物権の発生・変更・消滅
　前述のように，物権変動は，物権自体から眺めた場合，物権の発生・変更・消滅とに分けられる。
　(1) 物権の発生
　(a) 絶対的発生　　物権の発生のうち，従来存在しなかった物権が新たに発生する場合を物権の絶対的発生という。物権の主体から見れば，原始取得がこれにあたる。
　(b) 相対的発生　　物権の相対的発生とは，既存の物権がある主体に承継された結果，その主体に関する限りでは物権の発生と捉えられる場合をいう。承継取得がこれにあたる。なお，時効取得や即時取得は前主の下に存した負担や瑕疵を承継しないため，一般に原始取得とされるが，所有権等の権利自体はそれ以前から存在していたのであるから，物権の相対的発生に分類されよう。
　(2) 物権の消滅
　物権の消滅とは，物権の喪失を物権自体から見た場合の用語であり，絶対的消滅と相対的消滅とがある。
　(3) 物権の変更
　前述のように，物権の客体や内容の変更がこれにあたるが，売買・相続などによる権利主体の変更（権利の移転）も，物権自体から見た場合は物権の変更に含まれる。

2　物権変動の原因

以上のような物権変動の効果は，種々の原因（法律要件）によって生じる。
(1) 法　律　行　為
物権変動を生じさせる原因として重要なのは，法律行為，とりわけ売買・贈与・抵当権設定などの契約である。また，物権変動は，遺言（960条以下）や所有権の放棄などの単独行為によっても生じる。
(2) 法律行為以外の法律要件
法律行為以外で物権の変動を生じさせるものとして，まず民法典が規定する

ものをあげると，取得時効，消滅時効（167条2項），混同（179条），無主物先占，遺失物拾得，埋蔵物発見，添付（242条以下），相続（882条以下）などがある。また，それ以外の原因としては，公用収用（土地収用法1条以下等），没収（刑19条），目的物の滅失などがある。

3　公示の原則と公信の原則

(1) 公示の必要性

　物権は排他性を有する権利であるから，この性質からすると，§1冒頭の〔設例〕(1)で，買った土地の所有権をBが取得すれば，もはやその土地の上に別の者が所有権を得ることはできないはずである。すなわち，ある物についてすでに物権が成立している場合，それと相矛盾する物権は存在しえないのである。そうすると，第三者Eがその土地の所有者をAと思い（Bが土地を買ったままで放置していたような場合を想像せよ），A（あるいはAの相続人）からその土地を買ったとしても，Eは所有権を取得できないことになる。また，BからFが土地・建物を買っても，ひとたびD銀行が抵当権を実行すれば，Fはいったん得た所有権を失うことになろう。

　しかし，このように物権の排他性が原因で第三者の取引の安全が侵されるとするならば，取引社会の秩序は大いに混乱することになる。したがって，それを防ぐためには，ある物についてどのような物権変動が行われたかが外部から見て明らかになる方法，すなわち，**公示方法**（公示手段）を講じることが重要となる。そして，この公示方法として認められるのが，不動産物権の変動については**登記**（177条参照），動産物権の変動については**引渡し**（占有の移転）（178条参照）である。また，立木や未分離の果実については，**明認方法**という慣行上の公示手段が判例（大判大正10・4・14民録27輯732頁等）・学説によって認められている。

(2) 公示の原則

　以上のような理由から物権変動は公示を必要とするが，この公示を行わせるために考えられるのが，公示を伴わない物権変動に完全な効力を認めないという原則であり，これを**公示の原則**という。そして，この原則を具体化するものとしてまず第1にあげられるのが，登記・引渡しといった公示手段を具備しな

い限り物権変動の成立を認めないという考え方であり，これを**成立要件主義**という。これに対し，第2にあげられるのは，公示手段が具備されていない場合，当事者間では物権変動の効力を認めるが，第三者に対してはそのことを対抗できないという考え方であり，これを**対抗要件主義**という。このうち，ドイツ民法は第1の成立要件主義をとるのに対し，わが民法は，フランス民法とともに，第2の対抗要件主義をとる（177条・178条）。したがって，この対抗要件主義の下では，前頁の例で，A・B間の所有権移転が登記されていなければBはEに所有権の取得を主張できず，また，抵当権の設定が登記されていなければ，D銀行はFに対して抵当権を対抗できないことになる。

(3) 公信の原則

上述の公示の原則は，公示のないところに物権変動はないであろうという信頼，いうなれば**消極的信頼**を保護するものである。これに対して，登記や占有などの公示方法によって，ある者に物権が帰属するものと表象（公示）され，第三者がそれを信頼して取引した場合，たとえその公示に対応する物権が存在しなくても，その信頼（**積極的信頼**）に応じた権利の取得を認めようとする原則を**公信の原則**という。

わが国の民法は，動産の取引について，この公信の原則を認める。例えば§1冒頭の〔設例〕(2)で，Ｉはカメラを占有している非所有者Hを所有者と信じて占有を取得したのであるが，その占有取得の際Ｉが善意・無過失ならば，Ｉはカメラの所有権を取得する（192条）。これが**即時取得**と呼ばれる制度であり，前述のように，Ｉの取得は前主Hの権利に基づかないため，一般に原始取得に分類される。

では，〔設例〕(1)で，Aが土地の真実の所有者でなかったが，登記簿にAが所有者と登記されているため，Bがそれを信じて土地を買い，所有権移転の登記を受けたと仮定した場合，果たしてBの信頼は保護されるのであろうか。この場合について，ドイツ民法は，動産取引に**公信力**（公示が真実の権利関係を表象していなくても，公示を信頼して取引した者に対し，その公示が示している権利関係に基づく場合と同様の法律効果を認める効力）を認めると同様，不動産取引における登記にも公信力を承認し，Bの信頼を保護する。これに対して，フランス民法やわが国の民法は，動産取引についてのみ公信の原則を承認し，不動

産取引については公信の原則を認めていない。したがって，非所有者Aと取引したBは，土地の所有権を取得することができないのである。

　このように，わが民法は公信の原則に関して，動産取引と不動産取引とで正反対の対応を示しているが，これは，頻繁かつ迅速に行われる動産取引においては，たとえ真実の権利者の**静的安全**を犠牲にしても，第三者の取引の安全（**動的安全**）を保護する必要が高いためと考えられる。一方，不動産取引については，ドイツにおいて，登記官は実質的審査権が与えられているのに対し，わが国では，原則として，登記官は書類審査のみの形式的審査権しか有しておらず，そのため，真実の権利関係に反する登記が生じる可能性もないわけではない。したがって，登記制度のこのような現状と，動産よりも不動産のほうがずっと高価な財産であることを考えあわせると，真実の権利者を犠牲にしてまでも第三者の信頼を保護することはできず，この結果，わが民法では，不動産取引について公信の原則はとられていない。

　もっとも，わが国の登記の仕組みが以上のようなものだとしても，登記簿の表示を真実のものと考えて取引する一般市民の意識は無視しがたい。そこで，判例・学説は，不実の登記について真の権利者にも何らかの責任がある場合は，民法94条2項を類推することによって，登記に公信力が認められたと同様の効果を与えてきた。すなわち，**94条2項類推適用論**と呼ばれるものである（これについては，ファンダメンタル法学講座民法1総則第6章§3◇論点◇参照）。

§2　法律行為による物権変動

〔設例〕　Bは4月10日，AからA所有の家屋とその敷地を4,000万円で買う契約を結んで手付金400万円を支払い，残代金は1カ月後に，家屋の引渡しと引換えに支払うこととした。5月10日，約束どおり，A・B間で，家屋の引渡しと残代金の支払いがなされ，登記申請書類が司法書士Cに提出された。翌日，Cは登記所で登記の申請を行い，

その後しばらくして，AからBへ家屋および敷地の所有権移転登記がなされた。以上の場合，家屋および敷地の所有権は，どのような行為により，また，いつの時点でAからBへ移転するか。

1 意思主義と形式主義

　§1であげたように，物権変動はさまざまな原因によって生じる。しかし，その中でも主要なものは法律行為，とりわけ契約による物権変動であり，ここではその代表例として，売買契約による不動産の所有権の移転を中心に考えてみる。

　〔設例〕は，売主Aと買主Bが不動産の売買契約を結び，その後，AからBへ所有権移転登記がなされたという事例である。そして，このような物権変動で重要なのが，①契約当事者双方の意思表示の合致，および，②公示手段としての登記であるが，これらを物権変動の要件としてどのように位置づけるかという点で，各国の法制度上，**意思主義**と**形式主義**という二つの考え方の対立がある。

(1) 意思主義

　これは，フランス民法に由来する考え方である。すなわち，上例のような場合，フランス民法では，所有権は売買契約によって生じる債務の効果として（par l'effet des obligations〔フ民711条〕）移転するものとされる。したがって，登記がなくても合意があれば所有権が移転し，登記はそれを第三者に対抗するための**対抗要件**とされる。また，動産の物権変動についても，当事者間の合意のみによってその効力が生じ，この場合は，引渡しが対抗要件とされる。

(2) 形式主義

　これに対して，**形式主義**とは，ドイツ民法などがとる方式であり，これは当事者の合意のほかに，登記（不動産の物権変動の場合）や引渡し（動産所有権の譲渡の場合）などの形式が備わってはじめて物権変動の効果が生じる，というものである（ド民873条・928条・929条参照）。この方式では，公示方法としての登記や引渡しが物権変動のための成立要件ないしは効力要件とされる。

　ところで，ドイツ民法では，〔設例〕のような場合，売買契約は売主の所有権譲渡の債務を生じさせるだけの債権行為と観念され，物権変動を生じさせる

ためには，これとは別の物権的合意（Einigung）（物権行為）が必要とされる（物権行為の独自性）。また，特に土地（不動産）の所有権を譲渡する合意はアウフラッスング（Auflassung）と呼ばれ，両当事者（または代理人）が同時に管轄官庁（公証人）に出頭して行うことを要し，これについては条件や期限をつけることが認められない（ド民925条）。

(3) わが民法の立場

わが民法は，その176条で，物権の設定および移転は当事者の意思表示のみで効力が生じる，と定めた。そして，177条は，不動産の物権変動について登記を第三者に対する対抗要件と規定し，178条は，動産物権の譲渡について，動産の引渡しを対抗要件とする。以上の条文から，民法は，登記や引渡しを要件とする形式主義はとらず，フランス民法と同様，意思主義を採用したことが明らかである。

2　物権行為の独自性

わが民法は物権変動について意思主義を採用したが，問題は176条が示す意思表示の内容であり，これについては，従来から，売買契約のほかに物権変動に向けられた特別の意思表示（物権行為における意思表示）を必要とするかどうかで，次の二つの考え方が対立している。

(1) 物権行為独自性否定説

前述のように，フランス民法は売買契約の効力として所有権の移転が生じるものとし，物権変動に向けられた特別の意思表示（**物権的意思表示**）を必要としていないが，民法176条は，このフランス民法の立場を承継したものである。したがって，この点を重視するならば，わが民法においても，売買契約における「売りましょう」「買いましょう」という意思表示のみで所有権の移転が生じ，あらためて物権的意思表示は要求されないことになる。判例（大判大正2・10・25民録19輯857頁等）・通説が採用する立場であり，これを**物権行為独自性否定説**という。

ただし，この説の中にも2通りの考え方があり，①フランス民法とほぼ同様，債権契約たる売買契約の効力として所有権が移転するという解釈を行うもの（川島武宜・新版所有権法の理論219頁）がある一方，他方で，②売買契約におけ

る意思表示には，目的物の引渡債務や代金支払債務を発生させる債権的意思表示と，所有権を移転させる物権的意思表示との両者が密接不可分に含まれている，と解する説（我妻＝有泉・57頁）も存在する。

(2) 物権行為独自性肯定説

　上述のように，民法176条自体はフランス民法に由来する条文であるが，わが民法は，全体の構成としてドイツ民法流のパンデクテン体系をとり，物権と債権とを別々の編で規定している。そして，売買契約は債権編の中で，債権・債務を発生させる契約の一つとして規定され，売主の義務として所有権などの財産権移転義務が定められている（555条）。また，われわれ一般市民が不動産などの売買をする際の意識に注目してみると，一般市民の意識としては，売買契約だけで即座に所有権が移転するのではなく，登記や目的物の引渡しあるいは代金の支払いがなされた時に移転する，と考えるのが通常であろう。

　そこで，有力説は，売買契約は所有権移転の債務を発生させるだけの債権契約であり，所有権移転といった物権変動が生じるためには，原則として，あらためて物権変動そのものを目的とした**物権行為**（物権契約）を行わなければならず，176条でいう「意思表示」とは売買契約における意思表示とは別の物権的意思表示を指す，とする。以上が**物権行為独自性肯定説**である。

　では，この物権行為はどのようにして行われるか。この点について，有力説は，物権行為は代金の支払いや登記，目的物の引渡しといった外部的徴表を伴う行為とともになされるのを原則とし，その時に所有権移転の合意がなされる，とする。そして，このような解釈は，不動産の売買で，代金受領の際に売主から不動産売渡証書が交付されるわが国の慣行とも適合的である，とされる（以上について，末川・59頁以下）。

不動産売渡証書

　不動産売渡証書には，例えば以下のような文言が書かれている。

　「私　所有の後記不動産を本日貴方に売り渡し，その代金を確かに受領しました。ついては，この不動産について，万一他から故障等を申し出る者があった場合には，私において一切引き受け貴方には決してご迷惑をお掛けいたしません。よって後日のためこの売渡証書を御渡しします。」

旧不動産登記法の下では，このような売渡証書は，ふつう登記原因証書（旧不登35条1項2号参照）として登記申請の際に提出され，登記官はこれを用いて登記済証（いわゆる権利証）を作成し，買主に還付することになっていた（同60条）。これに対し，平成17(2005)年から施行された新登記法では，登記原因証書の提出に代え，登記原因証明情報を提供することになる（不登61条）（後記§3の5(2)参照）。新法の下で，実務上，売渡証書の取扱いがどうなるかは，興味深いところである。

3　物権変動の時期

§2冒頭の〔設例〕は，特定物が売却され，その所有権が売主Aから買主Bに移転した事例であるが，問題は，この所有権の移転が一連の売却過程の中のいったいどの時点で生じるのか，という点である。

(1)　契約成立時説

前述のように，判例・通説は物権行為独自性否定説の立場にたち，176条の「意思表示」は売買契約等における意思表示を指すものとする。そして，その「意思表示」だけで物権変動の効果が生じるという同条の規定に基づき，売買契約がなされれば即座に所有権が移転するのを原則とし，例外として，所有権が移転するにつき障害がある場合はその障害が除去された時に，また，当事者の特約が明らかな場合はその特約に従って，移転するものと解する（我妻＝有泉・59頁以下等）。

以下，具体的事案に即して見てみると，判例は，まず，①売主が所有する特定物の売買においては，所有権移転期日について特約のない限り，直ちに所有権が移転し（最判昭和33・6・20民集12巻10号1585頁），後日移転するとの特約があればそれに従う（最判昭和38・5・31民集17巻4号588頁），とする。また，②売主が第三者所有の特定物を売り渡した後にその物件の所有権を取得した場合については，特段の約定がない限り，売主が同物件の所有権を取得すると同時に買主がその所有権を取得し（最判昭和40・11・19民集19巻8号2003頁），③不特定物の売買では，原則として目的物が特定した時（401条2項参照）に所有権が買主に当然に移転する（最判昭和35・6・24民集14巻8号1528頁），と判示している。

(2) 物権行為時説

　前述のように，有力説は物権行為独自性肯定説をとり，売買契約とは別の物権契約（物権行為）がなされることによって所有権が移転する，と主張する。したがって，この説によれば，売主から買主へ所有権が移転する時期は，物権行為がなされた時，すなわち，代金の支払いや登記，売買の目的物の引渡しといった外部的徴表を伴う行為が行われた時ということになる（末川・59頁以下）。

(3) 折　衷　説

　この説は，物権行為の独自性を否定し，売買契約によって所有権が移転すると論じる点では判例・通説と同じ立場にたつのであるが，売買契約が成立すれば即時に所有権が移転するとは考えず，所有権移転の時期は後に代金支払いがなされた時や登記時または売買の目的物が引き渡された時と解する。要するに，折衷説によれば，176条は物権変動という効果が生じるための法律要件を定めたものにすぎず，物権変動の時期までも規定するものではない，とされる。

　(a) 有償性説　　折衷説の中で，まず**有償性説**は，売買契約のような有償契約の本質に注目する。すなわち，同説によれば，有償契約の当事者は，相手方の給付（代金支払い）が実現されない限り自らも給付（権利移転）をしないという関係（同時履行の関係）にあるが，この関係はそのまま物権関係に反映されるべきであるとされ，したがって，売買契約では，代金の支払いがあってはじめて所有権が移転するものと主張する（川島武宜・新版所有権法の理論222頁以下）。なお，代金の支払いがなくても，動産の売買では引渡し，不動産の売買では登記がなされた場合は，その時に所有権を移転するのが当事者の意思であったと解されるから，その場合は，登記または引渡時に所有権が移転することになる（川島・153頁）。

　このように，有償性説は，所有権の移転時期について，物権行為独自性肯定説とほぼ同様の解釈を行う。しかし，実際の取引では，代金の支払いや登記，目的物の引渡しは売買契約の履行に必要な事実行為と意識されるにすぎないとし，独自性肯定説のように，これらの行為時に所有権移転の合意がなされると解することは否定する（川島・前掲223頁）。

　(b) 舟橋説　　この説は，売買契約のように，当事者が究極において物権変動をも生じさせる契約を結んだときは，その中に原則として物権的意思表示も

含まれているとする点で，判例・通説と同様の解釈を行う。しかし，物権変動の生じる時期については，当事者の意思が明らかでない場合，わが国の取引慣行から見て，引渡し，登記または代金支払いのうち，いずれかが先になされた時と解する。すなわち，物権変動の時期については物権行為独自性説とほぼ同様の結論を認めるが，有償性説と同じく，引渡し等の行為は契約の履行に必要な事実行為にすぎないとして，物権行為の独自性は否定している（舟橋・86頁以下）。

◇ 論　点 ◇

物権変動時期確定不要説

　物権変動の時期に関する以上の諸説は，例えば不動産の売買についていうと，売買契約締結・代金支払い・引渡し・登記といった一連の過程において，そのいずれかの時点で売主から買主へ全面的に所有権が移転する，と解するものである。これに対して，連続する売買の過程の中で，一定の時点を所有権移転の時期と確定することを不要とする有力説が存在する。

　すなわち，この説によれば，売買契約の当事者間で最も重要なのは危険負担と果実収取権の問題であるが，これらの問題は当事者間の特約または民法の規定（534条・575条）によって律せられ，所有権移転時期と直接の関係はない。また，売主からの二重譲受人や賃借人のような第三者との関係は対抗要件の有無によって決着がつけられるため，これも所有権の帰属は問題とならない。要するに，所有権とは，各種対内的・対外的権能の集積物であって，売買のプロセス開始以前には完全に売主に帰属し，プロセス終了後は完全に買主に帰属するが，そのプロセス進行中は，売買契約締結・代金支払い・引渡し・登記を経るに従い，いうなれば「なしくずし的に」売主から買主へ所有権が移転する，とされるのである（鈴木・101頁以下，同・物権法の研究113頁以下）。

◇ 発展・研究 ◇

物権行為の無因性

　物権変動が生じるためには売買契約などの原因行為とは別個の物権行為が必要だとする物権行為独自性肯定説をとった場合，次に問題となるのは，原因行

為である債権行為が錯誤などによって無効になった場合の物権行為の効力いかんである。

　この点，ドイツ民法では，**物権行為の無因性**がとられ，売買契約などの原因行為が無効でも，物権行為は当然には無効とならない。もっとも，債権行為が有効なことを条件とすれば，債権行為が無効の場合は物権行為も無効となる。しかし，前述のように，不動産所有権譲渡の合意であるアウフラッスング（Auflassung）については条件をつけることが許されないため，物権行為自体に瑕疵がなければ，原因行為の効力いかんにかかわらず，物権行為は常に有効となる。そこで，売買契約が無効であった場合，買主は不動産の所有権を不当利得していることになり，売主は，不当利得返還請求によって所有権の返還を求めることになる。ただし，不当利得返還請求権は債権であるから，不動産がすでに買主から第三者に譲渡された場合，売主は第三者に所有権の返還を請求することはできない。したがって，物権行為の無因性は，一定の範囲で取引の安全に役立つものといえる。

　ところで，先述のように，わが国でも，物権行為の独自性を肯定する有力説が存在するが，この説はさらに進んで，ドイツ民法と同様，わが民法の解釈としても物権行為の無因性を認める。

　すなわち，この説によれば，特定物の売買などがなされた場合，所有権は，代金の支払，登記，目的物の引渡しといった外部的徴表を伴う行為によって移転するのであるから，債権行為が無効または失効した場合も，さらに外部的徴表を伴う行為（所有権復帰のための物権行為）がない限り，当然に元の状態に復帰することはない，と考えられる。また，例えば解除があった場合に所有権が当然に復帰するならば，原状回復義務について同時履行の抗弁権を認めた民法546条は無用の規定になるはずである。要するに，物権行為の効力は原因行為とは無関係に発生・存続すると考えるのが一般取引の通念に適合し，民法の規定の趣旨にも合致する，というのである（末川・75頁以下）。なお，この説では，ドイツ民法と異なり，債権行為が有効であることを条件として物権行為をすることは，法律行為の性質上完全に自由であると考えられ，その場合，債権行為が無効ならば物権行為も無効となる（相対的無因性説）。

　しかし，物権行為の無因性が一般の取引通念と一致するという点ははなはだ

疑問であり，また，解除による所有権の当然復帰を認めても，占有や登記名義の返還について同時履行が問題となるわけであるから，546条が無用の規定ということにはならないであろう（舟橋・90頁以下）。

§3　不動産物権変動の公示（その1）──不動産登記のしくみ

〔設例〕
　(1)　A所有の不動産を買い受けたBが，その不動産の所有権移転登記を行い，登記名義を自分のもとに移そうと思った。この場合，買主Bは，自分だけで登記の申請をすることができるか。
　(2)　D所有の不動産がDからE，EからFへと転々売買されたところ，D・F間の合意で，中間者Eを経由せず，DからFへ直接所有権を移転する登記がなされた。この場合，Eは，実際の権利変動の過程に即していないことを理由に，DからFへの所有権移転登記の抹消を請求できるか。

　§1で説明したように，物権は排他性を有するため，物権変動の存否が第三者から見ても明らかになるように，その公示がなされなければならない。そして，不動産の物権変動に関しては，登記が公示方法とされ，登記の効力については民法177条が規定している。そこで，以下では，まず不動産登記はどのような仕組みで行われるのか登記制度の概観から始めてみたい。
　ところで，従来，登記はバインダーで綴られた登記簿になされていた（不動産登記法施行細則〔明治32年司法省令第11号〕1条2項参照）。ところが，今日，全国の登記所で登記事務のコンピュータ化が急速に進められ，それに伴い，登記簿も磁気ディスクに記録する方式に変わってきた。さらに，平成16(2004)年6月18日，従来の不動産登記法を全面的に改正した新不動産登記法が公布され，オンラインによる登記申請制度が導入されることになった。そして，同法

は，平成17(2005)年3月7日から施行され，法務省の方針によれば，当初は1登記所のみであるが，平成17(2005)年度中に約100登記所，5，6年内に全国すべての登記所でオンラインによる登記申請が実現される見込みとなっている。もっとも，それが完成するまでは，従来の不動産登記法も，一部並行して適用される。以下では，新不動産登記法による登記制度を中心に概説するが，あわせて，旧法についても，必要な限り補足して説明することにしたい。

1　登　記　所

　不動産登記とは，不動産の現況や不動産に関する権利変動を，登記所に備えられている不動産登記簿に記録することをいう（不登3条・11条）。登記事務を担当する官署のことを「登記所」というが，そのような名称の官署が実際にあるわけではなく，法務局・地方法務局またはこれらの支局・出張所が登記所として登記事務を行う（不登6条1項）。

2　不動産登記簿

(1)　登記簿の編成方法と旧法下の登記簿

　前述のように，従来，登記簿はバインダーに綴られていて，旧登記法の下では，登記所に，不動産登記簿として，土地登記簿と建物登記簿が置かれていた（旧不登14条）。これは，わが国では，土地と建物が別々の不動産とされたからである。

　登記簿の編成方法としては，フランス法が採用してきた年代順編成主義とドイツ法が採用してきた物的編成主義があげられる。このうち，**年代順編成主義**とは，登記所管内のすべての不動産の権利変動について，受付順に登記簿に綴っていく方法である。この方式では，登記所に権利者の人名別索引が用意されていて，これによって過去における登記の検索が可能となるため，人的編成主義と呼ばれる場合もある（なお，フランスでは，これまでの登記制度の改正により，現在では，不動産からの検索も可能になっている）。一方，**物的編成主義**とは，不動産を基準として登記簿を作成するものであり，ドイツ法がこの方式をとっているが，わが国も，明治19(1986)年制定の旧々登記法以来，この方式によっている。

　ところで，旧登記法では，土地登記簿の場合は1筆の土地ごとに，建物登記

簿の場合は1棟の建物ごとに1登記用紙が備えられ（旧不登15条），これらが綴られて，土地登記簿または建物登記簿とされた。そして，1登記用紙は，表題部・甲区・乙区という三つの部分で構成されたが（旧不登16条1項）（なお，各部分ごとに別紙葉を用いるから，1登記用紙は複数の紙葉からなる），このうち，甲区は，その不動産の所有権に関する事項を記載する部分（同条3項）であり，乙区は，抵当権など所有権以外の権利に関する事項を記載する部分（同条4項）とされた。

(2) **新登記法**

以上に対して，新登記法では，登記はコンピュータ処理によって電磁的に記録され，1筆の土地または1棟の建物ごとに，従来の登記用紙に代えて，**登記記録**が作成される（不登2条5号参照）。登記記録は表題部・権利部に区分して作成される（不登12条）。

このうち，**表題部**には，土地の所在・地番・地目・面積，建物の所在・家屋番号・種類・構造・床面積など土地・建物の現況が登記される（不登2条7号・34条・44条）。権利に関する登記については，法律上，従来のような甲区・乙区の区分がなくなり，すべて**権利部**に記録される（不登2条8号）。

登記簿は，各登記所において登記記録が記録される帳簿であり，磁気ディスクをもって調製するものをいう（不登2条9号）。新法では，登記事項すべてを磁気ディスクに記録するため，土地と建物は別々の不動産であるものの，法律上，土地登記簿と建物登記簿の区別はなくなる（不登2条9号，旧不登14条参照）（ただし，いまだコンピュータ処理に移行していない登記所〔平成17（2005）年現在，全国の登記所の約5分の1〕では，新法施行後も，法務大臣がコンピュータで処理すべき事務として指定するまでは，従来の登記簿に登記される〔不登附則3条参照〕）。

3 登記の種類

不動産登記は，土地や建物の現況，すなわち，その所在や物理的状況を記載する登記と，不動産の権利関係を公示する登記とに分けられる。前者を**表示に関する登記**と呼び，後者を**権利に関する登記**という。上述のように，前者は，登記記録の表題部に記録され（不登2条7号），後者は，登記記録の権利部に記録される（不登2条8号）。

次に，権利に関する登記は，その効力の面から見て，本登記と仮登記とに分けられる。**本登記**とは，民法177条が定める登記本来の効力，すなわち，実際になされた権利変動について第三者に対する対抗力を与える登記のことである。一方，**仮登記**とは，例えば不動産の売買で，売主が登記の申請に協力しないため，本登記の申請に必要な要件を充足することができない場合（不登105条1号参照）や，売買の予約で，所有権移転の請求権を保全するような場合（不登105条2号参照）に行われる登記をいう。仮登記には対抗力はないが**順位保全効**があり，将来その仮登記に基づいて本登記がなされれば，本登記の順位は仮登記の順位によることになる（不登106条）。

4　登記される権利変動

前述のように，排他的権利である物権の変動を公示するために登記制度が設けられたのであるが，物権の中には，占有権・留置権のように，その性質上登記になじまないものがある一方，賃借権のように，債権ではあるが，登記をすれば物権と同様な効力が認められる権利もある。そこで，権利に関する登記は，不動産の所有権・地上権・永小作権・地役権・先取特権・質権・抵当権・賃借権・採石権（採石法4条参照）について，その保存，設定，移転，変更，処分の制限または消滅に関して行われるものとされる（不登3条）。

5　権利に関する登記の申請

(1)　共同申請の原則

登記は，登記所の登記官が登記簿に登記事項を記録することによって行う（不登11条〔なお，9条参照〕）。そこで，権利に関する登記についていうと，例えば，§3冒頭の〔設例〕(1)の場合，買主Bがその所有権移転登記を受けるには，不動産の所在地を管轄する登記所に登記の申請をする必要がある（不登6条1項・16条1項）。

しかし，この場合，BはB単独で登記の申請をすることはできず，売主Aと共同で申請手続をしなければならない。すなわち，権利に関する登記は登記権利者および登記義務者が共同して申請することを原則とする（不登60条）。これが**共同申請の原則**である。ここで，**登記権利者**とは，権利に関する登記がな

されることによって，登記上直接に利益を受ける者をいい（不登2条12号），**登記義務者**とは，権利に関する登記がなされることによって，登記上直接に不利益を受ける者をいう（同条13号）。したがって，〔設例〕(1)の，売買を原因とする所有権移転登記では，売主Aが登記義務者，買主Bが登記権利者になる。共同申請が必要とされる理由であるが，わが国では，登記官は原則として形式的審査権限しか有せず，登記の申請が手続上の要件を充たしていれば申請された内容どおりの登記を行うことになる（形式的審査主義）。そこで，登記によって不利益を受ける登記義務者を申請者に加えることによって，登記の真実性を図ろうとしたものとされる（ただし，新法では，登記官の実質的審査権限が一部取り入れられた〔不登24条参照〕）。

　なお，登記実務では，上例のAとBのような取引当事者本人が実際に申請を行うことはまれであり，通常は，A・B双方が不動産業者などから紹介された一人の司法書士に委任して登記の申請を行う。これは双方代理にあたるが，すでに効力を発生した権利変動につき法定の公示を申請する行為であるから，民法108条に違反するものではない，というのが判例（最判昭和43・3・8民集22巻3号540頁〔ただし，本件は弁護士が委任を受けた事案〕）である。

　(2) 申請の方法
　(a) 旧法　　旧登記法では，権利に関する登記の申請は，登記権利者・登記義務者またはそれらの代理人が登記所に出頭して行う必要があった（出頭主義〔旧不登26条1項〕）。その際提出すべき書類のうち，形式的審査主義との関係で重要とされたのが登記原因証書と登記済証である。

　このうち，登記原因証書（旧不登35条1項2号）とは，例えば所有権移転登記の場合，所有権移転の原因となった法律行為やその他の法律事実を証する書面をいう。ただし，売買契約による所有権移転登記を例とすれば，一般に登記原因証書とされるのは，売買契約書自体ではなく，代金完済の際に売主から買主に交付される不動産売渡証書（§2の2参照）であった。

　次に，登記済証（旧不登35条1項3号）とは，登記の申請の際提出した登記原因証書等に対して，登記完了時に，登記官が登記済の旨を記載して登記権利者に還付したものである（旧不登60条1項本文）。AからBが買い受けた甲地をCに転売するという場合を例にとると，A・B間における所有権移転登記の際，

登記官は，提出された売渡証書（登記原因証書）に登記済の旨を記して登記権利者Bに還付する。これが甲地の登記済証になり，B・C間の所有権移転登記を申請する場合は，登記義務者Bが所持するこの登記済証を提出しなければならない。登記済証の提出が必要とされるのは，登記義務者として申請をした者が，現在の登記簿における登記名義人（この場合は，B）と同一人物であることを書面上確認し，それによって不正の登記がなされることを防ぐためである。なお，登記済証は，あくまでもその所持人が登記簿上の登記名義人であることを証するものにすぎないが，一般には，登記名義人がその不動産の権利者と考えられ，登記済証の所持者が権利者と推測されるため，俗に「権利証」とも呼ばれてきた。

(b) 新法　　新不動産登記法では，登記の申請は，①申請情報（不登18条参照）を記載した書面（磁気ディスクでもよい）を提出する方法（書面申請〔同条2号〕）に加え，新たに，②オンライン申請可能の登記所として法務大臣から指定された登記所（以下，オンライン指定庁と呼ぶ）に対しては（不登附則6条1項），登記所のコンピュータと申請人（または代理人）のコンピュータを接続したオンラインによる申請（不登18条1号）が認められることになった。また，権利に関する登記について，新法では，従来の出頭主義は廃止され，①の書面申請の場合も，出頭申請のほかに，郵送による申請が可能となった。なお，①・②いずれの場合も，申請人は，旧法の登記原因証書の提出にあたるものとして，**登記原因証明情報**を提供しなければならない（不登61条）。

次に，新法によれば，オンライン指定庁に対して，登記権利者と登記義務者が共同で登記を申請する場合，申請人は，オンライン・書面いずれによる申請の場合も，従来の登記済証の提出に代え，原則として，登記義務者の登記識別情報を登記所に提供しなければならない（不登22条）。**登記識別情報**とは，登記名義人自らが登記を申請していることを確認するために用いられる符号その他の情報をいい（不登2条14号），具体的には，アルファベットと数字を組み合わせた12桁の符号で，各登記について登記名義人ごとに違う符号によって作成する。AからBが買い受けた甲地をCに転売するという前掲例では，A・B間の所有権移転登記が完了したら，オンライン指定庁の登記官は，新たに登記名義人となる申請人Bに対し，登記識別情報を通知する（不登21条本文）。そして，

B・C間の所有権移転登記を申請するためには、登記義務者Bの有するこの登記識別情報を登記所に提供しなければならない。

なお、オンライン未指定庁においては、新法施行後も、登記完了後に登記済証が交付され、登記申請の際も、従来どおり登記済証を提出しなければならない（不登附則6条3項）。また、管轄登記所がオンライン指定庁になっても従来の登記済証は有効であり、オンライン指定庁になって最初に行う登記の申請の際には、登記済証を提出することになる（不登附則7条）。

6 登記の有効要件

(1) 形式的要件

登記が不動産物権変動の対抗要件として効力を有するためには、不動産登記法の定める申請要件を充たす必要がある。

これに関して問題となるのは、①当事者の申請意思が欠けていたときや、②無権代理人が申請したときのように、登記の申請手続に瑕疵があるが、結局のところ、実体的権利関係に合致した登記がなされた場合の登記の効力いかんである。そして、①については、偽造文書による登記の申請が関係する。判例によれば、偽造文書による登記であっても、登記の記載が実体的法律関係に符合しているならば、登記義務者において登記を拒否しうる特段の事情がなく、他方で、表現代理の適用により登記権利者において当該登記が適法であると信じる正当理由があるときは、登記義務者は、その登記の無効を主張できない、とされる（最判昭和41・11・18民集20巻9号1827頁）。

また、②について、不動産の譲渡人の死亡後、生前に代理権を付与されていた者が登記の申請をした場合、旧登記法26条3項が追加される以前は、無権代理人による申請とされたが（民111条1項1号）、このような申請であっても、本人の意思に基づいて成立した現在の権利状態に符合する登記は、有効とされた（最判昭和31・7・27民集10巻8号1122頁）。要するに、手続の瑕疵があっても、現在の真実の権利関係と一致する登記は、当事者の利益を害さない限りできるだけ有効と扱う、というのが判例（および通説）の基本的姿勢といえよう。ちなみに、新登記法は、このような立場から、旧法26条3項と同様、民法111条1項1号に例外を設け、登記の申請をする者の委任による代理人の権限は、本

§3 不動産物権変動の公示（その1）——不動産登記のしくみ　41

人の死亡によっては消滅しないものとした（不登17条1号）。

(2) **実質的要件**

(a) 前述のように，わが国では，登記に公信力は認められず，登記は，実際に生じた物権変動を第三者に対抗するための対抗要件にすぎない。したがって，登記が有効であるためには，その登記に対応する実体的権利関係が現に存在することが必要である。そこで，たとえ所有権移転の登記があっても，それに対応する所有権移転の事実がなければ，その登記は無効であり（大判大正6・4・26民録23輯758頁），また，被担保債権がないにもかかわらず設定された抵当権の登記は無効である。

(b) 問題は，最終的な権利状況には合致しているものの，その状況が形成されるに至った権利変動の過程が忠実に反映されていない場合の登記の効力である。わが国の登記には公信力がないため，不動産の譲受人は，本来，登記の内容が実際の権利変動に合致しているか過去に遡って調べてはじめて取引の安全を確保できるはずであり，この意味からすれば，登記は権利変動の過程を忠実に再現したものでなければならない。

しかし，現実の取引においては，登記原因の贈与を売買と登記するなど権利変動の態様が真実と異なる登記や，物権変動の過程を一部省略するなど権利変動の過程が真実に反する登記がしばしば行われており，このような登記をすべて無効にすれば，実際取引の現状にそぐわない結果が生じることにもなりかねない。そして，これについて特に問題となるのが，中間省略登記の効力いかんである。

そこで，§3冒頭の〔設例〕(2)を参照すると，この〔設例〕は，実際はD→E→Fの順で所有権が移転しているにもかかわらず，登記簿上は，中間者Eを飛び越して，DからFへ直接所有権が移転したかのような登記がなされている事例であり，中間省略登記の典型的なものといえる。**中間省略登記**は，登録免許税や不動産取得税を節約しようとして行われるが，権利の変動過程を忠実に再現するという登記制度の理想を厳格に貫けば，このような登記は無効であり，EはFに対して，所有権移転登記の抹消を請求できることになろう。

しかし，たとえ登記に公信力がなくても，登記制度の理想を追うあまり，現在の権利状態に合致している登記を信頼した者の保護を一切欠くような解釈に

は問題があろう。そこで，判例は，D・E・F3名が合意して行った中間省略登記は有効と解する（大判大正5・9・12民録22輯1702頁，大判大正11・3・25民集1巻130頁）。これに対し，中間者Eの同意を得ずに行った登記は，原則として無効である（前掲大判大正11・3・25，大判昭和8・3・15民集12巻366頁）。というのは，Eの同意なしにDからFへの中間省略登記が認められれば，EがFから売買代金を受領していない場合に，同時履行の抗弁権を行使することができないといった結果が生じるからである。ただし，Eの同意がなくても，すでにEがFから代金を受領している場合のように，中間省略登記によってEの利益が侵害されないときは，同登記の抹消を請求することは許されない（最判昭和35・4・21民集14巻6号946頁）。

7 登記請求権

　前述のように，権利に関する登記は登記権利者と登記義務者が共同して申請することを要する。そうすると，§3冒頭の〔設例〕(1)の場合，もし売主Aが登記の申請に協力しなければ，買主Bは登記所に登記をしてもらうことができない。そこで，この場合，BはAに対して，登記の申請に協力するよう請求することができる。このように，登記権利者が登記義務者に登記の申請について協力を求める権利を**登記請求権**という。

　問題は，登記請求権がいかなる場合にいかなる根拠で発生するかということであるが，判例は，以下のように，これを複数の根拠でもって説明する**多元説**をとる。

　すなわち，判例は，まず，①真正の所有者が，現在の権利関係に合致しない無効な登記の名義人に登記抹消の請求（大判大正7・7・10民録24輯1441頁，大判大正15・5・28民集5巻587頁），または所有権移転登記の請求（大判昭和16・6・20民集20巻888頁，最判昭和30・7・5民集9巻9号1002頁，最判昭和32・5・30民集11巻5号843頁，最大判昭和45・10・21民集24巻11号1560頁）をする場合について，真正所有者の所有権から発生する物権的請求権の一種として登記請求権（**物権的登記請求権**）を認める。なお，判例は，登記簿滅失による回復登記の申請期間を過ぎたため，抵当権者が設定者に対して，再度抵当権設定の登記手続を請求した場合の登記請求権も，物権的登記請求権として説明する（大判

昭和3・10・16民集7巻792頁)。また、すでに弁済によって消滅した先順位の抵当権設定登記について、次順位の抵当権者が抹消登記を請求する場合(大判大正8・10・8民録25輯1859頁)も、同様に考えられよう。

次に、②(i)Aから買い受けた不動産をCに転売したBが、Aに対して所有権移転登記を請求するとか、(ii)Gから時効取得した不動産をIに譲渡したHが、Gに対して所有権移転登記を請求するというように、物権変動の事実そのものに基づいて登記請求権が認められる(大判明治43・7・6民録16輯537頁、大判大正5・4・1民録22輯674頁)。これは、物権変動の過程を登記簿にそのまま反映させようとする不動産登記法の精神に基づいて発生する請求権とされ、**物権変動的登記請求権**と呼ばれる。

また、③登記請求権は、D→E→Fの転々譲渡の事例における中間者Eの同意を得て、D・F間で中間省略登記をするというように、当事者間で登記の特約がある場合(大判大正8・5・16民録25輯776頁、前掲大判大正11・3・25、大判昭和12・5・21判決全集4輯10号508頁)にも認められる。もちろん、§3冒頭の〔設例〕(1)の場合のように、④契約当事者間では、売買契約等から当然に登記請求権が発生する(大判大正9・11・22民録26輯1856頁)。③・④の登記請求権は、**債権的登記請求権**としてまとめることができる(もっとも、④は、①または②の根拠からも説明可能である)。

以上に対して、学説の中には、登記請求権を、上記①または②の根拠で統一的に説明しようとする**一元説**も存在する。例えば、代表的学説は、②の立場を基本とし、「実体的な権利の変動を生じたのにもかかわらず、それに応じた登記がなされていない場合に、登記を実体的な権利変動の過程と態様とに符合させるために、および、実体的な権利の変動が生じていないにもかかわらず、生じたような登記がある場合に登記を実体的な権利関係と符合させるために」認められる権利である、と説明している(我妻=有泉・139頁)。

◇ 発展・研究 ◇

1 単独申請と職権による登記

先述のように、権利に関する登記については、登記権利者と登記義務者の共同申請を原則とする。しかし、これに対する例外として、①例えばA・B間の

不動産売買で，登記権利者Bが，登記の申請に協力しない登記義務者Aに対して，登記請求権に基づいて訴えを起こし，登記手続を命じる判決を得た場合は，Bが単独で申請することができる（不登63条1項）。②相続登記の場合も，登記義務者にあたる被相続人がすでに死亡しているため，登記権利者（相続人）が単独で申請することができる。法人の合併による登記の場合も同様である（不登63条2項）。また，③建物を新築した場合などにおける所有権保存登記は，表題部に所有者として記載された者またはその相続人等が単独で申請することができる（不登74条）。

次に，表示に関する登記のうち，当該不動産について表題部に最初になされる登記を「**表題登記**」というが（不登2条20号），新築した建物の所有権取得者は，所有権取得の日から1カ月以内に表題登記を申請しなければならない（不登47条1項）。なお，表示に関する登記は，登記官が職権で行うこともできる（不登28条）。

2　中間省略登記請求権

判例によれば，§3冒頭の〔設例〕(2)の事例で，DからFへの中間省略登記がすでになされ，現在の権利者Fが最終的な登記名義人として記載されている登記は，それによって中間者Eの利益が侵されない限り，有効な登記と認められる。

しかし，権利の変動過程を忠実に再現するという登記制度の理想からいえば，これから将来に向かって行われる登記については，むやみに中間省略登記を容認するわけにはいかない。そこで，まだDが登記名義人の場合，原則として，Fには中間省略登記請求権は認められず，Eを飛ばした形で，Dに対して登記を請求することは許されない。

もっとも，前述のように，判例は，D→E→Fと不動産が譲渡された場合，D・E・F 3者間の合意があれば，特約から生じる債権の効力として，FからDに対する**中間省略登記請求権**を認める。これに対して，中間者Eまたは登記名義人Dの同意がない場合については，中間省略登記請求を認めない（前掲大判大正11・3・25，最判昭和40・9・21民集19巻6号1560頁）。

3　登記引取請求権

　売主Aと買主Bの間の不動産売買を原因として所有権移転登記をする場合，Bが登記権利者，Aが登記義務者であり，通常，登記請求権は登記権利者Bが有する。ところが，買主Bが登記の申請に協力しないため登記名義が売主Aに残っていると，Aは固定資産税を賦課されるなどの不利益をこうむる。そこで，この場合，AがBに対して登記の申請に協力するよう請求できないか，すなわち，登記義務者にも登記請求権が認められないかということが問題となる。そして，判例（東京地判昭和26・11・6下民2巻11号1283頁，秋田地判昭和28・10・20下民4巻10号1514頁）・学説は，このような場合におけるAの請求を認める。これが**登記引取請求権**である。最高裁は，KがJから宅地を買い受けて所有権移転登記を経由した後，Jの債務不履行を理由として売買契約を解除し，Jに対して同登記の抹消登記手続を求めた場合について，Kの登記引取請求権を認容した（最判昭和36・11・24民集15巻10号2573頁）。

§4　不動産物権変動の公示（その2）——登記による対抗

〔設例〕　BはAからA所有の土地を購入して引渡しも受けたが，まだ所有権移転の登記は得ずにいたところ，CがAから同じ土地を買い受け，先に所有権移転の登記をしてしまった。CがBに対して土地の明渡請求をしてきた場合，Bはこの請求を拒否できるか。

　〔設例〕は，不動産の**二重譲渡**の事例であり，最初に，A・B間でA所有地の売買が行われている。そして，§2で述べたように，民法176条によれば，この土地の所有権は，当事者の意思表示のみでBに移転することになる。
　ところが，民法177条は，不動産の物権変動はその登記をしなければ第三者に対抗することができない，と規定している。ここで「対抗できない」とは，物権変動の存在を「主張できない」ということであり，詳述すれば，第三者の

ほうから物権変動の存在を認めない限り、物権変動の当事者が物権変動の事実を主張して、それを第三者に認めさせることはできない、ということを意味する。そうすると、〔設例〕で、未登記のBはCに対して、所有権を取得したことを主張できず、一方で、既登記のCはBに対して所有権の取得を対抗できる。したがって、B・C間の争いでは、Cが所有者と判断され、BはCの土地明渡請求を拒否できないことになる。

しかし、AからBに土地が譲渡されれば、土地の所有権はBに移り、Aは無権利者となるはずである。とすれば、そもそもその無権利者からCが所有権を取得することはいかにして可能であろうか。177条が存在する以上は、Cが所有者とされるという結論を動かすことはできない。そこで、今日まで、各学説は、176条と177条の関係をいかに整合的に説明するか、以下のように、大いに腐心してきた。

1　債権的効果説

この説は、物権の排他性という性質を根拠に、〔設例〕のBがCに所有権の取得を主張できないのは、A・B間ではまだ物権変動が成立していないからであり、未登記の場合は、単に債権的効果しか生じない、と論じる（山中康雄「権利変動論」名大法政論集1巻3号288頁以下）。しかし、この説は、当事者間の意思表示だけで物権変動が生じると規定する民法176条の明文に反するとともに、未登記の譲受人が不法行為者に損害賠償請求をすることができないなどの問題がある。

2　相対的無効説

この説は、登記なき物権変動の効力を相対的に解し、当事者間では完全な物権変動の効力を生じるが、対第三者関係では、登記のない限りその効力が生じない、ととらえる説である。すなわち、AからBに不動産が譲渡されたが未登記の場合、A・B間では、AからBへの完全な所有権移転が認められるが、第三者との関係では、第三者の利益（〔設例〕では、Cの所有権取得）と抵触する範囲で、法律上当然にBの所有権取得が否定され、その結果、CはAから所有権を取得できる、と解する。そして、このような効果は第三者の利益保護のた

めであるから，第三者（C）から進んでA・B間の物権変動の効力を認めることは，なんら差し支えないものとされる（末川・94頁以下）。しかし，この説に対しては，物権変動の効力を相対的にとらえることが物権の絶対性・排他性という性質と矛盾しないか，という批判が可能である。

3　不完全物権変動説

この説によれば，AがBに不動産を譲渡すれば，それが未登記でも，A・B間，対C間ともに物権変動の効力が認められるが，登記がなされるまではその物権変動は不完全であり，完全に排他性ある権利変動は生じないものとされる。したがって，Bが未登記の場合，Aは完全な無権利者となったわけではないから，Aは，同一不動産をさらにCに譲渡することができ，B・Cのいずれかが登記を備えたとき，はじめて排他的な所有権が譲受人に帰属することになる（我妻＝有泉・149頁）。従来の通説といえよう。

しかし，この説に対しては，Aが不動産を未登記第一譲受人Bに譲渡した場合，不完全ながらもBに所有権が移転していることになるから，Aのもとには，不完全な所有権しか残存していないということになり，Cは完全な所有権を取得できないはずである，という批判がなされている（舟橋・145頁）。

4　第三者主張説

以上，1～3の説は，不動産の譲渡が未登記の場合，排他性をもたらす完全な物権変動を認めない，とする説である。これに対し，**第三者主張説**とは，AがBに不動産を譲渡すれば，それが未登記であっても，A・B間，対C間ともに完全な物権変動が生じるとし，その上で，第三者Cから一定の主張がなされれば，その者との関係で物権変動の効力がなかったことになる，とする見解である。そして，この説は，さらに，**否認権説**と**反対事実主張説**とに分かれる。

(1)　否認権説

この説は，A・B間の物権変動が未登記の間，第三者Cはこの変動の効果を否認する権利を有し，否認権が行使されると，物権変動の効果はCとの関係では最初からなかったことになる，とする説である（柚木＝高木・総論202頁）。

もっとも，これに対しては，Cは，A・B間の物権変動の存在もしくは未登

記を知らなくても、あるいは、積極的に否認権の行使をしなくても、自己に登記を備えれば完全に所有権を取得できるはずであるのに、そのことを説明できないという批判がある（舟橋・145頁）。そこで、この説は、積極的に否認権放棄の意思表示がなされない限り、第三者が当該物権変動と抵触するような利益取得行為をした場合、その利益取得行為に抵触する物権変動を否認する意思が表示されたと見るべきである、と主張する（柚木＝高木・総論202頁）。しかし、このような説明は擬制以外の何者でもなく、やはりこの点で批判は免れえないであろう。

(2) 反対事実主張説

これは、第三者Cが積極的に否認権を行使しなくても、A・B間の物権変動と反対ないし両立しない事実、すなわち、CがAから同一不動産を譲り受けたという事実を主張すれば、当然にA・B間の物権変動の効力が否定される、とする説である。そして、この説によれば、Cが、A・B間の物権変動の事実を知らないか、あるいは、Bが未登記であることを知らなくて否認権を行使できない場合でも、訴訟上反対事実が主張されれば、それだけで、A・B間の物権変動の効力は否定されることになる。したがって、この説に関しては、否認権説と同様の非難が加えられるおそれは存在しない（舟橋・143頁、146頁）。従来の有力説といえよう。

◇ 論　点 ◇

物権変動の「対抗」に関する近時の学説

§4冒頭の〔設例〕で、未登記第一譲受人Bは、民法176条によりAから所有権を承継するが、177条によってそれをCに対抗することができず、その結果、CがAから所有権を承継することになる。そして、前掲1～4の各学説の対立は、このような結論を、実体法の同一平面上で、いかに論理的に説明するかについての争いであった。これに対して、近時の学説の中には、このような二重承継は実体法上不可能だとしてCの取得を原始取得として説明するもの、論理的な説明を不要とするもの、登記を証拠法上の制度として位置づけるものなど、さまざまな説が主張されている。そこで、次には、これら近時の多様な学説について見ることにする。

(1) 公信力説

　この説は，Bに不動産を売却したAが無権利者であることは否定できないから，CがAから当該不動産を承継取得することは不可能である，ということを大前提とする。すなわち，従来の説と異なり，二重譲渡の論理的可能性を全面的に否認するのである。そして，登記名義人Aを所有者と信頼して善意・無過失で取引し，登記を経たCは，公信の原則の結果として所有権を原始取得し，その反面としてBは所有権を失う，とする（篠塚昭次・論争民法学(1)14頁以下）。論理的に明快であり，近時の有力説の一つと評価できる。

　しかし，これに対しては，①わが民法では，登記はあくまでも対抗要件であって，登記に無から有を生じさせるような公信力は与えられていない，②「第三者」に善意・無過失を課すことは，民法177条の文理に反する，という批判が加えられている。

(2) 法定制度説

　この説は，以上の学説と異なり，二重譲渡を法的に構成することの必要性を否定する。そして，民法177条は，二重譲渡の場合において，「登記を先に備えたものを物権を先に取得したものとみなし，かつ，登記を備えないうちは，二重譲受人のいずれもが，他方に対して，自己の権利を主張しえないものとする」という法定の制度を定めたものと解すればそれで十分である，と論じる（鈴木・113頁）。換言すれば，176条だけならば二重譲渡は不可能であるが，177条がある以上は可能であり，論理的な説明は不要ということになる（星野・40頁）。

　確かに，フランス民法では，法典制定当初，わが民法177条に相当する規定はなく，意思主義の結果，先に買った者が勝つ構造になっていたところ，その後，特別法によって登記が対抗要件として付け加えられた。わが民法は，フランス民法において，このような歴史的沿革がある意思主義・対抗要件主義を，民法典の制定とともに，176条と177条で同時に取り入れたものであり，両条を整合的に説明することの困難さはこの点にある，と考えられる。

　しかし，当事者に説得力のある解釈を行うためには，理論的整合性はできる限り追究されなければならない。したがって，理論的説明をまったく放棄することには，かなりの疑問があるといえよう。

(3) 法定取得・失権説

(2)で説明した法定制度説が二重譲渡の法的構成を不要とするのに対し、この説は、二重譲渡を第二譲受人の法定取得とそれによる第一譲受人の失権と構成する。すなわち、この説によれば、民法176条の定める意思表示がなされれば、本来、排他性を備えた完全な物権の移転という効果が生じるべきところ、第二譲受人（C）が登記をすれば、177条が導入した対抗要件主義により、第二譲渡における無権利者からの譲受けという瑕疵が治癒され、Cは登記の時から物権取得者と認められる。そして、未登記第一譲受人（B）の物権取得は、これに対応して、その効力が失われることになる。要するに、この説では、物権の排他性という性質と整合性を保つために、Bは「177条の第三者が出現しない限りで」という条件つきで物権を取得し、第三者Cが登記するとBからCへ物権の帰属が変更する、と説明されるのである（滝沢聿代・物権変動の理論222頁以下）。

ところで、以上の効果が生じる要件として、この説は、C自らが登記することを要求する（滝沢・前掲222頁）。しかし、これでは、B・C双方が未登記の場合、第一譲受人Bの所有権取得が優先することになるが、果たして、このような解釈が未登記の場合の第三者に対する対抗力を否定した177条の趣旨に合致するのか、議論の余地のあるところである。

(4) 法定証拠説

この説は、従来の説が実体法の枠内で民法177条を解釈せんと苦心するのに対し、登記を実体法の枠から解放し、証拠法上の制度と位置づける点に特徴がある。

すなわち、この説によれば、〔設例〕の二重譲渡の場合、第一譲渡がなされれば、第二譲渡は無権利者からの譲渡であって、第二譲受人は所有権を取得できないはずであるということを前提に、登記はA→B、A→Cのどちらの譲渡が先になされたかを証明するための**法定証拠**である、とされる。そこで、自由心証主義の下でならば、Bへの譲渡がCへの譲渡より早かったと認定すべき場合でも、Cが先に登記を得た以上、裁判官は法定証拠に拘束され、Cへの譲渡が先であったと認定しなければならないことになる。そして、その根拠として、裁判官の自由心証にゆだねた場合、仮にA・C間の譲渡行為が先であっても、A・Bの共謀によって、それより先の時点でA・B間の譲渡行為がなされたか

のような証拠が作り出され，裁判所によってそれに基づいた認定がなされる可能性があるため，これを防ぐということがあげられている（安達三季生「177条の第三者」判例演習物権法〔増補版〕51頁以下）。

しかし，この説も，法定取得・失権説と同様，B・Cともに未登記の場合，裁判官の自由心証によって先に譲り受けたとされる者が優先する結果となり，この点が批判の対象となる。また，この説によれば，未登記譲受人Bへの譲渡が先であることを既登記のCが裁判上自白した場合，Bが優先することになるが（安達・前掲52頁），民法177条の趣旨からすれば，この点も疑問となろう。

§5　登記がなければ対抗できない物権変動（その1）

〔設例〕
(1)　AはBとの間で，自己所有の土地を売却する契約を結び，Bに対してその土地を引き渡すとともに，移転登記も経由したが，その後，Aは，Bの強迫を理由に，A・B間の契約を取り消した。一方，Bは，この土地を善意の第三者Cに転売した。この場合，AはCに対して，土地の返還を請求できるか。CがAの取消前に土地を買い受けた場合と，取消後に買い受けた場合とに分けて考えてみよう。
(2)　DはEとの間で，自己所有の土地を売却する契約を結んで移転登記も経由したが，代金はまだ受け取っていなかった。この事例において，(a)Eがこの土地をFに転売した後で，DがEの債務不履行（代金不払）を理由にD・E間の売買契約を解除した場合，または，(b)D・E間の売買契約が解除された後，EからFに転売された場合の双方について，Dは同土地の所有権をFに対して主張できるか考えてみよう。

§4では，登記がなければ対抗できない物権変動の典型例として，不動産の二重譲渡のような意思表示による物権変動の場合をあげ，「登記がなければ対

抗できない」ということの意味を考えてきた。しかし，物権変動には，例えば相続や取得時効のように，意思表示以外の原因によって生じる物権変動も多数存在する。また，法律行為の取消しや契約の解除も一種の物権変動ということができる。そこで，次に問題となるのは，登記がなければ対抗できない物権変動の範囲，すなわち，登記がなければ対抗できないのは意思表示による物権変動に限られるのか，あるいは，すべての不動産物権変動がその対象となるのかなどの問題である。そして，これについては，§5と§6で説明することにする。

1　制限説と無制限説

　民法177条は，単に，不動産の物権変動は「その登記をしなければ，第三者に対抗することができない」と規定し，物権変動の原因について，明文上なんらの制限も設けていない。したがって，同条の文理だけからすれば，登記がなければ対抗できない物権変動の範囲は無制限ということになるかもしれない。ところが，一方で，意思表示による物権変動の効力発生について定める176条が直前にあるところから，177条は，意思表示による物権変動のみを対象とし，その対第三者効を制限するための規定である，と解する余地もないわけではない。

　この点，かつての判例は，当事者が登記をするためには物権変動の事実を了知する必要があるという理由で，民法177条の対象は意思表示による物権変動に限定されるという見解（**制限説**）をとっていた（大判明治38・12・11民録11輯1736頁，大判明治39・1・31民録12輯91頁）。しかし，まもなく，大審院は，177条は第三者の取引の安全を保護する規定であることを根拠に，意思表示以外の原因に基づく物権変動についても177条の適用を認め，**無制限説**に見解を改めた（大連判明治41・12・15民録14輯1301頁〔旧法下における隠居による生前相続の事案〕）。そして，この無制限説が今日も判例・通説（我妻・物権94頁等）とされるが，最高裁の判決には，各共同相続人に共同相続による自己の持分取得の対抗を登記なしで認めるものもある（最判昭和38・2・22民集17巻1号235頁）ため，判例上，無制限説が必ずしも厳格に貫かれているわけではない。そこで，以下では，個々の物権変動原因ごとに，対抗要件としての登記の要否を検討してい

くことにする。

2 法律行為

　売買・贈与等による所有権の移転，あるいは抵当権の設定など契約による物権変動を対抗するために登記が必要なことはいうまでもない。問題は，単独行為である遺贈の場合であるが，これについては，§6の◇発展・研究◇で触れることにする。また，同じく単独行為である法律行為の取消しや契約の解除が民法177条の対象となるかどうかについては，大いに議論の分かれるところであるが，これについては，以下，3，4で論じることにする。

3 法律行為の取消し

(1) 「取消しと登記」に関する判例理論

　§5冒頭の〔設例〕(1)で，AがA・B間の売買契約を取り消した場合，その契約は初めから無効であったものとみなされ，Bは当初から無権利者であったことになる（121条本文）。これは強迫による不本意な意思表示をしたAを保護するためであるが，他方で，このBから土地を買い受けたCが，無権利者からの買受けであるがために所有権を取得できないとすると，登記を信頼して土地を買い受けた第三者Cの取引の安全は害されることになる。このように，法律行為を取り消した側の静的安全と第三者の動的安全が対立する場合，それをどのように調整するかが大きな問題となるが，判例は，以下のように，Cの登場がAの取消しの前か後かで，区別して扱う。

　まず，(a)Cが**取消前の第三者**である場合，判例は，取消しの遡及効に基づき，Aは登記がなくても，Cに対して取消しを対抗できるとする（大判昭和4・2・20民集8巻59頁）。そして，これは，Aが制限行為能力者であることを理由に契約を取り消した場合も同様である。これに対し，Aが詐欺による意思表示を理由として取り消した場合は，第三者の取引の安全が優先され，民法96条3項によって，その取消しを善意の第三者（C）に対抗できない。

　一方，(b)Cが**取消後の第三者**である場合，判例は，法律行為の取消しによる所有権の復帰をB→Aへの**逆向きの物権変動**ととらえ，BからA・C両者への二重譲渡と同様，177条により，Aは登記がなければCに対抗できないとする

（大判昭和17・9・30民集21巻911頁，最判昭和32・6・7民集11巻6号999頁〔公売処分の取消し〕）。なお，96条3項の「第三者」は取消前の第三者とされるため，強迫，行為能力の制限を理由とする場合のみならず，詐欺による取消しの場合も，取消後の第三者との関係は177条による（前掲大判昭和17・9・30）。

　以上の判例理論は，通説もとるところであり（我妻＝有泉・95頁以下等），次の2つの理由によって正当化される。①取消しの場合は，無効と異なり，取り消されるまで有効な物権変動が存在したことは事実であり，取消しによる遡及効は，BからAへの物権の復帰を認めるための擬制にすぎない。②Aが取消前に取消しを原因とする登記をすることは不可能であるが，取消後は登記が可能であるから，取消後に登場したCに対する対抗手段として登記を要求しても，Aに無理を強いることにはならない。

　しかし，この判例・通説には，以下のような重大な問題点が存在する。①同じ取消しという行為が，一方では，A→Bという物権変動の遡及的消滅をもたらし，他方では，B→Aという逆向きの物権変動を生じさせるというのは，理論的一貫性を欠く。②上記(b)の場合を177条の規定に服させれば，Cが悪意のときでも保護を与えざるを得なくなってしまう。

　そこで，このような判例・通説を批判して，近時，種々の学説が提唱されてきているが，これらの学説は，次に述べる二つに大別することができよう。

(2) 94条2項類推適用説

　この説は，取消権者（A）の取消しと善意の第三者（C）の出現の前後関係いかんにかかわらず，Aの取消しによる相手方（B）の遡及的無権利という構成を貫くとともに，民法94条2項の類推適用によって，善意の第三者Cの保護を図ろうとする。すなわち，Aが取消しを行えばBの登記名義を除去できる状態であるにもかかわらず，それを放置している場合，これを虚偽表示に類似した状況と解し，ここに同項を類推適用する根拠を求める見解である。なお，Aは虚偽の外形を放置していた者にすぎないため，同項を類推適用するためには，Aとの利益衡量上，Cは善意のみならず無過失であることをも要する，とされる。

　問題は，いつの時点から類推適用できるかという点であるが，第1説は，取消後はもちろん，取消前であっても，Aが自らの行為を取り消すべきものと

了知し，かつその追認をなしうる状態に入った時からを原則とし，詐欺の場合は例外的に，取消前は96条3項，取消後は94条2項を適用するものとする（幾代通「法律行為の取消と登記——再論」民事研修359号1頁以下）。これに対して，第2説は，取り消すか否かは取消権者の自由であることを理由に，詐欺の場合のみならず，取消一般について，取消しの前後で区別すべきものとする。したがって，94条2項を類推適用できるのは，Aが実際に取消しをした時以後ということになる（四宮和夫＝能見善久・民法総則〔第6版〕239頁以下）。

(3) **対抗問題説**

　この説は，取消権を，原所有者が給付したものを回復するための単なる手段的権利にすぎないと考え，上記判例理論の(b)の場合のみならず，(a)の場合も，Aの取消しによってB→Aへの逆向きの物権変動が生じるととらえる。その結果，原所有者Aと第三者Cとの関係は，原則として，民法177条の対抗問題として処理される。しかし，Aが取消しによって登記を回復することができないうちにCが登記名義を得た場合については，対抗要件主義の趣旨から，Aが取消可能となって以後遅滞なく取消しをして登記を回復するための法的手段をとることを条件に，177条の適用を否定し，121条の遡及的無効をCとの関係でも貫徹させる。ただし，この場合でも，詐欺による取消しは96条3項による。

　一方，177条に従う原則的な場合でも，取消原因の存在ないしはすでに取消しがなされた事実を知っていたか重大な過失によって知らなかったCは背信的悪意者にあたり，Aの登記の欠缺を主張できない，ともされる。この最後の点は，177条の適用によって悪意の第三者までもが保護されてしまうという判例理論の克服を意味する（広中・128頁以下）。

(4) **消費者契約法による取消し**

　平成12〔2000〕年に制定（平成13年〔2001〕年施行）された消費者契約法の第4条は，消費者と事業者との間で締結される消費者契約において，重要事項の不実告知（同条1項1号），断定的判断の提供（同項2号）もしくは不利益事実の不告知（同条2項）による誤認，または，不退去（同条3項1号）もしくは退去妨害（同項2号）による困惑を理由とした意思表示の取消しを認めるが，民法96条3項の場合と同様，この取消しは善意の第三者に対抗できないものとされる（消費者契約法4条5項）。したがって，この場合の取消しの対第三者効につい

ても，詐欺による取消しの場合と同一の処理がなされるべきであろう。

4 契約の解除

解除の法的構成については，直接効果説・間接効果説・折衷説が存在するが，従来の判例・通説（我妻＝有泉・102頁以下）はこのうち**直接効果説**をとる。そして，§5冒頭の〔設例〕(2)に即して説明すると，取消しの場合におけると同様，解除によってD→Eへの所有権の移転は遡及的に消滅する結果，Eは最初から無権利者であったと構成されるとした（大判大正10・5・17民録27輯929頁）上で，以下のように，(a)と(b)の両場合に分けて論じる。

まず，(a)Fの登場がDの**解除前**の場合，直接効果説を貫けば，Fは無権利者からの譲受人として所有権の取得を否定されるはずであるが，それではFの取引の安全が阻害されるため，民法545条1項ただし書により解除の遡及効が制限される。ただし，Fが同項ただし書の「第三者」にあたるというためには，「対抗要件」を備えることを要する（前掲大判大正10・5・17，最判昭和33・6・14民集12巻9号1449頁〔合意解除の事案〕）。なお，同項ただし書の「第三者」は解除前の第三者に限られるが，詐欺による取消しの場合と異なり，第三者の善意は必要とされない。これは，第三者Fの登場後に債務不履行が発生した場合，Fの善意・悪意は問題となりえないからである。

これに対して，(b)Fの登場がDの**解除後**の場合，DとFとの関係は，177条の対抗問題として登記の存否によって処理される（大判昭和14・7・7民集18巻748頁，最判昭和35・11・29民集14巻13号2869頁）。

しかし，以上の判例・通説に対しては，①「取消しと登記」の場合と同様，(a)と(b)の間に理論的一貫性がないとか，②(a)の場合に解除の遡及効が制限されるならば，DはFの前々主となるから177条の対抗問題は生じないはずである，という批判がある。そこで，②の点については，近時の学説によって，(a)の場合の第三者Fは対抗要件ではなく，権利保護資格要件として登記を必要とする，という主張がなされている。

一方，**間接効果説**または**折衷説**によれば，解除は契約の遡及的消滅をもたらすものではなく，契約当事者双方に原状に回復させる義務を生じさせるにすぎないとされ，DからEへ所有権が移転されていた場合は，解除によってE→D

への逆向きの物権変動が生じる，と構成される。したがって，DとFとの間は，(a)と(b)いずれの場合も二重譲渡と同様，177条の対抗問題として処理され，545条1項ただし書は単なる注意規定と解される（広中・117頁以下）。

◇ 発展・研究 ◇

96条3項の第三者と登記の要否

　前述のように，A→B→Cと順次不動産の売買がなされた後で，詐欺を理由にAがA・B間の契約を取り消した場合，民法96条3項によれば，その取消しは善意の第三者に対抗できないとされる。では，Cがこの第三者にあたるというためには，C自身が登記名義を得ることが必要であろうか。この問題に関わるのが最判昭和49・9・26民集28巻6号1213頁である。

　事案は，B会社がXから農地を買い受け，農地法5条の許可を条件とする所有権移転仮登記を得た上，同農地をY会社に譲渡して仮登記移転の付記登記を経由したところ，Xが詐欺を理由にX・B間の売買契約を取り消した，というものである。原審は，有力説に従い，転得者が「目的物の所有権を取得せずにその物についての債権を有するだけの場合およびその所有権を取得した場合でも対抗要件を備えないときは」，原所有者は詐欺による取消しを対抗できるとしたため，Yの側が上告。これに対して，最高裁は，96条3項の善意の第三者の範囲は同条の立法趣旨から合理的に確定されるべきであって，対抗要件を備えた物権の転得者に限定される理由はないと述べた上で，Y会社は農地法5条の許可を条件に所有権を正当に転得できる地位を得た者であり，X・B間の売買契約から発生した法律関係について新たに利害関係を有するに至った者といえるから，同項の第三者に該当すると判示した。

　本判例については，一般に，96条3項の第三者（上例のC）は原所有者（A）に対して登記なしに所有権を主張できることを認めたものである，という理解がなされている。しかし，本事案では，Y会社が本登記に代わる仮登記の付記登記を得ることによって，自己の権利を確保するための最善の手段を尽くしたという点が評価されたものであるということを理由に，登記不要を説示するものとしての先例性を否定する少数説も存在する。

　学説は，96条3項の第三者について，登記必要説と不要説とに分かれる。し

かし、取消しによる遡及効を認めた場合、上例のAとCとの間を177条の対抗関係ととらえることは困難であり、そのため、登記必要説においても、その登記を対抗要件としての登記ということはできないはずである。そこで、近時の登記必要説は、第三者が自己の権利を確保するためには、なすべきことはすべて行っておく必要があるのであって、この場合の登記は、解除の場合と同様、権利保護資格要件として必要とされる、と説明する。

§6　登記がなければ対抗できない物権変動（その2）

〔設例〕

(1) Fが死亡して、Fが所有していた土地をFの子G・H両名が共同相続したところ、Hはこの土地について、勝手に単独相続による登記をしてIに売り渡し、Iへの移転登記も経由した。この場合、Gは自己の持分をIに対抗することができるか。

(2) Fが死亡してFの子G・Hがその相続人となったが、その後、Gは、遺産分割によって、Fの遺産のうち甲土地を単独所有することになった。ところが、一方で、Hは、この甲土地について共同相続の登記を行い、Nに自己の持分2分の1を譲渡した。Hの持分の譲渡が遺産分割前に行われた場合と、遺産分割後に行われた場合の双方について、Gは甲土地の所有権をNに対して主張できるか考えてみよう。

(3) Qは、もとPが所有していた土地を、1984年3月から現在まで、所有の意思をもって平穏・公然に占有している。一方、Rは2003年10月、Pからこの土地を買い受けて所有権移転登記を経由した者である。QがRに対して、2004年3月の時効取得を理由として所有権移転登記を請求した場合、Rはこれに応じなければならないか。

(4) Qは、P所有の土地を1984年3月から20年間、所有の意思をもって平穏・公然に占有し、2004年3月に時効取得したところ、Rは

2004年10月，Pからこの土地を買い受けて所有権移転登記を経由してしまった。Rがこの土地の明渡しを請求してきた場合，Qはこれに応じなければならないか。

(5) (4)の場合，Qは，時効の起算点を1985年3月に繰り下げ，2005年3月に時効が完成したと主張することはできるか。

1 相　続

(1) 単独相続

相続は人の死亡によって生じるが（882条），被相続人が不動産を所有していた場合，その不動産の所有権は，相続によって被相続人から相続人に移転する。では，不動産の相続は，民法177条の規定する物権変動原因として，その登記をしなければ第三者に対抗できないであろうか。

これについて，まずAの不動産をBが単独相続した場合から考えると，旧法下では，隠居などの生前相続が認められていたため，Bに相続された不動産がさらにAからCに譲渡されるという事態も生じえた。そこで，戦前の判例は，BがこのCに対抗するためには相続登記を要するものとしていた（前掲大連判明治41・12・15）。

しかし，戦後改正された新法では生前相続が廃止され，相続後に被相続人が処分するという二重譲渡類似の状況は起こりえなくなった。もっとも，被相続人Aを相続したBと，Aから生前に不動産を譲り受けたDとは一見対抗関係にあるように見えないでもないが，BはAと同一の地位に立つ**包括承継人**（896条）であるから，BとDの間は当事者関係にあると解される。したがって，Bの相続登記の有無は問題となりえず，一方，Dは登記がなくてもBに対して所有権の譲受けを対抗できる。また，AがDに不動産を譲渡した後，Aの相続人Bが同一不動産をEに譲渡した場合は，A・B間の相続を介して，A(B)→DとA(B)→Eの二重譲渡があったことになり，DとEとの間が対抗関係に立つことになる（大連判大正15・2・1民集5巻44頁，最判昭和33・10・14民集12巻14号3111頁）。

(2) 共同相続

今日，相続の対抗が大きな問題となるのは，共同相続の場合である。§6冒

頭の〔設例〕(1)にあげたのがその例であるが，〔設例〕(1)の場合，判例・通説は，Hの登記はGの持分に関する限り**無権利の登記**であり，登記に公信力がない以上，IもGの持分についてその権利を取得するいわれはないとして，GのIに対する持分の対抗をその登記なしで認める（前掲最判昭和38・2・22，末川・126頁等）。この場合，IはHの持分のみを承継し，GとIとがこの不動産を共有することになる（**無権利説**）。ただし，この立場では，Hの単独所有の登記を信頼したIの取引の安全はまったく考慮されていない。

これに対して，少数説は，共有は数個の所有権が1個の物の上で互いに制限しあって存在し，ある持分権が消滅すればその分他の持分権が拡張するという性質のものであるから，Gの持分権について登記がなければ，制限物権について登記がない場合と同様，Gはその持分権をHからの譲受人Iに対抗することができず，Iは完全な所有権を獲得する，と主張する（**対抗問題説**〔我妻＝有泉・111頁以下等〕）。

しかし，この説には，次のような理論的問題点が存在する。すなわち，その論理を展開していけば，制限物権者Jが所有権取得の登記をした上でその不動産をKに譲渡し，移転登記をした場合，Kは完全な所有権を取得することになるのではないか，といった疑問である。そこで，近時は，無権利説に立ちつつも，上例のGがHの単独所有者名義の登記を知りながら放置していた場合について，民法94条2項を類推適用し，これによってIの取引の安全を図ろうとする有力説も登場している（広中・147頁）。

2　相続放棄

Fの共同相続人G・HのうちHが相続放棄をした結果，F所有の不動産をGが単独相続することになったが，その後Hが勝手に共同相続の登記を行い，自己の持分をLに譲渡した。この場合，Gは，その不動産を自己が単独相続した旨の登記をしておかなければLに対抗できないであろうか。

この点に関しては，判例上，相続放棄をしたHの債権者Mが，Hを代位してG・Hの共同相続登記をした上で，Hの持分について仮差押えを行ったという事案が問題となった。そして，判例・通説は，この場合，相続放棄をした相続人は初めから相続人でなかったものとみなされるから（939条），Mが代位して

行った共同相続登記は実体に合わない無効の登記であり，仮差押当時にGの単独相続の登記がなされていなくても，Gは不動産の単独所有者としてMに対抗しうる，としている（最判昭和42・1・20民集21巻1号16頁，我妻＝有泉・109頁以下）。

3 遺 産 分 割

§6冒頭の〔設例〕(2)の場合，Fから相続した遺産は，いったんG・H両名の共有に属する（898条）。しかし，この遺産の共有状態は，いずれ遺産分割によって解消されることが予定されている。そして，遺産分割の結果，甲土地をGが単独所有することになった場合は，遺産分割の遡及効によって，Fの死亡時にFからGが甲土地の所有権を直接取得していたことになる（909条本文）。これを**遺産分割の宣言主義**という。

問題は，〔設例〕(2)のように，遺産分割前または遺産分割後に，相続人の一人Hが共同相続の登記をして，第三者Nに自己の持分を譲渡した場合である。

(1) まず，Fの死後，**遺産分割前**に譲渡した場合，上述の遡及効によれば，甲土地はFからGが直接承継し，Hは最初から無権利者であったことになるから，Nはその持分を取得できないはずである。しかし，Nは，事実上は，甲土地が共有状態にある時に共有者の一人Hから譲り受けたのであり，このNとの関係でも遺産分割の遡及効を認めるならば，Nは，いったん正当に取得した利益を遺産分割によって事後的に剥奪されることになる。そこで，民法909条ただし書は，「第三者の権利を害することはできない」として第三者Nとの関係で遡及効を制限し，F→H→Nという持分の移転があるものとする。なお，通説は，Nが保護されるためには登記を要するものとする（我妻＝有泉・108頁）。ただし，GとNとは対抗関係にないから，この説は，権利保護資格要件としての登記を要求しているということになろう。

(2) ところで，民法909条ただし書の「第三者」とは遺産分割前に登場した第三者であり，分割後の第三者はこれにはあたらない。では，**遺産分割後**，甲土地について無権利者となったHから，Nがその持分を譲り受けた場合はどうであろうか。

この点について，判例では，Hの債権者Oによる仮差押登記の嘱託に基づい

て，G・H共有の所有権保存登記がなされ，Hの持分について仮差押えがなされたという事案が問題となった。そして，判例は，遺産分割は実質的には，Hが相続によっていったん取得した持分をGに譲り渡すのと異ならないから，177条に従い，遺産分割によってHの本来の持分を取得したGは，その登記をしなければ第三者Oに対抗できないとし（最判昭和46・1・26民集25巻1号90頁），多数説もこれに同調する（我妻＝有泉・108頁以下）。

このような解釈は相続放棄の場合と正反対であるが，その根拠としては，①相続放棄が相続人という資格の絶対的喪失であるのに対し，遺産分割は共同相続人間の贈与や交換という実質を有すること，②相続放棄の場合は，まだ遺産分割の可能性があって遺産の帰属が流動的であるため，登記をなすことは期待できないのに反し，遺産分割の場合は，遺産が相続人に確定的に帰属するため，相続人に登記を期待できること，③遺産分割後，分割前の共同相続の外観を信頼して第三者が利害関係を持つに至る可能性は，相続放棄後に第三者が登場する可能性よりもずっと高いと予想されること，④相続放棄の有無は家庭裁判所で調べられることなどがあげられている。

以上の判例・通説に対し，少数説は，Nの登場が遺産分割後の場合も遺産分割の遡及効を大前提とする。したがって，この説によれば，上例のGはFから直接に甲土地の所有権を取得したことになるため，Hから遺産分割前の持分を譲り受けたNは，無権利者からの譲受人として，本来は所有権を取得しえない立場に立つ。そこで，この説は，第三者Nの取引の安全を保護するため，民法94条2項を類推適用すべきことを主張する。この説によれば，Nは善意の場合のみ保護されることになる（高木多喜男・不動産法の研究51頁以下）。

4 時効取得

わが民法は，不動産の取得時効についても，ドイツ民法（900条）の登記簿取得時効（Tabularersitzung）のように，登記を成立要件とはしておらず，一定の占有の継続のみで所有権の取得を認めている（162条）。ところが，一方で，民法177条は，不動産の物権変動に関して登記を対抗要件と定め，物権変動の原因は特に限定していないため，不動産の時効取得もその登記がなければ第三者に対抗できないのではないか，という疑問が生じる。しかし，一般に，時効

取得者は，自己を真実の所有者と信じて不動産を占有してきた者であり，そのような者に時効取得の登記を求めることは酷である，とも考えられる。このように，占有という事実状態のみを基礎とする取得時効と，登記による物権変動の公示の要請とを如何に調和するかが，ここでの大きな問題とされる。

(1) **判例理論**

「取得時効と登記」に関する判例理論を，§6冒頭の〔設例〕(3)〜(5)に即して説明すると，以下の5つの原則があげられる。

① 時効完成当時の所有者は，時効取得によって所有権を喪失する「当事者」であり，不動産の時効取得者は，この者に対して登記なくして所有権の取得を対抗できる（大判大正7・3・2民録24輯423頁）。

② 原所有者Pの不動産を一方でQが時効取得し，他方でRがPから譲り受けた場合，Rの譲受けがQの**取得時効完成前**ならば，①と同様，RはQの時効取得により所有権を喪失する「当事者」であり，Rに対してQは登記がなくても時効取得を対抗できる（最判昭和41・11・22民集20巻9号1901頁等）。よって，〔設例〕(3)のRは，Qの請求に応じなければならない。Rの譲受けが時効完成前ならば，Rの登記がQの時効完成後であっても同様である（最判昭和42・7・21民集21巻6号1653頁）。

③ ②の事例で，Rの譲受けがQの**取得時効完成後**ならば，PからQ，PからRへの二重譲渡があった場合と同様に考えられ，RはQにとって「第三者」となるから，Qは登記がなければ時効取得をRに対抗できない（大連判大正14・7・8民集4巻412頁，最判昭和33・8・28民集12巻12号1936頁等）。したがって，〔設例〕(4)のQは，Rの請求に応じなければならない。

④ ③の場合，取得時効を主張する者（Q）は，必ず時効の基礎たる占有の開始した時点を起算点としなければならず，任意に起算点を選択し，時効の完成時点をRがPから譲り受けた時以後にもっていくことはできない（最判昭和35・7・27民集14巻10号1871頁等）。もし〔設例〕(5)のQの主張が認められるならば，Rの譲受けがQの取得時効完成前になり，Qは登記がなくても時効取得をRに対抗できることになるが，判例は，Qのこのような主張を否定するのである。

⑤ Qの時効完成後にRがPから譲り受けて，Qの時効取得が対抗不能と

なっても（③の場合），Rの登記後さらに10年または20年占有を継続すれば，QはRに対して，時効取得を登記なしで対抗できるようになる（最判昭和36・7・20民集15巻7号1903頁）。

(2) 判例理論の問題点

以上が判例理論であるが，これに対しては，次のような問題点があげられている。

すなわち，まず第1に，②と③を比較すれば，Qは時効完成前の原所有者からの譲受人には対抗できるのに，時効完成後の譲受人には対抗できず，時効完成後も長期間占有を継続した者のほうが，かえって保護されない結果となる。また逆に，譲受人Rの側から見れば，時効完成後に譲り受けたRは保護されるのに対し，Rの譲受けがQの時効完成前ならば保護されず，Rの保護は偶然の事情によって左右されることになる。

第2に，④によれば，時効の起算点は占有開始時に固定されることになるが，何十年といった長期間占有が継続している場合に，占有開始時を正確に知ることは困難である。

第3に，例えばQが15年占有した時点でPからRに譲渡がなされ，その後もQが5年間占有を継続したという例を考えてみると，民法162条1項と2項の差異に基づき，Qは悪意または有過失ならば保護されるのに対し，善意・無過失ならば逆にRが保護されるという奇妙な結果が生じる。

(3) 学　説

判例理論には上述のような矛盾点があるため，これを批判する従来の学説は，判例を間に挟んで，より登記を重視する**登記尊重説**（登記要求説）と，より占有を重視する**占有尊重説**（登記不要説）とに二分された。

(a) 登記尊重説　このうち登記尊重説は，判例理論の③の原則を肯定し，これと均衡をとるため，時効完成前にPからの譲受人Rが登記を経た場合は，その登記後さらに10年または20年占有が継続しなければ時効取得の効力は生じない，とする。そして，これは，Rの登記を時効中断事由とするような結果になる（我妻・物権76頁以下）。

しかし，このような解釈に対しては，民法に規定がなく，しかも，占有者のあずかり知らない中断事由を認める点で厳しい批判がなされている。そこで，

最近は，登記には登記された権利を保全するための権利喪失防止機能があるとして，これを根拠に，不動産の所有者が登記をすればそれまで進行してきた時効期間は全く意味を失う，と解する見解も登場している（良永和隆「登記時効中断論の再構成」私法51号143頁以下）。

(b) 占有尊重説とその修正説　　以上の登記尊重説に対して占有尊重説は，時効取得の対抗要件としても登記を不要とする説であるが，この中にも2説あり，その第1は，そもそも対抗問題は意思表示による物権変動に限られるとする説であり（於保不二雄・民法著作集Ⅰ186頁），第2は，判例の④の原則を否定し，現在から遡って時効期間を計算することを認める説である（**逆算説**）。そして，この逆算説によれば，Rは常に時効完成時の所有者ということになり，あらゆる場合が前記②の原則に含まれることになる（川島武宜・民法総則572頁）。

しかし，これら占有尊重説に対しては，いったん取得時効が完成すれば，時効取得は登記がなくても永久に対抗できることになり，取引の安全を害する結果になるという批判がなされる。そこで，これを修正するものとして，占有尊重説を基本としつつも，時効取得者の勝訴判決確定後は登記がなければ対抗できないとする**折衷説**（舟橋・172頁以下）も存在する。また，近時は，時効取得者が他人名義の登記を放置していた場合に民法94条2項を類推適用して，登記を信頼して不動産を取得した第三者を保護しようとする見解（加藤一郎・民法ノート(上)92頁以下）も生まれている。

◇　論　点　◇

「取得時効と登記」に関する近時の学説——類型説

「取得時効と登記」の問題については，近時，事案を紛争類型別に分類して考察しようとする**類型説**が有力に主張されている。すなわち，この説は，二重譲渡における未登記譲受人が時効取得を主張する二重譲渡型とか，境界紛争において取得時効が主張される境界紛争型といった類型ごとに異なった解釈を試みる説であり，以下のものがある。

その第1は，短期取得時効（162条2項）の目的を，前主が無権利であった場合や取引行為に瑕疵があった場合の譲受人の取引の安全に限定することにより，二重譲渡型への短期取得時効の適用を否定し，二重譲渡型における未登記第一

譲受人は，長期取得時効（同条1項）の転用によって保護される，という説である（山田卓生「取得時効と登記」来栖三郎＝加藤一郎編・民法学の現代的課題103頁以下）。また，第2説は，民法177条の対抗要件主義の観点から，二重譲渡型については，登記を怠った第一譲受人を無視して取引することを認める177条が厳存する以上，第一譲受人は第二譲受人の登記後10年または20年占有しないと時効取得を主張できないが，境界紛争型については，時効取得者に登記のないことについての怠慢がない通常の場合は時効取得者が優先される，と解する（星野英一・民法論集第4巻336頁以下）。さらに，第3説は，原則として時効取得に177条が適用されることを肯定するとともに，144条の定める時効の遡及効を根拠に，前記判例理論の②の場合もRは177条の「第三者」として扱われると解するが，例外的に，境界紛争型については，時効取得者が自己の時効取得に気づきうべき状態になかった通常の場合は177条は適用されない，と論じる（広中・154頁以下）。

　最後に，取得時効の存在理由の観点から類型化を試みる説が存在する。すなわち，この説によれば，長期取得時効は，長年月の経過により所有権取得の証拠を失った真の所有者の立証困難を救済するためのものであり，一方，短期取得時効は，取引の相手方を所有者と信頼して不動産を譲り受けた者の取引の安全を保護するための制度とされる。そこで，境界紛争型のように，①境界付近の土地が自己の所有地に含まれることを立証できない者，あるいは，②境界付近の土地を前主の所有地に含まれると信じて譲り受けた者が取得時効を援用した場合，長短両取得時効の趣旨からして，これらの者は，登記なしで時効取得を対抗できることになる。しかし，この説では，二重譲渡の未登記第一譲受人が時効取得を主張する二重譲渡型の場合，時効主張者の取引の安全や立証困難の救済が問題となっているわけではないから，取得時効の成立ないし援用は認められず，事案はあくまでも，第一譲渡の対抗問題として処理されることになる。ただし，この説でも，第二譲渡があったとされる時から，第一譲受人が20年以上占有していたにもかかわらず，第二譲受人から何らの請求もない場合は，むしろ第二譲渡不存在の蓋然性が強いと考えられ，第一譲受人の時効取得の対抗が登記なしで認められよう（草野元己・取得時効の研究119頁以下）。

◇ 発展・研究 ◇

1　指定相続分と登記

　前掲最判昭和38・2・22は，共同相続人の一人が単独相続の登記をして，自己の法定相続分を超える分まで第三者に処分したという事例に関するものであった。では，共同相続人のうち，法定相続分よりも指定相続分の下回る者が，法定相続分に基づいた処分をした場合はどうであろうか。

　この問題に関しては，最判平成5・7・19家月46巻5号23頁が存在する。事案は，Fの土地をG以下4名の子が共同相続したが，Fの遺言によってGの相続分が80分の13と指定されていたところ，この土地について各相続人の持分を法定相続分の4分の1とする相続登記がなされていたため，Gが4分の1の持分をSに譲渡してその登記を経由した，というものである。

　この事案について，最高裁は，Gの登記は持分80分の13を超える部分については無権利の登記であり，登記に公信力がない以上，Sが取得した持分は80分の13にとどまると判示した。これは，前掲最判昭和38・2・22で，法定相続分を超える処分がなされた場合について示された無権利の法理を，指定相続分を超える処分がなされた場合についても適用したものといえよう。

2　遺贈と登記

　Aが生前に自己所有の不動産をDに遺贈したが（特定遺贈），Aの死後，Aの相続人Bに相続登記がなされ，Bがその不動産をEに売却した場合，Dは遺贈による所有権移転の登記がなければEに対抗できないか。

　このような遺贈と登記の問題については，最判昭和39・3・6民集18巻3号437頁が存在する。事案は，Tが自己所有の不動産をUほか5名に遺贈した後死亡したが，遺贈による登記がなされないうちに，Tの相続人の一人であるVの債権者Wが，Vに代位して相続登記を行い，Vの持分4分の1に対して強制競売の申立てを行ったというものである。

　これについて，本判決は，遺贈は意思表示によって物権変動の効果を生ずる点において贈与と異なるところはないから，遺贈の場合においても不動産の二重譲渡の場合と同様，登記をもって対抗要件と解すべきであると判示し，受遺

者UらはWに対抗できないとした。もっとも，この事案の場合，Uらが対抗できないのは，Wが差し押さえたVの持分についてのみである。

学説のうち多数説は，この判例に賛成する（我妻＝有泉・94頁等）。しかし，少数説は，受遺者は遺贈があったことをすぐに知ることができず，登記手続に入るにも時間がかかるため，登記を必要とすればほとんどの場合相続人の債権者等に敗れ，遺言制度を無にする結果になることなどを理由に，遺贈は登記なしで対抗できると主張する（注民(6)279頁〔原島重義〕）。

§7　登記がなければ対抗できない「第三者」の範囲（その1）

〔設例〕
　(1)　BはAからA所有の家屋を購入したが，まだ所有権移転登記を経由しないでいたところ，わき見運転のDがトラックを家屋に激突させ，壁に大きな穴を開けてしまった。BがDに対して壁の修理代金を請求してきたとき，不法行為者DはBの未登記を理由に，Bの請求を拒否できるか。
　(2)　KはI所有の土地をIから賃借して，その上に登記ある建物を所有していたところ，Iはこの土地をJに売り渡した。この場合，Jは，所有権移転の登記を受けていないと，Kに対して賃料請求をすることができないか。
　(3)　LはNに賃貸していた所有地をMに売り払った。この場合，新所有者MがNに対して，その賃借権を否定して土地の明渡しを請求するためには，所有権移転登記を経由する必要があるか。

1　すべての第三者に対抗できないのか

　§5と§6では，登記がなければ対抗できない不動産の物権変動の範囲に関

して説明してきたが，次に問題となるのは，登記がなければ対抗できない「第三者」の範囲についてである。一般に，「**第三者**」とは，法律関係の当事者およびその包括承継人以外の者を指す。そして，民法177条は，不動産の物権変動について，「その登記をしなければ，第三者に対抗することができない」と規定し，特に「第三者」の範囲は制限していない。そこで，この177条の文言からすれば，例えば不動産の売買では，買主は，売主やその相続人など売主の包括承継人以外のすべての者に対して，登記がなければ自己の所有権取得を対抗できないかのように解されないわけでもない。そうすると，〔設例〕(1)の場合，未登記のBはDに対して，家屋の所有者であることを主張しえず，損害賠償を請求できないという不当な結果がもたらされる可能性もありうることになろう。

(1) 判　例

この点について，かつての判例は，民法177条の第三者には物権変動の当事者およびその包括承継人以外の者が広く含まれるとして，不動産の譲受人は実質的無権利者（無効な譲受行為による譲受人，虚偽の登記名義人など）に対抗する際にも登記を要するとしていた（大判明治40・2・27民録13輯188頁，大判明治40・12・6民録13輯1174頁，大判明治41・4・6民録14輯395頁等）。

しかし，登記がなければ対抗できない物権変動の範囲について無制限説に転じた前掲大審院連合部判決（大連判明治41・12・15民録14輯1301頁）と同日，大審院は，やはり民事連合部判決で，177条の第三者の範囲について，以下のように，こちらは従来の無制限説から制限説へと変更する判決を下した（大連判明治41・12・15民録14輯1276頁）。

すなわち，同判決によると，177条にいわゆる第三者とは，当事者もしくはその包括承継人以外の者であって，不動産に関する物権の得喪および変更の登記の欠缺を主張する正当の利益を有する者を指称するとされ，具体的には，①同一の不動産について所有権・抵当権などの物権または賃借権を正当の権原によって取得した者や，②同一の不動産を差し押さえた債権者またはその差押えについて配当加入を申し立てた債権者などがそれにあたる，とされる。一方，③同一の不動産に関し正当の権原によらないで権利を主張する者，あるいは，④不法行為によって損害を加えた者などは，177条の第三者にあたらないと判示された。そして，以上の制限説は，その後の判例にも引き継がれている。

(2) 学　　説

　民法起草者は，主として民法177条の形式的解釈により，第三者の範囲を無制限に解していたが（梅・17頁以下），制限説を採った上記明治41年大審院連合部判決以降，学説上も制限説が有力となり，ついには通説となった。そこで，問題となるのが，何をもって第三者の範囲を制限する基準とするか，という点である。

　上述のように，明治41年大審院連合部判決は，177条の第三者を「登記の欠缺を主張する正当の利益を有する第三者」に限定し，学説にも，これに同調するものがある（柚木＝高木・総論216頁等）。しかし，単に「正当の利益を有する者」といっても，どのような場合に「正当の利益」があるのか，その客観的基準がさらに問題とならざるをえない。というのは，たとえば，§7冒頭の〔設例〕(1)の不法行為者Dも，家屋の売主Aにまだ登記がある場合は，誤ってAに賠償金を弁済する危険性があるため，二重払の危険を避けるという意味で，「正当の利益を有する者」ともいいうるからである。

　(a) 我妻説　　そこで，より客観的基準としてまず第1にあげられるのが，民法177条の第三者を「当該不動産に関して有効な取引関係に立てる第三者」に限定しようとする説である（我妻＝有泉・154頁）。そして，この説によれば，〔設例〕(1)の不法行為者Dや登記名義を偽造した者，売買が無効な場合の買主などは，「第三者」から排除される。

　しかし，「有効な取引関係に立てる第三者」という指標からは，不動産の買主が未登記の場合，その買主は，①売主の一般債権者や，②買主の前々主（売主の前主）にも対抗できないという帰結がもたらされる可能性があり，具体的妥当性の点で疑問が残る基準といえよう。

　(b) 対抗問題限定説　　この説によれば，民法177条が物権変動の対抗要件を規定する条文であることから，同条が適用されるのは対抗問題が生じる場合に限られ，したがって，同条の「第三者」は物権変動の当事者と対抗関係に立つ者に限定されなければならない，とされる。今日の多数説である。

　問題は，「対抗関係に立つ第三者」とはどのような者をいうかという点であるが，これについては，例えば，「問題となっている物権変動が有効であるとすれば否認されざるを得ない権利を有する者」（川島・128頁）とか，あるいは，

「物的支配を相争う相互関係に立ち，かつ登記に信頼して行動すべきものと認められる者」（舟橋・182頁）と説明される。要するに，相手の権利を否定しなければ自分の権利が否定される関係（比喩的にいえば，「食うか食われるかの関係」）にある者が，民法177条の「第三者」にあたるといえよう。いずれにしても，具体的にどのような者がこの「第三者」にあたるかが問題であり，以下，個々に検討する。

2　どのような者が「第三者」にあたるか

(1)　物権取得者

例えば，E所有の不動産がFとGに二重譲渡された場合のF・Gのように，所有権取得者は「第三者」にあたる。したがって，F・G双方とも，登記がなければ相手方に所有権取得を対抗できない。所有権取得原因は，売買・贈与・交換などを問わない。

また，地上権者や抵当権者のように，制限物権を取得した者も，同様に「第三者」になる。そこで，E所有の不動産をFが買い受けてまだ登記を行わないうちに，EがHのためにこの不動産に抵当権を設定し，抵当権設定登記も経由した場合，Fは，抵当権の負担のついた不動産を取得することになる。

(2)　差押債権者・仮差押債権者・破産債権者など

不動産を差し押さえた債権者は物権取得者ではないが，物権取得者と同様，その不動産について排他的な支配を及ぼす者と考えられるため，「第三者」に該当する。したがって，不動産の未登記譲受人は，譲渡人の差押債権者に第三者異議の訴え（民執38条）を起こすことはできない（最判昭和39・3・6民集18巻3号437頁）。また，仮差押債権者（最判昭和38・3・28民集17巻2号397頁），仮処分債権者（最判昭和30・10・25民集9巻11号1678頁），破産債権者なども，同様に「第三者」に含まれる。

(3)　不動産の賃借人

(a)　不動産の譲受人が賃料請求・解約申入れをする場合　　例えば，§7冒頭の〔設例〕(2)のように，不動産の譲受人（J）が譲渡人（I）からの賃借人（K）に対して賃料請求をする場合について，判例（大判昭和8・5・9民集12巻1123頁，最判昭和49・3・19民集28巻2号325頁）・通説（我妻＝有泉・159頁）によれ

ば，未登記のJは，対抗力ある賃借人Kに対して賃貸人の地位を対抗しえないため，賃料請求をすることができないとされる。同様に，未登記のJはKに対して，賃貸借関係を前提とした解約申入れもできないとされる（最判昭和25・11・30民集4巻11号607頁，我妻＝有泉・159頁）。

しかし，賃料の点についていうと，Jの所有権取得が否定されたからといって，賃借人Kの賃料支払義務がなくなるわけではなく，いずれにせよKは誰かに賃料の支払いをしなければならない。そうすると，この場合，JとKとは，対抗の関係には立っていない。これに対して，通説は，もしIがその土地をJ以外の者にも二重譲渡してそちらの者が先に登記をすれば，Kには二重払いの危険が生じるとして，登記の必要性を強調する。これは，登記に所有権移転を証明する役割を求めるものであり，いうなれば，登記に権利資格保護要件としての機能を認めるものである（我妻＝有泉・159頁）。

以上のような判例・通説に対して，**対抗問題限定説**は，Jは未登記であっても，Kの賃借権の存在を前提とする請求については，対抗の問題は生じないとし，したがって，Jは賃貸人として賃料請求や解約申入れをすることができる，と述べる。そして，通説が危惧する二重払いの危険については，供託（494条後段）を利用するか，債権の準占有者への弁済（478条）の問題として処理すれば足りる，と主張する（舟橋・189頁以下，195頁以下）。

(b) 不動産の譲受人が賃借人に明渡請求をする場合　以上とは異なり，§7冒頭の〔設例〕(3)については，一般に，不動産の譲受人Mは，Lからの賃借人Nに対して，たとえNに対抗力が備わっていない場合でも，所有権移転の登記がなければ対抗できず，明渡しを請求できないとされる。不動産賃借権の多くは，債権ではあるもののすでに物権化されていて（605条，借地借家10条・31条，農地18条），不動産の上に物権的支配を及ぼす権利であるため，不動産の賃借人(N)と物権取得者(M)とは対抗関係にある，というのがその理由である（我妻＝有泉・156頁以下，舟橋・189頁）。

3　「第三者」にあたらない者

(1)　実質的無権利者およびその者からの転得者

PがO所有の不動産を買い受けたがまだ登記を経ていなかったところ，Qが

登記申請書類を偽造してOからQへの移転登記をしてしまった場合、Qは実質的に所有権を取得した者ではないから、民法177条の「第三者」には該当せず、Pはその不動産の取得を登記なしでQに対抗できる。OがQとの間で売買契約を結んだが、この契約が無効である場合も同様である（最判昭和34・2・12民集13巻2号91頁〔OとQが通謀虚偽表示によって仮装登記をした事例〕）。

以上の場合、RがQから善意・無過失でその不動産を転得して登記しても、登記には公信力がないため、Rは無権利者であり、177条の「第三者」にはあたらない。ただし、このような場合でも、PがQまたはRに登記名義があるのを知りながら放置していたときは、94条2項が類推適用され、Rが保護される可能性も存在する。

(2) 不法行為者

§7冒頭の〔設例〕(1)で、家屋の譲受人Bが不法行為者Dに対して損害賠償請求をしてきた場合、Dは、Bの未登記を理由にこれを拒むことはできない。不法行為者(D)は、物権変動の当事者(B)との間で物の支配を相争う関係に立つものではないからである。

問題は、登記名義がまだAにあるため、DがAを所有者と誤信して、Aに対して賠償金の支払いをした場合であるが、この場合は、債権の準占有者に対する弁済（478条）の問題として保護されることが多いであろう。また、Dが損傷を与えた家屋が、AからBとCとに二重譲渡されていた場合、損害賠償請求権はB・Cのうち先に登記を備えたほうに帰属させるべきであるが、B・C双方とも未登記であるならば、Dは賠償金を供託（494条後段）すればよく、もしBに支払った後Cが登記を得た時は、債権の準占有者に対する弁済として処理される（舟橋・197頁以下）。

(3) 不法占拠者

(2)で述べたことは、不法占拠者についても同様である。すなわち、SからTに譲渡された不動産をUが不法占拠している場合、まだ所有権移転登記がされていなくても、TはUに対して、明渡請求や損害賠償請求をすることができる（最判昭和25・12・19民集4巻12号660頁）。

(4) 転々譲渡の前主

V所有の不動産がV→W→Xと転々譲渡されたが、登記はVにある場合、X

は未登記であってもWからの所有権取得をVに対抗できる（最判昭和43・11・19民集22巻12号2692頁）。この場合，VとXは，Wを介して前主と後主の関係にあり，Vは，W・X間の物権変動を否定しなければ自己の所有権が否定されるという立場の者ではないからである。

(5) 一般債権者

前述の差押債権者等と異なり，単なる一般債権者は，債務者の物に対して支配可能性があるだけで，直接の支配を及ぼしているわけではない。したがって，Y所有の不動産を買い受けたZがまだ移転登記を得ていなくても，Yの一般債権者は，Y・Z間の所有権移転について民法177条の「第三者」にはあたらず，Zが未登記であることを主張することはできない（多数説）。

§8　登記がなければ対抗できない「第三者」の範囲（その2）

〔設例〕

(1) BはAからA所有地を買い受けたが，まだその登記を経由していなかったところ，Cは，この土地をさらにAから買い受け，先に登記をしてしまった。この事例で，CがA・B間の売買がすでに存在していることを知りながら買い受けたとした場合，Bはその所有権取得をCに対抗できるか。

(2) EはDからD所有地を買い受けたが，まだその登記を経由しないでいたところ，Fがこの土地をDから買い受けて先に登記を行い，さらに，Gに転売して登記も移してしまった。この事例で，Fが背信的悪意者，Gが善意者であったとした場合，Eはその所有権取得をGに対抗できるか。

(3) (2)の事例で，(2)とは逆に，Fは善意であるが，Gが背信的悪意者であった場合，Eはその所有権取得をGに対抗することができるか。

§7では，登記がなければ物権変動を対抗できない「第三者」の範囲に関して，主として，その客観的基準を説明してきた。そして，不動産の二重譲渡における第二譲受人などは，「第三者」の典型例にあたるといえよう。しかし，このような「第三者」であっても，その善意・悪意をまったく問う必要がないかは別に問題となるところである。そこで，§8では，「第三者」の主観的要件について考えてみたい。

1 悪意の第三者

〔設例〕(1)の事例で，Cは**悪意の第三者**ということになるが，このような者も民法177条の「第三者」に該当し，第一譲受人BはCに対して，登記がなければ所有権取得を対抗できないのであろうか。177条は，明文上，善意の第三者であることを特に要件として規定していない。したがって，同条の文理からいえば，悪意の第三者も177条の「第三者」に含まれることになろう。しかし，AからBへの所有権移転登記がないので，Aから所有権は移転していないであろうと信じた第三者を保護するのが177条の趣旨とするならば，悪意の第三者Cは保護に値しないはずである。

この点について，判例・通説は，177条の「第三者」には，善意者のみならず，悪意者をも含むものと解する。その理由としては，まず第1に，177条の文理があげられ，第2に，立証のむずかしい善意・悪意を問題とすれば，法律関係が紛糾するため，むしろ登記を基準とした画一的規律が望ましいということ（梅・11頁，富井・63頁，岡松・15頁，末川・107頁），第3に，資本主義的自由競争の原理によれば，すでに他人が物権を取得した物も，その譲渡人にさらに有利な条件を出して獲得することが許されるということ（舟橋・183頁）があげられる。

2 背信的悪意者

(1) 背信的悪意者は「第三者」に含まれるか

上述のように，判例・通説は，悪意者も民法177条の「第三者」にあたるとするが，信義に反するような形で権利を取得した悪意者までもこの中に含めることは，決して妥当とはいえない。実際，実定法上も，不動産登記法5条は，

その第1項で、「詐欺又は強迫によって登記の申請を妨げた第三者は、その登記がないことを主張することができない」と規定し、第2項本文で、「他人のために登記を申請する義務を負う第三者は、その登記がないことを主張することができない」、と定める。したがって、不動産の譲受人は、これらの者に対しては、登記がなくても対抗できることになる。

ところで、不動産登記法5条が規定する事例は、信義に反する行為を行った代表例といえるが、これ以外の場合、不動産物権の取得者は、どんな悪意者に対しても登記がなければ対抗できないのであろうか。例えば、〔設例〕(1)において、①CがBの未登記に乗じ、Bに対する復讐の意図の下、それをAに打ち明けて、低廉な価格でAから当該土地を買い受けて登記を得た場合（最判昭和36・4・27民集15巻4号901頁の事例）や、②同じくCがBの未登記に乗じ、Bに高値で売りつける目的で当該土地をAから買い受けて登記を経た場合（最判昭和43・8・2民集22巻8号1571頁の事例）などは、Cは不動産登記法5条の「第三者」に該当するわけではないが、信義にもとるという点では、それに勝るとも劣らない者ともいえよう。

そこで、今日の学説によれば、悪意者も、社会生活上正当な自由競争と認められる範囲を超えない限り、177条の「第三者」として保護されるが、不動産登記法5条が規定する第三者に代表されるように、信義則に反するほどの悪意者は、「**背信的悪意者**」と呼ばれ、自由競争の枠外にある者として「第三者」から排除されることになる。したがって、上記①や②の場合、Bは登記がなくても、背信的悪意者Cに対抗することができる（舟橋・183頁以下〔なお、§7の1(2)(b)で紹介した舟橋説が、「第三者」を、「物的支配を相争う相互関係に立ち、かつ登記に信頼して行動すべきものと認められる者」と定義しているのは、背信的悪意者を排除するためと考えられる〕）。

(2) 判例の流れ

第2次大戦前、判例は、民法177条の「第三者」について、その善意・悪意は問わないという善意・悪意不問説によっていたが、戦後、新たな傾向が生じてきた。すなわち、昭和30年代に入り、まず、(a)不動産登記法5条の第三者に類するような「登記の欠缺を主張することが信義に反すると認められる事由がある場合」の第三者は、登記の欠缺を主張するにつき正当な利益を有しない第

三者にあたる，とされた（最判昭和31・4・24民集10巻4号417頁）。次に，(b)上記(1)の①の事案において，A・C間の第二売買は，公序良俗違反で無効（90条）であることを理由に，Cを177条の「第三者」から排除する判決（前掲最判昭和36・4・27）が出された（なお，A・C間の譲渡行為を公序良俗違反と構成すると，その行為は絶対的無効で，Cは無権利者となるから，Cから善意で転得した者が現れた場合，この者は無権利者からの譲受人となり，まったく救済されないことになる）。

ところが，昭和40年代に入ると，判例も，学説の影響を受けて，登記の欠缺を主張することが信義に反する者を「背信的悪意者」という名称で呼ぶようになり，上記(1)②の事案のCを背信的悪意者として，177条の「第三者」から除外するに至った（前掲最判昭和43・8・2）。そして，この**背信的悪意者排除論**は，その後の判例でも踏襲され（最判昭和43・11・15民集22巻12号2671頁，最判昭和44・1・16民集23巻1号18頁，最判昭和44・4・25民集23巻4号904頁等），今日では，確固たる判例理論となっている。

(3) 背信的悪意者の類型

登記の欠缺を主張することが信義に反すると認められる悪意者を，背信的悪意者として民法177条の第三者から排除するとしても，具体的にどのような事実がある場合に背信的悪意を認定するかが問題となる。そして，これについては，背信的悪意を認定した諸判例の事案を参考に，学説（幾代通「悪意の第三者と登記」私法37号8頁，32頁以下等）によって，以下のような類型化が図られている（Aを不動産の原所有者，Bを未登記の第一譲受人，Cを既登記の第二譲受人とする）。

① CがAの配偶者・父母・子等の近親者であるなど近接した立場にある場合
② 前掲最判昭和43・8・2のように，Cが不当な利益を得る目的の下に，無償またはこれに近い形で権利取得をした場合
③ 例えば，A→Bへの山林の贈与に関する和解に立ち会ったCが，Aに対する債権に基づいて同山林を差し押さえたという前掲最判昭和43・11・15の事案のように，Cがいったんはへの物権変動を承認し，それを前提とする行動をとりながら，後にそれと矛盾する主張をした場合

78　第Ⅰ部　第2章　物権の変動

④　CがAに対して，二重譲渡をするよう積極的に働きかけた場合
⑤　Bの登記の具備をAが不法な方法で妨げるについてCが協力した場合
（前掲最判昭和44・4・25の事例）
⑥　前掲最判昭和36・4・27のように，CがBに対して特別の害意を有する場合

◇　発展・研究　◇

1　背信的悪意者からの転得者

　§8冒頭の〔設例〕(2)の事例で，まだ善意の転得者Gが登場しないうちは，前述のように，Eは未登記でも，自己の所有権取得を背信的悪意者Fに対抗することができる。そこで，このFを無権利者と考えれば，転得者Gが現れた場合，Gは無権利者からの譲受人となり，所有権を取得できないことになる（**絶対的構成説**）。しかし，これでは，善意の転得者Gにとって酷な結果になることから，通説（川井・概論45頁以下等）・判例（最判平成8・10・29民集50巻9号2506頁）は，背信的悪意者からの転得者を保護するため，次のような理論構成を試みる。

　すなわち，Fが背信的悪意者であるとしても，それによって，D・F間の売買が無効で，Fがまったくの無権利者となるわけではない。D・F間の売買も一応有効であるが，Fは背信的悪意者であるため，Eの登記の欠缺を主張することができないだけである。そうすると，Gは無権利者から譲り受けたことにはならないのであるから，G自身が背信的悪意者でない限り，EはGに対抗することができず，Gは有効に所有権を取得できる（**相対的構成説**）。

2　善意者から転得した背信的悪意者

　§8冒頭の〔設例〕(3)は，(2)とは逆に，第二譲受人Fは善意であるが，Fからの転得者Gが背信的悪意であった場合である。そこで，この場合も，Eの対抗の可否を相対的に考えるとするならば，未登記のEは善意の第三者Fには対抗できないが，背信的悪意の転得者Gには対抗できることになる。そして，このように解釈すれば，Eの土地の取得をもくろんだGが，善意の第三者FをDとGの中間に介在させたとしても，Gの権利取得を妨げることが可能になる

（相対的構成説〔東京高判昭和57・8・31判時1055号47頁〕）。

　しかし，このような説をとった場合，問題となるのは，**追奪担保責任**との関係である。すなわち，民法561条に従うと，F・G間の売買契約によってGが所有権を取得できないときは，Gはこの契約を解除し，Fに対して支払代金の返還を請求することができるが，これでは，善意者Fの保護をまっとうできないことになる。そうすると，いったん善意の第三者Fが登場した場合は，このFを保護するため，未登記者Eの対抗不能が確定的となり，Eは，以後登場する背信的悪意者に対しても対抗できなくなる，という解釈が妥当であろう（絶対的構成説）。

§9　動産物権変動の公示

〔設例〕　老人Aは，B商事株式会社（以下，B商事という）の営業マンbから，資産運用のために良いと勧められ，「金の延べ棒」を購入し，代金全額1,000万円を支払った。その際，Aは，bから，「金の延べ棒は家に保管すると危険ですから，わが社の金庫で厳重に保管するほうが安全です」と言われたので，その言葉を信じて預り証だけを受け取り，購入した金の延べ棒をB商事に預けた。この場合，Aは，金の延べ棒の所有権を第三者に主張することができるか。

1　動産物権変動の公示（対抗要件）
(1)　意　義

　不動産物権であれ，動産物権であれ，その設定および移転（これを「物権変動」という）は，当事者の意思表示により効力を生ずる（176条）。そして，所有権をはじめとする物権には一般に排他性が認められるので，物権取引の安全を図るためには，第三者が物権変動の結果を外部から認識できるようにする必要がある。これが物権変動の公示であり，民法は，不動産物権変動の公示方法を「登記」とする（177条）一方，動産物権変動の公示方法を「引渡し」とする（178条）。動産物権の公示が「引渡し」によってなされるのは，動産取引は頻繁に行われ，動産が転々流通するため，登記のような公示方法が技術的に困難なためである。

　後述のように，本条の「引渡し（占有移転）」には，動産が物理的に移転する「現実の引渡し」（182条1項）だけでなく，動産が物理的には移転せず，意思表示だけで引渡しが行われる「簡易の引渡し」（182条2項），「占有改定」（183条）および「指図による占有移転」（184条）のような観念的な引渡しも含まれる。このように，「引渡し」には，観念的な引渡しも含まれるため，動産の直接占有者が無権利者である場合がある（とりわけ，占有改定による引渡しの

場合，そのことが顕著に表れる）。それゆえ，動産取引の安全のためには，無権利者（前主＝取引の相手方）が行っている「占有」を信頼し，その無権利者を権利者（所有権者）と誤信して取引を行った者を一定の場合に保護する必要がある。それが，192条の定める即時取得（善意取得）制度であり，178条に定める動産物権変動の公示の不備を補完して，取引の安全を保護しているわけである。

 (2) 178条の適用を受けない動産の範囲

　民法上，動産とは，不動産以外の物である（86条2項）。本条は，動産物権変動の公示方法を「引渡し」とし，それをもって第三者に対する対抗要件とする。ただし，動産であっても，登記・登録など特別の公示制度を備えているものや，性質上，引渡しを公示方法とするのが適当でないものは，本条の適用を受けない。以下，本条の適用を受けない動産の範囲について述べる。

　① 船舶（商687条）や建設機械（建設機械抵当法7条）は，「登記」がその所有権の得喪変更の対抗要件であり，自動車（道路運送車両法5条）や航空機（航空法3条の3）は，「登録」がその所有権の得喪変更の対抗要件である。また，建設機械（建設機械抵当法7条）や農業用動産（農業動産信用法13条）は「登記」が，その抵当権の得喪変更の対抗要件であり，自動車（自動車抵当法5条）や航空機（航空機抵当法5条）は，「登録」がその抵当権の得喪変更の対抗要件である。

　② 「動産及び債権の譲渡の対抗要件に関する民法の特例等に関する法律」（平成16年12月1日公布，法律第148号）は，法人が行う動産の譲渡について，登記によって対抗要件を備えることを可能とした（同法3条1項）。この法律は，企業（法人）の資金調達の円滑化を図ることを目的とし，「債権譲渡の対抗要件に関する民法の特例等に関する法律」の一部を改正したものであり，個別動産・集合動産を問わずに適用されるが，特別法により登記・登録が所有権の得喪の対抗要件となる動産（船舶・自動車・航空機など）で既に登記・登録がなされているものについては適用されない。同法律は，動産譲渡登記ファイルに譲渡の登記がされたとき，当該動産について，178条の引渡しがあったものとみなしている（同法3条1項）（なお，第Ⅱ部第5章§1◇論点◇［238頁］参照）。

　③ 不動産（主物）の従物である動産（土地上の石灯籠や庭石，建物内にある

畳・建具など）は，不動産が譲渡され移転登記がなされれば，動産の引渡しがなくとも，その動産所有権の移転を第三者に対抗することができる（大判昭和8・12・18民集12巻2854頁）と解されている（87条2項参照）。すなわち，主物についての登記・登録が，間接的にその従物たる動産の物権変動の対抗要件となるわけである（最判昭和44・3・28民集23巻3号699頁は，主物（宅地）についての根抵当権設定登記により，根抵当権の効力は，特段の事情がない限り，その設定当時の従物（宅地上の石灯籠）にも及ぶとする）。

> **主物と従物**　従物とは，主物の構成部分ではなく，主物の経済的効用を客観的・継続的に助けるために主物に従属しながらも，独立して取引の客体となる物である（87条1項）。主物と従物は，同一の所有者に属し，かつ上記のような関係にあるから，なるべく一体的に処理するのが合理的である。それゆえ，主物が処分されると，別段の意思表示がない限り，従物も処分されることになる（87条2項）。従物の例として，土地に対する石灯籠・庭石・池の鯉（東京地判昭和35・3・19判時220号31頁），建物に対する畳・建具・別棟の茶の間・敷地賃借権（従たる権利），カメラに対する三脚などがある。

④　貨物［かぶつ］引換証（商573条・575条），倉庫証券（商603条・604条）や船荷証券（商776条）などの有価証券に表示された動産については，これらの証券の引渡しが，そこに表示された動産の引渡しと同一の効力があるとともに，動産上の権利移転の効力発生要件である。したがって，これらの証券によって表象される動産には，本条の適用がない。

⑤　無記名債権は，動産とみなされる（86条3項）から，本条が適用される。無記名債権は，本来，物ではないが，債権の成立・存続・行使について，動産としての証券と切り離せないからである。しかし，有価証券である無記名債権（無記名の公債・社債，商品の給付請求権を表象する商品券など）は，証券の交付（引渡し）が権利移転の効力発生要件ないし成立要件と解されるから，本条の適用がない。それゆえ，本条が適用されるのは，有価証券化されていない無記名債権（入場券・劇場の観覧券・旅行切手・乗車券など）に限られる（なお，大判大正6・2・3民録23輯35頁は，乗車券を無記名証券ではないとするが，学説は反対する）。

> **無記名債権**　無記名債権とは，証券上に債権者を表示しないで，債権の成立・存続・行使について証券の存在を要件とする債権であり，無記名公社債，商品券，乗車券，劇場観覧券などの証券によって表章される債権であり，無記名債権を表象する証券を無記名証券という。無記名債権は，動産とみなされるから（86条3項），権利移転の効力は意思表示のみで生じ（176条），証券の引渡しは対抗要件にすぎない（178条）。しかし，有価証券である無記名債権の場合，証券の引渡しは権利移転の効力発生要件であり，取得者は，善意・無重過失であれば善意取得し（商519条，小切手21条，つまり192条の適用がない），証券が盗品・遺失物であっても193条・194条の適用がなく，民法以上の公信力が付与されている。今日，多くの無記名債権は有価証券化し，動産以上に保護されているから，86条3項の実際的意義は小さい。

⑥　通貨としての金銭は，有価証券以上に強い流通性・代替性を有するため，その譲渡については引渡し（現実の引渡し・簡易の引渡し）が効力発生要件であり，本条の適用を受けない。

(3) 178条の「物権」とは

「引渡し」により第三者に対する対抗力を生ずるのは，動産に関する「物権」の譲渡である。そして，この「物権」は，実際には「所有権」だけである。なぜなら，用益物権の設定対象はすべて土地（不動産）であり，担保物権のうち抵当権の設定対象は不動産であり，さらに留置権や動産質権においては，占有が権利の発生・存続の要件であり（344条・352条），また動産先取特権は公示を必要としないからである。

なお，本条の「譲渡」には，所有権の譲渡だけでなく，取消しや解除による所有権の復帰も含まれると解されている。

(4) 178条の「引渡し」とは

「引渡し」とは，占有の移転のことであり，それには4つの方法がある。すなわち，①現実の引渡し（182条1項），②簡易の引渡し（182条2項），③占有改定（183条），④指図による占有移転（184条）である（次頁の図を参照）。

①現実の引渡しは，譲渡人から譲受人に対し目的物が物理的に移転することである。②簡易の引渡しは，賃借人が賃借物を譲り受けるような場合であり，

目的物譲渡の前後において占有状態に変化がない。③占有改定は，譲渡人が，譲受人から目的物を賃借するような場合である。目的物譲渡の前後において占有状態に変化がないだけでなく，譲渡人（譲渡の結果，非所有権者となった）が引続き占有しているため，譲受人に所有権が移ったことが外部からは確知することができず，公示方法としては極めて不完全である。④指図による占有移転（指図による引渡し）は，第三者に貸したり預けたりしている目的物を譲渡し，その第三者が引き続き目的物を占有するような場合であり，やはり目的物譲渡の前後において占有状態に変化がない。

　以上のように，現実の引渡しを除く引渡しは，意思表示のみで行われる観念的な引渡しであり，物権変動の公示方法としては不十分であり，とりわけ占有改定の場合，その弊害は一層大きい。占有改定の場合，動産の直接占有者と所有権者が，動産の譲渡の前後で明らかに異なるからである。しかし，転々流通する動産取引の実態を考慮し，判例（最判昭和30・6・2民集9巻7号855頁など）・学説ともに，占有改定は，本条の「引渡し」に該当すると解している。

　設例のAが，購入した金の延べ棒をB商事に預けたままにしておいたことは，占有改定によって引渡しを受けていることになり，占有改定による引渡しも，178条の「引渡し」として認められているから，Aは，第三者に対し，金の延べ棒の所有権を主張することができる。

　なお，指図による占有移転の場合も，動産の直接占有者と所有権者は異なるが，動産の直接占有者は，その譲渡前から所有権を有していない第三者であるため，譲渡後も所有権を有さないことがある程度外部から予測できることから，

引渡し（占有移転）の態様

動産所有権がAからBに譲渡される場合の，動産の直接占有者の変化（□は所有権，●は動産を示す）

	譲渡前	譲渡後
現実の引渡し	A□●　　B	A　　B□●
簡易の引渡し	A□　　B●	A　　B□●
占有改定	A□●　　B	A●　　B□
指図による占有移転	A□　　B 　　C●	A　　B□ 　C●

占有改定に比較すると弊害は小さい。

(5) 178条の「第三者」の範囲

引渡しがなければ，動産物権譲渡を対抗できない「第三者」とは，「引渡しの欠缺を主張しうる正当な利益を有する者」であり，不動産登記の場合と同様の考え方に立つ。したがって，無権利者・不法占有者・不法行為者は，この「第三者」に該当せず，これらの者に対しては，引渡しがなくても対抗することができる。

問題は，譲渡人の間接占有下にある動産を譲渡した場合，その動産の直接占有者である賃借人や受寄者に対して，譲受人は引渡し（この場合の引渡しは，指図による占有移転となる）がなくても所有権取得を対抗しうるか，ということである。

例えば，A所有の動産をBが賃借している間に，CがAからその動産を譲受けた場合，Cは，引渡しなくして賃借人Bに所有権を主張しうるか。判例（大判大正4・2・2民録21輯61頁など）は，動産賃借人Bは本条の第三者に該当し，譲受人は，引渡しを受けなければBに所有権を対抗できないと解する。賃借人は，動産を誰に返還すべきかを確知することについて重大な利害を有しているからである。しかし，動産賃借人は，物権化の著しい不動産賃借人と異なり，単なる債権者であり，所有権者たる譲受人と物的支配を争う関係にないとする反対説がある。

他方，A所有の動産をBに寄託している間に，CがAからその動産を譲受けた場合について，判例（最判昭和29・8・31民集8巻8号1567頁）は，受寄者Bは本条の第三者に該当せず，CはBに対し，引渡しなしに所有権取得を対抗しうると解している。受寄者は，寄託者からの返還請求にいつでも応じなければならないからである（662条）。これに対し，受寄者は，動産を誰に返還すべきかを確知することについて利害を有していることを理由として，本条の第三者に該当するという見解も有力である。

2 動産の即時取得（善意取得）

〔設例〕 老人Aは，B商事株式会社（以下，B商事という）から「金の延べ棒」を購入した際，それを受け取らず，B商事に預けておいた。その後，B商事は，Aから預かっていた金の延べ棒を，その間の事情を何も知らないCに売った。Cが，B商事から金の延べ棒を受け取ったとき，金の延べ棒の所有権を取得するのは誰か。また，Cも，Aと同じように，その金の延べ棒をB商事に預けた場合，金の延べ棒の所有権者は誰になるか。

(1) 即時取得制度の意義

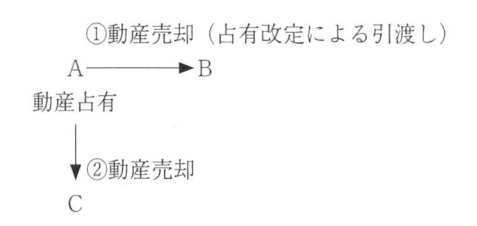

```
        ①動産売却（占有改定による引渡し）
    A ─────────▶ B
  動産占有
    │
    ▼ ②動産売却
    C
```

　動産物権変動の対抗要件としての「引渡し」は，占有改定のような観念的な引渡しでもよい。すなわち，A→Bに動産が売却されたが，Bがそのまま A に貸した場合（占有改定による引渡しが行われ，依然としてAがその動産を直接占有している），Cからは，直接占有者Aが所有権者のように見えることであろう。そして，A→Cへの売却が行われた場合（動産の二重譲渡），Bはすでに第三者に対する対抗要件を具備している（178条）ため，BはCに対して所有権を主張できることになる。しかし，そのような結果は，善意・無過失のCには酷であろう。同じようなことは，Aが，B所有の動産を預かったり，あるいは賃借して，直接占有していた場合において，Aが，その動産を自分の所有物と称してCに売却した場合にも生じよう。

　このように，Cから見ると，自己の取引の相手方（前主）の占有だけでは，その者が真の権利者かどうかわからない場合が多い。そこで，不完全な公示方法を認めている動産の物権変動について公信の原則を採用し，一定の要件のも

とに，前例のCに所有権取得を認めたのが即時取得（善意取得）制度であり，192条はその原則を定め，193条および194条にその例外が定められているわけである。つまり，不完全な公示方法が認められている動産取引は，即時取得制度によって取引の安全が確保されているわけである。

なお，即時取得は，沿革的には時効の一種と考えられ，瞬間時効または即時時効とも呼ばれ，旧民法では「時効」として規定されていた。すなわち，取引行為により善意・無過失で動産の占有を始めた者は，162条1項が定める20年を待たずに「即時」に権利を取得したのである。そのような沿革の経緯から，現行民法では，即時取得は「占有権」の章に置かれ，占有権の効力として規定されている。しかし，近代法は取引安全を図ることを目的として公信の原則を確立したのであり，即時取得は，善意取得者の占有の効果ではなく，前主の占有を信頼した者に権利を取得させる効果である，というのが通説的理解である。

ところで，即時取得が成立するためには，①取引の客体が動産であること，②取引の相手方（前主）が無権限者であること，③有効な取引行為（法律行為）があること，④取得者が平穏・公然・善意・無過失で動産の占有を始めることである。以下，各要件を述べよう。

(2) 即時取得の成立要件

① 取引の客体が動産であること

ただし，以下の動産については注意を要する。

(a) 登記・登録を公示方法とする動産　　船舶・自動車・航空機など登記・登録を公示方法とする動産には192条の適用はなく，それらは即時取得の対象とならないというのが判例・通説である。というのは，登記・登録される動産は，その物権の所在・変動が，占有（引渡し）ではなく，登記または登録により公示されているからである。もっとも，農業用動産に対する抵当権の得喪および変更は，その登記をすることが善意の第三者に対する対抗要件とされている（農業動産信用法13条1項）一方で，192条が適用されることが明記されている（同法13条2項）。

判例は，未登録ないし抹消登録された自動車については，所有権の得喪について登録を要件とせず，質権設定も禁じられていない点では普通の動産と異ならないとして，192条の適用が認められるとする（最判昭和45・12・4民集24巻

13号1987頁)。しかし，道路運送車両法による登録を受けている自動車については，登録が，所有権ならびに抵当権の得喪および変更の公示方法とされているから，192条の適用はないとする（最判昭和62・4・24判時1243号24頁）。既登録自動車について192条の適用を否定すると，無権利者（登録名義人かつ占有者）から自動車を購入した買主の保護は，権利濫用法理（1条3項）ないし94条2項の類推適用によることになろう。

判例の見解に対し，自動車取引の実態（所有権留保売買が多く，自動車の所有者と占有者が異なる場合が多い）を考慮して取引安全の観点から，前主がなす占有と登録という両方の外観を信頼したことを要件として，既登録自動車の即時取得を認めるべきであるという見解が有力に主張されている。

ところで，「債権譲渡の対抗要件に関する民法の特例等に関する法律」により，法人が行う動産の譲渡について登記された場合，当該動産について民法178条の引渡しがあったものとみなされるが，後行の取引による即時取得を遮断する効力については何も規定されていないので，192条が適用される。しかし，当該動産の直接占有者は法人であり，この法人と後行取引（動産譲渡担保権設定など）を行う金融機関や商社は，動産譲渡登記を見なかった場合，容易に過失が認定されよう。

(b) 不動産の登記により不動産に付随して公示される動産　工場抵当権（工場抵当法2条）の効力が及ぶ工場備付機械等の動産は，工場から搬出・譲渡されてもその機械に抵当権の効力が及ぶ（同法5条1項）が，その場合にも192条の適用があることが明記されている（同法5条2項）。この場合，善意取得者は，抵当権の負担のない所有権を取得することになる。

これに対し，工場抵当法により工場財団（同法8条）が設定され，その財団目録に記載された工場備付機械等の動産については，前述の工場備付動産の場合のように192条の適用がある旨の規定がなく，工場財団は1個の不動産とみなされ（同法14条1項），工場財団を組成する動産の譲渡は禁止されている（同法13条2項）。それにもかかわらず，動産が工場財団から分離され，第三者に譲渡・引渡しがなされた場合について，判例は，その第三者保護のために192条の適用を認めている（最判昭和36・9・15民集15巻8号2172頁）。

次に，立木［りゅうぼく］とは，土地に生立する樹木の集団であり，土地の

定着物であるから，土地の一部として土地所有権に含まれる（86条1項）。それゆえ，原則として，立木は，土地から分離して処分できない。ただし，立木法（立木ニ関スル法律）により登記された立木は独立の不動産とみなされ（同法2条1項），土地から分離して処分することができ（同法2条2項），伐採等により樹木が土地から分離された場合にも，その樹木に抵当権の効力が及び（同法4条1項），その場合には192条の適用があることが明記されている（同法4条5項）。

(c) 明認方法により公示される物　前述のように，登記されていない立木は土地の一部であるが，それが伐採されて動産になった後に売却された場合，それは通常の動産取引であり，192条の適用があることについては異論がない。

問題は，立木や未分離果実（土地から分離していない天然果実）のように，慣習上の公示方法である明認方法が施されている物に192条の適用があるか，ということである。すなわち，それは土地の一部であり，土地から分離して取引することはできないが，それについて明認方法が施された場合には，土地と切り離して独立の取引対象とすることができるため，それが売却された場合，即時取得の適用があるかどうか問題となるのである。判例は，成熟期に達した稲立毛［いなたちげ］につき，一種の動産として取り扱われるとして，192条の適用を認めた（大判昭和3・8・8新聞2907号9頁）。成熟期ないし収穫期には，土地から独立して取引の対象となることを重視したのであろう。しかし，明認方法により公示された立木や稲立毛は，もともと不動産である土地の一部であって動産ではないから，本条の適用を認めるべきではないというのが通説である。

(d) 無記名債権　無記名債権は動産とみなされる（86条3項）が，192条が適用されるのは，有価証券でない無記名債権（乗車券・入場券・観覧券等）である。これに対し，有価証券たる無記名債権（無記名の公債・社債，商品券など）には特別法（商519条，小切手21条）が適用されるため，192条の適用はなく，取得者は，善意・無重過失であれば即時取得し，盗品・遺失物についても193条，194条の適用がないなど，民法以上の公信力が与えられている。なお，指名債権は，即時取得の対象とならない。

(e) 金銭　金銭は，物としての個性を有せず，単に金銭的価値を具現して

いるだけであるから，192条の適用がない。すなわち，金銭を現実に支配して占有する者は，それをいかなる理由によって取得したか，またその占有を正当づける権利を有するか否かにかかわりなく，金銭の所有権者である（最判昭和39・1・24判時365号26頁）。

② **取引の相手方（前主）が無権限者ないし無権利者であること**

動産を占有している取引の相手方（前主）が，その動産を処分する権限を有していないことが必要である。

また，前主Ｂの占有は，Ｂ自身が動産を直接占有している場合はもちろん，占有代理人（受寄者・賃借人）を通して間接占有している場合でもよい。前主（売主）Ｂが借主，受寄者，または質権者の場合がそうである。これらの者は所有権を有しない無権利者であり，買主Ｃは，Ｂを所有権者と誤信して取引したとき，即時取得により所有権を取得するのに対し，所有権者であった貸主，寄託者または質権設定者であるＡは所有権を失うのである。前主Ｂが泥棒や拾得者の場合には，盗品・遺失物についての例外が問題となる（193条・194条）。

また，前主Ｂが問屋（商551条），質権者（349条）または執行官などであり，他人の動産を自己の名で処分する権限を有しているとして処分したが，実際にはその処分権限を有していなかった場合にも，これらの者に処分権限があるものと誤信して取引すると，即時取得が成立する。

これに対し，前主Ｂが制限行為能力者，錯誤者あるいは無権代理人であった場合，買主Ｃがそのことについて善意・無過失であっても即時取得は成立しない。これらの場合，取引行為それ自体に瑕疵［かし］があり，それぞれ制限行為能力，錯誤あるいは無権代理の各制度により処理すべきだからである。即時取得は，前主の占有に対する信頼を保護し公信力を付与する制度であり，取引行為の瑕疵を治癒する制度ではないことに注意する必要がある。

③ **有効な取引行為があること**

即時取得は，動産取引の安全を図る制度であるから，前主Ｂと，その占有を信頼するＣの間には有効な取引行為（売買，贈与，代物弁済，質権設定など）が存在しなければならない。この要件は，改正民法（平成17年4月1日施行）192条において明文化された。

前述のように取引行為に瑕疵がある場合や，他人の山林を自己の物と誤信し

て伐採するように，取引行為が全く存在しない場合には即時取得は成立しない。ただし，取引行為には競売も含まれ，執行債務者の所有物でない動産が強制競売に付された場合であっても，192条の要件を具備するときは，競落人はその動産の所有権を取得する（最判昭和42・5・30民集21巻4号1011頁）。

④ **取得者が平穏・公然・善意・無過失で占有を始めること**

(a) **平穏・公然・善意・無過失** 即時取得が成立するためには，前主Bが無権限者であることを取得者Cが知らず（善意），かつ知らないことについて過失がないこと（無過失），さらにCが平穏・公然に占有を開始することが必要である。このうち平穏・公然（反対語は強暴・隠秘）の要件は，BとCとの間に有効な取引行為があれば当然に充たされるし，186条により占有者は善意・平穏・公然に占有をなすものと推定され，同条は即時取得の場合にも準用される。また，占有者が占有物の上に行使する権利は適法に有するものと推定される（188条）ため，自己に処分権限があると称する占有者は処分権限を有するものと推定され，そのような占有者Bからの占有取得者（譲受人）Cは，Bに処分権限があると誤信しても無過失であると推定される（最判昭和41・6・9民集20巻5号1011頁）。

(b) **占有の取得** 即時取得が成立するためには，譲受人Cが，前主（譲渡人）Bから占有を取得する（占有を始める）ことが必要である。したがって，この占有の取得には，「現実の引渡し」や「簡易の引渡し」のように，譲受人が動産を現実に占有をしている場合が含まれるのは当然である。

以上により，設例の場合，善意・無過失のCが，無権利者であるB商事と取引を行い，金の延べ棒を実際に受け取ったわけであるから，Cは，平穏・公然・善意・無過失で，金の延べ棒（動産）の占有を開始したということができ，即時取得の前掲の成立要件である①から④の要件を充たすから，Cは，金の延べ棒を即時取得し，その所有権者となる。

これに対し，「占有改定」および「指図による占有移転」については，占有状態の外観に変化がないため，これらの方法によって動産の引渡しを受けた譲受人が即時取得するか否かについては見解が分かれる（次の◇論点◇参照）。

(3) **即時取得の効果**

即時取得の効果として，即時取得者は，即時にその動産の上に行使する権利

を取得する。取得する権利は、原則として所有権と質権である。留置権や先取特権は、法定担保物権であり、即時取得が問題となることはないが、例外的に動産先取特権には192条以下が準用される（319条）。また、即時取得による権利取得は、無権利者からの権利取得であるから原始取得である。したがって、所有権の即時取得の場合には、即時取得者は新たに完全な所有権を取得するのであり、その反射的効果として、原所有権者の所有権は消滅する。

(4) 盗品・遺失物に関する特則

① 即時取得の要件を充たす場合でも、占有物が盗品又は遺失物であるときは、2年間に限り、被害者又は遺失主は、占有者に対する回復請求権が認められる（193条）。

盗品とは、占有者の意思に反して窃盗又は強盗によって占有を奪取された物であり、遺失物とは、占有者の意思によらないで強盗・窃盗以外の方法で占有を離脱した物である。通説・判例（大判明治35・11・1民録8輯10号1頁）は、詐欺によって騙取された物や恐喝されたされた物などには民法193条の適用がないとするが、原権利者の意思に反して占有が失われた物についても本条の類推適用を認めるべきであるという見解がある。なお、金銭は、物としての個性を失い即時取得の適用がないから、本条の適用がない。

回復請求権者は、被害者又は遺失主であり、賃借人や受寄者のような占有代理人もそれに含まれる。ただし、動産質権者は、占有回収の訴えによってのみ返還請求できるから（353条）、本条の適用がない。回復請求は、占有者が盗品・遺失物を有償で取得した場合でも、無償で行うことができ、その相手方は、現在の占有者である。

回復請求は盗難・遺失の時から2年間（この期間は除斥期間と解されている）に行わなければならないが、その間、盗品・遺失物の所有権が誰にあるかについては見解が対立する。判例および少数説は、2年間は原所有者に所有権が帰属し、2年の経過により即時取得者に所有権が移転するという原所有者帰属説を採る（大判大正10・7・8民録27輯1373頁、大判昭和4・12・11民集8巻923頁）。これに対し、多数説は、192条により善意・無過失の占有者が即時に所有権を取得し、193条により回復請求がなされたときに、原所有者が所有権を回復するという取得者（占有者）帰属説を採る。193条の「被害者又は遺失主」には

賃借人等の占有代理人も含まれるから，回復されるのは占有と解すべきであり，所有権が回復されるという多数説は妥当でない。なお，民法起草者も原所有者帰属説を採っていた。

② 占有者が，盗品又は遺失物を競売もしくは公の市場において又はその物と同種の物を販売する商人から善意で買受けている場合，被害者又は遺失主は，占有者が支払った代価を弁償しなければ，その物の回復をすることができない（194条）。194条は，無償の回復請求権を認めた193条の例外を定めるものである。このような取引では，善意の買受人（占有者）を保護する必要性が高いため，有償の回復請求権を認めたのである。

194条の代価弁償請求権の法的性質につき，判例（大判昭和4・12・11民集8巻923頁）は，代価弁償を受けるまで盗品等の目的物の引渡しを拒否できる抗弁権にすぎないと解し（抗弁説），目的物を引渡した後は代価弁償の請求は認められないと解した。しかし，学説はほぼ一致して，本条は占有者の代価弁償請求権を認めた規定であると解し（請求権説），占有者が盗品等を何らかの理由で被害者等に引渡してしまった後においても，占有者は被害者等に対して代価弁償請求をすることができると解している。最近，最高裁は，判例変更を行い，請求権説を採った（最判平成12・6・27民集54巻5号1737頁）。

それでは，代価弁償されないことを理由に占有者が盗品等の引渡しを拒否した場合，占有者は，代価弁償があるまで盗品等を使用収益できるであろうか。前掲の最高裁判決は，占有者の使用収益権を認めないと，その地位が著しく不安定になること，占有者と被害者との保護の均衡を図った本条の趣旨に反すること，弁償される代価に利息が含まれないことからすると占有者の使用収益を認めることが公平に適うことを理由として，占有者の使用収益権を認めた。ただし，この最高裁判決は，被害者等による回復請求可能期間中の盗品等の所有権の帰属問題には触れていない。

なお，占有者が，盗品又は遺失物を競売もしくは公の市場において又はその物と同種の物を販売する商人から善意で買受けた場合であっても，その占有者が古物商又は質屋であったときには，被害者又は遺失主は，1年間は無償で回復することができる（古物営業法21条，質屋営業法22条）。これらの者には専門的鑑識眼が求められ，また業者間での通謀を防ぐためである。

◇ 論 点 ◇

占有改定による即時取得は認められるか。また，指図による占有移転による即時取得は認められるか

(1) 占有改定の場合

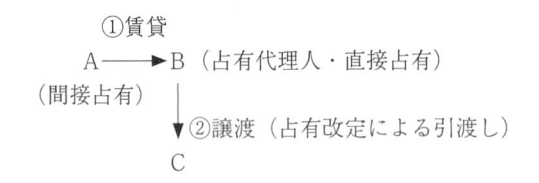

```
      ①賃貸
   A ──────▶ B（占有代理人・直接占有）
  （間接占有）  │
              ▼ ②譲渡（占有改定による引渡し）
              C
```

上図のように，Bが，Aから借りている動産をCに譲渡し，占有改定によって引渡した場合，その動産の現実の占有者は依然として無権利者Bである。このように，Cが，無権利者から占有改定による引渡しを受けた場合，Cの即時取得が成立するか否かについて，判例は，「無権利者から動産の譲渡を受けた場合において，譲受人が192条によりその所有権を取得しうるためには，一般外観上従来の占有状態に変更を生ずるがごとき占有を取得することを要し，かかる状態に一般外観上変更をきたさないいわゆる占有改定の方法による取得をもっては足らないものといわなければならない」（最判昭和35・2・11民集14巻2号168頁）と判示し，一貫して否定説を採る（大判大正5・5・16民録22輯961頁，最判昭和32・12・27民集11巻14号2485頁参照）。

初期の学説は否定説が一般的であり，その根拠を，①ゲルマン法のHand wahre Hand［ハント・ヴァーレ・ハント］の原則（手は手を守る＝汝は，汝の信頼を，汝の信頼を置いた所において回復しなければならない＝自己（賃貸人や寄託者＝上図のA）の意思に基づいて動産の占有（Gewere［ゲヴェーレ］）を他人（上図のB）に与えた者は，その他人に対してのみ返還請求（追及）できるだけで，第三者（上の図のC）に対しては返還請求できないという原則）に由来するという即時取得制度の沿革（そのため，動産がBの直接占有下にある場合にのみ，AはBに返還請求することができる）や②原所有者（上の図のA）の保護に求めた。

しかし，その後，即時取得制度の近代的意義を強調する肯定説が有力となった。肯定説は，ゲヴェーレ的構成を脱却した近代法においては，即時取得制度

とは，前主の占有を信頼して取引した者を保護する取引安全保護の制度であって，取得者の占有の効力として認められるものではないから，取得者の占有の態様は問題とならず，その占有は，権利取得を対抗しうる占有（178条）であればよいと解する。

これに対し，近時の否定説は，肯定説と同様，即時取得制度を，前主の占有に対する信頼の保護という近代的なものとして把握しながらも，権利対抗要件としての占有（178条）と権利取得要件としての占有（192条）を同一視すべき必然性は存せず，両者は次元が異なると解する。つまり，両者の関係は，前者が公示方法として不完全で取引安全保護の機能を果たしていないからこそ，後者が必要とされる補充関係にあると考え，占有改定のような外部から認識できない占有では即時取得は成立しないと解するのである。

肯定説によれば，AとBの間に占有代理関係が存在し，AのBに対する信頼が完全には裏切られていないにもかかわらず，Bは，Cが即時取得したことを理由にAからの返還請求を拒否できるし，仮にBがAからの返還請求に素直に応じ，Aが直接占有しているときでも，Aは，Cからの所有権に基づく返還請求に応じなければならず，不合理である。

また，肯定説では，下図のように，占有改定による譲渡が二重に行われた場合，第一譲受人Aが所有権を失い，第二譲受人Cが即時取得することになる。さらに三重，四重に占有改定による譲渡が行われた場合には，第三譲受人，次いで第四譲受人が即時取得するなど，所有権者が次々に移り，かえって取引の安全を害することになり，不合理である。

```
            ①譲渡（占有改定による引渡し）
   譲渡人B ─────▶ A
   （直接占有）
        │ ②譲渡（占有改定による引渡し）
        ▼
        C
```

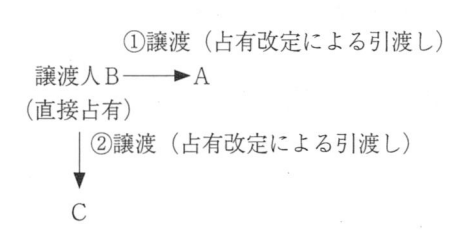

そこで唱えられたのが折衷説である。折衷説は，占有改定による即時取得を認めるが，その権利取得は確定的ではなく，後に現実の引渡しを受けた時に確定的となるとする。つまり，折衷説は，肯定説を前提としつつ，それを修正す

るものである。

　現在では，否定説と折衷説が有力であるが，両説の差異は次の点にある。すなわち，①即時取得の善意・無過失を要するのが，否定説ではCが現実の引渡しを受ける時点であるのに対し，折衷説では占有改定の時点であればよく，その後の現実の引渡しの時点では悪意でもよい，②占有改定の時点では，否定説によれば原所有者Aに所有権があるのに対し，折衷説によれば相互に未確定状態にあり，お互いに所有権を主張できないため，先に訴えた方が敗訴する。

　折衷説が主張される背景には，動産譲渡担保（弁済までの間，設定者の動産の所有権を譲渡担保権者に形式上移転するが，設定者は占有改定による引渡しを受け，その動産を引き続き占有するという債権担保）取引の安全がある。折衷説によれば，譲渡担保権者は，設定時に善意・無過失であれば，その後の実行時に悪意となっても即時取得する可能性があり，否定説に比し，第二譲渡担保権者や他人物の譲渡担保権者の保護を招くからである。しかし，そのような結果は，かえって動産譲渡担保取引の安全を害することは，占有改定による二重譲渡についての肯定説と同様である。また，譲渡担保の法的構成について担保権的構成を採れば，肯定説は機能しない。したがって，理論的にも，実際的にも否定説の方が説得的であろう。なお，ドイツ民法（933条）やフランス民法（2279条）の解釈においても，占有改定では即時取得は成立しないとされている。

　以上により，否定説に立てば，§9・2の〔設例〕（86頁）の場合，Cが，Aと同様，金の延べ棒をB商事に預けた場合（占有改定の場合）にはCの即時取得は成立せず，その所有権者は依然としてAである。また，肯定説に立てば，占有改定による引渡しでも，即時取得は成立するから，その所有権者はCである。さらに，折衷説によれば，占有改定による引渡しの段階では，未だ権利取得は確定的ではなく，AもCも，相互に所有権を主張することができないことになる。

　(2)　指図による占有移転の場合

```
       ①賃貸  ②転貸
    A─────▶B─────▶C（動産占有中）
            │
            ▼③譲渡（指図による占有移転）
            D
```

例えば、上図のように、Aから動産を借りていたBが、Aの承諾を得てその動産をCに転貸し、Cが現実に占有している状態で、BがDにその動産を譲渡し、指図による占有移転を行った場合、Dは即時取得により所有権を取得するであろうか。

占有改定の場合に否定説を採る学説も含め、学説の多数は、指図による占有移転による即時取得を肯定する。その理由として、指図による占有移転の場合、①所持人Cによる所持は全く動いてはいないが、第三者Cが所持しているため原所有者Aの信頼は形のうえでも裏切られていることや、②Bが現に所持していないため、BからCに対する占有移転の命令を必要とし、占有移転を比較的外部から認識しやすいことが挙げられている。

しかし、原所有者の信頼が形の上で裏切られていない場合や占有移転が外部から認識しにくい場合もあるので、一律に即時取得の成否を決めるのではなく、具体的類型に応じて考えるべきである。すなわち、上記事例のような場合には、BからDへの指図による占有移転によりDが間接占有者となる一方、Bは占有を失い、Bを媒介とするAの間接占有も切断され、まさに原所有者Aの信頼が裏切られるから、Dの即時取得は肯定されよう。判例も、このような類型に類似した事例について、即時取得を肯定している（最判昭和57・9・7民集36巻8号1527頁）。

これに対し、下図のように、Aから動産を借りていたBが、その動産を占有改定によりCに譲渡し、Cがさらにそれを指図による占有移転によりDに譲渡した場合には、動産は依然としてBのもとにあるため、AのBに対する信頼は裏切られていないし、CからDへの占有移転も外部から認識しにくいから、Dの即時取得は否定されるのである。判例も、このような事例については即時取得を否定している（大判昭和8・2・13新聞3520号11頁、大判昭和12・9・16新聞4181号14頁）。

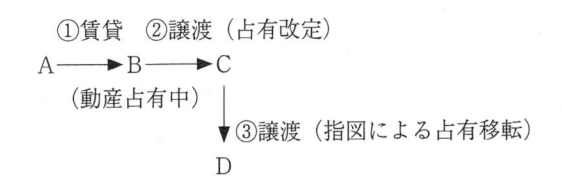

```
　　①賃貸　②譲渡（占有改定）
　A────▶B────▶C
　　（動産占有中）　│
　　　　　　　　　　▼③譲渡（指図による占有移転）
　　　　　　　　　　D
```

§10 明認方法

〔設例〕　Aが土地をBに譲渡したが，Bは，その土地について所有権移転登記を行わず，樹木を植えた。その後，Aは，Bが植えた樹木を含めて上記の土地をCに譲渡し，Cは，土地所有権の移転登記を経た。この場合，樹木の所有権者は誰になるか。

1　明認方法の意義

　土地に生育している樹木その他の植物は，本来，土地の定着物として，土地の一部を構成するものである（86条1項）が，わが国では，立木（樹木の集団）や稲立毛などを土地から独立した物として取引の客体とする慣習が古くから存在した。立木や稲立毛はそれ自体が経済的価値のある取引客体だからである。そして，かかる慣習を考慮して制定されたのが立木法（立木ニ関スル法律・明治42年制定）であり，同法では，一定の樹木の集団について立木登記簿に所有権保存登記をした場合，それを土地とは別個独立の不動産として取り扱うこととされた（立木法1条1項・2条1項）が，実際には，立木法による登記はあまり行われなかった。

　これに対し，古くから広く行われていたのが，明認方法という手段によって，立木を土地から分離して取引の客体とする慣習である。例えば，樹木の幹を削って所有者の名前を墨書するとか，立て札を立てるなどの方法であり，判例は，このような明認方法を立木取引における権利取得，つまり所有権の公示方法として認めた（大判明治32・4・12民録5輯4巻23頁など多数，最高裁も，最判昭和33・7・29民集12巻12号1879頁など多数）。このほか，山林に製炭設備を作って製炭事業に従事することや山林入り口に公示札を置くことも，明認方法として認められている。また，稲立毛も，土地に生育した状態で，桑葉・果実なども，樹木と未分離の状態で取引されることがあり，明認方法が施されていれば，それは土地とは別個の取引客体となる。

以上，明認方法とは，立木，稲立毛，未分離果実のように，土地に定着する性質をもつものについて，権利取得の事実を第三者に明認させるという慣習上の公示方法である。本来，立木等は土地の一部であって，土地と別個の取引客体ではないが，明認方法が施されている場合には，土地とは別個の取引客体とすることが認められ，その所有権の変動を第三者に対抗することができるわけである。

なお，明認方法は，前述のように，立木等の取引のために行われた慣習上の公示方法であるが，借地借家法には，借地上の建物が滅失した場合において，借地権者が，その建物を特定するために必要な事項，その滅失があった日および建物を新築する旨を土地上の見やすい場所に掲示するときは，借地権は，なお対抗力を有すると定めている（借地借家10条2項本文）。これも一種の明認方法である。

2　明認方法の効力

明認方法により公示される物は，立木法の適用を受けない立木，稲立毛，桑葉，未分離の果実である。また，明認方法により公示される権利は所有権に限られる（抵当権の公示はできない）。明認方法は簡明素朴な慣習上の公示方法であり，登記簿とは異なり，詳細な権利内容の公示に適さないからである。

明認方法は，第三者が利害関係を有する時点で継続的に存在していなければ，対抗力は認められない。それが消滅すると，権利の帰属がわからなくなるからである。

山林所有者Aが，立木のみをBとCに二重譲渡した場合，先に明認方法を施した者が優先する。それでは，明認方法と土地登記との優劣関係はどうなるか。例えば，山林所有者AがBに立木のみを譲渡し，Cには立木とともに土地（地盤）を譲渡した場合，Bの明認方法とCの土地登記の対抗問題が生ずる。この場合，Bの明認方法が先であれば，Bが優先する（大判大正10・4・14民録27輯732頁，大判昭和9・10・30民集13巻2024頁など）。

また，山林所有者Aが，立木の所有権を留保して土地だけをBに譲渡したが，立木について明認方法を施さないでいたところ，Bが立木を含めてその土地をCに譲渡し，Cが土地について移転登記をした場合，Cは，立木の所有権を取

得できるであろうか。この場合，AがBに譲渡したのは土地（地盤）だけであり，Bは立木について無権利者であるから，Cが譲受けたのは土地だけであり，Cは立木の所有権を取得できないと解することができよう。もっとも，Aは立木に明認方法を施すことにより，Bが立木の所有権者であるかのような外観を作出することを防止できたにもかかわらず，それを怠ったのであるから，94条2項の類推適用によりCを保護することは可能であろう。

しかし，立木所有権が留保されていても明認方法が施されていなければ，つまり，その留保についての公示がなければ，立木は土地の構成部分であり，土地の譲渡に伴い立木も当然にCに移転する。そして，Cが土地について所有権移転登記を行えば，立木所有権についても当然に対抗要件を備えたことになり，Cは立木所有権を取得できることになるというのが判例（最判昭和34・8・7民集13巻8号1223頁）・通説の見解である。妥当であろう。

〔設例〕の場合，樹木を植えたB（土地の第一譲受人）が，その樹木に明認方法を施していなければ，樹木は土地の構成部分であるから，土地がC（土地の第二譲受人）に譲渡されるのに伴い，土地上の樹木も当然にCに譲渡され，土地について所有権移転登記がなされれば，樹木の所有権も公示されることになる。したがって，判例・通説によれば，Bが樹木に明認方法を施していなければ，土地および樹木の所有権者はCということになろう。

§11　物権の消滅

〔設例〕　Aの所有の土地にBの1番抵当権とCの2番抵当権があるとき（他に後順位抵当権者はいない），Aの所有権とCの2番抵当権が混同すれば，Cの2番抵当権は消滅するか。

1 物権の消滅原因

物権の消滅とは，物権という権利が存在しなくなることであり，物権変動の一つである。各種の物権には，それぞれ特有の消滅原因がある。例えば，地上権は，存続期間の満了により，また，抵当権は，被担保債権が弁済されることにより消滅する。これに対し，物権一般に共通する消滅原因として，①物権の混同（179条），②目的物の滅失，③消滅時効（167条2項），④放棄，⑤公用収用などがある。

2 物権の混同

(1) 意 義

混同とは，併存させておく必要のない二つの法律上の地位が，同一人に帰属することであり，混同には，物権の混同（179条）と債権の混同（520条）がある。物権の混同とは，ある物権と他の物権が同一人に帰属することであり，他方の物権が消滅する。これに対し，債権の混同とは，債権とそれに対する債務が同一人に帰属することであり，混同により，債権それ自体が消滅する。ただし，いずれの場合にも，消滅する物権や債権が第三者の権利の目的となっている場合には消滅しない。

(2) 物権の混同の原則と例外

① 所有権と他の制限物権が同一人に帰属した場合

原則として，他の制限物権は消滅する（179条1項本文）。例えば，A所有の土地にBが抵当権を有していたところ［下図の左側］，BがAから土地を購入し，土地所有権を取得した場合［下図の中央］，Bの抵当権は消滅する［下図の右側］。

```
  Bの抵当権       Bの抵当権      Bの抵当権は混同により消滅
     ↓              ↓
  Aの所有権       Bの所有権         Bの所有権
```

ただし，例外として，その目的物または制限物権が第三者の権利の目的となっている場合には，制限物権は消滅しない（179条1項ただし書）。

例外ⅰ——目的物が第三者の権利の目的となっているとき

A所有の土地にBの1番抵当権とCの2番抵当権があるとき［次頁の

左側］，Bがその土地の所有権を取得し，Aの所有権とBの1番抵当権が混同しても［下図の中央］，Cの2番抵当権があるため，Bの1番抵当権は消滅しない［下図の右側］。Bの1番抵当権が消滅すると解すると，Cの2番抵当権の順位が昇進し，混同という偶然の事情によりCが思わぬ利得を受けるからである。つまり，混同によって物権が消滅するという原則を貫くと不当な結果を招くおそれがある場合には，その原則は適用されないわけである。

```
   Bの         Cの              Bの         Cの              Bの         Cの
 1番抵当権   2番抵当権          1番抵当権   2番抵当権         1番抵当権   2番抵当権
    ↓          ↓                 ↓          ↓                 ↓          ↓
      Aの所有権                     Bの所有権                      Bの所有権
```

したがって，〔設例〕のように，Aの所有権とCの2番抵当権が混同し，Cの2番抵当権が消滅すると解しても，Bの1番抵当権の順位に変動がない場合には，不当な結果が生じるわけではないから，原則どおりCの2番抵当権は，混同により消滅する。

例外 ii──制限物権が第三者の権利の目的となっているとき

Aの所有権とBの地上権が混同したとき，Bの地上権にCの抵当権が設定されている場合には（369条2項参照），Bの地上権は消滅しない。

例外の拡張──土地所有権と土地賃借権が同一人に帰属した場合で，その土地に抵当権が設定されているとき

A所有の土地にBが賃借権（対抗要件具備）を有した後，Aがその土地にCのために抵当権を設定し，その後，BがAから土地所有権を取得した場合には，民法179条1項ただし書の準用により，Bの賃借権は消滅しないというのが判例の見解である（最判昭和46・10・14民集25巻7号933頁）。この場合，所有権と賃借権の混同によりBの賃借権（対抗要件を具備した不動産賃借権は物権化している）が消滅すると解すると，設定当時，賃借権の制約を受けていた抵当権は，制約のないものとなり不当な利益を受ける反面，Cの抵当権実行により，Bは，競落人に対する関係で土地の占有権限を失い不当に不利益を受けることになるからである。判例の見解は妥当である。

② 制限物権とこれを目的とする他の権利が同一人に帰属した場合

原則として，他の権利は消滅する（179条2項本文）。ただし，例外として，制限物権または制限物権を目的とする権利が第三者の権利の目的となっている場合には，他の権利は消滅しない（179条2項ただし書）。

例外ⅰ——制限物権が第三者の権利の目的となっている場合

ある土地にAが地上権を有し，その地上権の上にBが1番抵当権，Cが2番抵当権有する場合，BがAから地上権を取得しても，Bの1番抵当権は消滅しない。Bの1番抵当権が消滅すると解すると，混同という偶然の事情によりCが思わぬ利得を受けるからである。

例外ⅱ——制限物権を目的とする権利が第三者の権利の目的となっている場合

ある土地にAが地上権を有し，その地上権の上にBが抵当権を有し，Bの抵当権がCの転抵当権の目的となっている場合，BがAから地上権を取得しても，Bの抵当権は消滅しない。

(3) 占有権に関する特則

占有権は，所有権その他の本権と混同しても消滅しない（179条3項）。占有権は，占有という事実状態を保護する権利であり，所有権その他の本権たる物権と両立しうるからである。

(4) 混同による物権消滅の効果

混同による物権消滅の効果は，絶対的である。したがって，例えば，地上権者が土地所有権を取得し，地上権が混同により消滅した後，その土地所有権を前の所有権者に譲渡しても，一度消滅した地上権は復活しない。ただし，混同そのものが無効であったり，混同を生じさせた法律行為が取消し・解除などにより遡及的に失効した場合には，混同は生じなかったことになる。

(5) 混同による物権消滅の対抗

混同による物権消滅を第三者に対抗するためには登記を要する（177条）。例えば，土地所有権者が地上権を相続したため，地上権が混同により消滅しても，その旨の登記がなければ，地上権に対する差押命令を得た第三者に対抗することができない（大決昭和7・7・19新聞3452号16頁）。

3 その他の消滅原因

(1) 目的物の消滅

　目的物が滅失すれば，その上に存在した物権は消滅する。もっとも，不動産が滅失しても，動産が残存していれば，不動産の所有権は，残存する動産（建物が崩壊した後に残存する木材・石材）の所有権として存続する。

　なお，担保物権（抵当権）の目的物（建物）が滅失しても，その目的物の代替物（保険金請求権）が発生すれば，その代替物の上に担保物権の効力が及び（304条・350条・372条），これを物上代位という。付合や加工は，目的物が独立性を失うことによる所有権の消滅原因である（247条）。

(2) 消滅時効

　所有権以外の物権は，原則として20年の消滅時効により消滅する（167条2項）。一方，所有権は，消滅時効によって消滅しないが，他人がその目的物を時効取得すれば，その反射的効果として，原所有権者のもとで消滅する。なお，占有権は，占有という事実状態に対して認められるものであるから，消滅時効は問題とならない。また，担保物権は，附従性を有するため，被担保債権と同時でなければ消滅しない（396条・361条・341条）。

(3) 放　棄

　物権の放棄とは，物権を消滅させることを目的とする単独行為である。放棄の意思表示は，所有権および占有権の場合，特定人に対してなす必要はないが，それ以外の物権（制限物権）の場合には，放棄によって直接利益を受ける者に対してなす必要がある。例えば，地上権の放棄（268条1項）の意思表示は，土地所有権者に対してなさなければならない。また，物権の放棄は，意思表示のみで効力を生ずるが，登記の抹消をしなければ第三者に対抗することができない。

　なお，物権の放棄は，第三者の権利を害する場合には認められない（398条参照）。例えば，借地上の建物に抵当権が設定されている場合，借地権を放棄しても，建物抵当権者に対抗することができない（大判大正11・11・24民集1巻738頁，大判大正14・7・18新聞2463号14頁）。

(4) 公用収用

　公用収用（公用徴収ともいう）とは，特定の公共事業のために所有権その他

の財産権を強制的に取得する行政行為である。公用収用により，公用収用者は，被収用者の意思如何にかかわらず，その財産権を原始取得する結果，被収用者の財産権を一方的に消滅させる。そのため，公用収用を行うには法律の根拠を必要とするほか，正当な補償をしなければならない（憲29条3項）。公用収用の対象となる財産権は，土地所有権であることが多いが，それ以外の物権，鉱業権，漁業権などである。公用収用の根拠となる法律として，土地収用法，土地区画整理法，鉱業法，都市計画法などがある。

　ところで，公用収用の対象である土地が担保物権の目的物となっている場合，担保権者は，どのような方法で補償されるのであろうか。この点につき，公用収用関係の各法律は，担保権者に対し個別補償を与えず，担保物権が付着していない場合の補償金を土地所有権者に与える一方，担保権者に対しては，土地所有権者が取得する補償金・清算金請求権に対し担保物権（先取特権・質権・抵当権）の行使を認めるという構成を採る（土地収用法104条，土地区画整理法112条など参照）。これは，補償金等請求権に対し，担保物権の物上代位を認めたものである。

第3章 占 有 権

§1　占有権の意義

[設例]　Aは，自己所有の建物をBに賃貸していたが，再三の支払請求にもかかわらず，Bが家賃の支払いを怠っていたので，Bとの間の賃貸借契約を解除し，Bに対し建物の明渡しを求めた。しかし，Bは，建物の明渡しを拒否し，建物から退去しない。この場合，Aは，Bを建物から退去させるために実力を行使することができるか。

　私たちは，日常生活において，不動産や動産などさまざまな物を自己の支配下において利用しているが，ほとんどの場合，その利用（占有）を裏付ける正当な権原，すなわち，本権であるところの所有権，地上権や賃借権などの権利が存在する。これに対し，占有とは，法律上の根拠や権原の有無にかかわらず物を現実に支配することである。そして，物に対するこのような事実上の支配状態である占有について，法的な保護が与えられた権利を占有権というわけである。

　それでは，なぜ，占有が権利として認められ，保護されるのであろうか。それは，占有を裏付ける権利が存在しない場合であっても，裁判手続によらずに真の権利者が実力でその占有を排除すること（自力救済）は，物に関する法的秩序（物権的秩序）の破壊に繋がるからである。また，近代法において，所有権が，物に対する事実的支配から切断された観念的な権利となったため，所有権とは切断された，物に対する事実的支配そのものを保護することが，所有権を中心とする物権的秩序の安定を補うことに繋がると考えられたからである。

たとえば，物を盗んだ人は，所有権という本権を有しないが，占有権を有し，その保護が認められる（なお，盗まれた物の所有者は，所有権という本権を有するが，占有権を有さない）。また，設例の場合，Aによる賃貸借契約の解除が認められる結果，Bはその占有を裏付ける賃借権という本権を有しなくなるが，占有権を有するため，Aは実力をもってBを建物から排除することができないのである。

このように，占有は，物に対する事実的支配状態であるが，民法は，「占有権」として保護し，それを物権の一種として180条以下に規定している。また，占有の相続や譲渡が認められるなど，占有は，ある程度観念化しているともいえる。しかし，「占有」の観念化は限定的なものであり，それは，本権の有無を問わないし，あくまでも物に対する事実的支配状態が継続している限りにおいて認められるものにすぎない。他方，所有権や地上権などの通常の物権は，物を支配することを正当なものとするものである。したがって，「占有権」は，権利であるといっても，その権利性において弱いものであり，通常の物権や賃借権などの本権とは次元の異なる権利であることに注意する必要がある。

民法は，事実的支配状態としての「占有」に，次のように，さまざまな法的効力を付与している。すなわち，

① 占有そのものを侵害から保護する占有訴権（197条〜202条），

② 占有を全面的に本権に昇格させる本権取得的効力として，取得時効（162条），家畜外動物の取得（195条）および無主物の帰属（239条），

③ 占有を部分的に本権に準じる取扱いとして，善意占有者の果実収取権（189条），占有物の滅失・毀損に対する善意・自主占有者の責任軽減（191条），占有者の費用償還請求権（196条），土地工作物占有者の責任（717条1項）および動物占有者の責任（718条），

④ 占有に本権を公示する効力が与えられる場合として，動産物権変動の公示（178条）があり，占有に本権の公信力が与えられる場合として，動産の即時取得（192条）および本権の推定（188条）の各規定がある。

§2　占有の種類

> [設例]　Aは，B所有の土地を賃借し，その土地を継続して占有していたが，占有開始後20年が経過したことを理由に取得時効が完成したとして，当該土地について所有権を取得したと主張することができるか。

　民法は，180条以下の「占有権」の章の中に各種の占有を区別し，その種類に応じてさまざまな法的効果を与えている。

1　自己占有と代理占有（直接占有と間接占有）

(1)　占有の成立

　占有権は，自己のためにする意思をもって物を所持することにより取得する（180条）。このように，自己が物を所持することによって成立する占有を自己占有（直接占有）という。これに対し，他人，つまり占有代理人に物を所持させることによって行う占有を代理占有（間接占有）という（181条）。

(2)　自己占有（直接占有）

　自己占有は，①物の「所持」（客観的要件）と，②「自己のためにする意思」（主観的要件）によって成立する。

　①　「所持」とは，物に対する事実上の支配のことであり，必ずしも物理的に把握している必要はなく，社会通念上，物がその人の事実的支配関係にあると認められる客観的な関係があればよい。

　②　「自己のためにする意思」とは，所持による事実上の利益を自己に帰属させようとする意思であり，かかる意思の有無は，占有を生じさせた原因（権原）の性質によって客観的に決定される。したがって，所有権譲受人・盗人・地上権者・質権者・賃借人などは，そのような者というだけで，自己のためにする意思があると認められる。この意思は，一般的・潜在的にあるとみられればよく，また，それは占有取得の要件であって，占有継続の要件ではない。最

近の学説は，①の所持がある場合には②の意思があるとして，主観的要素である②の意思を無視し，それを①の所持の中に解消させ，占有の成立を拡張する傾向にある（客観主義の立場）。この立場によれば，意思無能力者でも自ら所持をしていれば，自己占有があると解される。

(3) 代理占有（間接占有）

代理占有は，所有者（本人）が，賃借人などの占有代理人の所持によって間接的に取得する占有であり，間接占有ともいう。一方，賃借人は，直接占有（自己占有）を行っていることになる。なお，占有の代理は，民法99条以下の意思表示の代理（私的自治の原則に基づく効果意思の効果）と異なり，客観的な事実的支配関係に基づくものであって，占有代理人の意思の効果ではない。したがって，代理占有（間接占有）は，賃借人・質権者など，所有権者（本人）と意思表示の代理関係にない者との間でも成立するのである。

① 代理占有の成立要件

(a) 占有代理人（直接占有者）が物を所持すること（204条1項3号参照）

占有代理人は，独立の所持を有することが必要である。店員などの占有補助者や法人の代表機関などの占有機関による所持は独立性がなく，本人や法人自身の所持であり，代理占有ではない。

(b) 占有代理人が本人のためにする意思を有すること

この意思の有無も，権原の性質によって客観的に決まる。この意思は，自己のためにする意思と併存してもよい。賃貸借の場合，賃借人（占有代理人）も自己のためにする意思を有するため，賃貸人（本人）に認められる代理占有（間接占有）と，賃借人の自己占有（直接占有）が併存する。

(c) 本人と占有代理人との間に占有代理関係が存在すること

占有代理関係とは，本人の占有すべき権利に基づいて占有代理人が物を所持し，その結果，占有代理人が本人に対し物を返還すべき関係のことであり，賃借人・質権者・地上権者・受寄者などが物を所持している場合に，本人（所有権者）との間にこの関係が存在する。この関係は，必ずしも法律上有効であることを要せず，外形的に存在すればよい。したがって，賃貸借が終了した場合（法律上の返還義務が発生している）だけでなく，賃貸借契約に基づき物の引渡しがなされたが，その契約が取り消されたり，無効であることが判明した場合

にも，占有代理関係が認められる。

② 代理占有の効果

本人は，占有代理人が所持している物について占有権を取得する。その結果，本人のために取得時効が進行し，また，本人が即時取得の効果を受ける。さらに，占有が善意か悪意か，占有の侵奪の有無は，占有代理人について判定する。ただし，本人が悪意の場合，この本人を保護する必要はないから，占有代理人が善意であっても，本人は悪意占有となる（101条2項の類推適用）。

2　自主占有と他主占有

前述のように，占有が成立するためには，物の所持と自己のためにする意思が必要であるが，その際，「所有の意思」を有する占有，すなわち，所有者として占有する意思をもってする占有，ないし所有者がなしうると同様の排他的支配を事実上行おうとする意思をもってする占有が自主占有である。他方，「所有の意思」のない占有が他主占有である。

「所有の意思」の有無は，占有者の内心の意思ではなく，占有を取得した原因である事実，すなわち権原の性質により客観的・外形的に決まる。それゆえ，主観的要素は問題とせず，悪意であっても所有の意思が認められる。例えば，物の買主は，売買契約が無効であり，所有権を取得したと誤信した場合でも，自主占有者である。さらに，他人の物の買主が，直ちにその所有権を取得できないことを知って買った場合でも，後述の悪意占有者とはなるものの，その買主は，自主占有者である（最判昭和56・1・27判時1000号83頁）。盗人も，物に対する排他的支配の意思を有し，所有の意思を有するため，常に自主占有者である。これに対し，賃借人・質権者・受寄者などは，常に所有の意思を持たない他主占有者である。

自主占有と他主占有を区別する実益は，時効取得（162条）や無主物の帰属（239条）による所有権取得のためには，自主占有が要件とされることや，善意の自主占有者は，占有物の滅失毀損に対する責任が軽減されることにある（191条）。

占有者は，所有の意思をもって占有するものと推定されるから（186条1項），その占有が自主占有ではないとして所有権の取得時効の成立を争う者は，その

占有が他主占有であることについて立証責任を負う（最判昭和54・7・31裁判集民127号317頁）。しかし，他主占有の相続人が，独自の占有が所有の意思に基づく占有であるとして，取得時効の成立を主張する場合には，取得時効の成立を争う相手方ではなく，当該相続人において，その占有が外形的客観的にみて独自の所有の意思に基づくものと解される事情を証明しなければならない（最判平成8・11・12民集50巻10号2591頁）。

3　正権原に基づく占有と正権原に基づかない占有

　占有をなすことのできる正当な権利（本権）に基づく占有を，正権原に基づく占有という。所有権・地上権・質権・賃借権などの権利に基づく占有である。他方，正権原に基づかない占有（盗人の占有など）に対しては，物権的請求権を行使することができる。

4　善意占有と悪意占有

　正権原に基づかない占有のうち，占有者が，自己に，正権原に基づく権利，つまり本権がないにもかかわらず，あると思ってする占有を善意占有といい，本権がないことを知りながら，あるいは少なくも本権の有無について疑いを抱きながらする占有を悪意占有という。善意占有か，悪意占有か，不明のときは，善意占有であると推定される（186条1項）。

　善意占有か，悪意占有であるかにより，時効取得（162条），果実収取権（189条・190条），占有物の滅失・損傷に対する責任（191条）や占有物返還に伴う費用償還請求権（196条）について異なった取扱いがなされている。なお，即時取得では，自己の本権ではなく，前主の権利についての善意が要件とされている（192条）。

5　過失ある占有・過失なき占有

　善意占有は，占有すべき権利，つまり本権がないにもかかわらず，これをあると誤信してする占有であったが，その誤信について，普通人であれば当然疑いを持つべき状況であるにもかかわらず，疑いを持たずにする占有が，過失ある占有である。これに対し，普通人がかかる状況にある場合，本権があると誤

信することが止むを得ない占有が，過失なき占有である。要するに，善意占有のうち，正権原があると誤信することについて過失がある場合とない場合の区別である。

短期の取得時効は，善意かつ無過失の占有を要件とし（162条2項），即時取得は，前主の権利についての善意かつ無過失を要件としている（192条）。

6 瑕疵ある占有・瑕疵なき占有

悪意，過失，強暴（法の許さない暴力的な方法で取得した，あるいは保持する占有），隠秘（外部から他人が容易に認識できないように隠蔽してする占有）および不継続の占有など，占有が完全な効力を生ずるのに妨げとなる事情がある占有を，瑕疵ある占有という。これに対し，善意，無過失，平穏，公然および継続の占有が，瑕疵なき占有である。

これらのうち，善意，平穏，公然および継続の占有は，反証がない限り，推定される（186条）。しかし，無過失については，186条のような規定がないため，推定されないというのが通説・判例である（大判大正8・10・13民録25輯1863頁）。例えば，10年の取得時効（162条2項）を主張する者は，自己の所有と信じたことについて無過失の立証責任を負う（最判昭和46・11・1判時654号52頁）。しかし，無過失とは，無過失なる善意のことであるから，無過失の立証を要するとすれば，善意も立証しなければならなくなり，186条1項と矛盾することになるという批判がある。これに対し，即時取得（192条）の場合，占有者は，占有物につき行使する権利は適法に有すると推定される（188条）から，無権利者から動産を買った者は，自己に過失がないことを立証する必要はないとされる（最判昭和41・6・9民集20巻5号1011頁）。

7 単独占有と共同占有

単独占有とは，一つの物を一人で占有する場合の占有であり，共同占有とは，一つの物を複数人で占有する場合の占有である。一つの物を共同使用する共有者，共同相続人や共同賃借人などは，共同占有をしており，果実取得（189条），費用償還請求権（196条），占有訴権（197条）などについて，共有に関する規定を類推することになる。

§2　占有の種類　113

◇　論　　点　◇

他主占有から自主占有への変更（185条）**は，どのような場合に生ずるか**

　民法は，次の二つの場合に，他主占有が自主占有に変更（転換）されることを認めている（185条）。すなわち，他主占有者が，①「自己に占有をさせた者に対して所有の意思があることを表示」することであり（185条前段），または②「新たな権原により更に所有の意思をもって占有」を始めることである（185条後段）。

　①　自己に占有をさせた者に対して所有の意思があることを表示する場合

　これは，賃借人が賃貸人に対し所有の意思があることを表示したような場合である。ここで「所有の意思があることの表示」とは，所有権に基づく訴えの提起などの明示的な意思表示のほか，占有者の権原と明白に相容れない行為によって，所持の態様が客観的に変化し，その態様が所有の意思があることを事実上表示し，かつ占有をなさせた者がこれを知り，変更状態が確定的となる場合も含む。例えば，農地の小作人が，農地解放後に最初に地代を支払うべき時期である昭和23年12月末にその支払いをせず，これ以降，農地の所有者およびその承継人が，小作人が地代等を一切支払わずに当該農地を自由に耕作し占有することを容認していた場合には，小作人は，遅くとも昭和24年1月1日に，所有者らに対して当該農地につき，所有の意思があることを表示したものと認められる（最判平成6・9・13判時1513号99頁）。

　②　新権原により更に所有の意思をもって占有を始める場合

　これは，賃借人が賃借物を法律行為（売買契約）により取得した場合である。法律行為は新権原に該当するが，それが無効の場合にも，所有の意思が認められるとするのが判例である（最判昭和42・7・21判時49630頁，最判昭和56・1・27判時1000号83頁，最判昭和51・12・2民集30巻11号1021頁）。また，売買契約に基づく所有権移転に官公庁等の許可等を要し，その許可等が所有権移転の効力発生要件である場合で，当事者がその許可等を得ていないときでも，買主は，特段の事情のない限り，売買契約を締結し代金を支払った時に，本条にいう新権原により，所有の意思をもって当該農地の占有を始めたとされた（最判昭和52・3・3民集31巻2号157頁）。

このほか，相続は新権原に該当するか，という問題がある。

◇ 発展・研究 ◇

相続は185条の「新権原」に該当するか

相続によって，他主占有が自主占有に変更されるか。かつての判例は，相続は新権原に該当しないとした（大判昭和6・8・7民集10巻763頁）が，最高裁は，判例変更を行い，新権原に当たるとした（最判昭和46・11・30民集25巻8号1437頁）。すなわち，相続人が，相続により相続財産の占有を承継しただけでなく，新たに相続財産を事実上支配することによって占有を開始し，その占有に所有の意思があるとみられる場合には，被相続人の占有が所有の意思のないものであっても，相続人は，本条にいう「新権原」により，所有の意思をもって占有を開始したと判示したわけである。

この問題は，具体的には，賃借人が死亡したため，相続により，相続人が相続財産（賃借不動産）を所有の意思をもって新たに占有を始めた場合，自主占有への変更が認められるか，つまり，被相続人が他主占有者であっても，相続人は，自主占有者として当該不動産を時効取得する可能性があるかという問題である。

取得時効の要件である「所有の意思」（162条）の有無は，占有権原の性質により客観的に決まるため，被相続人が賃借人である場合，その占有は他主占有であり，相続人は他主占有をそのまま承継し，相続人には永久に時効取得の可能性がないことになる。しかし，この結果は，永続事実状態の尊重という時効制度の趣旨に反する。そこで，時効取得の可能性を認めるには，相続を契機として，他主占有から自主占有への変更を認めることができるかが問題となるわけである。

相続人が賃借不動産を相続した場合，相続人の当該不動産に対する占有には，被相続人（他主占有者）から承継した占有（観念的占有）と相続人固有の占有（現実の占有）の二側面がある。事実状態の尊重という観点からは，相続人は自己固有の占有だけを主張できると解すべきことになる（187条1項）。他方，不動産所有者（賃貸人）は，占有者が賃借人の相続人なので安心して放置していることが多く，当該不動産が時効取得されるとすることはその利益を害しよう。

そこで，両者の利害を調整するため，相続人は，「新権原」により自主占有を始めたものとする一方で，所有者が時効中断の手続（147条）をとることができるようにするため，相続人の所有の意思が客観的に外部に表示されること（賃料の不払い・公租公課の負担など）を要すると解すべきである。前掲の最高裁昭和46年11月30日判決は，相続人が相続後も所有者に家賃を支払っていたことを理由に，自主占有の成立を否定した。

また，被相続人が他主占有者である場合，その相続人が独自の占有に基づいて取得時効の成立を主張する場合には，186条1項の推定は働かず，相続人には所有の意思の立証責任がある（最判平成8・11・12民集50巻10号2591頁）。最高裁平成8年11月12日判決は，次のような事案である。相続を契機とする他主占有から自主占有への変更判例として興味深いので，以下に紹介する。

A所有の不動産の一部が第三者に賃貸され，Aは，当該不動産の管理を五男Bに委託した。Bは，昭和29年5月頃から当該不動産を占有管理し，賃貸部分について賃借人の交渉相手となり，賃料を取り立て，それを生活費として費消していたが，昭和32年7月24日，死亡した。そのため，Bの妻X_1と幼児X_2（Xらという）が，当該不動産の占有を承継し，その管理を専行し，賃料を取立て，それを生活費として費消するとともに，当該不動産の登記済証を所持し，固定資産税も継続して納付していた。

昭和36年にAが死亡し，当該不動産をAの妻Y_1と子C・Y_2・D・Y_3，孫X_2が相続した。Cは，昭和38年ないし39年頃，Aの経営していた会社の債務整理のため当該不動産を売却しようとしたが，X_1が，当該不動産を「Bニ分与スルモノ」と記載したAの作成ノートを示して反対したため，売却されなかった。当該不動産の登記名義人がAのままであったため，昭和47年，Xらは，Y_1・Y_2・Y_3（Yらという）に対し，Xらへの所有権移転登記を求めたが，Yらの一部が同意しなかったので，所有権移転登記手続を求めて提訴した。

Xらの主張は，「Xらは，昭和32年7月24日，本件不動産の占有を開始し，その後10年又は20年が経過したので，取得時効が成立した」というものである。第一審は，Xらの請求を認容したが，原審は，昭和29年5月頃からのBの占有開始は，Aの受任者としての占有であるから他主占有であり，①X_1は，本件不動産および賃貸部分の賃料がAの相続財産として記載されている相続税修正

申告書の写しを受け取ったのに格別の対応をしなかった，②Ｘらは，昭和47年になって初めて所有権移転登記手続を求めたなどの事情があることを理由に，相続を契機とするＸらの占有が自主占有に変更したものとは認められないとして，Ｘらの請求を棄却した。そこで，Ｘらは上告した。

　最高裁は，原審を破棄自判し，Ｘらの請求を認容した。

　「他主占有者の相続人が独自の占有に基づく取得時効の成立を主張する場合において，右占有が所有の意思に基づくものであるといい得るためには，取得時効の成立を争う相手方ではなく，占有者である当該相続人において，その事実的支配が外形的客観的にみて独自の所有の意思に基づくものと解される事情を自ら証明すべき」である。「けだし，右の場合には，相続人が新たな事実的支配を開始したことによって，従来の占有の性質が変更されたものであるから，右変更の事実は取得時効の成立を主張する者において立証を要するものと解すべきであり，また，この場合には，相続人の所有の意思の有無を相続という占有取得原因事実によって決することはできないからである」と述べ，本件事実関係によれば，「Ｘらは，Ｂの死亡により，本件土地建物の占有を相続により承継しただけでなく，新たに本件土地建物全部を事実上支配することによりこれに対する占有を開始したものということができ」，Ｘらのこの「事実的支配は，外形的客観的にみて独自の所有の意思に基づくもの」と解される。また，上記①および②の事情は，ＸらとＡおよびその妻子との人的関係等からすれば，所有者としての異常な態度であるとはいえないと述べ，「Ｘらが本件土地建物の占有を開始した昭和32年7月24日から20年の経過により，取得時効が完成した」と判示した。

　ところで，共同相続が原則である民法のもとでは，判例は，共同相続人の一人が，単独相続したものと信じて疑わず，相続財産を現実に占有して所有者として行動し，他の相続人もそれについて何ら異議を述べなかった等の事情がある場合には，相続の時から単独の所有者としての自主占有を取得しているとした（最判昭和47・9・8民集26巻7号1348頁）。また，共同相続人の一人が相続財産（不動産）につき単独の所有者として自主占有を取得したと認められるためには，同人が，他に共同相続人のいることを知らないため，単独相続したと信じて当該不動産の占有を始めた場合など，同人に単独の所有権があると信じら

れる合理的理由があることを要すると述べ，他に共同相続人がいることを知りながら，あえて他の相続人名義で虚偽の相続放棄の申述をなし，単独の相続登記をなしても，単独の自主占有の成立を疑わせる事実があるとして，自主占有の取得を否定した（最判昭和54・4・17判時929号67頁）。

§3　占有権の取得

〔設例〕　Aが所有する一個建て住宅をBが買った場合，Bは，いかなる権利をAから取得するか。

占有権の取得態様には，原始取得と承継取得がある。実際上重要なのは，承継取得の方である。

1　原始取得

占有という事実が新たに成立すれば，その占有の法律効果として，占有権が原始取得される（180条）。占有権が原始取得されるためには，①物が所持されること（物がその人の事実的支配内にあるとみられる客観的事実関係）と②自己のためにする意思（その有無は，客観的な権原の性質により決定）があればよく，それは占有代理人によっても取得されること（181条）は，§2の1で述べたとおりである。占有権の原始取得の例として，無主物先占（239条1項）や遺失物拾得（240条）がある。

2　承継取得

占有は，物に対する事実的支配関係であるが，物が譲渡された場合，前主の占有と後主の占有との間に同一性が認められる限り，占有の譲渡性は承認されている。それゆえ，占有の法律効果としての占有権についても，その基礎となる占有に同一性が認められる限り，その譲渡性（承継取得）は承認される。182

条および187条は，占有権の譲渡性を前提とするものである。

〔設例〕の場合，AとBとの間で一戸建て住宅の売買が行われると，Bは，Aから建物およびその敷地に対する所有権を取得するのは当然であるが，一戸建て住宅に対するAの事実的支配とBの事実的支配の同一性が認められる限り，Bは，Aから建物およびその敷地についての占有権も取得することになる。

承継には特定承継と包括承継がある。

(1) 特定承継（譲渡）

占有権は，物に対する事実的支配であるところの占有を基礎とする権利であるから，占有権の譲渡は，原則として，占有権譲渡の合意と占有物の引渡しによって効力を生ずる（182条1項）。ここで，「占有物の引渡し」とは，現に占有物の移転が行われることであるが，これは，物理的な移転ではなく，社会通念上，物に対する支配関係が，同一性を保ちながら譲渡人から譲受人に移転することであり，その方法・形式は，動産・不動産等の目的物により異なる。このような現実的・外形的な占有権譲渡が「現実の引渡し」である。

民法は，このほかに，当事者の合意（意思表示）のみによる占有権譲渡を認めている。すなわち，簡易の引渡し（182条2項），占有改定（183条）および指図による占有移転（184条）である（第2章§3参照）。これは，「占有の観念化」に基づくものである。

(2) 包括承継（相続）

占有権は，相続によって当然に承継される。民法に明文規定はないが，通説・判例はこれを認める。被相続人の事実的支配下にあった物は，社会通念上，当然に相続人の事実的支配下に移転するものと認められるからである（最判昭和44・10・30民集23巻10号1881頁）。

3　占有権承継の効果

占有権が承継される場合，占有の承継人は二面性を有する。すなわち，一面では，前主の占有と同一性を有する占有を承継し，他面では，自己の占有を新たに開始するとみられるからである。そこで，占有承継人は，その選択に従って，自己の占有のみを主張することも，他方，自己の占有に前主の占有を併せて主張することもできる（187条1項）。ただし，前主の占有に併せて自己の占

有を主張する場合には，前主の瑕疵（悪意・過失・強暴・隠秘）も承継する（187条2項）。例えば，善意占有を8年継続した承継人は，自己の善意占有だけでは10年の取得時効（162条2項）を主張できないが，悪意占有をしていた前主の12年の占有期間を併せれば20年の取得時効（162条1項）を主張できる。

前主とは，直前の前主に限らない。例えば，A→B→C→D→Eと占有が順次承継された場合，Eは，Dの占有を併せて主張できることはもちろんであるが，任意の前主B・C・Dの占有を併せて主張できる。しかし，種類・性質の異なる占有，例えば，代理占有と自己占有の間では占有の承継は考えられないから，その併合を主張することはできない（大判大正11・10・25民集1巻604頁，通説）。なお，権利能力なき社団が不動産を占有し，その後，法人格を取得し，当該法人がその占有を承継した場合にも187条1項の適用があるとし，法人格取得の時点から占有期間を起算し，時効取得を認めた（最判平成元・12・22判時1344号129頁）。

187条1項は，特定承継だけでなく，相続による承継（包括承継）にも適用される。すなわち，最高裁昭和37年5月18日判決（民集16巻5号1073頁）は，「(187条1項)は相続の如き包括承継の場合にも適用せられ，相続人は必ずしも被相続人の占有についての善意悪意の地位をそのまま承継するものではなく，その選択に従い自己の占有のみを主張し又は被相続人の占有に自己の占有を併せて主張することができる」と述べ，先々代の占有が悪意の自主占有であった場合，相続人は，善意・無過失の先代の自主占有に自己の自主占有を併せて主張できるとし，10年の短期取得時効の成立を認めた。

◇ 論　点 ◇

2個以上の占有が併合主張された場合，162条2項の善意・無過失の存否はどの時点で判定するか——162条2項と187条2項の関係

162条2項によれば，10年の取得時効の成立要件である占有者の善意・無過失は，「占有の開始の時」に存在すればよい。したがって，占有主体に変更がない場合，その占有開始時に善意・無過失であれば，その後に悪意に転じても取得時効の成立に影響しない（判例・通説）。しかし，占有がA→B→Cと承継され，CがAおよびBの占有を併合主張する場合，「瑕疵をも承継する」と定

める187条との関係上,「占有の開始の時」をどの時点とすべきかが問題となる。

最高裁昭和53年3月6日判決(民集32巻2号135頁)は,「10年の取得時効の要件としての占有者の善意・無過失の存否については占有開始の時点においてこれを判定すべきものとする民法162条2項の規定は,時効期間を通じて占有主体に変更がなく同一人により継続された占有が主張される場合について適用されるだけでなく,占有主体に変更があって承継された二個以上の占有が併せて主張される場合についてもまた適用されるものであり,後の場合にはその主張にかかる最初の占有者につきその占有開始の時点において判定すれば足りるものと解するのが相当である」と判示した。その理由は,(i)162条2項は,占有開始時点の善意・無過失しか要求していない,(ii)187条1項は,占有主体が変更しても,前主の占有がそのまま継続するのと同様に扱う趣旨であり,187条2項は,瑕疵のあることも,ないことも承継するという趣旨を注意的に規定したにすぎないということである。

それゆえ,判例の立場では,①A(善意・無過失の占有6年)→B(悪意占有3年)→C(善意・無過失占有2年)の場合のように,中間者Bの占有が悪意であっても,Cは10年で時効取得することになる。同様に,②A(善意・無過失の占有8年)→B(悪意占有3年)の場合も,Bは,Aの占有8年と併せて10年で時効取得できることになる。判例は,包括承継の場合にもこの立場を前提としているようである。先々代が悪意の自主占有で,先代が善意・無過失の自主占有である場合について,前掲の最高裁昭和37年5月18日判決(民集16巻5号1073頁)が,相続人は,先代の自主占有と自己の自主占有を併せて主張できるとして10年の短期取得時効の完成を認めたが,相続人の善意・無過失には触れなかったからである。

この問題につき,学説では,①の善意・無過失者Cや②の善意・無過失者A(A・B間が売買契約である場合,Bの時効取得を否定すると,Bは契約を解除しAに代金返還請求をする)を保護するため,判例を支持する見解もある。しかし,(i)中間者Bの悪意占有を善意占有の期間に組み込むことは162条2項の保護を超えるものである(①の場合),(ii)162条2項の短期取得時効は善意者を保護するものであって,悪意者のBを保護するものではない(②の場合),(iii)187条2項は,瑕疵のみを承継するものであって,承継人固有の占有に付着する瑕疵

(①および②の場合におけるBの悪意)を治癒する効果を有しないとして，反対説も主張されている。

§4　占有権の効力

> [設例]　Aは，B所有の土地について，Bとの間に土地賃貸借契約を結び，その土地に建物を建てて住んでいたところ，Cがその土地の一部を不法占拠した。この場合，誰が，いかなる占有訴権に基づいてCを退去させることができるか（なお，本権に基づいてCを退去させる手段についても考えよう）。

1　総　説

　占有権は，占有という物に対する事実的支配状態を保護する物権であるから，その効力は，事実的支配状態の尊重を内容とする。具体的に，民法は，「占有権」に次のような効力を付与している。

　①　占有権の効力は，占有という物に対する事実的支配状態をそのまま保護する。それゆえ，この状態を侵害・撹乱する行為を排除するため，侵害排除・現状保全的効力としての占有訴権が付与されている。占有訴権は，占有権の中心的効力である（197条〜202条）。

　②　占有という物に対する事実的支配状態であるから，その継続を基礎として，本権の取得ないしそれに準ずる効力が付与されている。本権取得的効力として，取得時効（162条），家畜外動物の取得（195条），無主物の帰属（239条）があり，部分的に本権に準じる効力として，善意占有者の果実収取権（189条），占有物の滅失・損傷に対する善意占有者の責任軽減（191条），占有者の費用償還請求権（196条），土地工作物占有者の責任（717条1項），動物占有者の責任（718条）がある。

③　占有という物に対する事実的支配は，通常，所有権・賃借権などの本権を伴う。それゆえ，占有者が，占有物につき行使する権利は，適法に有するものと推定され（188条），本権を公示する効力が付与されている。本権公示的効力として，動産占有の公示力（178条），動産占有の公信力（即時取得）（192条）がある。

以上の効力のうち，ここでは，(i)占有訴権，(ii)権利適法の推定，(iii)善意占有者の果実収取権，(iv)占有物の滅失・損傷に対する責任，(v)占有者の費用償還請求権，(vi)家畜外動物の取得について述べる。

2　占 有 訴 権

(1)　意　　義

占有者は，占有を妨害された場合または妨害されるおそれがある場合，その占有が正当な権利に基づくものであるか否かを問わず，妨害者に対し，妨害排除の請求権を有する。これが占有訴権（197条〜202条）である。占有権が，物に対する事実的支配状態を基礎として発生する権利である以上，その物に対する支配の現状は一応正当であると推定され，仮にその妨害者が真実の権利者であっても，自力救済によってその現状を覆すことは許されない。実際，自力救済を図ることは，違法行為として法律上の責任，つまり民事責任（不法行為責任）および刑事責任（刑法242条による窃盗罪・強盗罪）を問われよう。このように自力救済が禁止されることによって社会秩序が維持されると同時に，占有には権利（本権）を伴うことが多いのが通常であるから，占有の背後にある本権の保護にもなっているという点に，占有訴権制度の目的・機能があるといえる。

もっとも，法律の手続によったのでは，違法な侵害の除去が不可能または著しく困難となるような緊急かつ特別な事情がある場合には，必要な限度内で本権者（物を盗まれた直後の旧占有者）による自力救済が例外的に許されることがある（最判昭和40・12・7民集19巻9号2101頁）。

(2)　内容と性質

①　占有訴権は，物に対する事実的支配状態の円満な維持・回復と侵害行為によって生じた損害賠償請求を内容とする実体法上の権利である。民法は，占

有訴権について「占有の訴え」という用語を用いているが，それは沿革上の理由に基づくものである。

② 占有訴権は，物に対する事実的支配状態の維持・回復を内容とすることから，これを物権的請求権の一種とするのが多数説であるが，厳密には，物権の権利内容の回復・実現を内容とする物権的請求権とは次元を異にする権利であることに注意する必要がある。

③ 占有訴権は，占有の侵害という客観的事実のみによって発生し，相手方（占有侵奪者）の故意・過失を必要としない。ただし，占有訴権の内容としての損害賠償請求権は，その性質上，不法行為に基づく債権的請求権であるから，相手方の故意・過失を必要とする。

④ 占有訴権には，占有に対する侵害の態様に応じて，占有保持の訴え（198条）・占有保全の訴え（199条）・占有回収の訴え（200条）の三種がある。

(3) **占有訴権の当事者**
① **主体**

占有訴権の主体は，占有者である（197条）。したがって，自主占有者（所有者・買主・盗人等）のみならず，他主占有者（賃借人・受任者等）も含まれ，自己占有者（直接占有者）のみならず，代理占有者（間接占有者）も含まれる。ただし，占有補助者・占有機関は，独立の所持を有しないから，占有訴権をもたない。よって，設例の場合，土地所有者Bおよび土地賃借人Aが，Cに対し占有訴権を有する

② 相手方

（i）侵害排除の相手方は，現在の占有侵害者（妨害者・侵奪者）であり，侵害者の故意・過失を必要としない。侵害物の譲渡があったときは，譲受人である。ただし，占有回収の訴えは，善意の譲受人には行使できない（200条2項）。

（ii）損害賠償請求の相手方は，自ら損害を発生させた者であり，侵害物の譲受人は，相手方とはならない。

(4) **占有保持の訴え（198条）**

占有者が，占有を妨害されたときは，その妨害の停止および損害の賠償を請求することができる。これを占有保持の訴えという。

占有の妨害とは，占有の侵奪とは異なり，占有の部分的侵害である（占有者

は，なお占有を保持している）。例えば，占有地を他人が勝手に資材置き場にする場合や隣家の木が倒れてきた場合などである。妨害者の故意・過失を必要としない。

　妨害の停止とは，妨害者の費用をもって妨害を排除し，原状回復させることである。

　占有保持の訴えは，妨害の存する間またはその消滅後1年以内に提起（行使）しなければならない（201条1項本文）。この期間は除斥期間であり，損害賠償請求についても適用される。ただし，妨害が現存していても，工事により占有物に損害が生じた場合は，着工後1年を経過し，または工事の完成後は提起することができない（201条1項ただし書）。設例の場合，Cの不法占拠は土地の一部であるから，AおよびBが有する占有訴権は，占有保持の訴えであり，Cに対し土地からの退去と損害賠償を請求できる。

(5)　占有保全の訴え（199条）

　占有者が，占有を妨害されるおそれがあるときは，その妨害の予防または将来生じうる損害の賠償のための担保を請求することができる。これを占有保全の訴えという。

　占有保全の訴えは，妨害の危険が存する間，提起することができるが，工事によって占有物に損害が生ずるおそれがあるときは，着工後1年を経過し，または工事の完成後は提起することができない（201条2項）。

(6)　占有回収の訴え（200条）

　占有者が，占有を侵奪されたときは，その物の返還および損害賠償を請求することができる（200条1項）。これを占有回収の訴えという。

　占有の侵奪とは，占有者の意思に基づかないでその所持が奪われることである。それゆえ，物を詐取された場合や賃貸借契約終了後における賃借人（占有代理人）の占有継続の場合などは，占有侵奪にならず，占有回収の訴えを提起できない。いずれの場合も，占有移転に元の占有者の意思関与が認められるからである（賃貸借契約終了後の賃借人の占有は不法占有であるが，賃貸人は，その以前に同契約により賃借人の直接占有を認めていた）。ただし，占有補助者が自ら独自の占有を始めたときは，占有の侵奪が成立する（最判昭和57・3・30判時1039号61頁）。占有補助者は本人そのものであり，占有代理人ではないからで

ある。

　占有回収の訴えは，侵奪の時より1年以内に提起しなければならない（201条3項）。相手方は，占有侵奪者およびその包括承継人である。侵奪者の善意の特定承継人（買主など）に対しては提起できない（200条2項本文）。ただし，侵奪者の特定承継人が侵奪の事実を知っていた場合，すなわち悪意の場合には，この者に対し占有回収の訴えを提起できる（200条2項ただし書）。なお，いったん善意の特定承継人の占有に帰した場合には，その後の特定承継人が悪意であっても，その特定承継人を相手に占有回収の訴えを提起することはできない（大判昭和13・12・26民集17巻2835頁）。

(7) 占有訴権と本権の訴えとの関係

　占有を基礎とする占有訴権に対し，所有権・地上権・賃借権などの本権に基づく訴えを本権の訴えという。例えば，所有者が自己の占有物を奪われた場合，所有権に基づく返還請求権と占有回収の訴えの双方の手段が認められる。そして，占有訴権と本権の訴えを同時に提起してもよいし，別々に提起してもよいし，一方で敗訴しても，他方で再度訴えを提起できる（202条1項）。

　占有の訴えは，本権に関する理由に基づいて裁判することができない（202条2項）。両者は，次元を異にするものだからである。それゆえ，例えば，占有回収の訴えの相手方に所有権その他の本権があった場合でも，それを理由に占有回収の請求を否認することはできない。ただし，本権者が占有の訴えで敗訴した場合でも，占有すべき正当な権利を有する以上，さらに本権の訴えで勝訴することができるのは当然であり，結局は，本権の訴えが決定的となる。それゆえ，本権の訴えで勝訴した場合，本権の訴えと重複して，あるいは矛盾して占有の訴えを認める必要はないであろう。なお，最高裁は，占有回収の訴えが提起されている場合に，反訴して本権の訴え（所有権に基づく返還請求権の行使）を認めている（最判昭和40・3・4民集19巻2号197頁）。

◇　論　　点　◇

交互侵奪の場合，最初の占有侵奪者は，後の占有侵奪者に対し占有回収の訴えを提起できるか

　いわゆる交互侵奪の場合，例えば，Aが，Bにより物を侵奪された後1年以

内に，AがBから奪還（自力救済）し，現にAが物を占有している場合，最初の占有侵奪者（被奪還者）Bは，奪還者Aに対し占有回収の訴えを提起できるかという問題である。

　この問題は，被侵奪者Aによる占有回収の訴えと被奪還者Bによる占有回収の訴えの対立問題であるとともに，自力救済禁止の問題とも関連する。かつて，大審院は，占有侵奪者（被奪還者）による占有回収の訴えを肯定した（大判大正13・5・22民集3巻224頁）。この判例は，Y所有の小丸船を盗んだ者からXが悪意で買い受け，錠をかけて繋留していたところ，その窃盗の半月後，Yが錠を壊して奪還したため，XがYに対し占有回収と損害賠償を請求した事案である（その後，船は滅失した）。大審院は，占有侵奪者（被奪還者）Xが悪意の占有者であっても，占有回収の訴えをもって，被侵奪者（奪還者）Yに対し，占有の侵奪による損害賠償を請求することができると判示した。

　この大審院判例と同様，上例の侵奪者Bによる占有回収の訴えを肯定する見解は，①侵奪者Bによる占有回収の訴えを否定すると，結果的にAによる自力救済（奪還）を許容することになる，②上例とは逆に，本権のない占有者Aから，本権者Bが占有を侵奪し，さらにAが奪還した場合，Bによる占有回収の訴えを否定するのは妥当ではないことを理由に挙げる。

　しかし，①上例の場合，Bによる占有回収の訴えを肯定しても，Bによる侵奪後1年以内であれば，Aは，再び，Bに対し占有回収の訴えを提起できるから，Bに占有回収の訴えを認める実益がない（逆に，Bが，1年以上占有を継続すれば，Bのもとで新たな占有秩序が形成され，Aは，もはや占有回収の訴えを提起できない），②肯定説が挙げる，本権のない占有者Aから本権者Bが奪還し，さらにAが奪還した場合は，Bにはまさに本権（所有権）に基づく請求権（物権的請求権）が認められるから，Bによる占有回収の訴えを肯定しなくても実際上の不都合はない，③もともと，侵奪者Bの占有は保護に値せず，むしろ被侵奪者Aの占有を保護することが社会秩序の維持になると考えられる。

　したがって，Bによる占有侵奪から1年以内にAが奪還し，その奪還が自力救済の許容範囲内にある限り，原則として，Bは占有回収の訴えを提起することができないと解すべきである。下級審の裁判例も，同様に解するものが多い（東京高判昭和31・10・30高民9巻10号626頁，名古屋地判昭和50・7・4判時806号

71頁など)。

3 権利適法の推定

占有者が，占有物につき行使する権利は，適法に有するものと推定される（188条)。つまり，占有者は本権を有するものと推定されるのである。例えば，占有者は所有の意思をもって占有するものと推定されるから（186条1項)，特段の事情がない限り，占有者は所有者と推定されるが，占有の態様によって，その占有を裏付ける各種の権利（地上権・質権・賃借権など）の存在が推定される。このように，占有には，本権公示・表章機能が付与されているわけである。もっとも，不動産に関する権利で登記によって公示されるものについては，登記の推定力が優先するので（最判昭和34・1・8民集13巻1号1頁)，占有の権利推定は，未登記の場合にしか適用されない。

推定の効果は，反証によって覆されるまで正当なものであるという消極的・防御的なものである。したがって，占有者がこの権利推定を積極的に援用し，不動産上に行使する権利の登記申請をすることはできない。また，他人の不動産を占有する正権原があるとの主張については，その主張する者に立証責任がある（最判昭和35・3・1民集14巻3号327頁)。権利推定の効果は，占有者だけでなく，第三者も援用できる。例えば，債権者が債務者の占有物を差押えた場合，債権者は，差押物件は債務者の所有と推定されるということを援用できる。

4 善意占有者の果実収取権

(1) 善意占有者

善意占有者は，占有物から生ずる果実を取得することができる（189条1項）が，本権の訴えにおいて敗訴したときは，その訴えの提起の時から悪意占有者とみなされる（189条2項)。善意占有者とは，果実収取権を含む本権があると誤信する占有者である。占有者の無過失は要求されない。果実とは，天然果実・法定果実のほか，占有物利用による利得（家屋に居住した場合における，賃料相当額の居住の利益など）も含まれる。

(2) 悪意占有者

悪意占有者は，現存する果実を返還し，かつ，すでに消費し，過失によって

損傷し，または収取を怠った果実の代価を償還する義務を負う（190条1項）。暴行・強迫または隠匿による占有者も同様である（190条2項）。

190条は，果実に関する限り，不当利得の悪意受益者の規定（704条）の特則になる。また，本条は，果実の返還・代価償還に関する限り，不法行為の特則であるが，その他の分野では，不法行為の一般原則（709条）が適用される。売買の目的物が果実を生じた場合については575条が規定しているため，190条の適用は排除される。判例は，土地の売買において土地がまだ引き渡されない間に生じた果実は，売主に遅滞があると否とを問わず，売主の収得となり，190条の適用はないと述べ，買主は，売主が遅滞中に他人に小作させた2年間の小作料を請求し得ないとした（大連判大正13・9・24民集3巻440頁）。

(3) 不当利得との関係

① 果実が現存する場合，善意占有者は，その返還義務を免れるか。すなわち，189条1項に定める善意占有者の果実収取権は，積極的な収取権を与えたのか（積極説），それとも返還義務を免除しただけか（消極説）。積極説（通説）によれば，果実が現存する場合，返還義務が免れるとされるのに対し，消極説によれば，消費して現存しない部分についてのみ，本規定の適用を認め，現存している果実については不当利得返還義務が生じるとされる。

② 189条1項は，契約関係のない権利者と占有者間における返還の場合だけでなく，物を返還すべきすべての場合，特に法律行為の無効・取消し・解除により物を返還する場合にも適用されるか。判例は肯定し（大判大正14・1・20民集4巻1頁，最判昭和42・11・9判時506号36頁），通説も，物の現物返還が問題となる場合，本規定を不当利得に関する一般規定の特則とみて，優先的適用を肯定する。しかし，本規定は，契約が介在しない侵害利得・非給付利得関係の返還にのみ適用すべきであるという反対説もある。

5　占有物の滅失・損傷に対する責任

占有物が，占有者の責めに帰すべき事由によって滅失・損傷したときは，その回復者（占有物を回復しようとする者または回復した者）に対し，どのような責任を負うか。

① 悪意占有者は，その損害の全部を賠償する義務を負う（191条本文前段）。

② 善意占有者は，その滅失・損傷によって現に利益を受けている限度において賠償する義務を負う（191条本文後段）。これは，本権があると信じ，自己の所有物と誤信して占有している者に全損害を賠償させるのは酷であるため，不当利得の原則に従い，現存利益の限度まで責任を軽減したものである。ただし，善意占有者であっても，所有の意思のない占有者（賃借人などの他主占有者）は，全損害を賠償しなければならない（191条ただし書）。なぜなら，善意であっても，結局，回復者に占有物を返還すべきことを知っているからである。

③ 「滅失」とは，物の物理的滅失だけでなく，第三者に売り渡し，返還不能になった場合も含む。

6　占有者の費用償還請求権

占有者が，占有物について費用を支出した場合，回復者（占有物を回復しようとする者）に対し，償還請求することができる。

① 必要費

占有者は，善意・悪意を問わず，また，所有の意思の有無を問わず，必要費の償還を請求できる（196条1項本文）。「必要費」とは，保存費・修繕費・公租公課など物の保存と管理に必要な費用である。ただし，占有者が果実を取得した場合には，必要費のうち通常費（小修繕費・公租公課など）は占有者の負担に帰し，臨時費（災害に伴う大修繕費など）についてのみ償還請求できる（191条1項ただし書）。

② 有益費

占有者は，占有物の改良のために支出した有益費（通路の舗装・店舗の改装など）について，その価格の増加が現存する場合に限り，回復者の選択に従い，その支出した金額または増加額の償還を請求できる（196条2項本文）。占有者は，有益費の償還を受けるまで，その物を留置できる（295条1項本文）。ただし，悪意の占有者に対しては，裁判所は，回復者の請求により，償還に相当の期限を許与することができる（196条2項ただし書）。その場合，留置権は消滅するので（295条1項ただし書），占有者は直ちに留置物を返還しなければならない。

7　家畜外動物の取得

　家畜外の動物が飼主のもとから逃げ出した場合，他人の物だということを知らないで捕獲した者は，逃げた時から1カ月内に飼主から回復請求を受けなかったときは，その動物の所有権を取得する（195条）。かかる善意占有の拾得者は，その動物を野生の無主物と考え，飼主も逃げたものとあきらめるのが通常であるから，無主物の帰属（239条）と遺失物の拾得（240条）との中間的取扱いを定めたものである。

§5　占有権の消滅

1　意　義

　占有権は，物に対する事実的支配状態を基礎として発生するため，その消滅についても，物権一般とは異なる特殊な消滅事由が定められている。すなわち，占有権は，混同（179条3項）や消滅時効（166条以下）によっては消滅せず，203条および204条において占有権特有の消滅原因が定められている。

2　消滅原因

(1)　**自己占有（直接占有）の消滅原因（203条）**

①　占有権は，占有意思の放棄によって消滅する。占有意思の放棄とは，自己のためにする意思を持たないことを積極的に表示することである。

②　占有権は，物の所持を喪失することによって消滅する。ただし，占有者が占有を侵奪されることによって所持を喪失した場合，占有回収の訴えを提起したときは，占有を失わなかったものとされる。

(2)　**代理占有（間接占有）の消滅原因（204条）**

①　消滅原因（204条1項）

（i）　代理占有（間接占有）は，本人（代理占有者・間接占有者）が，占有代理人（直接占有者）に占有させる意思を放棄することによって消滅する（1号）。

（ii）　代理占有は，占有代理人が，本人に対し，以後，自己（占有代理人）ま

たは第三者のために占有物を所持するという意思を表示することによって消滅する（2号）。

(iii) 代理占有は，占有代理人が占有物の所持を失うことによって消滅する（3号）。例えば，賃借人が賃借物を他人に売り，引き渡したときは，賃借人は所持を失い，賃貸人の占有は消滅する。

② 代理権の消滅との関係（204条2項）

代理権が消滅しても，代理占有は消滅しない。例えば，賃貸借契約が終了し，同契約に基づく占有代理関係が消滅しても，賃借人が物の占有を継続している限り（代理占有の外形が存続している限り），代理占有は継続する。

§6 準占有

1 意 義

民法は，物に対する事実的支配関係を保護するために占有制度を設けているが，その目的からすれば，物の支配を伴わない財産的利益（財産権）の事実的支配関係も，保護されるべきである。民法は，これを準占有として，占有に準じて保護している（205条）。

準占有とは，①自己のためにする意思をもって，②財産権を行使することである。

2 要 件

(1) 自己のためにする意思を有すること
(2) 財産権を行使すること

① 「財産権」とは，物の所持を内容としない財産権に限られる。したがって，所有権・地上権・永小作権・質権・賃借権などの物に対する支配を内容とする権利については，占有として考えられるべきであり，準占有は成立しない。準占有が成立する権利は，(i)先取特権・抵当権など，物の占有を目的とせず，その交換価値の支配を内容とする担保物権（通説），(ii)著作権・特許権・商標

権などの知的財産権，(iii)鉱業権・漁業権のような準物権などである。
　②　「行使」とは，一般取引観念上，財産権がその者の事実的支配のうちに存するという客観的事情があることである。

3　効　　力

　準占有には，占有に関する規定が準用される（205条）から，権利の適法推定，果実の取得，費用償還，占有訴権などの効力は，準占有についても生ずる。しかし，即時取得の規定は準用されない。準占有の対象となる財産権は，動産と異なり，転々流通するものではないし，公簿への登録などの公示方法が備わっているからである。

第4章　所　有　権

§1　所有権の意義

〔設例〕
(1) Aは，自己所有地の地下50メートルのところを，B会社の地下鉄の軌道が通っていることを知った。AはB会社に対して所有権にもとづく妨害排除請求によって軌道の撤去を求めうるか。
(2) 図の甲・乙両土地はもともとA所有の一筆の土地であったが，これを分筆し，甲地はBに，乙地はCにそれぞれ譲渡した。その際，袋地となる甲地の通路として，当時，AがDから賃借していた隣地丙の一部をそれに当てた。そこで，Dはこれを用法違反として丙地の賃貸借契約を解除し，通路を塀で封鎖してしまった。BはDに対して，公道に至るための他の土地の通行権を主張し，塀の撤去と通路の使用を請求した。認められるか。

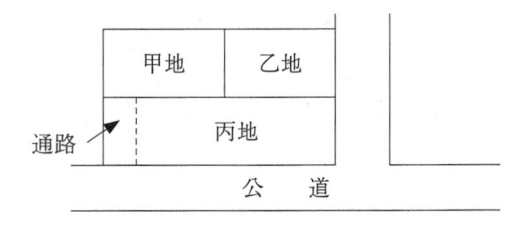

1　総　説

　所有権とは，法令の制限内において，自由に所有物を使用・収益および処分

できる権利をいう（206条）。すなわち，物を全面的・包括的に支配できる権利である。われわれが，日常の経済生活をおくる上において，物の個人的支配・私有財産の存在およびその保障は不可欠なものであり，このことは憲法において規定されているところでもある（憲29条1項）。もっとも，現在，われわれに帰属が認められているような所有権（近代的所有権）は，太古の時代から認められていたわけでなく，フランス革命（1789年）を代表とするいわゆる近代市民革命以降の所産である。

　近代的所有権確立への道のりは，大きく分けて二つの側面からの説明が可能である。一つは，経済的側面から商品取引を基盤とした資本主義社会の発達に基づくものとのとらえ方である。すなわち，資本主義経済は，売買等を目的とした商品の生産および交換をその中核とするため，その当事者となるべき個々人の物に対する絶対的支配を前提としなければならない。したがって，資本主義の発達とともに，物に対する支配権は，他から侵すべからざる完全な支配権を要請されるものとなった。この所有権絶対の原則は，私的自治の原則，権利能力平等の原則とともに，近代市民法の三大原則の一つとして掲げられているものである。また一方で，政治的側面からの問題としてもとらえられる。すなわち，封建社会から近代市民社会へと移行する過程において，忘れてならないのは，土地所有に関する制度の変革である。封建社会における土地所有のあり方は複雑であり，各国によりまちまちではあるが，総じて，領主の持つ上級所有権（管理・処分等）と農民等の持つ下級所有権（世襲的土地利用）とに分かれていた（分割所有権）。それが，封建制度の瓦解とともに，土地所有が政治的支配から切り離され，一元化の方向へと進み，絶対性を持つようになってきたものといえる（なお，第5章§3永小作権参照）。これら経済と政治の両側面からのとらえ方は，個々独立したものではなく，時代変遷の両輪として密接なつながりをもっていることはいうまでもない。

　ところで，所有権の対象となるものは，民法上の「物」，すなわち有体物に限られる（85条。なお，所有権の客体たりうる「物」であるかどうかについては，ファンダメンタル法学講座民法1総則第4章参照）。また，債権が所有権の目的物とならないことは当然であるが，著作権，特許権などのいわゆる無体財産権（知的所有権，工業所有権）に対する支配権は，特別法の領域であり，民法上の

所有権の適用外となる。

2　所有権の性質
所有権には，次のような性質がある。
(1) 観念性
所有権は，現実的支配を伴わなければならないものではない。したがって，例えば遠隔地にある所有地を放置していても，所有権は存在するのであり，そのことだけで所有権が失われることはない。このことは所持を必要とする占有権と対比されるものであるが，いわゆる本権のもつ性質である。
(2) 絶対性
所有権は，誰に対しても主張できる対世的なものである。このことは，特定人に対してしか主張できない債権の相対性に対比されるもので，所有権のみならず物権全体にもいえる性質である。
(3) 全面性
所有権は，物の使用・収益・処分をすることができ，物を全面的支配する権利である。物の使用収益価値しか支配できない用益物権や物の交換価値のみを支配する担保物権などの制限物権に対比して用いられる性質である。また，制限物権が所有権と混同し消滅するのは（179条）この性質によるものであり，渾一性，渾然性とも呼ばれる。
(4) 弾力性
所有権は，所有物に制限物権が設定され，その全面的支配権能を縮減させられても，制限物権の消滅によって所有権の権能が復元し，再び全面的支配権能をもつようになる。このような所有権の伸び縮みする性質を弾力性という。
(5) 恒久性
所有権は，一定の存続期間を定められるものではなく，そのものが存在する限り恒久的に存続する。したがって，所有権は，時効消滅しない（167条2項参照）。

3　所有権の内容
所有権は，先にも述べたように，所有物を使用，収益，処分にできる権利で

ある。使用とは，所有の目的物たる有体物を，物質的に利用することであり，収益とは，目的物から生じる果実を収取することであり，また処分とは，目的物の廃棄や変形・改造はもちろん譲渡，担保権設定などをいう。使用権能を他人に譲渡することはもちろん可能であるが，そのような状態が永続すると，所有者は物の利用ができない支配権しか把握することができなくなる。そのような所有権は，空虚な所有権（虚有権［きょゆうけん］ともいう）と呼ばれ，所有権自体の意味が問題となる。今日的問題として，借地借家関係や農地の使用関係など政策的保護の必要な利用関係もあるが，それがために所有権が，単に地代・家賃の徴収権能しかもたないものになってしまってはならない。

4 所有権の制限

所有権は，使用，収益，処分を「自由に」することができるが，それはあくまで法令の制限内において可能である。これは206条に規定されているところであり，かつ憲法29条においても公共の福祉による制限をうけることが規定されている（2項）。それは他人の権利を侵害してまでも，個人の自由な権利が保障されることはないという社会秩序を保つ上での基本原則に由来するものである。したがって，その制限は，以下に掲げる法令によるものはもちろん，土地所有権の限界（土地所有権の及ぶ範囲，次項5）や相隣関係（後述6）もこのような観点から利益調整を図るものである。もっとも，これら制限は，麻薬取締法，火薬取締法，文化財保護法，食品衛生法など動産所有権に対するものもあるが，大半は不動産所有権，しかもそのほとんどが土地所有権に関するものである。

なお，制限には，他人の侵害を認容する義務が生じる場合（隣地使用請求（209条）や公道に至るための他の土地の通行権（210条）の相手方など），所有権を行使してはならない場合（境界線付近の建築制限（234条）など），何らかの行為をしなければならない場合（観望施設の制限（235条）など）などの態様がある。

(1) 民法上の制限

後述する相隣関係（209条以下）の外には，民法第1条が，私権は公共の福祉にしたがう（1項）とし，権利の濫用を禁止している（3項）。これは，先に述べた制限の精神を反映するものであり，その原則性を規定したものである。

もっとも，所有権の行使が制限されるか否かの具体的判断は，所有権に基づく妨害排除請求が権利濫用のために許されないとした宇奈月温泉事件（大判昭和10・10・5民集14巻1965頁。詳しくは本講座民法1総則19頁以下参照）のように，裁判所に委ねられることになる（判例上の制限）。

(2) 公法上の制限

まず取引を制限するものとして，国土利用計画法，農地法などがあり，知事の認可が必要である。また利用を制限するものとして，都市計画法や自然環境保全法・森林法・河川法などがある。この他，強制的になされる公用徴収や利用権設定を定める国土利用計画法，土地収用法，土地改良法などがある。

ところで，法律ではなく政令による制限は可能であろうか。憲法が，財産権の内容は法律によって定めるとしているため（憲29条2項），原則的には政令による所有権の制限は認められないと解すべきであろう（基本的基準として，制限を定めた法律によって政令が具体的基準の委任を受けた場合は可能）。また，条例による場合は，法律の範囲内で，法令に違反しない限り，可能と解される。

5 土地所有権の及ぶ範囲

土地の所有権は，法令の制限内において，その土地の上下に及ぶ（207条）。しかしながら，土地の上下といっても，所有土地の地下深く地球の裏側の所有権を主張したり，遙か上空を飛ぶ航空機に対して，差止め請求や損害賠償を請求することができないのは，社会通念に照らしてみれば，当然のことである。このことは，物権の本質に立ち返り，物の支配可能性から考えれば，自ずと土地所有権の限界が判明するものである。

また，ここでいう法令の制限は，206条と同じ意味であり，たとえば，地下にある鉱物を採掘する権利は，土地所有者にはなく，鉱業権として国から付与されるものとなっている。

近時，大深度地下の公共利用に関する法律ができた（「大深度地下の公共使用に関する特別措置法」平成13・4・1施行）。それによれば，都市など人口の集中している場所において，公共の利益となる事業のために，一定の要件・手続きを講ずることで大深度の地下使用を許すものである。すなわち，地表建物の基盤や地下室の使用に供する深さよりも深い部分を，道路，河川，鉄道，電気・

ガス・水道などの公共利用のために利用することが，国土交通大臣や都道府県知事の許可によってなし得るようになったのである。

ところで，〔設例〕(1)のB会社は，この法律に従って，地下を利用しているのであれば，Aの主張は認められないことになるが，この法律制定以前のものであれば，B会社はその保護を受けることはできない。したがって，Aの主張は所有権に基づくものとして正当性を帯びるが，撤去まで請求できるかは問題である。すなわち，この権利行使が，客観的に見て正当性があるかは，はなはだ疑問であり，権利濫用（1条3項）となるであろう。

土地所有権の内容は，自然湧出の地下水にも及ぶ。しかし，その水を灌漑［かんがい］用水して利用しているような者がいれば，流水利用権がその者に認められ，水源地の所有者は，その権利を侵すことができない。人工的に地下を掘り地下水の利用をすることも，土地所有者はできるが，そのことにより，他の者の水源を枯渇させた場合は，不法行為が成立する。また，温泉権についてもこれと同様である。

6 相隣関係

(1) 概　説

土地は，物理的にいえば境目のない一平面であるが，それを個人の所有としたとき，法的には細切れの連続したものとなる。したがって，個々人の所有する土地は，他の土地と隣接していることになり，そこでは当然隣地に対して何らかの影響が及ぶことになる。この間の利益調整は，法律において定めておかなければならないという必要性から，民法では以下のような相隣関係の規定をおいた。

- ○隣地使用に関する相隣関係
  - 隣地使用請求（209条）
  - 隣地通行権（210条～213条）
- ○水に関する相隣関係
  - 排水権（214条～220条）
  - 流水利用権（221条～222条）
- ○境界に関する相隣関係
  - 境界線上に関するもの
    - 境界標設置権（223条～224条）
    - 囲障設置権（225条～228条）
    - 境界線上の工作物（229条～231条）
  - 竹木切除に関するもの（233条）
  - 境界線付近の工作物に関するもの
    - 距離（234条・236条～239条）
    - 観望（235条～236条）

(2) 隣地使用に関する相隣関係

(a) **隣地使用請求** 土地の所有者は、境界またはその付近に障壁もしくは建物を築造または修繕するために必要な範囲内において、隣地の使用を請求することができる（209条1項本文）。ただし、隣家に立ち入る場合は、その住人の承諾を得なければならない（同条同項ただし書）。その際、隣地、隣家の住人が損害を受けた場合、償金を請求することができる（同条2項）。

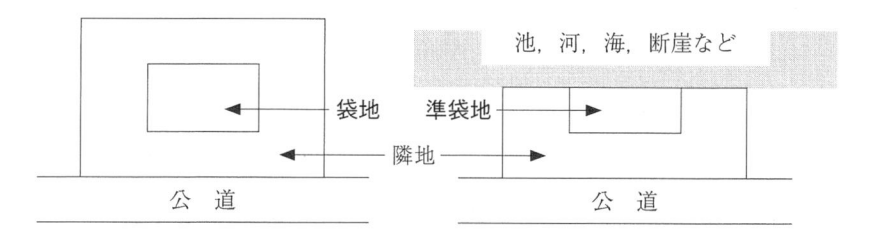

```
                          池，河，海，断崖など
      ┌──────┐        ┌──────────┐
      │ ←──  │袋地    準袋地 │  ──→    │
      └──────┘        └──────────┘
           ←─── 隣地 ───→
      ─── 公  道 ───    ─── 公  道 ───
```

(b) **隣地通行権（公道に至るための他の土地の通行権）** ① **袋地・準袋地** 他の土地を通らなければ、公道に出られない土地（袋地）の所有者、または公道に出るには池沼、河川、水路、海、もしくは著しい高低差のある崖を経由しなければならない土地（準袋地）の所有者は、隣地（公道に出るための他の土地）を通行することができる（210条1項・2項）。条文では、通行権があるのは袋地の「所有者」としているが、袋地の賃借人や袋地上の家屋の借家人もこれに含まれる。

通行の場所及び方法は、通行権者の必要にして、かつ隣地の損害が最も少ないものを選ばなければならない（211条1項）。また、通行権者は、必要に応じて通路を開設することもできる（同条2項）。

上記のことにより生じる損害に対して、通行権者は償金を払わなければならないが、通路開設に関する償金以外は、年払いにしてもよい（212条）。

② **分割・譲渡によって生じた袋地** もともと袋地ではなかった土地が、分割や一部の譲渡によって袋地になってしまった場合、いかに隣地を通行する方が便利であったとしても、分割や一部譲渡以前の残余地上を通行しなければならない（213条）。この場合は、①の場合と違い、償金を払わなくともよい。

ところで、〔設例〕(2)のように、残余地が第三者に譲渡された場合、Bは、通行権を行使する対象地として、乙地を選ぶべきなのか、丙地を選ぶべきなの

か，という問題が生じる。すなわち，この場合の通行権は，210条によるものか（①の場合），213条によるものか（②の場合）という問題である。

人的関係からすれば，A・B間とは違い，袋地所有者Bと残余地の特定承継人Cとの間はおのおの別個に譲渡されたものであり，すでに人的関係が切断されているのであるから，B所有の甲地は，単なる袋地であり，①の場合にあてはまり，D所有の丙地を通行する権利があるようにも思える。しかし，この通行権は，人的なものではなく，土地に付随した物的権利と見るのが，相隣関係という利益調整制度の趣旨に合致する。そうだとすると，乙地は，分割によって甲地に対して通行させる義務を負っていたものということになる。したがって，B（甲地）は，丙地に対する通行権はなく，乙地を通行しなければならない。Dにとってみれば自らのあずかり知らぬ隣地の分割によって，隣地住人に自己の土地を通行させなければならない義務を負担させられることとなり，不合理というべきであろう。Cは，譲り受けた土地の属性として，囲繞地［いにょうち］通行権（公道に至るための他の土地の通行権）を負担する義務を甘受しなければならないことになる（最判平成2・11・20民集44巻8号1037頁）。もっとも，213条を適用することにより，「無償の」通行権となることや残余地の特定承継人（C）にとっても不測の負担となりうる場合も出てくるため，問題点が残ることになる。判例は，同一所有者による数筆の土地が競売され，それによって袋地が生じた場合も213条2項の適用を認めている（最判平成5・12・17判時1480号69頁）。

(3) 水に関する相隣関係

(a) 排水に関するもの　　隣地より自然に流れてくる水を妨げることはできない（214条）。また，地震や山崩れなどの事変によって，水流が低地で閉塞［へいそく］したときは，高地の所有者は，自費でその水流の障害を除去するため必要な工事を行うことができる（215条）が，義務を負うのではない。

ある土地（甲地）の貯水，排水または引水のために設けた工作物の破壊または閉塞によって，隣地（乙地）に損害を与えるか，そのおそれがある場合，乙地の所有者は甲地の所有者に修繕もしくは障害の除去をさせるか，必要とあればその予防工事をさせることができる（216条）。

上記いずれの場合も，費用負担について慣習上別段の定めがある場合はそれ

に従う（217条）。

　このほか，土地の所有者は，直接雨水を隣地に注ぐ構造の屋根やその他の工作物を設けることができない旨が規定されている（218条）。

　また，排水に関して，高地の所有者が浸水地を乾かすためや家庭用もしくは農工業用の余水を排出するためであれば，公の水流または下水道に至るまでの間，低地に水を通過させることができる（220条本文）。その際は，低地のためにもっとも損害の少ない場所および方法を選ばなければならない（同条ただし書）。また，排水する者は，高地または低地の所有者が設置した工作物を使用することができる（221条1項）が，それによって利益を受ける割合に応じて，工作物の設置および保存の費用を分担しなければならない（同条2項）。

　(b)　流水に関するもの　　溝，堀その他の水流地の所有者は，対岸の土地が他人の所有に属する場合，その水路や幅員を変更することができないものの（219条1項），両岸とも同じ所有者に属する場合は，それを変更できる（同条2項本文）。ただし，変更に際しては，水流が隣地と交わる地点において，自然の水路に戻さなければならない（同条同項ただし書）。もっとも，これら流水に関する規定と異なる慣習がある場合は，その慣習に従う（同条3項）。

　水流地に堰［せき］を設ける必要がある場合，水流地の所有者は，対岸の土地が他人の所有に属するときであっても，その堰を対岸に付着させて設けることができるが，そのことによって生じた損害については償金を支払わなければならない（222条1項）。また，水流地の一部を所有する対岸の所有者は，この堰を使用することができるとともに，利益を受ける割合において，堰の設置および保存の費用を分担しなければならない（222条2項）。

(4)　境界に関する相隣関係

(a)　境界標設置権　　隣地間の境界標（境界を示すもの）は，相隣者の共同の費用によって設けることができ（223条），その境界標の設置および保存費用は，相隣者が等しい割合で負担すること，測量の費用は，土地面積の広さの割合で分担することが決められている（224条）。

(b)　囲障設置権　　所有者の異なる2棟の建物があり，その間に空き地がある場合，各所有者は共同の費用によって，その境界に塀などの囲障を設けることができ（225条1項），その設置・保存費用は，相隣者が等しい割合で負担す

る（226条）。囲障をどのようにするかについて，両者の協議が調わない場合は，高さ2mの板塀もしくは竹垣にしなければならない（225条2項）。もし，一方の者が，それよりも良い材料を使いたい場合やもっと高くしたい場合は，その増額分の費用を負担することによって設置しうる（227条）。もっとも，囲障に関して，別段の慣習があれば，それに従うことになる（228条）。

　(c)　境界線上の工作物の所有権帰属　　境界線上に設けた境界標，囲障，障壁，溝および堀などの工作物は，相隣者の共有物と推定される（229条）。この共有物の分割は請求できない（257条）。ただし，境界線上の障壁が1棟の建物の構成部分である場合や，高さが異なる建物を隔てている障壁についてその低い方を超えた部分（それが防火障壁である場合を除く）は，共有の推定を受けない（230条）。相隣者の一方は障壁に高さを増すことができるが，その工事をするに際して，障壁が工事に耐えられない場合，自費で工作を加えるか，その障壁を改築しなければならない（231条1項）。その高さを増した部分は，工事をした者の単独の所有となる（同条2項）が，工事によって隣人が損害を受けた場合，償金を請求できる（232条）。

　(d)　境界線を越える竹木の枝の切除および根の切取り　　隣地の竹木の枝が境界線を越えている場合，その竹木の所有者に対して，その枝を切除することを請求できるのみで，自らが直接切除できないが，竹木の根が境界線を越えてきている場合は，自ら直接切り取ることができる（233条）。

　(e)　境界線付近の工作物建造における義務　　①　距離　　建物の建造は，境界線より50cm以上離していなければならない（234条1項）。これに違反して建築しようとしている場合，隣地の所有者は，その建築を中止または変更させることができる。ただし，建築着手時より1年経過したときや建築完成後は，損害賠償の請求しかできない（同条2項，なお◇発展・研究◇参照）。なお，これと異なる慣習がある場合はそれに従う（236条）。また，井戸，用水だめ，下水だめ，肥料だめを掘るには境界線から2m以上離さなければならないし，池，穴蔵またはし尿だめを掘るには1m以上境界線から離さなければならない（237条1項）。ただ，導水管を埋めたり，溝や堀を掘ったりする場合，境界線からその深さの2分の1以上の距離を保たなければならないが，1mを超える必要はない（同条2項）。境界線近傍における掘削工事に際しては，土砂の崩壊，

水もしくは汚液の漏出を防ぐのに必要な注意をしなければならない（238条）。

②　観望　境界線より1ｍ未満の所に隣家の住宅地が見える窓や縁側（ベランダを含む）を設ける者は，目隠しを付けなければならない（235条1項）。その際の距離測定は，窓または縁側のもっとも隣地に近い所から直角線で境界線に至るところをいう（同条2項）。なお，これと異なる慣習がある場合はそれに従う（236条）。

◇　発展・研究　◇

民法234条1項と建築基準法65条の関係

　建築基準法65条は「防火地域又は準防火地域内にある建築物で，外壁が耐火構造のものについては，その外壁を隣地境界線に接して設けることができる」と規定している。一方，民法234条1項は「建物を築造するには，境界線から五十センチメートル以上の距離を保たなければならない」と規定する。いずれの規定が優先するであろうか。前者は，単に防火という観点からだけではなく，都市における土地の効率的な利用を意図しているのであり，後者は，防火，採照，通風などのためだけでなく，建物の建築や修繕のために空間的余地を残し，いわゆる「早い者勝ち」にならないよう相隣関係の利益調整を図っているものである。

　判例は，準防火地域内の耐火構造鉄骨造3階建ての建物を境界線に接して建築した者に対して，隣人から民法234条1項違反により建物収去が請求された事例において，建築基準法65条は，民法234条1項の特則であるとして，原告（隣人）の請求を斥けている。その理由は，「建築基準法65条は，耐火構造の外壁を設けることが防火上望ましいという見地や，防火地域又は準防火地域における土地の合理的ないし効率的な利用を図るという見地に基づき，相隣関係を規律する趣旨で，右各地域内にある建物で外壁が耐火構造のものについては，その外壁を境界線に接して設けることができることを規定したものと解すべき」であるとし，また同条は，「何らかの建築申請審査基準を緩和する趣旨の例外規定と理解することはできない」ため，民法234条1項の特則を規定したものとしないとその意味をなさないからとしている（最判平成元・9・19民集43巻8号955頁。なお，本判決は，建築基準法65条が同条所定の建物を境界に接して建

築することを許すのは，土地の高度利用，効率的利用のために，民法234条1項が保護する相隣者間の生活利益を犠牲にしてもなお，合理的理由が存する場合に限るとして，原告の請求を認容した1・2審判決を破棄し自判したものである）。

§2 所有権の取得

〔設例〕 Aは，Bからハゲ山を買い，未登記のまま，その山に植林をした。しかし，Aが代金を完済しなかったため，Bは，その山をCに売却し登記も移転した。Aの植林した立木の所有権は，A，Cいずれに帰属するか。

1 総 説

物権の取得には，売買や相続などを原因とする前主からの承継取得と，時効や即時取得などを原因とする前主とは無関係な原始取得がある。このうち，後者の分類に属し，かつ所有権にのみ認められている取得として民法に規定されている無主物の帰属，遺失物の拾得，埋蔵物の発見，添付を以下で取り上げる。

2 無主物の帰属

所有者のない動産を，所有の意思を持って占有すれば，その動産の所有権を取得する（239条1項）。野生動物の捕獲などがこれにあたる。なお他人を雇って捕獲させた場合は，捕獲者ではなくその雇い主が所有権を取得する。

所有者のない不動産は，所有権取得の対象とはならず，国庫に帰属する（同条2項）。

3 遺失物の拾得

遺失物は，特別法（遺失物法）の定めるところに従って，公告をした後，6

カ月以内にその所有者が知れないときは，その拾得者の所有に属することとなる（240条）。遺失物とは，落とし物，忘れ物など占有者の意思によらず，その所持を離れた物をいい，盗品などは当たらない。また漂流物，沈没品については，水難救助法の特則があり，遺失物とはみなされない。

> **遺失物の取扱い**　遺失物を拾得した者は，それが誰の所有物かわからない場合，直ちに警察署長に差し出さなければならない（遺失1条。遺失物をそのまま自分のものとした場合，遺失物等横領罪（刑254条）となり，5年以下の懲役または10万円以下の罰金もしくは科料に処せられる）。公告の後，所有者が現れた場合，拾得者にはその物の価格の5〜20％にあたる報労金が支払われる（同4条。報労金の具体的な額の決定は遺失者の自由に任されているとするのが多数の見解である）。公告後6カ月たっても，所有者が現れない場合は，拾得者の所有となるが，その後2カ月内に引き取らなければ，拾得者も所有権を失い（同14条），その所有権は，都道府県に帰属する（同15条）。

4　埋蔵物の発見

埋蔵物は，特別法（遺失物法）の定めるところに従って，公告をした後，6カ月以内にその所有者が知れないときは，その発見者の所有に属することとなる（241条本文）。ただし，他人の物のなかで発見した場合は，発見者とその物の所有者とで折半しなければならない（同条ただし書）。ここでいう埋蔵物とは，土地その他の物（包蔵物）の中に埋蔵されて，現在誰の所有に属するのかわからない状態の物をいう。公告，所有権帰属，報労金について，前記遺失物拾得と変わらないが（遺失13条），埋蔵物が，文化財に当たるときは，文化財保護法の適用を受け，別個の取扱いを受けることとなる。例えば，所有者の知れない文化財は，国庫の帰属となり，発見者や包蔵物の所有者は，国庫から報奨金を受け取ることとなる。

5　添　付

(1)　添付の意義

添付とは，付合，混和，加工の総称である。所有者の異なる数個の物が結合

して新たな1個の物が生じた場合や，他人の労力によって新たな物が生じた場合，その物の所有権帰属を決定する基準となるものである。したがって，所有権の帰属決定については，当事者の意思が条文規定に優先する任意法規と解されるが，新たに生じた物をもとの状態へ戻すという復旧請求は認められない。

(2) 付　合

(a) **不動産の付合**　不動産の所有者は，その不動産に従として付合した物の所有権を取得する（242条本文）。すなわち，動産が不動産に付着・合体して動産としての独立性を有さず，社会経済上不動産そのものとみられるようになった場合，動産の所有権は不動産に吸収されるのである。たとえば，他人の土地に植え付けられた樹木や蒔かれた種子は，その土地の所有者に所有権が帰属し，他人の家屋に施した増改築は，その部分も家屋の所有者のものとなる。ただし，権原によりその物を付属させたときはその限りではない（同条ただし書）。不動産の付合に関して，代表的なものをまとめると次のようになる。

○建物の付合……借家人の増改築
　┌貸家人の承諾を得ていない場合：貸家人の所有
　└貸家人の承諾を得ている場合で，増改築部分の独立性┬有：借家人の所有
　　　　　　　　　　　　　　　　　　　　　　　　　　　（242条ただし書）
　　　　　　　　　　　　　　　　　　　　　　　　　　└無：貸家人の所有
　　　　　　　　　　　　　　　　　　　　　　　　　　　（242条本文）
　＊区分所有が成立するほどの独立性があれば付合しない。
○樹木・農作物の付合
　┌無権原者：土地所有者の所有（242条本文）
　└土地賃借権者，地上権者，永小作権者：これら権原者の所有（242条ただし書）

ところで，〔設例〕の場合，不動産（山林）の二重譲渡が行われ，第二譲受人Cが登記を備えたのであるから，Aの所有権は遡及的に否定されることになり，それによってAの植林が無権原者による植栽となるかが問題となる。判例は，この問題につき次のように判断している。

山林の所有権は，Cには対抗できないものの，Aの植栽は権原に基づいてなされたものである。したがって，242条ただし書を類推適用すれば，立木は付合せず，独立した所有権の客体となりえたわけである。ただそのように解すると，立木所有権を土地所有権と分離することになるため，本来の物権変動の効果，すなわち立木は土地に付合したまま移転するという効果と矛盾することに

なる。よって、立木所有権をＡが主張するためには、少なくともそのことを公示する対抗要件（明認方法）の具備を必要とするとしている（最判昭和35・3・1民集14巻3号307頁）。これに従えば、Ａが立木に明認方法を施し、かつそれが現存しているかどうかによって所有権の帰属が変わってくることになる。

(b) 動産の付合　所有者の異なる複数の動産が付着・合体して、①毀損しなければ分離できない場合、または、②分離するために過分の費用がかかる場合、その合成物の所有権は、主たる動産の所有者に属する（243条）。ただし、主従が区別できないときは、付合当時の価格割合において合成物を共有する（244条）。

(3) 混　和

所有者の異なる複数の動産が混和され、識別することができない場合、動産の付合の規定に従う（245条）。すなわち、その合成物の所有権は、主たる動産の所有者に属し（243条）、主従の区別ができないときは、付合（混和）当時の価格割合において合成物を共有する（244条）。混和とは、米などの固体や酒などの液体が混じり合うことをいう。

(4) 加　工

他人の動産に工作（労力）を加え、これを新たな物件にした場合、その加工物の所有権は、原則として材料の所有者に帰属する。ただし、工作によって生じた価格が著しく材料の価格を越えるとき、または加工者も材料の一部を提供し、それと加工によって生じた価格を加えたものが原材料費を超えるとき、加工物の所有権は加工者に属する（246条）。

物の所有者からの委託等による契約関係に基づいてなされた加工については、ここでいう所有権帰属の問題は起こらない。

なお、判例には、建築途中で放置された家屋（棟上げ以前であるため、動産）に、他の者が材料を供給し家屋を完成させた事例において、それは動産の付合（243条）ではなく、加工（246条2項）であるとしたものがある（最判昭和54・1・25民集33巻1号26頁）。

(5) 添付の効果

添付によって物の所有権が消滅した場合、その物の上に存在していた担保権などの権利も消滅する（247条1項）。逆に、これらの権利が付着する添付物の

所有者が，合成物，混合物，加工物の所有者となった場合は，その新たな物のうえにもその権利は存続し，共有者となった場合は，共有持分の上に存続する（同条2項）。

添付により損失を受けた者は，不当利得の規定（703条・704条）に従い，償金を請求できる（248条）。

§3 共　　有

〔設例〕　A・B・Cは，それぞれ持分を3分の1とする土地の共有者である。
(1)　Dがその土地を不法占拠している場合，Aは単独で妨害排除請求ができるか。
(2)　その土地は，Eから譲渡を受けたものであるが，登記はまだ移転していなかった。共有名義の登記移転請求をAは単独でできるか。
(3)　Aの持分の上に，Fの抵当権が設定され，その旨の登記も経由していたが，協議により共有地が現物分割されることとなった。Fの抵当権はどうなるか。

1　共有の意義
(1)　共同所有の形態

民法は，原則的に個々人の権利関係を個別に捉えていくという個別主義をとっており，それは所有関係においても同様で，単独所有を原則とする。しかし，一つの物を複数の者が共同で所有することも，社会的に必要な場合が多々生じてくる。したがって，例外的に共同所有を認め，その法律関係を規定している。

この共同所有の形態には，共有，合有，総有という三つのものがあり，それ

§3 共　有　149

ぞれ共同所有する者たちの団体性とその所有する物とのつながりにおいて，性質も若干違ってくる。すなわち，共同所有者間の団体的性格は，総有がもっとも強く，団体とその所有する財産が密接に結びついており，団体に所属する個人には，所有割合である持分もなく分割請求もできない。したがって，個人には共同所有形態の解消を求めることはできず，脱退するほかはない。次に，合有は，合手的共有とも呼ばれ，団体の「共同の目的」に拘束され，個人には持分権はあるが，それを処分することも分割請求もできないという共有と総有の中間に位置する共同所有形態である。最後に，共有は，もっとも個人主義的性格が強く，個人に持分権があり，その処分も自由である。また，原則的に共有物の分割請求も可能である。したがって，民法は，個別主義にもっとも親しい共有を共同所有の原則としている。なお，以上のまとめと例をあげると，以下の表のようになる。

	持分権	分割請求権	例	団体性
共　有	○	○	共同所有における原則。法律の規定→(2)参照	弱
合　有	○	×	組合財産，遺産分割前の共同相続財産（学説）	↓
総　有	×	×	権利能力なき社団の財産，入会権の対象物	強

○→有　×→無

(2)　共有の成立

共有関係が生じるのは，大別次の二つである。まず，当事者の意思に基づく場合，たとえば，数人で1台の車を購入し所有する合意をした場合などである。次に，当事者の意思に基づかない場合，すなわち法律の規定によって共有関係が生じる場合がある。例えば，所有権の複数人による取得（239条～241条・244条・245条），相隣関係における境界線上の設置物（229条），夫婦のいずれに属するか不明の財産（762条2項），区分所有の共用部分（区分所有法11条1項）などである。

2　共有者間の内部関係

(1)　共有の持分

各共有者が目的物に対して有する所有の割合を持分といい，それに対応する

権利を持分権という。持分権は，共有関係の制約は受けるが，本質的には所有権と異ならない。したがって，各共有者は共有物全体につき，その持分に応じた使用ができる（249条）。収益権能も当然有するのであり，持分を処分することもまた自由である（処分をしない特約も可能ではあるが，債権的な効力でしかない）。たとえば，共有者の一人が共有物全体を譲渡した場合，その者の持分についてのみ譲渡が有効となる。

また，共有者が持分権を放棄や，相続人なくして死亡した場合，その持分権は他の共有者の物となる（255条）。これを「共有の弾力性」という場合がある（◇論点◇参照）。

各共有者は，自己の持分権を他の共有者や第三者に主張できる。具体的には持分権確認請求や登記請求，また物権的請求権としての妨害排除請求，返還請求，損害賠償請求，そのほか時効中断のための請求などである。

(2) 持分の決定（持分率）

持分の決定は，当事者の合意（通常は出資額によって推定される）や法律によって定められる。しかし，いずれによっても定まっていない場合，各共有者の持分は相等しいものと推定される（250条）。

(3) 共有物の管理

(a) 共有物の変更　共有者全員の同意が必要である（251条）。処分は変更にあたる。

(b) 共有物の管理　各共有者の持分価格の過半数により決定される（252条本文）。ここでいう管理とは，利用・改良行為をいう。

(c) 共有物の保存行為　各共有者は単独でできる（252条ただし書）。

(d) 共有物に関する負担　各共有者は持分に応じて管理の費用を支払い，その他共有物に関する負担をしなければならない（253条1項）。共有者が一年内にこの義務を負担しなければ，他の共有者は相当の償金を払い，その者の持分を取得できる（同条2項）。

(e) 共有物についての債権　共有者の一人が他の共有者に対して，共有物についての債権を有するときは，その特定承継人（共有持分の譲受人）に対しても債権を行使しうる（254条）。分割に際しては，その共有部分で弁済に代えるか，売却をさせることが可能となる（259条）。

3 対外関係

　前述の持分権に基づく第三者への権利主張（2(1)）は，共有者が，各持分権の範囲内において，単独で行使できる。ただ，妨害排除や返還請求については，保存行為と解されることから共有物全体に行使できるとされている。したがって，〔設例〕(1)のAの請求は可能である。

　持分権確認の請求は，各共有者が単独でできるが（最判昭和40・15・20民集19巻4号859頁），共有関係の確認は，共有者全員でしなければならない固有必要的共同訴訟とされている（最判昭和46・10・7民集25巻7号885頁）。したがって，〔設例〕(2)は，A・B・Cの全員でしなければならず，A単独ではなし得ないことになる。判例では，共有地の境界線確定の訴えも必要的共同訴訟としている（最判昭和46・12・9民集25巻9号1457頁）。

4 共有物の分割

(1) 分割請求

　原則として，各共有者はいつでも分割請求ができる（256条1項本文）。また，不分割契約も可能であるが（同条ただし書），それは5年以内の期間でなければならない。ただ，更新も可能であり，その期間も5年以内である。不動産が共有物である場合，この特約は登記しておかなければならない（不登59条6号）。なお，境界線上の設置物（229条）については，分割請求ができない（257条）。

(2) 分割方法

　共有物の分割は，まず共有者全員の協議によるもとされ，それが調わない場合には裁判所に請求されることになる（258条1項）。その方法として，①現物分割，②代金分割（共有物を売却してその代金を分割），③価格賠償（共有者の一人が共有物を取得し，他の共有者に金銭を支払う）がある。協議による場合は，どのような方法でもよいが，裁判所が分割をする場合，①が原則となる。①が不可能なとき，またはそれによって著しく価格を損するおそれがあるときは，競売を命じることができる（同条2項）（◇発展・研究◇参照）。

(3) 分割への参加

　共有物に，用益権，担保権，賃借権などの権利を持つ者や各共有者の債権者は，自己の費用で分割に参加することができる（260条1項）。分割に際して，

これらの者に通知をする必要はないが，参加の請求があったにもかかわらず，参加を待たずに分割をしてしまった場合，その者に対して分割を対抗できない（同条2項）。

(4) 分割の効果

分割の結果，共有関係は消滅し，各共有者は他の共有者が分割によって取得した物につき，売主と同じ担保責任を負う（261条）。

また共有物の持分上に存する担保物権は，分割によってその利益を害することは出来ない。すなわち，①現物分割に際しては，持分の割合に応じて共有物全部の上に存する。したがって，〔設例〕(3)の場合は，A・B・Cの取得する分割後の各不動産につき3分の1の持分の上にFの抵当権が存続することになる。②代金分割に際しては，共有物の取得者が担保物権を引き受けなければならない。また物上代位によって代金にかかっていける。③価格賠償に際しては，担保物権設定者が共有物を取得した場合，その物の上に持分の範囲で存続する。担保物権設者以外が取得した場合でも，それは同様であるが，この場合は物上代位が可能となる。

なお，共有物に関する証書の保存については，262条に定めがあるので参照してほしい。

5 準 共 有

共有は，所有権についてのみ認められるのであり，それ以外の財産権の共同帰属については，準共有という。それらもやはり法律で別段の定めがない場合，原則として共有の規定が準用される（264条）。しかし，債権の場合は，分割債権（427条）や不可分債権（428条）の適用を受けるため，賃借権や使用借権についてのみ準用されることになる。

◇ 論 点 ◇

共有の法的構造と共有の弾力性

共有の法的構造を，どのようにとらえるかについて二つの説がある。すなわち，一つの物の上に制限せられた複数の所有権が存在すると解する考え方と，一つの所有権が，複数の者に分属するという考え方とがそれである。これらは，

共有の法的構造を一物一権主義に矛盾することなく，どのように説明をするかのためのものであって，その本質に影響を与えるものではない。ただ，次に述べる共有の弾力性という考え方は，前者の考え方に近いものと考えられる。

共有者の一人が持分権を放棄したり，相続人なくして死亡した場合，その持分権は他の共有者に帰属する（255条）ことは，先に述べたとおりであるが，これは，共有にある弾力性から生じるものであるとの説明するのが通説的見解であった。しかし，そのように解すると，共有者の一人が相続人なくして死亡した場合，いかなるときも255条が適用されることになって問題が生じることにもなる。すなわち，共有者の一人である被相続人に，958条の3に該当する特別縁故者がいた場合でも，自動的に他の共有者に帰属することになり，共有持分の財産分与は不可能となるからである。最高裁は，このような事例において，相続債権者や受遺者に対する清算が終了した後，その共有持分は，特別縁故者に対する財産分与の対象となるのであって，もしその財産分与がなされず共有持分の承継人がいない場合にはじめて255条によって他の共有者に帰属するとしている（最判平成元・11・24民集43巻10号1220頁）。

共有の弾力性とは，複数の持分権が互いに圧縮しあって存在している状態を共有とみるわけであるから，一つの持分権がなくなれば，他の持分権が膨張すると考えるのである。しかしこの考え方を採れば，上記のような事例において，特別縁故者に共有持分を財産分与する余地はなくなってしまう。したがって，255条は，共有者の意思や利益等を考慮し複雑な法律関係を避けるための立法政策に基づく規定であるとする説がでてきた。そのように考えると，255条の適用が立法政策により制限される可能性が出てくる。もっとも，弾力性という考え方をとっても，このような特別縁故者を広い意味での相続人と解すればよいことになる。

◇ 発展・研究 ◇

裁判所による分割

共有者の一人が共有物の分割を請求し，共有者間で協議が調わない場合は，裁判所にその分割が委ねられ，その方法も258条2項に規定されていることについては，前述の通りである。すなわち，現物分割を原則として，それが不可

能なとき，またはそれによって著しく価格を損するおそれがあるときは，競売を命じることができるとされている。この規定によって，裁判所ができることの限界が決められているようにも思えるが，裁判所の実際上の運用はここに留まってはいない。

　共有物の現物分割といえば，それまでの共同所有形態が解消し，個人の単独所有へと移行することを想起するが，裁判所は，まず，分割請求者に対する一部分割を認め（現物分割による共有関係からの離脱），持分の価格以上の現物を取得する共有者に超過分の対価を支払わせることを認めた（最大判昭和62・4・22民集41巻3号408頁）。つまり，共有者A・B・Cの土地の共有関係において，通常の現物分割であれば，共有地を3筆に分け，各自が単独所有することになるが，Aからの分割請求により，Aの単独所有とB・Cの共有という2筆に分け，持分と異なる超過分を金銭により清算させるという方法である。また逆に，B・Cの方からも同様の一部分割の請求（現物分割による共有関係からの排除）を認めている（最判平成4・1・24判時1424号54頁）。これに留まらず，更には共有者間の実質的公平が保たれるような状況であれば，共有者の一人が取得し他の者に金銭を支払うという価格賠償による分割も認めている（最判平成8・10・31民集50巻9号2563頁）。共有関係は，必ずしも同じ状況下で生じるわけでなく，その分割における解釈も258条2項の条文に拘泥することによって，かえって不合理な結果を招くよりも，裁判所が分割に対して柔軟に処理していることは評価すべきであろう（裁判官に広く裁量権を与える結果となることに危惧を感じるとする見解もある）。

§4　建物区分所有

1　建物区分所有法の意義

　1棟の建物を幾つかに分けて所有することもできる。その際の所有権を区分所有権という。民法は，旧208条において，相隣関係の一場面として，いわゆる棟割り長屋を想定した規定をおいていたが，近代建築のニーズに耐えなく

なったために削除され，それに代わって近代的集合住宅（マンション）など2階以上の建物にも適用できるものとして，「建物の区分所有等に関する法律」がつくられた（昭和37年。以下，「建物区分所有法」という）。その後，マンションの老朽化に伴う建て替え問題や集合住宅としての秩序維持を目的として，昭和58年に同法の大改正がなされた。この改正によって，それまでの専有部分所有者の権利重視から集合住宅としての団体性を重視することへと方向転換が図られ，多数決原理が採用された。その後，さらに平成14年にも改正され，この傾向が強められている。

> 平成14年改正の大綱
> 1）管理の適正化について①共用部分の変更のうち，大規模修繕などを含む一定のものを普通決議で行える，②管理者の権限を拡大，③規約の適正化に関する規定の新設，④管理組合法人の設立要件中，人数制限（30名以上）撤廃
> 2）建て替えの円滑化について①5分の4以上の多数決以外の要件削除②同一性（敷地，建物使用目的）要件の緩和・撤廃③建て替え決議手続の整備

2　建物区分所有法の内容

(1)　独立性

建物区分所有法が適用されるためには，建物内の構造上区分された数個の部分につき独立した（区分）所有権が発生するものでなければならない。そのためには，構造上の独立性と利用上の独立性を備える必要があるとされる。すなわち，構造上の独立性とは，周壁による確定的遮蔽性を有することであり，独立の出入口の存在などが必要となる。したがって，障子や襖などで仕切られた部屋にはあてはまらない。また，利用上の独立性とは，経済上の効用の独立性を有することで，住居，店舗，事務所，倉庫として使用できるものをいう。これらの独立性を有する部分を，専有部分という。

(2)　専有部分・共用部分・敷地

区分所有建物を構成している部分は，各区分所有者が単独所有する上記専有部分のほかに，共有となる共用部分に分かれる。また，敷地について特別の規定もある。

(a) 専有部分　　区分所有者の単独所有となる専有部分は，原則として壁面までをいうとすべきであろう。なぜなら，壁芯には，通常，共用部分たる配水管・配線などが敷設されている場合が多いからである。

(b) 共用部分　　共用部分には，専有部分以外の建物の部分（廊下，階段など）や専有部分に属しない建物の附属物（給排水管，ガス管，電気の配線など）の建物の構造上当然共用部分となる法定共用部分（4条1項）と，建物内にある専有部分ともなりうる一部（管理人室，ゲストルーム，集会場など）や建物とは別個の附属施設（ごみ捨て場や機械室など）を規約によって定める規約共用部分とがある（同条2項）。なお，一部の者のみの共用となる一部共用部分というものもある（3条後段）。

共用部分は，区分所有者全員の共有となるが（11条1項。一部共用部分は，それを共用する者のみの共有（同条同項ただし書）），建物区分所有法による例外的規定が適用される。すなわち，共用部分の共有持分は，専有部分の床面積に比例するが，専有部分と分離して処分することはできない（15条）。

共用部分において，共同の利益に反することをしてはならないが，専用使用をさせることは可能である。例えば，非常時の避難用通路も兼ねたベランダなどは共用部分を特定の者に専用使用させているものであって，専有部分ではない。このような部分を，専用部分と呼ぶことがあり，この専用使用権は，構造上当然に発生する部分と共有者の合意によって発生する部分（例えば，専用庭，駐車場など）がある。

(c) 敷地　　敷地には，建物が所在する土地（法定敷地）と建物およびその敷地と一体となって管理・利用する庭，通路，駐車場など規約によって敷地とされた部分（規約敷地）の二つがある（2条5項）。専有部分を所有するための建物の敷地に関する権利を敷地利用権といい（2条6項），この敷地利用権は，規約に別段の定めがない限り，専有部分と切り離して処分できない（22条1項）。それゆえ，区分所有建物の表示登記において，敷地権として公示され（不登44条1項9号・46条）不可一体のものとなる（23条）。

(3) 団体自治

(a) 区分所有の団体　　区分所有者は，全員で建物やその敷地，附属施設の管理を行うための団体を構成することができる（3条）。この団体（管理組合）

において，集会を開き，規約を定め，管理者をおくことができる。また，管理組合を法人化することもできる。これは1棟の建物に限らず，一団地内に数棟の建物がある場合でも同様である（65条）。

(b) 管理組合法人　区分所有者及び議決権の4分の3以上の多数による決議で管理組合を法人とすることができる（47条1項・2項，区分所有者が30人以上いる場合という要件は，平成14年の改正で撤廃された）が，法人には理事および監事をおき，集会を開くことが義務づけられている（49条・50条）。また，登記，名称等，さまざまな制約が課せられる（47条～56条）。

(c) 規約および集会　規約において，建物，その敷地もしくは附属設備の管理また使用に関する事項を定めることができる（30条1項）。規約の設定，変更または廃止は，区分所有者および議決権の4分の3以上の多数による決議によって行われる（31条前段）。

集会とは，いわゆる管理組合の総会であって，区分所有者の意思決定機関であり，管理者が招集し，少なくとも年1回開催されなければならない（34条1項・2項）。通常は，区分所有者および議決権の過半数で決するが（普通決議），重要事項については4分の3以上の多数でなければならない（建替えの決議は5分の4以上）。

また，近時のパーソナルコンピューターの普及に伴い，規約議事録の関係書類は，書面に代えて電磁的記録によっても作成できるものとした（30条5項・42条1項）。この電磁的記録とは，電子的方式，磁気的方式など，人の知覚によっては認識することができない方式で作られる記録であって，電子計算機による情報処理の用に供されるものとして法務省令で定めるものをいうと定義している。加えて，集会における議決権の行使や書面による議決権の行使に代えて，電磁的方法によって議決権の行使ができる（39条3項・45条）。ここでいう，電磁的方法とは，電子情報処理組織を使用する方法その他の情報通信の技術を利用する方法であって法務省令で定めるものをいう。

(d) 管理者　管理者は，共用部分を保存し，集会の決議を実行し，ならびに規約に定められた行為をする権限を有するとともに義務も負う（26条1項）。管理者は，その職務に関して，区分所有者を代理するものであり，損害保険契約に基づく保険金や共用部分について生じた損害賠償金および不当利得による

返還金の請求・受領も代理することができる（26条2項）。また，規約や集会の決議により，その職務に関して，区分所有者のために訴訟行為を遂行する（26条4項）。

(e) 復旧および建替え　建物の価格の2分の1以下に相当する部分が滅失したとき，各共有者は，滅失した共用部分および自己の専有部分を復旧することができる（61条1項本文）。共用部分を復旧した区分所有者は，その金額を他の区分所有者に対し，持分の割合に応じて償還請求できる（同条2項）。ただし，共用部分について，集会における復旧（同条3項）や建替え決議（62条1項），または団地内の建物の一括建替え決議（70条1項）がなされたときは，集会の決議が優先する（61条1項但書）。

集会において復旧の決議（61条5項，4分の3以上の多数決）があった場合，復旧に賛成しなかった区分所有者が有する建物およびその敷地に関する権利を，決議賛成者（その承継人を含む）の全部または一部に対して，時価で買い取ることを請求できる（61条7項）。その際，決議賛成者全員の合意によって，右権利を買い取る者を指定できる（同条8項）。また，この決議賛成者以外の区分所有者が有する買取請求権は，集会の招集者（買取指定をされた者がいる場合はその者）から4カ月以上の期間を定めた書面による催告にもかかわらず，請求権を行使するか否か確答しない場合，消滅する（同条10項・11項）。

建物を取り壊し，その建物の敷地もしくはその一部またはその周辺も含めた土地に建物を建築すること（建替え）を，集会において，区分所有者および議決権の5分の4以上の多数により決議することができる（62条1項）。平成14年の改正によって，それまで建替えの要件とされていた建物における一定の状況（老朽，損傷，回復費用の過分性等）は撤廃されたが，集会の招集通知を会日の2カ月前までに発しなければならず（規約による伸長は可能（同条4項）。通常の場合，1週間前まで（35条1項））, 建替えの理由，費用，計画内容等を通常の通知事項に加えて記載しなければならない（62条5項）。その際，集会の招集者は，会日の1カ月前までに区分所有者に対し説明会を開かなければならない（同条6項）。さらに上記改正において，共通の敷地に複数の区分所有建物が存在する団地内の建物の建替えについて，建物建替え承認決議（69条），一括建替え決議（70条）の制度が新設された。

(f) 区分所有者の権利義務（団体的規制）　① 他の専有部分等の使用　区分所有者は，その専有部分または共用部分を保存し，または改良するため必要な範囲内において，他の区分所有者の専有部分または自己の所有に属しない共用部分の使用を請求できる。この場合，他の区分所有者が損害を受けたときは，その償金を支払わなければならない（6条2項）。

② 共同の利益に反する行為の禁止　区分所有者は，建物の保存に有害な行為，その他建物の管理または使用に関し，区分所有者の共同の利益に反する行為をしてはならない（6条1項）。したがって，この共同利益に違反する行為に対して，他の区分所有者の全員または管理組合法人は，停止や結果の除去，または予防に必要な措置を執ることを請求できる（57条1項）。

さらに，このような請求では，その障害を除去して共用部分の利用の確保やその他の区分所有者の共同生活の維持を図ることが困難であるとき，他の区分所有者の全員または管理組合法人は，集会の決議（4分の3以上の多数決）に基づき，訴えをもって，相当の期間，当該区分所有者の専有部分の使用禁止を請求できる（58条1項・2項）。

また，他の方法では区分所有者の共同生活の維持を図ることが困難であるときは，同様の手続きで，当該区分所有者の区分所有権と敷地利用権の競売を訴求することができる（59条1・2項）。

これらのことは，区分所有者に限らず，賃借人のような区分所有者以外の専有部分の占有者に対しても同様であり（6条3項・57条4項），専有部分を使用収益する契約の解除およびその専有部分の引渡しを，同様の手続きで訴求できる（60条1項・2項）。

〔参考文献〕
川島武宜『所有権法の理論』〈新版〉（岩波書店，1987年）
新田敏「附合」星野英一編集代表『民法講座3物権(2)』（有斐閣，1984年）
丸山英氣『区分所有法の理論と動態』（三省堂，1985年）

第5章　用益物権

§1　総　説

　用益物権とは，制限物権のなかで，使用収益権能のみを把握する権利の総称である。民法では，土地についてのみ，それを認める。その種類としては，地上権，永小作権，地役権，入会権の4種類である。

§2　地上権

〔設例〕　地上権と土地賃借権の異同を述べよ。

1　地上権の意義

　地上権とは，植林および工作物所有を目的として他人の土地を利用する物権をいう（265条）。条文では「竹木」と規定しているが，桑，茶，果樹等を栽植するなどによって土地利用が，耕作を目的とする場合は，後述の永小作権となる。また，「工作物」とは，家屋，橋梁，道路，溝または堀，池，トンネル，テレビ塔，地下鉄，地下街，高架路線，その他地上，地下の一切の建造物をいう。
　また，地上権にあっては，地上の空間や地下のある層だけを客体とすることもできる。これを，区分地上権（空中権，地下権）という（269条の2）。高架，地下鉄，送電線などで土地の上下を使用させる場合に設定せられるものである。

この場合，必然的に地表面の利用を伴うため，設定に際して地上権行使に必要な制限を土地使用に加えることができる（同条1項後段）。また，すでにその土地上に第三者の利用権（地上権，永小作権，賃借権）やこれを目的とする権利（地上権上の抵当権など）が設定されている場合でも，それらの権利者全員が承諾すれば，区分地上権を設定でき，上記利用権者は区分地上権の行使を妨げることはできない。なお，互いに権利内容が抵触しなければ，多重に（複数の）区分地上権が設定できる（区分賃借権も，契約自由の原則から可能であるが，範囲を決めて設定することはできない）。

2 地上権と土地賃借権

(1) 効果の差と区別の判断基準

土地の貸借関係において，それが地上権設定契約に基づくものなのか，それとも土地賃貸借契約に基づくものなのか，実務上，その判別は難しいものがある。しかも事実認定の困難さに比べれば，両者の効果の違いは，物権と債権の違いに起因するため，非常に大きい。まず，権利の譲渡に関して，物権である地上権は，土地所有者の承諾なしに譲渡できるが，賃借権は，債権であるため，承諾がなければならない。また，両者とも，対抗要件は登記であるが，地上権においては，土地所有者に登記協力義務があるが，賃貸人には登記協力義務がなく，賃借権の登記（605条）は設定されない場合が多い。また両者は存続期間においても異なる。地上権の存続期間には，特に限定はないので，当事者で自由に決められる。期限を当事者間で定めなかった場合は，20年から50年の範囲で裁判所が決めることになる（268条）。一方賃借権は，最長20年とされている（604条）。その他，土地の修補義務が土地所有者にない（地上権）か，ある（賃借権）かの違いもある。

したがって，これら土地利用権の譲渡性の有無，存続期間の長短，土地所有者の修補義務など，当該契約でどのように取り決められているかによって両者のどちらであるかの判断をすることになろう。もっとも，土地の利用権設定において，多くの場合が，土地所有者に有利な賃借権であるという現状は，判断における前提にはなるものと思われる。

(2) 借 地 権

建物所有の目的で他人の土地を使用する場合，その根拠となる権利が地上権であれ，賃借権であれ，借地借家法の適用を受けることになる。そこでは，両者とも，基本的には借地権としての保護を受けることになる（権利の譲渡・転貸において若干の差がある。借地借家19条・20条参照）。

	地上権	賃借権	借地権
権利の種類	物権	債権	借地借家法上の権利：建物所有を目的とした敷地利用権（地上権・賃借権を基礎とする）
権利譲渡	承諾不要	承諾必要	賃借権においても承諾に代わる裁判所の許可（借地借家19条1項）
対抗要件	登記（177条）	登記（605条）	土地上の建物の登記（借地借家10条1項）
登記協力義務	あり	なし	
存続期間	なし。定めのない場合20～50年（268条）	最長20年（604条）	30年以上（借地借家3条）
土地所有者の修補義務	なし	あり	規定なし（基礎となる権利が地上権か賃借権かによる）

3 地上権の取得

(1) 地上権設定契約

地上権取得原因のもっとも一般的なものは，当事者の合意によるものである。直接地上権を設定する物権契約であり，諾成・不要式契約である。

(2) 法定地上権

同一人の所有する土地とその上に存する建物の一方もしくは両方に抵当権が設定され，その後抵当権の実行（競売）によって，土地と建物の所有者が別人に帰した場合，その土地には，建物所有者のために法律上当然に地上権が設定される（388条）。この場合の地上権もその内容においては合意により設定されたものと変わりはない。

(3) 取得時効，相続，譲渡（譲受）

地上権は，時効によっても取得できる（167条）し，相続財産の対象ともな

る。また後述するように，地上権者は，自由にその権利を譲渡できるのであるから，その者から譲り受けた者は，地上権を取得することになる。

4 地上権の譲渡
(1) 地主（地上権設定者）の承諾不要

地上権は，物権であり，直接排他的な支配権を持つのであるから，地上権の処分（譲渡）も，所有権者の承諾なしにできる。もちろん，設定者は地上権者との間で，地上権を他に譲渡することを禁止する特約を結ぶこともできるが，それはあくまで債権的効力しか有さず，禁止特約を登記することもできない。

(2) 工作物・竹木の処分

地上権が設定された土地上に地上権者が所有する建物や植林を他に譲渡した場合，原則として，地上権の譲渡を伴い，同時に地代債務を承継するものと解される。もちろん，建築材料としての建物の譲渡や，伐採目的の竹木の譲渡である場合はこの限りではない。

5 地上権の効力
(1) 土地使用権

地上権者は，設定行為によって定められた目的の範囲内で，土地の使用収益ができる（265条）。反対に，土地所有者は地上権の制限を受けることになるが，地上権者は，登記をしなければ第三者に対抗できない（177条）。地上権者は，物権の排他的支配者として，土地の使用ができるわけであるから，物権的請求権もあり（相隣関係も準用される），地上権につき，自由に譲渡・賃貸・担保供与ができる。また先にも述べたように，土地工作物の譲渡は地上権を伴うことになる。

(2) 存続期間

存続期間の制限について，民法は規定をしていない。したがって，永代使用も可能かという問題が生じる。原則的には，土地所有権が虚有権化するので不可とすべきであろう。もっとも半永久化している建造物もあり，近代の所有権が，地代徴収権化している現状や，特に積極的に否定する理由もないところからこれを認める説も多い。判例は可能としているが（大判明治36・11・6民録9

輯244頁ほか），「無期限」としていても，地上権設定目的を斟酌し，期限を判断する傾向にある。

存続期間の定めをしていなかった場合，もちろん当事者の協議が優先するが，慣習があればそれに従い，慣習に反するような地上権放棄は認められない（268条1項）。別段の慣習がなく，地上権者が地上権を放棄しないときは，当事者の請求により裁判所が20〜50年の範囲で決定する（同条2項）。

(3) 地代支払い

地代は，永小作権や賃借権と違い，地上権において必要的ではないため，当事者で定めた場合のみ，地上権者は支払いの義務を負う。したがって，一時払いでも定期払いでもよい。法定地上権においては，裁判所が決定する場合がある（388条ただし書）。

地代を定期払する約定がある場合，永小作権の規定（274条〜276条）の準用を受けるとともに，その他については，賃貸借の規定が準用される（266条）。

6 地上権の消滅

(1) 一般消滅事由

地上権の消滅に関し，物権一般の消滅原因である目的物（土地）の滅失，存続期間の満了，混同，消滅時効，放棄（地代支払いの取り決めがない場合），他への譲渡（処分）などがある。その他，地上権に特有な消滅に関する規定があり，以下に述べる。

(2) 放棄（地代支払いの取り決めがある場合）

(a) 存続期間の定めがない場合　地上権者はいつでも放棄が可能である。ただし，地代を支払っている場合，1年前に予告するか期間未到来の1年分の地代を支払わなければならない（268条1項）。

(b) 存続期間の定めがある場合　不可抗力によって，3年間収益がないか，5年以上の間，収益が地代より下回ったとき（266条1項→275条）は，予告も地代支払いもせずに放棄できる。

(3) 消滅請求

地代を支払いの取り決めがなされている場合に，地上権者が，引き続き2年以上地代を滞納したときや破産宣告を受けたとき，土地所有者は地上権の消滅

を請求できる（266条1項→276条）。

(4) 消滅の効果

地上権者は，地上権が消滅すれば，土地を原状に復して，工作物・竹木を収去することができるが，土地所有者が時価を提供して買い取る旨を通知した場合，地上権者は，正当な理由がなければこれを拒絶できない（269条1項）。しかし，これと異なる慣習がある場合は，その慣習に従う（同条2項）。

§3　永小作権

1　永小作権の意義

永小作権とは，小作料を支払うことによって，耕作または牧畜をなすことを目的として他人の土地を利用する権利である（270条）。江戸時代からの農地使用の慣習として，封建的土地所有形態は，その統治体制との関係から，上級所有権（底土権など）と下級所有権（上土権など）という二重の所有関係が存在していた（一地両主）。それが，近代市民法の制定に伴い，一地一主の近代的所有権へと移行することになるが，その際，この近代所有権をどちらに与えるかという問題が生じていた。明治政府は，地租改正事業の過程で，政策的配慮から上級所有権者（地租負担者，小作料徴収者）に所有権（地券）を与え，耕作者には，存続期間を限定した用益権（永小作権）を認めるにとどめた。以後，小作権者には，若干の保護も与えられてきたが（民法施行法47条，小作調停法，農地調停法など），抜本的なものは何もなかった。しかし，第2次大戦後の昭和27年に制定された農地法により，自作農を農地政策の基本とし，これを推進していく方向に政策を転換してからは，永小作権は，その用途を減じ，今日それほどの価値を有さなくなってしまった。ただ，現状からいえば，物権としての永

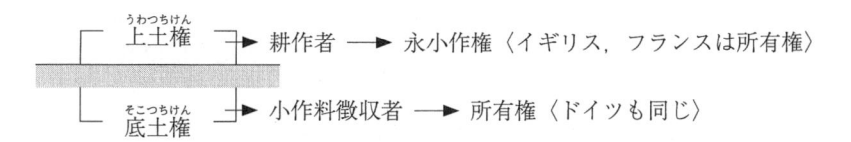

```
　　　うわつちけん
　　　上土権　　→　耕作者　→　永小作権〈イギリス，フランスは所有権〉
　　　そこつちけん
　　　底土権　　→　小作料徴収者　→　所有権〈ドイツも同じ〉
```

小作権はほとんど用いられておらず，もっぱら債権たる賃借権で小作関係が行われている。

2　永小作権の取得

　地上権と同じく，永小作権設定契約，取得時効，相続，譲渡によって取得できる。もっとも，「農地または採草放牧地」として，設定および移転するには，都道府県知事または農業委員会の許可が必要である（農地法3条1項）。また，永小作権は，賃貸もできるが，設定時に譲渡や賃貸を制限することもでき（272条），それを登記しておけば，第三者にも対抗できる。

3　永小作権の効力

(1)　土地使用権とその制限

　永小作権者は，その権利の範囲内において土地を使用でき，必要な程度で土地に変更を加えることができるが，土地に永久の損害をもたらすような変更（水田を畑にするなど）は，地主の承諾がなければ加えることはできない（271条）。ただし，別段の慣習があればそれに従う（277条）。

(2)　存続期間

　永小作権の存続期間を定める場合は，20～50年の範囲としなければならず，これより長期の場合は50年に短縮される。また更新も可能であるが50年を超えることはできない（278条）。

(3)　小作料支払義務

　小作料支払いは永小作権成立の要素である（270条）。その減額請求権は，不可抗力による減益等があったとしても民法上認められておらず，農地法によるしかない（農地法24条ほか）。

(4)　賃貸借の準用

　永小作権者は，永小作権に関する規定や設定行為で定めた義務を負うほか，賃貸借に関する規定の準用を受ける（273条）ため，615条（通知義務），616条（使用貸借規定の準用），594条1項（使用収益権）などの規定が準用されることになる。

4 永小作権の消滅

(1) 一般消滅事由

永小作権は，土地の滅失，存続期間の満了，混同，消滅時効，譲渡（処分）などの物権全般に共通の消滅事由によって消滅する。

(2) 特有消滅事由

(a) 永小作権の放棄　永小作権者は，不可抗力により引き続き3年以上まったく収益がなく，または5年以上小作料より少ない収益しか得られなかったとき，何らの補償をすることなく放棄できる（275条）。別段の慣習がある場合はそれに従う（277条）。

(b) 永小作権の消滅請求　定期の小作料を支払うべき永小作権者が，引き続き2年以上小作料の支払いを怠り，または破産宣告を受けたときは永小作権の消滅を請求することができる（276条）。

(3) 消滅の効果

永小作権者は，永小作権が消滅すれば，土地を原状に復して，地上物を収去する権利，土地所有者の地上物買取請求権などが生じ，かつ慣習に従う点は，地上権におけると同じである（279条→269条）。

§4　地役権

1　地役権の意義

地役権とは，設定行為で定められた目的にしたがい，ある土地（要役地）の便益のため他人の土地（承役地）を利用する権利をいう（280条）。図のように，A（要役地）への通路が狭く自動車が入らないような場合，B（承役地）の一部を通行させてもらう権利などをいう。地役権を設定する目的は，通行のほか，引水，電線路施設などのように積極的な開設等を必要とする作為的なものだけでなく，眺望や日照のため高層の建物を建てないなどの不作為のものも含まれる。

このうち作為的目的のものは，賃借権によっても達成できるが，賃借権によ

る場合，賃借地の独占的使用となり，地役権のような設定された目的のために必要最小限での使用ではない（承役地を共同使用するもの。非排他性）。

　また，地役権は，土地利用関係において先に述べた相隣関係（209条～230条）と相通じるものがある。しかし，相隣関係は，土地所有者間における必要最小限の利益調整であり，所有権の機能の制限および拡張である。一方，地役権は当事者間の契約によって生じる土地利用権である。

　地役権は当事者の合意によって生じる用益物権であるが，要役地の便益のために設定されるものであるため，要役地の所有権に従属するのであって，人に帰属する権利ではない。したがって所有権の移転とともに随伴し，特にその旨の意思表示をしなくとも移転する。また，要役地の上に存在する他の権利の目的となる（附従性・随伴性）。つまり，要役地に地上権，永小作権，賃借権をもつ者は，地役権を行使することができ，要役地に設定されている担保権（質権，抵当権）の目的になる。もっともこれらの土地所有権に附従した性質から生じる効果は，設定行為をもって排除することができる（281条1項）。ただ，地役権を要役地から分離して譲渡することや，他の権利の目的とすることはできない（同条2項）。

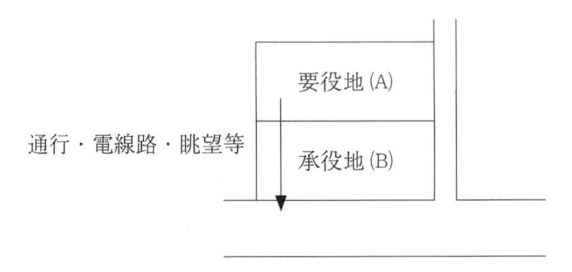

```
                  ┌─────────┐
                  │ 要役地(A)│
通行・電線路・眺望等│         │
                  │ 承役地(B)│
                  └────↓────┘
```

2　地役権の取得

　地役権は，要役地の所有者と承役地の所有者との間で結ばれる設定契約によって成立する。用益権者も，この契約当事者となることができるとするのが多数説であるが，判例は賃借権者につき否定している（大判昭和2・4・22民集6巻199頁）。用益物権者に限るべきであろう。

　地役権は，先にも述べたように，土地に附従した権利であるため，要役地の所有権・用益権を取得した者も地役権を取得できる。また，相続や承役地所有

者の遺言によっても取得される。

　地役権の時効取得は，継続・表現のものに限って認められる（283条）。継続とは，承役地に通路を開設し通行をするような場合で，通路を開設していないような場合は非継続となり認められない（要役地の所有者によって開設しなければならないとするのが，判例である（最判昭和33・2・14民集12巻2号268頁ほか））。また，表現とは，外形として存在していることをいい，土管などは非表現であり，眺望のための地役権は時効の対象とはならない。

3　地役権の効力
(1)　土地使用権

　地役権は，その目的にそった用法で，承役地を使用できる。その使用関係は，要役地・承役地の所有者・その他の権利者にも及ぶ。物権的請求権も持つが，承役地の排他的支配を内容としないため，その返還請求権はなく，妨害予防・妨害排除ができるにとどまる。地役権の対価は，その要素とはなっていないが，無償でなければならないことはない。

　地役権は，設定された目的のために必要最小限での承役地を使用するものであるが，その具体的なあらわれとして，用水地役権（285条）や承役地所有者の工作物共同使用権（288条）に関する規定をおいている。

　一方，承役地の所有者は，地役権者の行為を容認すべき不作為の義務を負うが，さらに，設定行為や設定後の契約によって，自己の費用で地役権の行使のために工作物を設け，または修繕する義務を負担したときは，承役地の特定承継人にもその義務は及ぶことになる（286条）。もっとも，承役地の所有者は，いつでも，地役権に必要な土地の部分の所有権を放棄して地役権者に移転することによってその義務を免れうる（287条．後述「4　地役権の消滅」参照）。

(2)　対抗力

　地役権も，他の物権と同じように，第三者に地役権を主張するためには登記を備えなければならない。もっとも地役権には排他性がないため，登記されたあとでも多重に地役権の設定ができる。また，判例によれば，通行地役権の承役地が譲渡に際し，同土地が通路として使われていることが客観的に明らかで，かつ譲受人がそのことを認識していたか，認識することが可能な場合，同土地

に地役権が設定されていたことを譲受人が知らなくとも，特段の事情がない限り，地役権設定登記の欠缺(けんけつ)を主張する正当な利益を有する第三者に当てはまらないし（最判平成10・2・13民集52巻1号65頁），設定登記手続請求に応じなければならないとしている（最判平成10・12・18民集52巻9号1975号）。

(3) 存続期間

民法上の規定はないため，地役権の存続期間は自由に設定できるため，永久と定めることも，所有権に及ぼす影響が少ないことから，有効と解されている。

(4) 不可分性

要役地もしくは承役地が共有関係にある土地であった場合，その土地の共有者の一人は，自らの持分に相当する地役権の部分を消滅させることはできないし，その土地が分割もしくは一部譲渡されても，地役権はその各部のために（要役地の場合），もしくはその各部の上に（承役地の場合）存在する（282条）。また，取得時効に関して，共有者の一人が地役権を取得した場合，他の共有者もこれを取得し，時効を中断させるためには共有者全員に対してしなければならず，また，共有者の一人に時効停止事由があっても，時効は各共有者のために進行する（284条）。一方，共有の要役地が消滅時効にかかるとき，共有者の一人に時効の中断・停止事由が生じた場合，他の共有者にもその効力が及ぶ（292条）。

4 地役権の消滅

地役権は，期間の満了，混同，放棄によって消滅するほか，承役地の所有者が地役権に必要な土地の部分の所有権を放棄して地役権者に移転することによってその義務を免れる（287条）。すなわち，この所有権放棄は，承役地の所有権を一方的意思表示によって地役権者に移転するもので，それに伴い混同によって地役権が消滅する。また，20年の権利不行使によって時効消滅するが，その起算点は，不継続の地役権は，最後の行使のときであり，継続の地役権にあっては，その行使を妨げるような事実が生じたときである（291条）。承役地が，第三者によって時効取得された場合，地役権は消滅するが（289条），その第三者が地役権の存在を容認しているときや地役権者が地役権を行使しているときは消滅しない（290条）。

§5 入会権

1 入会権の意義

　入会権とは，部落等一定の地域に居住する住民集団が山林原野，漁場，用水等を総有的に支配する慣習上の権利をいい，民法制定以前から，部落等の住民が，一定の土地内に入り，採草，採薪，放牧，造林，狩猟，採石などしていたものを権利として認めたもので，広義では，専用漁業権，水利権，温泉権なども含まれる場合がある。

　しかしながら，民法の規定は，かような住民集団が，所有する土地に対してもつ権利を「共有の性質を有する入会権」（263条）とし，他人所有の土地に対してもつ権利を「共有の性質を有しない入会権」（294条）として，ともに慣習に従うほか，前者は共有の規定が準用され（ただし，このような共同所有形態が「総有」と呼ばれることは前述した。第4章§3.1(1)参照），後者は地役権の規定が準用されるとしているにすぎず，入会権についての明確な規定をおいているわけではない。このことは，民法制定時の日本が，急速な資本主義化を望みながらも零細規模農業と農村社会秩序も温存しなければならなかったというジレンマの中で，妥協の産物として消極的に入会権を承認してきたことのあらわれといえよう。

2 入会権の取得

　入会権は，慣習上の物権であり，その取得も，ほとんどの場合，慣習によるものであり，設定という概念にはそぐわない。したがって，入会地の隣地の所有者と交渉して，その隣地にまで入会権の及ぶ範囲を広げるということはありうるが（共有の性質を有しない入会権の取得），新たに一定の集団が入会地を取得し，入会権を設定することは近代土地所有法の制度からいってもありえない。また，土地所有者に対して，一定の集団が入会権と同じ内容で使用する契約をなしたとしても，それは入会権と解すべきでなく，債権的使用の形態とみるべきであろう。

　ただ，時効取得については，それ自体慣習的要素が強いため，入会権取得の

可能性が認められてしかるべきであろう。

また，入会権は，その性質から登記になじまず，登記することはできない（不登3条参照）。

3　入会権の効力

入会権者がその権利に基づいてなしうることも，慣習による。その利用方法として，入会地を区分し各個人に割り当てて分割利用させる方法（分け地，割山などと呼ばれる），構成員の個人的利用を禁じ，集団が入会地を直接管理・運用し，収益を構成員に分配する方法（留め山などと呼ばれる），また，集団が部外者と入会地を利用させる契約を結び，その代価を得る方法などがある。

4　入会権の消滅

入会権は，まず，入会集団の入会地における慣習上の使用がなくなれば消滅する。また，共有の性質を有する入会地が他に譲渡された場合，入会地としての利用をやめる意思表示を伴うのか，それとも共有の性質を有しない入会権は留保するのかは，入会集団によって決定されることとなる。

入会地が官有地となった場合，判例は，当初，国有地上の入会権も官民有区分処分によって官有地に編入されると消滅するとしていたが（大判大正4・3・16民録21輯328頁），最高裁になってこれを改め，官有地編入によっても当然に入会権は消滅するものではないとしている（最判昭和48・3・13民集27巻2号272頁）。

入会権自体，集団の用益権であるため，個人所有を原則とした資本主義社会にはなじまない性格をもつ。したがって，そのことは農林業関係において，発展を妨げるものであるとの観点から，昭和41年に「入会林野等に係る権利関係の近代化の助長に関する法律」が制定された。それにより，入会権を消滅させ，所有権，地上権，賃借権などの使用収益を目的とする権利へと転換させようとする国の方針がうかがわれるため，入会権は今後ますます制限されることとなろう。

第Ⅱ部　担保物権

第1章　総　　説

§1　担保物権の意義

〔設例〕　Bから500万円の融資を依頼されたAは，Bと従来からつきあいがあったので，これを承諾しようと考えている。その際，Bからの弁済を確実にするために，Aとしてはいかなる手段が考えられるか。

1　担保物権とは

　担保物権とは，債権者が債権の回収を確実にするため，債務者または第三者に属する目的物に対して優先的に権利行使をすることができる物権をいう。担保物権は，目的物を全面的に支配する所有権とは異なり，目的物の価値の一部だけを支配する（それによって所有権を制限する）ところの制限物権の一種である。しかし，制限物権の中でも，用益物権が物の利用を目的とする物権であるのに対し，担保物権は，債権者が目的物の交換価値を把握または弁済があるまで目的物を留置することによって，弁済を確保することを目的とするものである。

　今日の社会では，大企業から一般の消費者に至るまで，さまざまな局面で，金銭の借入等の金融を利用しているが，このような金融が順調に行われるためにも，債権の回収を確実にするための手段が整っていることが必要である。たとえば，〔設例〕において，BのAへの弁済が不確実であり，債権を回収できない危険があれば，AとしてはBへの融資を躊躇することになろう。債権の回収を確実にする手段としてはさまざまなものがあるが，担保物権は，その代表

的手段の一つである。すなわち，上の設例で，AのBに対する債権の回収を確保するために，債務者B自身または第三者に属する財産の上に，債権者Aが他の債権者より優先的に弁済を受けることができるような物権（担保物権）を設定するという方法がまず考えられるのである。

　もし，このような優先弁済権がなければどうなるのであろうか。もちろん，債務者が，約束通り任意に弁済すれば問題はない。しかし，債務者Bの財産によってBの負担する複数の債務全部を弁済することができず，Bが債務不履行に陥って強制執行手続がとられ，あるいはBが破産した場合には，問題が生ずる。この場合，債権者平等の原則が働き，Aも含め，Bの全ての一般債権者（優先権を持たない債権者）は，Bの一般財産から，各自の債権額に案分比例した割合の弁済だけしか受けられないことになる。これに対して，もし融資のときに十分な価値のある目的物につき担保物権の設定を受けていれば，債権者Aは，他の一般債権者に優先して，債権の弁済を受けられるのである。

債権者平等の原則　　債務者の破産または債務者の財産への強制執行において，各債権の発生原因や発生時期にかかわらず，債権者を（債権額に応じて）平等に取り扱うという原則を「債権者平等の原則」という。

　この原則によると，例えば，Bに600万円相当の差押え可能な財産があったので，Bの債権者A（債権額500万円）がその財産を差し押さえたところ，Bには，Aの他に，債権者C（債権額750万円）と債権者D（債権額250万円）がおり，これらの債権者が配当要求してきたとすると，換価金600万円（実際には，ここから換価のための諸費用がまず差し引かれるが，ここではその点はひとまず置いておく）は，A・C・Dの債権額に比例して，Aに200万円，Cに300万円，Dに100万円が配当され，結局，Aとしては債権の十分な満足を受けられないことになるのである。

2　物的担保と人的担保

　債権の回収を確保するための制度（担保）としては，まず，民法の物権編に規定された4種類の担保物権（留置権・先取特権・質権・抵当権）がある。そのうちの多くは，債務者または第三者の所有権の上に成立するが，債権など，所

有権以外の財産権の上に成立するもの（権利質など）もあり，債権者は，このような特定の財産権に対する権利を行使することにより，他に優先して弁済を受けうることが予定されている。さらに，民法に規定はないが，債権の担保のため，ある物の所有権を法形式上債権者に移転するという方法（譲渡担保）や，債権者（典型的には売買代金債権の債権者である売主）が目的物の所有権を留保することによって弁済を確保する方法（所有権留保）なども用いられている（後述§2の◇発展・研究◇参照）。以上は，債務者または第三者の特定の財産に対する権利行使を通じて，他の債権者に優先して弁済を受けることができるという形での担保であり，これを，物的担保という。

一方，担保としては，保証（446条以下），連帯保証（454条・458条）などのように，債権者が，本来の債務者以外の第三者の一般財産からも強制的に債権を回収できるという形で，債権の回収を確保する制度がある。たとえば，〔設例〕でAがBに融資をする際に，資力のあるCを保証人あるいは連帯保証人としておけば，Aとしては，Bに対して請求できるのみならず，Cに対しても請求することができ，Cが任意に弁済しないときには，Cの一般財産に対する強制執行を通して債権を回収することもできるのである。このように，本来の債務者以外の人にも債務を負わせ，それらの人に対する権利行使を通じて債権回収を確保するという形での担保を，人的担保という。

保証などの人的担保は，設定にそれほど費用や手間がかからず，また，主たる債務者が弁済しない場合の債権回収についても，保証人等に支払いを請求すればよいので（ただし，保証人などが任意に支払わないときには，その一般財産に対する強制執行の手続を経る必要が出てくる）簡便だという利点がある。しかし，反面，保証人の資産状態が悪化し支払能力がなくなれば，債権は回収できなくなるのであるから，債権者から見れば，弁済を受けられることにつき不確実さが残る。これに対して，物的担保の場合，とりわけ不動産に対する物的担保の場合には，設定に費用がかかり，実行にも時間と費用がかかる反面，価値の変動が予測可能な範囲にとどまることが多く，一般的にはより確実性に富むと考えられてきた。もっとも，バブル崩壊後に不動産の価格が下落し，担保割れして債権が回収できない事態が多く生じたことからもわかるように，物的担保も絶対に確実だとはいえない。

3 担保物権法制の展開

　留置権，先取特権，質権，抵当権という4種類の典型担保物権に関する今日の規定の多くは，すでに明治29年に公布された当時から民法の中に置かれていたものである。しかし，その後，社会経済状況は大きく変化し，その変化に即した取引の要請を満たす必要が生じた。そこで，特別法によりさまざまな担保物権が承認されるとともに，判例により譲渡担保などの非典型担保が承認されてきた（後述§2・2(1)(2)参照）。

　他方，民法にも改正が施されたが，民法の改正として指摘されるのは，特に以下の二つである。すなわち，第1は，昭和46年の改正による根抵当権の新設であり（398条の2以下），これによって，継続的取引から生じ増減変動する多数の債権を担保するための抵当権の設定が明文で認められた（それ以前にも，判例によってその有効性は承認されていたが，明文の規定がないため，疑義や解釈の対立が存していた）。第2は，平成15年の「担保物権及び民事執行制度の改善のための民法等の一部を改正する法律」（平成15年8月1日公布法律第134号）による民法改正である。これにより，①抵当権の実行妨害手段としてしばしば悪用されていた民法旧395条の短期賃貸借制度が廃止され，抵当建物使用者の引渡し猶予の制度が新たに設けられたこと，②従来，増加競売との結合により抵当権者に過度の負担を生ぜしめ，いわゆる滌除屋の活動に利用されていたところの滌除制度（378条以下）が改善され，増加競売と切り離した抵当権消滅請求の制度にあらためられたことのほか，③不動産の収益に対する抵当権の効力（371条），④抵当地上の建物の競売（389条），⑤根抵当権（398条の19第2項・398条の20），⑥先取特権（306条・308条），⑦質権（363条）などに関しても，部分的に改正された（詳細は，各種の担保物権の箇所で言及する）。

◇ 発展・研究 ◇

担保的機能をもつその他の制度

　物的担保と人的担保以外でも，他の債権者に先立って債権を回収することを可能にする制度や方法がある。その代表的なものが，相殺，相殺予約，代理受領などである。

　「相殺」とは，二人の者が，互いに相手方に対して同種の債権をもっている

場合において，その一方から相手方に対する意思表示によって双方の債務を対当額で消滅させることをいう（505条1項）。この場合，各当事者は，相手方の財産状態が悪化しても，対当額については相殺の意思表示をすることによって簡単かつ確実に他の債権者に先立って債権を回収することができるのであり，その意味で，債権担保の機能を有するのである。特に，銀行が融資を行う場合においては，銀行約款の「相殺予約」に関する条項により，銀行があらかじめその融資相手の預金を担保にとったのと同様の状態が作り上げられている。たとえば，上の〔設例〕で，Aが銀行でBが会社であり，融資を受けるB会社がA銀行に定期預金をしていたと想定しよう。銀行取引約款によれば，その定期預金について第三者が差押をする等，Bに信用不安が生じたときには，B会社はその融資を受けた債務につき期限の利益を失い，銀行は銀行の債権と預金者の定期預金債権とを対当額につき相殺するものとされており，銀行はこれによって債権の回収の確保を図っているのである。こうして，相殺は，実質的には物的担保の一つである債権質に類似する機能を果たしているということができる。

「代理受領」とは，例えば，A（債権者）がB（債務者）に対して債権を有する場合において，この債権を担保するために，Bが第三債務者Cに対して有する債権の弁済の受領をAに委任し，AがBに代わって，Cから直接弁済を受領し，その受領したものをもってBのAに対する債務の弁済に充てるというものである。この場合にも，実質的に，BのCに対する債権が，AのBに対する債権の担保となっているといえよう。

§2　担保物権の種類

担保物権は，さまざまな観点から分類されうるが，以下では，その代表的な分類に従って各種の担保物権を見ておこう。

1 法定担保物権と約定担保物権

担保物権は，法律の規定によって発生する場合（法定担保物権）と，債権者と担保物権設定者との間の合意によって発生する場合（約定担保物権）とがある。

(1) 法定担保物権

当事者の合意によるのではなく，法の立場から見て保護されるべき債権者に，法律の規定によって認められる担保物権を，法定担保物権という。

その第1として，民法は，留置権（295条以下）を規定している。これは，他人の物の占有者が，その物に関して生じた債権を有するときに，その債権の弁済を受けるまでその物を留置しうる権利である。

第2に，先取特権（303条以下）が規定されている。先に見たように，複数の債権者がいる場合，各債権者は，特段の合意がない限り，（債権額に応じて）平等な権利を有するのが原則である。しかし，債権者の中には，法の観点から，特に保護されるべき者が存在する。例えば，ある会社が倒産した場合において，従業員（使用人）が会社に対して，未払いの給料や賞与の債権を有していたとしよう。このような債権は，従業員及びその家族にとって，生活の基盤を形成するものであり，したがって，他の一般的な債権（取引先が当該会社に対して有する債権等）より保護されるべきだと考えられる。そこで，民法は，雇用関係に基づいて使用人に生じた給料その他の債権について，使用人に先取特権を与え，その債権の優先的回収の実現を図っているのである（306条2号・308条。しかも，後述のとおり，平成15年の改正によって，労働債権保護の強化の観点から，被担保債権の範囲が拡大された）。このように，先取特権とは，民法その他の法律の規定に基づき，一定の債権者がその債務者の財産から他の債権者に先立って自己の債権の弁済を受けうる権利である。

(2) 約定担保物権

債権者が，ある財産の権利者との間の合意により，当該特定の財産について担保物権を取得することがある。このように，合意に基づいて成立する担保物権を約定担保物権という。民法は，約定担保物権として，質権と抵当権を規定している。

質権とは，債権者がその債権の担保として債務者または第三者から受け取った物を占有し，かつ，その物から，他の債権者に先立って自己の債権の弁済を

受ける権利をいう（342条）。例えば，Bが自己の腕時計を担保としてAに引き渡し，Aから融資を受けるような場合に，質権の設定が見られる。

　抵当権とは，債務者または第三者が占有を移さないで債務の担保に供した不動産につき，債権者が他の債権者に先立って自己の債権の弁済を受ける権利をいう（369条以下）。例えば，先の〔設例〕において，AがBに500万円の融資をするに際して，その弁済を確実にするために，Bの有する500万円を上回る価値の土地につきAの当該債権の担保のために抵当権を設定してもらっておけば，もしBが約束通りに弁済をしないときでも，Aは，その抵当権を実行し，抵当権の目的たる土地を民事執行法の定める手続に従って換価し，その換価金から，他の債権者に優先して自己の債権を回収することができるのである（換価によらず，目的不動産の収益から優先弁済を受ける収益執行手続も平成15年の改正により導入されたが（新民執180条2号），詳細は第5章を参照）。

　このほか，民法の規定する以外の方法で，当事者の合意によって設定される物的担保（譲渡担保，所有権留保，仮登記担保など）も，一種の約定担保物権ということができよう。

2　典型担保と非典型担保

(1)　典型担保

　民法では，担保物権として，留置権，先取特権，質権，抵当権という四つの種類を規定している。このように，民法が定める物的担保を，典型担保という。この呼び方は，契約法の分野で，民法で定められた契約類型を典型契約といい，それ以外の類型の契約を非典型契約と呼ぶのと対応する。

　しかし，今日では，特別法において，民法の定める類型以外の担保物権が定められている。具体的には，商事留置権や，各種の特別法上の抵当権（自動車抵当，建設機械抵当，工場抵当など）などがこれに該当する。そこで，これらを含めて典型担保と呼ぶこともある。

(2)　非典型担保

　民法で担保手段として予定されたものではなく，実務慣行から生み出された変則的な担保手段を広く非典型担保という。

　すなわち，典型担保においては，通常，債務者の債務不履行時に担保目的物

を裁判所のなす競売によって換価し，その換価金から，当該担保物権を有する債権者が優先的に弁済を受けるという形での債権回収が予定されている（もっとも，後述のように，留置権については，優先弁済的効力は認められていない）。しかし，競売手続には費用も時間もかかるので，債権者としては，もっと簡易な手続で実行できる担保手段を得たいと考える。そこで，実際に，債務者の不履行があるときに，目的物の所有権などの権利を，競売手続を経ずに債権者に直接帰属させ，その利益から債権の回収を図るという担保手段などが用いられてきたのである（このように債権者に権利を取得させる形をとる担保を総じて「権利取得型担保」とも呼ぶ）。

◇ 発展・研究 ◇

非典型担保の具体例

　非典型担保として具体的に用いられてきたのは，次の三つの方法である。

　すなわち，第1は，譲渡担保といわれるもので，あらかじめ債権者に目的物の権利を移転しておき，債務が履行されたら債務者に権利を戻し，債務が履行されない場合には債権者が確定的にその権利を取得または目的物を処分することによって債権の満足を得るという方法である。判例は，これを早くから有効と認めてきた。今日では，動産や不動産のほか，債権，さらには集合動産，集合債権などを目的として，広く譲渡担保が用いられている。

　第2に，所有権留保がある。これは，特に売買契約において，代金が未払いの場合に売主がその代金債権を確保するため，買主が代金を完済するまでは，目的物の権利を売主に留保するという方法である。契約自由の原則により，このような所有権留保の約束をすることは可能であるが，特に割賦販売法7条では，同法2条1項1号に規定する割賦販売の方法により販売された指定商品の所有権は，賦払金全部の支払いがなされる時まで，割賦販売業者に留保されたものと推定する旨規定されている。

　第3に，仮登記担保といわれるものがある。これは，目的物について，代物弁済予約・停止条件付代物弁済契約・売買予約などを締結し，債務者に不履行があるときは債権者に目的物の権利を取得させるもので，その債権者の優先権を予め仮登記・仮登録などによって保全する担保方法をいう。

ところで，このような担保方法には，もともと，債権者にとっての利点として，担保権実行時における競売手続を回避できる点と並んで，目的物の価値を丸取りできる点があった。しかし，実質が債権担保にある以上，無条件で目的物の丸取りを認め債権額を上回る価値を債権者に取得させることは妥当ではない。これは，特に仮登記担保で問題とされ，判例は，債権者に清算義務を負わせるなどして，債権者による暴利を排除してきた。そして，昭和53年には，判例の清算法理を取り入れ，また細部の法律関係を明確にするために，仮登記担保法が制定され，今日ではこれによって規律されている。さらに今日，この清算法理は，解釈上，他の権利取得型担保にも波及している。その結果，現在において民法上の担保物権とこれらの担保との基本的な違いは，目的物の価値の丸取りの有無にあるのではなく，むしろ，前者の実行が競売による換価によって行われるのに対し，後者では競売を通さず，目的物の権利取得と清算によって行われるという点に縮減されたといえよう。

§3　担保物権に共通する性質

〔設例〕
(1)　AがBに2,000万円を融資する約束をし，その担保として，B所有の建物（2,500万円相当）に抵当権が設定され，その登記も行われた。
(2)　Bは，その所有する金時計を質入れして，Aから10万円の融資を受けた。

担保物権は，物権の一種であるから，物権の一般的性質も有するが，それ以外に，担保物権に共通する性質がいくつか存在する。そこで，ここでは，〔設例〕(1)・(2)を用いて，担保物権に共通するいくつかの性質について見てみよう。なお，個々の担保物権に特有の性質については，次節以下のそれぞれの箇所で

述べるので，そちらを参照してほしい。

1 附従性

　被担保債権の存在しないところに担保物権は存在しないという性質を，担保物権の附従性という。すなわち，担保物権の目的は，債権を担保するところに存するのであるから，その担保される債権（被担保債権）が成立しなければ担保物権は成立しえないし，債権がいったん成立した場合でも弁済・時効その他の原因により消滅すれば担保物権も消滅する。このように，担保物権という従たる権利が，その成立・存続・消滅等において，主たる権利たる債権（被担保債権）と運命を共にするという性質を，附従性という。もっとも，後述（◇論点◇）のとおり，今日では附従性は解釈上緩和されており，抵当権の処分や根抵当権などにおいては，条文上も大きく緩和されている。

2 随伴性

　被担保債権が他人に移転すれば，担保物権も原則としてそれに伴って移転するという性質を，担保物権の随伴性という。これも，債権を担保するという担保物権の目的から生ずる性質であり，附従性の一側面ともいえる。例えば，上の〔設例〕(1)で，Aが当該債権をCに譲渡した場合には，抵当権自体の譲渡に関する特別の合意がなくても，随伴性により，抵当権も当然Cに移転する。もっとも，根抵当権については，随伴性の例外が定められている（398条の7）。

3 不可分性

　担保物権は，原則として債権全部の弁済を受けるまで目的物の上に権利を行使しうるという性質を，担保物権の不可分性という。民法は，296条において留置権の不可分性を規定し，これを先取特権（305条），質権（350条），抵当権（372条）に準用している。
　これによれば，例えば，上の〔設例〕(1)において，Bが債務を一部弁済し，残額が500万円しか残っていなかったとしても，抵当権の効力は抵当目的とされた建物全体に及ぶことになる。〔設例〕(2)で，債務者Bが8万円を弁済した場合でも，抵当権の効力は，質物である金時計全体に及ぶ。

4 物上代位性

担保目的物の売却，賃貸，滅失・損傷等により債務者が受ける金銭その他の物に対しても担保物権の効力が及ぶという性質を，物上代位性という。たとえば，〔設例〕(1)において，抵当権の設定された建物が，第三者Dによって放火された場合には，建物所有者Bは，Dに対する不法行為による損害賠償請求権を取得するが，抵当権の効力は，この損害賠償請求権の上に及ぶのである。

これは，担保物権のうち，優先弁済的効力をもつものが有する性質であり，民法の規定する担保物権の中では，留置権を除いて，先取特権（304条），質権（350条），抵当権（372条）に認められている。物上代位の本質については争いがあるが（詳しくは，後述第Ⅱ部第5章§4を参照），一般には，目的物の価値支配権である担保物権の性質の故に，目的物の価値が売却，賃貸，滅失・損傷等によって現実化した場合には，その現実化した価値に対しても担保物権の効力が及ぶのだと説明されている。したがって，民法で定められたもの以外に，たとえば，譲渡担保（最決平成11・5・17民集53巻5号863頁）・仮登記担保（仮登4条）などについても，物上代位が認められる。

◇ 論　点 ◇

附従性の緩和

担保物権の附従性をあまり厳格に解すると，経済取引の実際に適さなくなる場合がある。そもそも，附従性は，担保物権が被担保債権を担保するための手段であるという性質から生ずるものである。そこで，附従性についても，この存在目的に抵触しない限度で，取引の必要に応じて，解釈上・立法上の緩和が認められてきた。

たとえば，〔設例〕(1)・(2)を例にとると，金銭消費貸借契約は要物契約なので（587条），融資の実行（AからBへの金銭の交付）がなされていない時点では債権は成立しておらず，附従性を厳格に貫けば，その時点で抵当権，質権が設定されたとしてもその効力は認められないことになりそうである。しかし，今日では，附従性が解釈上緩和され，将来の債権を担保するための抵当権・質権の成立が認められている。さらに，根抵当権については（→第5章§12参照），元本確定までは個々の債権の成立・存続と根抵当権の成立・存続は切り離され

ており（398条の2），その点で立法上附従性が大幅に緩和されている。

§4　担保物権の効力

　担保物権も物権であるから，物権に共通する効力は基本的に担保物権にも認められるが，その点は第Ⅰ部の記述に委ね，ここでは，債権担保としての実効性をあげるために担保物権に特に認められる効力を概観しておこう。

1　優先弁済的効力

　優先弁済的効力とは，担保権の目的とされた財産の価値から，他の債権者に先んじて優先的に，被担保債権についての弁済を受けることのできる効力である。先に触れた「債権者平等の原則」（上記§1の1参照）の例外をなす。
　民法の定める担保物権の中でも，先取特権（303条），質権（342条），抵当権（369条）についてこの効力が認められている。これらの場合，担保権者は，民事執行法の定める手続を通じ，その目的物から優先弁済を受けるのである。より具体的には，担保目的物の競売による換価金から優先弁済を受ける実行手続のほか，平成15年の法改正で，担保不動産の収益から優先弁済を受ける実行手続（収益執行手続）も設けられた（民執180条2号）。これに対し，留置権については，優先弁済的効力は認められていない。留置権は，留置的効力によって債務者の弁済を促すことができるにとどまる。
　譲渡担保・仮登記担保・所有権留保などの権利取得型の担保も，他の債権者の介入を排除し，目的物の価値から債権を優先的に回収しうるので，一種の優先弁済的効力を有しているといえる。
　このような優先弁済的効力は，担保物権が目的物の価値を支配しているという性質から生ずるものであり，担保物権の中心的効力ということができる。

2　留置的効力

　留置的効力とは，債務者が債務を完済するまで，目的物を債権者の手元に留

置することのできる効力である。これによって，債務者に心理的圧迫を加え，債務者の弁済を間接的に強制するのである。

留置権は，留置的効力のみを有し（295条），優先弁済的効力は認められていない。質権は，優先弁済的効力を有するが，それとあわせて留置的効力も有している（342条）。もっとも，動産質および不動産質の場合には，この効力は重要な意味を有するが，債権質の場合には，留置的効力はほとんどない（詳しくは，第Ⅱ部第4章§4参照）。抵当権は，目的物を設定者の手元にとどめるので（369条1項），留置的効力はなく，もっぱら優先弁済的効力を有する。

権利取得型の担保では，債務者に目的物の占有を残すのが通常であり，その場合には，留置的効力は生じない。しかし，目的物の占有も債権者に移転する場合については，留置的効力をも有するということができよう。

3　収益的効力

目的物から使用収益しうる効力を収益的効力という。質権のうち不動産質権には，目的不動産の使用収益権が認められている（356条）。もっとも，収益を債権の弁済に充てるのではなく，債権者は収益できるかわりに利息を請求できない（358条）とされているにとどまる。しかも，現在では，不動産質は実際にはあまり活用されておらず，その意味で，収益的効力は担保物権の効力として例外的なものとなっている（なお，担保権の実行としての「担保不動産収益執行」手続については，本節1のほか，抵当権の章を参照されたい）。

§5　担保物権の消滅

担保物権は，物権の一種であるから，物権共通の消滅事由（前掲第Ⅰ部第1章参照）が存在すれば消滅する。しかしさらに，担保物権は，担保物権特有の性質から，被担保債権の消滅によっても消滅する。これは，担保物権の附従性として既に言及した（前記§3・1参照）。このほか，個々の担保物権に特有な消滅事由については，それぞれの箇所において説明する。

第2章 留置権

§1 留置権の意義と性質

〔設例〕 Xが友人Aにパソコンを貸していたところ，そのパソコンに故障が生じたため，AはYに修理を依頼し，Yは修理を行ったが，未だAから修理代金の支払いを受けていない。Xが所有権に基づいてYにパソコンの返還を請求した場合，Yはこれに応じなければならないか。

1 留置権とは

　民法295条は，他人の物の占有者は，その物に関して生じた債権を有するときは，その債権の弁済を受けるまで，その物を留置することができると規定している。これを留置権という。留置権は，債権の弁済を受けるまでその物を留置することによって，債務者の弁済を間接的に強制し，弁済を確保するために認められた担保物権である。〔設例〕でも，Yは，Xの所有権に基づく返還請求に対し，留置権を行使して，修理代が支払われない限りパソコンを返還しないとしてその引渡しを拒むことができる。この場合，修理の契約は，あくまでもAとYとの間で締結されているのであるから，Yが契約に基づく修理代金債権を有するのは，Xに対してではなくAに対してである（Aが修理代金をYに支払った場合において，Aが所有者Xに対して，費用償還請求権を行使しうることはある。595条・608条参照）。しかし，XおよびAは，修理代金の支払いがあるまでYからパソコンの引渡しを受けることができないのであるから，間接的に

Yへの弁済が強制されることになるのである。

2 法定担保物権

留置権は，先取特権とともに，一定の要件が存在すれば当事者の合意の有無に関わりなく法律上当然に生ずる法定担保物権である。その点で，当事者の設定契約によって生ずるところの，質権や抵当権などの約定担保物権と異なる。民法が法律上当然に生ずる権利として留置権を認めたのは，当事者の公平を図るためである。すなわち，Yが修理代の支払いを受けていないのにその修理した物をXに返さなければならないとすれば，Xは，Yの負担において，修理にかかる価値を保有しうることになって不公平であり，このような不公平を解消するために留置権が認められたのである。

3 留置権の性質

留置権は，担保物権の一種として，次のような性質を有する。

(1) 附　従　性

留置権は，物に関して生じた特定の債権を担保することを目的としているのであるから，そのような債権が発生しなければ留置権は成立しないし，債権が消滅すれば留置権も消滅する。例えば，〔設例〕において，AとYの間で，Yが無償でパソコンを修理することになっていたとすれば，修理代金債権は発生せず，したがって留置権も成立しない。

(2) 随　伴　性

留置権は，特定の債権を担保するものであるから，その債権が譲渡され，目的物の占有もそれとともに移転されれば，留置権もこれに随伴して移転する。

(3) 不　可　分　性

留置権者は，債権の全額の弁済を受けるまでは，目的物の全部を留置しうる（296条）。したがって，〔設例〕で，Aが修理代金2万円のうち1万5,000円を支払ったとしても，パソコンの一部が留置権の拘束から解放されることはなく（例えば，ハードディスクとモニター部分だけ返してくれとはいえない），また，目的物の一部について留置権が消滅しても（例えば，Yが任意に外付けのハードディスクやマウスだけ先にAに引き渡した場合），目的物の残部をもって全債権が

担保される（後者につき，最判平成3・7・16民集45巻6号1101頁参照）。

もっとも，特に留置権の場合には，目的物の価格に比して債権額が僅少である場合もあり，そのような場合には，債務者と債権者との間の公平を欠くことになる。そこで，民法は，債務者（債務者と所有者とが異なるときは所有者も含むと解されている）は，相当な担保（代担保）を提供して留置権の消滅を請求しうるものとしている（301条）（後述§4・3も参照）。

(4) 物上代位性がないこと

留置権は，目的物を留置することを内容とするのであって，交換価値を把握するものでないから，物上代位性は有しない。後述のように，留置権者には競売権が与えられているが（民執195条），これも，留置権者に被担保債権の優先弁済を受けさせるものではない（本章§3・2(4)参照）。

◇ 論 点 ◇

留置権と同時履行の抗弁権の関係

同時履行の抗弁権（533条）も，公平の原則に基づく権利であり，その点において留置権と似ているが，以下の2点で両者は異なる。

一つは，誰に対して主張できるかによる相違である。すなわち，同時履行の抗弁権は，1個の双務契約によって生じた，相対立する対価関係を有する債権について，一方の債務が履行されるまで他方の債務の履行を拒絶しうるにすぎない。つまり，同時履行の抗弁権は，契約相手方に対してのみ主張しうるのである。これに対して，留置権は，物に関して生じた債権であれば，その発生原因を問うことなく，その債権の弁済の確保のため，弁済があるまでその物を留置しうる物権として法律上予定されているのであり，したがって，契約相手に限らず，誰に対してでも主張することができる。

二つ目は，目的における相違である。すなわち，同時履行の抗弁権は，契約の双務性に基づき，当事者の一方だけが先に履行させられることの不公平を回避することを目的としている。これに対し，留置権は，債権の担保を目的とする（もっとも，留置権においても，公平の観念が基礎になっていることは，上記の通りである）。

留置権と同時履行の抗弁権のいずれの要件も具備する場合における両者の関

係については争いがある。これにつき，学説の中には，両債務が契約関係から生ずる場合には同時履行の抗弁権のみ成立し，そうでない場合にのみ留置権の成立を認める立場（非競合説）もあるが，通説および裁判例（東京高判昭和24・7・14高民集2巻2号124頁など）は，競合を認め（競合説），いずれの権利行使も可能だとしている。

◇ 発展・研究 ◇

民事留置権と商事留置権

　商法では，取引の迅速と安全を図るため，特別の留置権が定められている。これには，①商人間留置権（商521条），②代理商・問屋の留置権（商51条・557条），③運送取扱人・運送人・船舶所有者の留置権（商562条・589条・753条2項）などがあるが，これらは総称して商事留置権と呼ばれ，これとの対比で，民法上の留置権は民事留置権と呼ばれる。

　商事留置権は，その成立要件につき，被担保債権と留置物との個別的牽連性を要しないものがある点（①および②），および，債務者所有の物または有価証券に限定されることがある点（②）などにおいて，民事留置権と異なり，また，その効力につき，破産や民事再生の場合に別除権が認められ（破産66条1項・65条。民事再生53条），会社更生の場合には更生担保権とされる（会社更生2条10項）点などにおいて，民事留置権と異なる。

§2　留置権の成立要件

〔設例〕
(1)　①　Bは，Aから建物を賃借していたが，その賃借期間中に雨漏りするようになったので，専門業者に依頼して屋根の修理を行った。賃貸借終了後，Aが建物の返還を請求してきた場合，Bは費用償還請求権を行使して建物を留置することができるか。

②　①の場合において，屋根の修理ではなく，Bが賃借建物の古くなっていた雨戸を新調した場合はどうか。

③　①の場合において，屋根の修理ではなく，BがAの同意を得て建物に物干場を付設し，賃貸借終了後，BがAにその物干場の買取りを請求した場合はどうか。

(2)　Bは，建物所有目的で，Aから土地を賃借し（定期借地権ではなく普通借地権），予定どおりその土地上に建物を建てて住んでいた。土地賃貸借終了後，Aが土地の返還を請求してきたのに対し，Bは建物買取請求権を行使して，その代金支払いがあるまで土地を留置することができるか。

　留置権は，①他人の物の占有者が，②その物に関して生じた債権を有する場合に成立する（295条1項本文）。しかしさらに，③その債権が弁済期にあること（295条1項ただし書），および，④占有が不法行為によって始まったものではないこと（295条2項）が必要である。以下，それぞれの要件について見てみよう。

1　他人の物の占有者

　留置権は，占有している物について生ずる権利であるから，その成立には，まず，留置権者が物を「占有」していることが必要である。留置権者が目的物の占有を失えば，留置権は当然に消滅する。

　295条1項本文では「他人の物」の占有とされている。ここに「他人」とは，被担保債権の債務者に限られるとする見解もあるが，一般には，債務者に限られず第三者も含まれると解されている。したがって，§1の〔設例〕では，Yは，修理代金債権の債務者Aだけではなく，第三者（所有者）Xに対しても留置権を行使しうるのである。

　留置権は，占有を成立要件とするのであり，占有する物が不動産の場合でも，登記を対抗要件とはしない（不登3条参照）。

2 債権と物との牽連性

　留置権が成立するためには，留置権者が「その物に関して生じた債権」を有すること，つまり，債権と物との間に牽連性が存することが必要である。この牽連性は，次の二つの場合に認められると解されてきた。

(1) 債権が物自体から発生した場合

　例えば，賃借人が賃借物に加えた必要費や有益費などの費用償還請求権（608条）や，物の瑕疵による損害賠償請求権などは，その債権がその物自体から発生し，「その物に関して生じた」といえるから，債権と目的物との間に牽連性が認められる。〔設例〕(1)の①の場合には，Bは必要費を支出しているので，Aにその償還を請求することができ（608条1項），また，〔設例〕(1)の②の場合には，Bは建物に有益費を支出しているので，これによる価値の増加が現存する限り，その現存する価値につき有益費の償還請求権（608条2項）を有する。したがって，Bはこれらを被担保債権として，建物につき留置権を行使しその引渡しを拒絶することができるのである。

　これに対し，債権が，物自体を目的とする場合には，物に関して生じたとはいえず，牽連性は認められない。例えば，判例には，Aが，Bに賃貸していた土地をCに譲渡したが，Bの借地権は新所有者Cに対抗できない場合に，Bが，その借地権は土地に関して生じたものだとして留置権を主張した事案において，賃借物を使用・収益する賃借人の債権は，その賃借物である土地を目的として成立するものであって，土地に「関して」生じたのではないとして土地との牽連性を否定し，留置権の主張を退けたものがある（大判大正11・8・21民集1巻498頁）。

　牽連性の要件に関して特に議論があるのは，造作買取請求権と建物買取請求権であるが，これについては，後の◇論点◇で述べる。

(2) 債権が物の引渡請求権と同一の法律関係または事実関係から発生した場合

　例えば，売買契約が取り消された場合における代金返還請求権と目的物の返還義務とは同一の法律関係から生じたものであり，この目的物と代金返還請求権との間には牽連性が認められる。また，傘を互いに取り違えて持ち帰った場合の相互の返還請求権は，同一の事実関係から生じたものであるから，牽連性

が認められる。

これに対して、例えば、Aがある不動産をBに売却して引き渡した後、Cに二重に譲渡して移転登記をなした場合において、Bは、Aの債務不履行に基づく損害賠償請求権をもって、その不動産につき留置権を行使することはできないとされている（最判昭和43・11・21民集22巻12号2765頁）。

3　債権が弁済期にあること

債権が弁済期に達しない間は、留置権は成立しない（295条1項ただし書）。もし、弁済期の前に留置権を認めると、弁済期前の債務の履行を強制することになってしまうからである。したがって、例えば〔設例〕(1)の②において、裁判所が物の返還請求者（費用償還義務者）であるAに、有益費の費用償還義務について相当の期限を許した場合（608条2項ただし書）には、BのAに対する債権の弁済期が未到来となるので、Bはその留置権を失うことになる。

4　占有が不法行為によって始まったものでないこと

物の占有が不法行為によって始まった場合には、留置権は成立しない（295条2項）。このような場合、留置権の成立を認めて当該債権を保護する必要がないからである。例えば、他人から盗んだ物に修繕を加えて修繕費の償還請求権を取得したとしても（196条1項参照）、所有者からの返還請求に対して、留置権を行使することはできないのである。

◇　論　点　◇

1　建物の造作代金債権に基づく建物留置の可否

例えば、〔設例〕(1)の③において、Bが設置した物干場は、「建物の構成部分ではないが建物に付加されて建物の便益に供される物」であるから、借地借家法33条の造作にあたり、同条に基づいてBがAに対して造作買取請求権を行使した場合には、BのAに対する造作代金債権が発生する（造作買取請求権は形成権と解されているので、借主の意思表示だけで造作についての売買契約が成立する）。この場合、造作代金債権と建物との間には、留置権の成立要件たる牽連性が認められるのであろうか。

これにつき，判例は，造作代金債権は造作に関して生じた債権であって，建物に関して生じたものではないとして，これを否定し，Bは建物について留置権を行使することはできないとしている（大判昭和6・1・17民集10巻6頁，最判昭和29・1・14民集8巻1号16頁）。学説の中には，従物の債権者に主物を留置する権利を認めることは公平に反するとして判例を支持するものもあるが，多くの学説は，造作買取請求権を認めた趣旨と有益費償還請求権を認めた趣旨は同じであるから，有益費について留置権が認められるのであれば（本章§2・2(1)参照），造作代金債権に基づいても建物の留置権を認めるべきであること，また，もしこれを否定すると，造作代金未受領の賃借人は造作を分離して建物から除去すべきことになろうが，これは，造作によって増加した建物の価値を維持しようとする借地借家法33条の立法趣旨に反することなどを理由に，判例に反対している。

2　建物の留置権者はその敷地の引渡しも拒絶できるか

(1) 建物の費用償還請求に基づく敷地留置の可否

　建物の留置権が成立する場合に，常にその敷地の留置まで認められるわけではない。すなわち，判例には，建物の修繕費（必要費）の償還請求権の事例につき，この債権は建物に関して生じたものであって土地に関して生じたものではないとして，建物所有者ではない者の所有する敷地（しかも，建物所有者の敷地利用権もすでに消滅していた）についての留置権の成立を否定したものがある（大判昭和9・6・30民集13巻1247頁）。しかし，これに対して学説には，建物留置権の実効性を損なわないためには，建物の留置権者は敷地の明渡しをも拒絶できると解すべきだとする批判もある。

(2) 建物の代金債権に基づく敷地留置の可否

　それでは，建物代金債権に基づいて敷地を留置することは認められるであろうか。例えば，〔設例〕(2)において，Bは，借地借家法13条により，Aに対して建物買取請求権を行使することができ，それを行使した場合には，建物代金債権が発生し（建物買取請求権は形成権と解されているので，借主の意思表示だけで建物の売買契約が成立する），この代金債権と建物との間には牽連性があるので，Bに建物留置権が認められる。しかし，問題は，Aの土地明渡請求に対し，

Bは，建物だけでなくその敷地をも留置することができるかである。

判例は，以前の借地法時代（現行の借地借家法13条に対応する規定が旧借地法4条2項に置かれていた）の事例につき，傍論としてではあるが，建物留置権の反射的効果として敷地も占有できるとしており（大判昭和14・8・24民集18巻889頁，大判昭和18・2・18民集22巻91頁），学説の多数もこれを支持している。土地所有者による土地明渡請求によって建物買取請求権の実効性が奪われるべきではなく，特に建物の場合は，造作の場合以上に，分離して留置するということが経済的合理性を欠き，事実上不可能であること，他方，仮に造作代金債権に基づいて建物留置権を認めることがその経済的不均衡という点で公平を欠くことがあるとしても，建物代金債権に基づく土地の留置についてはそれは必ずしも妥当しないこと（従物の債権者に主物を留置させるという関係にはない）などに鑑みれば，この場合，建物代金債権者は敷地の明渡しも拒絶しうると解すべきであろう。

◇ 発展・研究 ◇

占有が不法に転化した後の費用支出と留置権の成否

295条2項は，占有が不法行為によって「始まった」場合と規定している。しかし，判例は，占有が当初は適法であったが，途中で権原がなくなった後に占有者が占有物に費用を支出することなどによって債権を取得した場合にも，同条の趣旨を及ぼし，留置権の成立を否定している。例えば，建物賃借人が，賃貸借解除後もなお建物の占有を続けて有益費を支出した場合について，判例は，占有権原のないことを知りながら占有して費用を支出しても，民法295条2項の類推適用により留置権は成立しないとし（最判昭和46・7・16民集25巻5号749頁），さらに，農地の売却処分が取消判決により無効となったが，買主が取消判決以前にその農地に有益費を支出していたという場合について，判例は，買主は有益費を支出した当時においてその売却処分が無効に帰するかもしれないと疑わなかったことにつき過失があるとして，295条2項の類推適用により留置権を否定した（最判昭和51・6・17民集30巻6号616頁）。

学説には，295条において重要なのは債権発生時点において占有が無権原であったことだとして，判例を支持し，295条2項の類推適用により留置権を否

定するものも有力であるが（295条2項類推適用説），他方，このように占有が途中で無権原に転化した場合には，196条2項ただし書を適用し，悪意者の有益費支出についてのみ，裁判所の裁量により，期限の許与という形で留置権が奪われうるにすぎないとする見解（196条2項ただし書説。この見解によれば，必要費については留置権は常に認められる）も主張されている。

§3　留置権の効力

1　留置的効力

　留置権者は，被担保債権の弁済を受けるまで目的物を留置することができる（295条1項本文）。この目的物を留置できることが留置権の中心的効力である。

(1)　留　　置

　ここに留置とは，目的物の引渡しを拒絶し，占有を続けることである。留置権者が，留置の態様として，目的物を従前どおりに利用できるのかについては議論がある（後述の◇論点◇を参照）。

(2)　第三者に対する対抗力

　留置権は，誰に対してもこれを対抗することができる。留置権成立の後に目的物が第三者に譲渡された場合でも，留置権者はこの第三者に対して留置権を対抗することができる。

　競売の場合にも，第三者に対する対抗力は認められている。すなわち，①目的物が不動産の場合には，競売の買受人は留置権の被担保債権を弁済する責めに任ずるとされている（民執59条4項・188条，引受主義）ので，留置権者は，被担保債権の弁済があるまでは目的物を留置しうる。②目的物が動産の場合には，一般債権者が競売しようとする場合，留置権者は，目的物の執行官への提出を拒むことにより強制執行を阻止することができ（民執124条参照），また，動産担保権者による競売も，留置権者が目的物を担保権者に引渡しまたは差押えを承諾しない限り開始しない（民執190条）ので，結局，他の債権者は留置権者に被担保債権を弁済しない限り，執行手続をとりえないことになっているの

(3) 留置権行使の効果

目的物引渡請求の訴えに対し，被告が留置権を行使した場合の判決のあり方については，解釈上争いがある。すなわち，一部には，原告敗訴の判決をするべきだという見解も主張されてきたが，通説は，留置権には優先弁済権はなく，あくまでも弁済を受けるまでその物を留置しうるにすぎないものであること，および，公平の観点から，同時履行の抗弁権の場合と同様，引換給付判決をすべきだと解し，判例も，通説と同じ立場をとることを明らかにしている（最判昭和33・3・13民集12巻3号524頁，最判昭和33・6・6民集12巻9号1384頁）。

2 その他の効力

(1) 果実収取権

留置権者は，留置物から生ずる果実を収取し，他の債権者に先立って，これを自己の債権の弁済にあてることができる（297条1項）。果実には，天然果実と法定果実が含まれる（ただし，賃貸をするには原則として債務者の承諾が必要である，298条2項）。収取された果実は，まず債権の利息に充当し，なお余りがあるときは元本に充当することとされている（297条2項）。

(2) 留置物の管理

留置権者は，善良なる管理者の注意をもって，留置物を占有しなければならない（298条1項）。また，留置権者は，債務者（物の所有者が債務者以外の者であるときには所有者）の承諾をえないで，留置物を使用もしくは賃貸したり，担保に供することはできないが，物の保存に必要な使用は承諾なしになしうる（298条2項本文およびただし書）。物の継続利用が留置の内容として認められるかについては，後述◇論点◇を参照されたい。留置権者がこれらの義務に違反したときには，債務者は，留置権の消滅を請求することができる（298条3項）。

(3) 費用償還請求権

留置権者は，留置中に目的物について必要費を支出したときは，所有者にそれを償還させることができる（299条1項）。有益費を支出したときも，それによる価格の増加が現存する限りで，所有者の選択に従い，その支出した金額または増加額を償還させることができる（299条2項本文）。ただし，有益費の場

合には，裁判所は，所有者の請求によって，これに相当の期限を許与することができる（299条2項ただし書）。

(4) 競 売 権

　留置権者は，目的物から優先弁済を受ける権利は有しない（295条参照）。しかし，民事執行法195条は，留置権者に競売権を認め，その手続は担保権の実行としての競売の例によるとしている。これは，債権の弁済を受けないままに長く目的物を留置しなければならない不便から，留置権者を解放するために認められた換価のための競売（形式的競売）である。目的物が換価されると，その換価金は留置権者に交付されるが，留置目的物の所有者が債務者であったときは，留置権者は，被担保債権と換価金返還債務を相殺することによって，事実上，優先弁済を受けることができることになる。

◇ 論　点 ◇

留置権者による目的物の継続利用は認められるか

　例えば，§2の冒頭に掲げた〔設例〕(1)の①において，Bが必要費償還請求権の担保のために留置権を行使する場合，Bは従来どおりその家屋での居住を継続することができるのだろうか。民法298条2項本文が，留置権者は債務者の承諾を得なければ留置物を「使用」できないと規定し，同ただし書において，「保存に必要な使用」をその例外として認めていることから問題となる。

　これにつき，判例は，当初，居住の継続は留置物の「使用」にあたり，したがって家主の同意がない限り許されないとして，家主の留置権消滅請求（298条3項）を認めた（大判昭和5・9・30新聞3195号14頁）。しかし，その後，これをあらため，他に特殊の事情がない限り，借家人の居住はその「保存に必要な使用」（298条2項ただし書）であるとして，その居住を認めた（大判昭和10・5・13民集14巻876頁）。

　これに対し，船舶上の留置権の事例において，留置権者が従来どおり，船舶を貨物運送業のために遠距離航行させた場合について，最高裁は，航行の危険性からみて，これは留置物の保存に必要な使用とはいえないとして，船舶所有者の留置権消滅請求を認めた（最判昭和30・3・4民集9巻3号229頁）。

　要するに，判例は，当該使用が留置物の保存に必要（298条2項ただし書）か

否かによって区別し、保存に必要な場合には継続利用を認めているのである。

学説は、判例を結論において支持する点では一致しているが、その根拠については見解が分かれている。すなわち、一方では、判例の示す根拠を支持する立場があるが、他方、本来、継続利用も「留置」の一形態にほかならないが、留置権者は留置権が消滅したときに遅滞なく留置物を引き渡すことができる状態を保つことが必要だとして、そこに継続利用の限界の根拠を求める立場も主張されている。

留置権者が目的物の継続利用によって使用利益を得たときには、その利益を、不当利得として目的物の所有者に返還しなければならない。

§4　留置権の消滅

1　一般的消滅原因

留置権は、まず、物権の一般的消滅原因（目的物の滅失・混同等）や、担保物権の一般的消滅原因（被担保債権の消滅等）によって消滅する。この被担保債権の消滅の中には、被担保債権の時効による消滅も含まれる。すなわち、留置権の行使は、債権の請求それ自体ではないから、時効中断効は生じず、被担保債権の消滅時効は進行し続けるのである（300条）。

以上のような一般的消滅事由のほかに、留置権に特有の消滅原因も存在する。以下ではこれを見てみよう。

2　留置権者の義務違反による消滅請求

留置権者が善良なる管理者の注意をもってする保管義務を怠ったり、債務者（物の所有者が債務者以外の者であるときには所有者）の承諾を得ずに目的物を使用もしくは賃貸し、または、これを他の担保に供した場合には、債務者（所有者）は、留置権の消滅を請求しうる（298条3項）。この請求は、形成権の行使であり、債務者の一方的な意思表示によって留置権消滅の効果が生ずると解されている。

3　代担保(かわり)の供与

　債務者は，相当の担保を供して，留置権の消滅を請求することができる(301条)。債権額が留置物の価額と比べて僅少な場合でもその物全体が留置されることは債務者にとって酷であり，留置権者としても，債権額に対して相当の担保が提供されれば損失はないからである。

　代担保は，物的な担保でも人的担保でもよい。留置権者が請求に応じないときには，留置権者の承諾に代わる裁判（414条2項ただし書参照）を得ることができる。

4　占有の喪失

　留置権は，占有の喪失によって消滅する（302条本文）。留置権は占有を本体的要素とする権利であり，占有が失われれば目的物を留置して弁済を促すという留置権の作用が実現不能となるからである。しかし，ここで必要な占有には，自己占有だけではなく，代理占有も含まれ，留置権者が債務者の承諾を得て留置物を賃貸したり質入しても，留置権者には（代理）占有が残るので，留置権は消滅しない（302条ただし書）。また，占有が奪われた場合でも，占有回収の訴えによって占有を回復したときには，占有は喪失しなかったものとして扱われる（203条ただし書）。

5　債務者の破産

　民事留置権は，破産財団に対してはその効力を失うとされており（破産66条3項），したがって，債務者（所有者も含む）が破産したときは，留置権は消滅する。しかし，商事留置権は，破産の場合，特別の先取特権とみなされ，別除権が与えられている（破産66条1項・65条）。

　破産の場合と異なり，会社更生手続や民事再生手続においては，留置権は消滅しない。

◇　論　点　◇

債務者以外の所有者による留置権の消滅請求

　298条3項の法文上は，消滅請求権者は「債務者」とされているが，これは，

通常は債務者が同時に所有者だからであり，債務者と所有者が異なるときには所有者も消滅請求をなしうると解されている（最判昭和40・7・15民集19巻5号1275頁）。したがって，例えば，留置権者Aに目的物が留置されたままの状態で，債務者（＝当初の所有者）Bがその留置物の所有権を第三者Cに譲渡した場合において，Aが承諾を得ることなく目的物を使用した場合には，新所有者Cは同条に基づいて留置権の消滅請求権を行使しうる。

これに対して，目的物の所有権が第三者Cに譲渡されその対抗要件が具備されるより前に，留置権者Aが，債務者（＝当初の所有者）Bから留置物の使用の承諾（298条2項）を得ていた場合には，新所有者Cは，自らが承諾を与えていない使用をAがなしていることを理由に留置権の消滅請求をなすことはできない（最判平成9・7・3民集51巻6号2500頁）。対抗要件の具備までに留置権者が旧所有者から得た298条2項の承諾は，新所有者に対しても対抗しうるのである。

第3章 先取特権

§1 先取特権の意義と性質

〔設例〕 A社は機械製造を営む個人会社であり，経営不振で注文も減り，多額の負債を抱え，取引先などの会社の債権者に弁済ができない状態になっている。
(1) A社の従業員として働いていたB等は，すでに3カ月の給料を受け取っていない。給料債権を確保するためには，どのような方法があるか。
(2) A社に製品材料の鉄材を売却，納品したC（売主）は，その代金の3分の1だけしか受け取っていない，どのような方法で売買代金を確保することができるか。
(3) A社に事務所用の建物を賃貸しているDは，すでに3カ月間の賃料を支払ってもらっていない。賃貸人Dは，賃料債権を確保するためにはどのような方法があるか。

1 先取特権の意義

　先取特権とは，法律の定める一定の債権を有する者が，債務者の全財産または特定の動産ないし不動産から，他の債権者に優先して弁済を受けることのできる法定担保物権である（303条）。
　設例におけるように，A社に対して，債権者B・C・D等がそれぞれの債権を有する場合に，債務者Aの総財産を整理しても負債の全部をまかないきれな

いとき，債権者は対等な立場で，それぞれの債権額の割合に応じて分配を受けるのが原則である（債権者平等の原則）。しかし，この原則を徹底させると，妥当でない結果を生ずることがある。例えば，〔設例〕(1)の従業員B等の給料債権——それは比較的小額のことが多い——がAの巨額の借財のため，片隅に追いやられ僅かの分配を受けるに過ぎないことになりかねない。給料の支払いが受けられないということは，その人や家族の生存を脅かす結果にもなるから，こういう債権者はとくに優先的地位を与える必要があるという政策的配慮に基づいて，債務者Aの総財産から，他の債権者に優先して弁済を受けることができるものとしたのである（306条2項）。

〔設例〕(2)の商品の売買代金債権を確保する場合に，売主Cは買主Aに商品を引渡し，買主が代金を支払わないとき，売主は動産売買先取特権に基づき売買目的物を差し押え，換価し，そこから売買代金を優先的に回収することができる（311条5号・321条）。なお，その商品がすでに第三者に転売されているときは，問題がある（333条）。（この点については◇発展・研究◇を参照。）

次に，Dの賃料債権についても，Aが事務所内に備え付けた事務機や備品につき，先取特権が認められる（312条・313条2項）。この先取特権を認めたのは，主として当事者の意思の推測に基づいている。賃借人が高価な動産を賃借建物のなかに持ち込むと，賃貸人はこれで安心するわけで，あたかも当事者がこれらの動産を賃貸借関係から生ずる債務の担保とする暗黙の合意があったものとみるからである。

〔設例〕からもわかるように，民法典が，一定の債権者に先取特権という担保物権を付与して保護しようとした理由はどこにあるのか。一般には，①債権者間の実質的公平の確保，②社会的弱者の債権を保護するという社会政策的配慮，③債権者の通常の期待の保護，④特定の産業の保護，等のうち一つまたは複数の目的を実現するためである，とされる（道垣内・36頁）。その理由は，債権の種類によって一様ではない。

◇ 論　点 ◇

時代遅れの先取特権の見直し

わが国の民法は施行されてすでに100年以上を経過しており，その規定の中

には現代と合わなくなったものがいろいろ存在する。特に本章で取り扱う先取特権の規定である。たとえば，310条の「日用品供給の先取特権」「僕婢ノ生活ニ必要ナル——飲食品及ヒ薪炭油ノ供給」については，現代の生活に合わず，「僕婢」を「家事使用人」とし，「薪炭油」を「燃料及び電気」と言い換えられた（民法現代語化法）。また317条「旅店宿泊の先取特権」は，「旅客，其従者及ヒ牛馬ノ宿泊料並ニ飲食料」について，従者を従えて，牛車や馬車に乗って，荷物を運ばせながら宿場から宿場へと旅行する場合など（我妻・民法案内4-1担保物権法（上）120頁），鉄道や交通基盤が未整備な時代の規定であるが，それを「宿泊客が負担すべき宿泊料及び飲食料」とする。さらに，320条「公吏保証金の先取特権」に関しては，職業上の過失によって個人責任を負うことを前提としているが，戦後に作られた国家賠償法が国や公共団体の責任を認めているので，ほとんど無用の規定となっていることから，削除された。

2 先取特権の性質

(1) 物　権　性

先取特権には，優先弁済的効力と目的物の競売権があり，支配権としての性質をもっている。しかし，動産の先取特権については，追及効がなく，動産が第三者に引き渡されると追及できず（333条），物権性が稀薄である。

(2) 担保物権性

① 先取特権は，法定担保物権である。法定の債権に対して当然に与えられる。

② 競売権も優先弁済権もある（民執181条1項4号）。

③ 債権が発生しないかぎり先取特権は発生せず，また債権の消滅によって消滅するという強い附従性を持っている。

④ 債権全部の弁済を受けるまでは，目的物の全部を支配できるという不可分性を持っている（305条・296条）。

⑤ 留置権と異なり，目的物の売却・滅失・損傷によって債務者が受けるべき金銭その他の物に対しても先取特権の効力は及ぶ（304条）。このような担保物権の性質を「物上代位性」というが，先取特権にはこの効力がある。

§2 先取特権の種類

先取特権は，債務者の総財産を目的とする「一般先取特権」と特定の動産または不動産を目的とする「特別先取特権」とに分け，後者はさらに特定の動産上に存する「動産先取特権」と特定の不動産上に存する「不動産先取特権」との3種類を定めている。

1 一般の先取特権

一般の先取特権は，306条に掲げる債権を被担保債権として，債権者は，債務者の有する総財産の上に先取特権を有する。その客体は，動産・不動産はもとより，他の一切の財産権を含む。債権者は，債務者のどの財産でも競売することができるし，その競売代金から優先弁済を受けることができる。

① 共益の費用（307条）　個々の債権者の共同利益のために債務者の財産に対して行った保存（債権者代位権や債権者取消権の行使など），清算（財産の換価や債権取立など）または配当（配当表の作成やその実施など）に関する費用を被担保債権として，債権者は，債務者の一般財産に先取特権を取得する。公平の原則に基づくものである。

② 雇用関係の先取特権（308条）　平成15年の改正により，債務者と使用人との間の雇用関係に基づいて生じた債権を被担保債権とするものであるから，給料，賞与および退職金は保護の対象となり，かつ保護の範囲の制限もなくなった。社会政策的配慮に基づくものである。なお，改正前の民法308条と商法295条の規定が不統一であったため，商法295条の規定に合わせた。そして，一般法である民法に同一内容の規定が設けられたことに伴い，商法295条の規定は削除された。

③ 葬式費用の先取特権（309条）　他人のために支出した葬式費用を被担保債権として，債権者は債務者の総財産に優先弁済が認められる。資力の乏しい者にも分相応の葬式を営むことができるようにしようとする公益上の理由に基づくものである。

④ 日用品供給の先取特権（310条）　債務者またはその扶養すべき同居の

親族等に供給した生活に必要な飲食料品や燃料及び電気代を被担保債権として，債権者は債務者の総財産に優先弁済が認められる。日用品を供給した商人を保護するとともに，生活困窮者にも生活必需品を獲得できるようにする社会政策的配慮に基づくものである。しかし，日用品の取引において「ツケ」で購入し，晦日に決済するという習慣のなくなった今日では，存在意義が失われている条文であり，今後，検討されるべき条文であろう。

2　動産の先取特権

動産の先取特権は，311条の掲げる債権を被担保債権として，債権者はその債権と特別の関係にある特定の動産から優先弁済が受けられる。次の8種類がある。

　①　不動産賃貸の先取特権（312条～316条）　　不動産の賃貸人は，地代，家賃などの賃料債権その他賃貸借関係から生じた債権（例えば，賃借人の目的物毀損による損害賠償請求権）について，賃借人の一定の動産上に先取特権を認められる（312条）。当事者の意思の推測を主たる理由とする。先取特権の効力の及ぶ目的物や被担保債権の範囲については，特則がある（313条～316条）。

　②　旅館宿泊の先取特権（317条）　　旅館主は，宿泊客が負担すべき宿泊料及び飲食料につき，旅館に存する手荷物の上に先取特権を有する。旅行する人は，その旅行に持って歩く荷物を中心に旅館と宿泊客との間に一種の物的信用関係が作られる。当事者の意思の推測に基づくものである。なお，即時取得の規定が準用され（319条），宿泊客が他人の手荷物を持ち込んでも，その物の上に先取特権が成立する（前掲「時代遅れの先取特権の見直し」参照）。

　③　運輸の先取特権（318条）　　運送人は，旅客または荷物の運送賃および付随の費用につき，運送人の手許にある荷物の上に先取特権が認められる。当事者の意思の推測に基づくものである。

　④　動産保存の先取特権（320条）　　動産の保存費（動産の修繕費用など），及び動産に関する権利の保存（債務者の所有物が第三者によって時効取得されるのを中断する行為など），追認や実行のために要した費用について，先取特権が認められる。債権者が費用を支出したことによって，動産が保存されたのであるから，その費用については優先権を与えることが公平にかなう，というのが

その趣旨である。
　⑤　動産売買の先取特権（321条）　　動産の売主は，掛売りされた動産の代価および利息について，その動産の上に先取特権が認められる。動産の売主が売却したからこそ，それが債務者の一般財産を増加させたのであるから，売主に優先権を与えるのが公平にかなうことになる。もっとも，目的物を買主に引き渡すまでは，同時履行の抗弁権（533条）と留置権（295条）で保護されるので，この先取特権は，代金未受領で目的物を引き渡した後に効力を発揮する。
　⑥　種苗または肥料の供給の先取特権（322条）　　種苗や肥料の供給者は，その代金および利息について，それを用いて収穫した農作物の上に先取特権が認められる。蚕種または蚕の飼養に供した桑葉の供給者は，それより生じた蚕や生糸などの上に先取特権が認められる。公平の理念と農業の振興という意味をもつものである。ただし，現在では，苗や肥料を「カケ」で購入するということが少ない現状を考えると，今後，検討されるべき条文であろう。
　⑦　農業労務の先取特権（323条）　　農業の労務に従事する者は，最後の1年間の賃金に関し，その労務によって生じた農作物などの果実について，先取特権が認められている。公平を図るとともに，農業労働者を保護することにある。
　⑧　工業労務の先取特権（324条）　　工業の労務に従事する者は，最後の3カ月間の賃金に関し，その労務によって生じた製作物について，先取特権が認められている。この規定も公平を図るとともに，賃金労働者を保護することにある。

3　不動産の先取特権

　不動産の先取特権は，債務者の特定の不動産を目的とする先取特権である。325条に掲げる債権を被担保債権として，債権者は，その債権が発生する当該不動産から優先弁済を受ける。次の3種類の先取特権は，いずれも公平の原則に基づくものである。なお，不動産の先取特権は，その手続が厳格なために，現実にはあまり利用されていない。
　①　不動産保存の先取特権（326条）　　不動産の保存費および不動産に関する権利を保存・追認または実行するために要した費用について，その不動産の

上に先取特権が認められる。例えば，建物を修繕した請負人は，その請負代金債権について，その建物の上に先取特権を認めている。

② 不動産工事の先取特権（327条）　不動産工事に携わる工事の設計，施工又は監理をする者は，債務者の不動産に関して行った工事の費用について，その不動産の上に先取特権が認められる。この先取特権は，その工事によって生じた不動産の価値が増加したのであるから，それを行った者に価値増加分だけは優先権を与えることが公平にかなう，というのがその趣旨である。ただし，工事を始める前に，その費用の予算額を登記することが効力要件となっているため（338条，不登85条・86条参照），この先取特権はほとんど機能していないといわれている。

③ 不動産売買の先取特権（328条）　不動産の売主は，不動産の代価および利息についてその不動産の上に先取特権が認められる。その趣旨は，動産売買の先取特権と同じく公平の理念に基づくものである。

§3　先取特権の順位

先取特権には，いろいろな種類のものがあるから，同一の目的物の上に複数の先取特権が競合する場合がある。例えば，設例のように，①債務者の総財産の上に，B等が雇用関係の一般先取特権が存在し，さらに，②商品の売主（C）と，③事務所の賃貸人（D）は，ともに同一の動産の上に先取特権を有し，競合することになる。民法の一般原則からすれば，先に成立したものが後から成立したものに優先する。しかし，先取特権が法定担保物権であり，それぞれ特殊な理由に基づいて一定の債権を特に保護するために認められていることから，各種債権の保護の度合いに応じて，先取特権相互間の優先順位を決定している。これを先取特権の順位という。

1　先取特権相互間

① 一般の先取特権相互間　共益費用，雇用関係，葬式の費用，日用品供

給の先取特権の順序である（329条）。

②　一般の先取特権と特別の先取特権の間　　特別の先取特権は，一般の先取特権に優先する（329条2項本文）。ただし，共益費用の先取特権は，その利益を受けた総債権者に対して優先する（329条2項ただし書）。

③　動産の先取特権相互間　　動産の先取特権を3つのグループに分け，順位をつけている（330条1項）。第1順位は，不動産の賃貸，旅館の宿泊，運輸の先取特権，第2順位は，動産の保存の先取特権，第3順位は，動産の売買，種苗または肥料の供給，農業の労務および工業の労務の先取特権である。当事者の期待の保護に基づくものを最も優先させ，ついで，公平の理念の強弱の差で順序を定めている。もっとも，この原則に若干の例外がある（330条2項・3項）。

④　不動産の先取特権相互間　　不動産の保存，不動産の工事，不動産の売買の順序である（331条1項）。

⑤　同順位者相互間　　同一目的物に同一順位の先取特権者が数人あるときは，各債権額の割合に応じて弁済を受ける（332条）。

2　他の担保物権との順位

同一目的物の上に各種の先取特権と他の担保物権とが競合することがある。このような場合に両者の優劣が問題となる。

①　留置権との関係　　留置権には，優先弁済権がないので，理論上は優先関係の問題は生じない。しかし，目的物が不動産の場合に，先取特権者が競売したときは，その買受人は留置権者に債務額を弁済しなければならない（民執188条・59条4項）。目的物が動産の場合には，留置権者が承諾しなければ競売が開始されないので（民執190条），事実上，留置権者が優先することになる。

②　質権との関係　　先取特権と動産質権とが競合する場合には，動産質権者は，第一順位の先取特権（330条1項），すなわち，不動産の賃貸，旅館の宿泊および運輸の先取特権と同順位になる（334条）。

先取特権と不動産質権が競合する場合には，抵当権と先取特権とが競合する場合と同一に扱われる。不動産質権には抵当権の規定が準用（361条）されるからである。

③　抵当権との関係　　一般の先取特権と抵当権が競合した場合に，双方ともに登記がないときは先取特権が優先し，先取特権にのみ登記がないときは抵当権が優先し，双方ともに登記があるときは，原則どおり登記の前後による。不動産保存および不動産工事の先取特権は，適法に登記されている限り，それ以前に登記された抵当権に優先する（339条）。不動産売買の先取特権と抵当権との関係は，一般原則に従い登記の前後による。

§4　先取特権の効力

1　優先弁済権

　先取特権の中心的効力は，債務者の財産より，他の債権者に先だって自己の債権の弁済を受けることができる権利である（303条）。先取特権者は自ら目的物を競売して，優先弁済を受けることができるし（民執181条以下），他の担保権者が競売したり，一般債権者によって強制執行された場合でも，その順位と効力に応じて優先弁済を受けることができる。また，債務者が破産したときは，一般の先取特権者は破産財団から優先弁済を受けることができる（破産39条）。ただし，動産上の先取特権については，競売を開始するために，債権者が執行官に対し，動産を提出したとき，または動産の占有者が差押えを承諾する文書を提出しなければならないとされているため（民執190条），先取特権の優先弁済的効力は制限されている（◇発展・研究◇参照）。

2　物上代位

　先取特権は，目的物が売却，賃貸，滅失，損傷された場合に，それによって債務者が受けるべき「金銭その他の物」（代償物）に対してもその効力が及ぶという物上代位性を有する（304条）。すなわち，目的物が売却され売却代金債権や滅失，損傷による損害賠償債権，保険金請求権に代わった場合にも，優先弁済権を行使することができる。ただし，物上代位を行使するためには，代償物の払渡しまたは引渡し前に差し押さえる必要がある。この物上代位は，特別

の先取特権についてのみ認められる。一般先取特権は，特定の目的物の上にではなく，債務者の一般財産の上に成立するから（例えば，債務者の不動産が売却され，債務者が売却代金を取得しても，その債権自体がこの一般財産を構成するので）物上代位は問題にはならないのである。

　物上代位性については，他の担保物権に対して二つの問題がある。第1に，追及力のあるものに，物上代位を認める必要があるか（例えば，不動産の先取特権にあっては，登記がなされることから，追及力があるため，売却代金に物上代位を行使する意味は小さいであろう。それに対して，動産の先取特権では，追及力が制限されていることから（333条），先取特権者は，物上代位による方法しかないので重要な意義を有する）。第2に，民法304条1項ただし書の「払渡し又は引渡し」とは，具体的に何を意味するのか，いつまでに誰がどのような「差押え」を行うことを要するか，をめぐって議論が多い（◇発展・研究◇参照）。

3　一般先取特権の効力

　一般先取特権は，債務者の総財産の上に成立するから，総財産のうちなるべく他の債権者に影響の少ない部分から弁済を受けなければならない。そのため，まず動産について行うべきものとされ，不動産については，質権，抵当権の目的となっていないものから行うべきものとされる（335条）。一般先取特権は，登記がなくても一般債権者および未登記の担保権者に対抗することができる（336条）。このように民法が不動産の上の一般先取特権について，登記を必要としない例外を定めたのは，実際上の便宜によるものである。すなわち，雇用関係，日用品を供給した商人などが債務者の不動産の上に一般先取特権の登記をするということは，実際上不可能に近いのであるから，これを要件としたのでは，一般先取特権は，不動産に関してはほとんどその効力を及ぼすことができないからである。

4　動産の先取特権の効力

　一般先取特権と動産の先取特権は，債務者がその目的物を第三者に引き渡したときは，もはや権利を行使することができない（333条）。ここでの「第三者」とは，目的たる動産の譲受人（所有権取得者）を意味する。賃借人や質権

者などは含まない。なお，「引渡し」については，現実の引渡しに限るか，占有改定をも含むかについては，学説上争いがある。判例および多数説は占有改定おも含むものと解している。つまり，第三取得が目的動産につき対抗力ある所有権を取得した以上は，先取特権の追及力を制限するというのが333条の趣旨であると解されている（◇発展・研究◇参照。なお，「物上代位」については抵当権を参照のこと）。

5　不動産の先取特権の効力

不動産先取特権は，不動産物権の一種であることから，すべて登記をしなければ第三者に対抗できない。特に民法337条のように，保存行為完了後直ちに債権額を登記しないと，先取特権者は当事者間でもその効力を有しない。また，不動産工事の場合（338条，不登85条）や建物を新築する場合の先取特権（不登86条）にあっては，工事費用の予算額を登記事項として，厳格なる要件を設けている。

◇　発展・研究　◇

動産売買先取特権による物上代位をめぐる問題

動産売買先取特権は，民法の立法者が先取特権という担保権を与えたにもかかわらず，近時に至るまで，実際に行使されることは殆んどなかった。それは，通常の動産売買において，担保を設定するとか，所有権留保売買をする，ということもできずに先に商品を引渡すことが多いであろう。その場合にそなえて，売主が代金確保のために取り得る手段として，311条5号の先取特権がある。買主が売買代金を支払わない場合には，その目的物について先取特権を実行して，売買代金債権を優先的に回収することができることになっている。しかし，売買目的物を競売する場合，民事執行法190条は，動産競売の要件として，債権者が執行官に目的物を提出するか，または占有者の差押承諾書を提出することを必要としているため，占有が買主の下にある以上，実際には動産売買先取特権を実行して，未払代金債権を回収することは，ほとんど不可能に近いのである。さらに，動産の先取特権には追及効がないために（333条），目的物が転売されて第三者に引き渡されてしまうと，売買の目的物自体に対して動産売買

先取特権を行使することができなくなる。このように動産売買先取特権は、あまり役立たない権利と考えられていた。

ところが、近時目的動産が買主により転売されて代金債権に変じた後は、先取特権者は物上代位権を行使して、売買代金債権の回収ができないか否かについて、いくつかの重要な最高裁判例が出現したことから、活発に議論がなされている。議論の契機となったのは、最判昭和59年2月2日（民集38巻3号431頁）で、動産の売主は買主が破産宣告を受けた後においても、動産売買先取特権に基づき転売代金債権に対して物上代位権を行使できる、と判示した。さらに、最判昭和60年7月19日（民集39巻5号1326頁）は、一般債権者による転売代金の仮差押えの事例であるが、「目的債権について一般債権者による差押え又は仮差押えの執行をしたにすぎないときは、その後に先取特権者が目的債権に対して物上代位権を行使することを妨げられるものではないと解すべきである」として、物上代位権の優先権を承認した。このため、目的物が代償物に変じた後は、動産売買先取特権の効力が強化され、有力な担保手段になっている。

§5 先取特権の消滅

先取特権は、物権の一般の消滅原因（目的物の消滅、混同、放棄等）によって消滅する。また、担保物権に共通の消滅原因である披担保債権の消滅により、先取特権も消滅する。その他に、動産の先取特権は、その動産が第三者に引き渡されると、その動産について行使できなくなる（333条）。不動産を目的とする先取特権については、抵当権に関する規定が準用されるので（341条）、代価弁済（377条）、抵当権消滅請求（378条以下）によっても消滅する。

第4章 質　　権

§1　質権の意義と性質

〔設例〕　大学生のBは，海外旅行を計画しているが，旅行代金が少し不足している。そこで，現在自分が使っているパソコンを担保として，友人Aからお金を借りたいと考えている。この場合に，担保としてどのような方法があるか。

1　質権の意義

　質権とは，債権者が債権の担保として債務者（または第三者＝物上保証人）から受け取った物を債権の弁済を受けるまで留置し，弁済がないときには他の債権者に優先してこれから弁済を受けることができる約定担保物権である（342条）。

　質権の具体例を挙げることはなかなか困難である。いわゆる質屋の質をイメージすればよいのであるが（現在では，消費者金融が利用されているために，多くは利用されていない），質屋は，質屋営業法という特別法に基づいて規律されているもので，民法の適用を受ける質権について，事実上の具体例は少ないことになる。結局，民法の適用を受ける質権の例としては，従来からの，街の金融業者に宝石とか骨董品とかを目的として質権を設定する場合を考えることになる。

　設例において，B（債務者）がA（債権者）より金銭を借用し，その担保としてパソコンを質入すると，Aはその貸金元利の弁済があるまで，そのパソコンを

留置して（「留置的効力」），返還を拒否することができる。さらに，Bが弁済をしないと，質権を実行し，そのパソコンの価格から，他の債権者に優先して弁済を受けることができる（「優先弁済的効力」）。Bとしては，パソコンを取り上げられることによって，それを利用できない苦痛を感じるから，それを免れるために借りたカネを返すことになる（◇論点◇参照）。

　民法上，動産を担保として融資を受ける方法としては，動産質権だけである。しかし，この担保方法だと，動産の占有を債権者に移転することになり，設定者にとっては，現在使用，収益している物については利用できない。このような場合には，実際の取引界では動産の譲渡担保が利用されている。〔設例〕においても，債務者Bがパソコンを利用できなくて困るというのであれば，譲渡担保の方法も考えられる（第Ⅱ部第6章　非典型担保の「譲渡担保」参照）。

◇　論　　点　◇

各種質権の変遷

　①　民法上の質権にあっては，かつては債務者が大事にしている親の形見分けの時計やら，家具，衣服，装身具などの生活必需品のような主観的価値の高い物を留置して，弁済を促すという意味で担保の効果があった。しかし，現在のように物質が大量に消費されている時代になると，債務者側にとって，それが留置されてもなんら不便を感じないし，債権者側にとっては，かえって物を留置することがじゃまにさえなっている。このような状況から，質権はもはや物的担保としての機能は失われているかのように見える。しかし，今日，債権，株式，社債，無体財産権等の担保化という権利質の分野において，物的担保として重要な機能を担っている。

　②　質屋営業法（昭和25年法158号）による質屋の質権については，かつては庶民金融の担い手であったが，1960年以降は，消費者金融業者やカード会社，信販会社によるローンが発展し，営業質屋の数も大幅に減少し，衰退している。最近の質屋では，生活苦を連想させる従来の暗いイメージを払拭しようと，ブティックやディスカウントショップ感覚の明るい店作りに生き残りをかけている。

　③　公益質屋法（昭和2年法35号）による質権（公益質屋は1912年，宮崎県に

設置されたのが始まりとされている）は、個人向け金融が未発達だった戦前に社会福祉の一手段として、全国に広がり、戦前の最盛期（1939年）には、全国に1,100カ所あったといわれている。しかし、公益質屋についても各種クレジットカードなどの個人向けローンの普及により、平成12年に公益質屋法が廃止され、その使命を終えた。

2　質権の作用

　質権と抵当権は、ともに債権担保のために当事者の合意で設定される約定担保物権である。しかし、両者の間には重大な差異がある。第1に、抵当権は、担保物の占有を設定者のもとに留められるのに反し、質権では、担保物の占有を債権者に引き渡すことが必要であり（344条）、しかも、現実の引渡しをしなければならず、目的物を債務者に代理占有させることはできない（344条・345条）。第2に、抵当権が占有によってではなく、登記によって公示され、もっぱら優先弁済を受けることのみを目的とするのに対し、質権は占有によって公示され、留置的効力と優先弁済権とを合わせもつ点に特色がある。

　質権は、担保物を債権者に委ねることにより、抵当権より強い担保力を持つといえるが、他面、現在債務者が使用している物（例えば、工場内で使用している機械など）の占有を奪うことになり、債務者の企業活動を阻害し、かえって弁済の可能性を減じさせる恐れがある。さらに、質権者が担保物の保管義務を負い、そのための保管能力や保管施設を必要とすることは、経費もかかり面倒である。

　こうみてくると、近代的信用制度の本来の姿からすれば、物の利用価値を奪う質権よりも、物の利用を所有者に委ねておきながら、担保的機能を果たす抵当権のほうが、物の価値の二重効を発揮する意味で、より合理的である。したがって、今日では、生産手段たる不動産については、もっぱら抵当権による担保化が行われ、また、営業用動産等を担保するには、譲渡担保が利用されているのが実情である。

3　質権の法的性質

　質権は、抵当権と同様に当事者の契約によって成立する約定担保物権であり、

担保物権に共通する次のような性質をもっている。

(1) 附　従　性

　質権の存在は，被担保債権の存在を前提とし，債権がなければ質権は成立せず（成立上の附従性），また債権が処分された場合には，それに伴い質権も移転し（存続上の附従性），債権が消滅すれば質権も消滅する（消滅上の附従性），という性質を有する。被担保債権は既存のものに限定されない。条件付債権または将来の債権であってもよく，さらに継続的な取引関係から，将来生ずべき不特定な債権を担保するために質権を設定することも可能である。この種の質権は，根質（根担保）といわれるものである。

(2) 随　伴　性

　被担保債権が処分されたときは，質権もこれに伴って移転する。

(3) 不可分性

　質権者は，被担保債権の全部の弁済を受けるまで，目的物の全部を留置し，一部弁済があっても，その全部について質権の実行をすることができる（350条・296条）。

(4) 物上代位性

　質権の目的物が売却，賃貸，滅失，損傷されたことによって，目的物の所有者が得られる金銭その他の物についても，質権者は質権を行使することができる。ただし，質権者が物上代位権を行使するためには，債務者が金銭の支払いを受ける前に差押えをしなければならない（350条・304条）。

4　質権の種類

　質権は目的物，適用法規，その他の効力などの違いから，いくつかの分類がなされている。

(1) **目的物による分類**（動産質，不動産質，権利質）。

　民法はこの分類を採用している。

①　動産質　　動産を目的とする質権であり，質権の典型である。ただし，企業が金融を得るために，動産（機械，器具，商品）の担保化方法としては利用できない。

②　不動産質　　不動産（土地，建物）を目的とする質権であるが，設定者

はその利用を奪われ，逆に，質権者には管理のわずらわしさがあるので，殆んど利用されていない。不動産を目的とする担保物権として，より合理的な抵当権が利用されている。

③ 権利質　債権，株式，手形，社債，国債といった有価証券や無体財産権を目的とするものである。今日，これらの担保化方法として，民法の定める担保制度としては，質権のみであり，権利質制度は質権の中でも重要な役割を担っている。ただ，実際取引界においては，権利の担保化には，権利自体の譲渡方法をとる譲渡担保が多く利用されていることに注意する必要がある。

(2) **適用法規による分類**（民事質，商事質，質屋営業質）

① 民事質　民法の適用を受ける質権

② 商事質　商行為によって生じた債権を担保するための質権で，まず商法の適用を受け，商法に規定のない場合に民法が適用される。流質契約が許容されている（商515条）ことに特質がある。

③ 質屋営業質　まず第1に質屋営業法ならびに従来の慣習が適用され，ついで民法が適用される。この質権では，特約のない限り当然流質であり（質屋営業法19条・349条参照），質物の価格が債権額に不足しても不足額を請求でいないし，債権額を超過しても超過額を返還する必要はない。なお，前述したように，公益質屋の質については（◇論点◇参照），平成12年に廃止された。

(3) **効力上の分類**（占有質，収益質）

① 占有質　質権者が目的物を占有する権利を有するのみで，使用，収益する権利を有しない。動産質がこれに属する（350条・298条2項）。

② 収益質　質権者が目的物を占有するほか，使用，収益する権利を有する質権である。不動産質がこれに該当する（356条）。

§2　動産質権

1　動産質権の設定

動産質権は，当事者間の質権設定契約によって設定される。この設定契約は，

質権設定を目的とする合意と，目的物の引渡しによってその効力を生ずる契約である（344条）。

(1) 設定契約の当事者

質権設定契約の当事者は，債権者と質権設定者である。質権設定者は，債務者に限らない。例えば，友人（B）の債務の担保のために，自己所有（C）の目的物に質権を設定するように，第三者であってもよい。この場合の第三者を「物上保証人」という。物上保証人は，保証人と違って債権者（A）に対して債務の支払い義務を負わない。もっとも，債務の弁済がないと，その第三者の所有物が競売せられ，所有権を失うことになるから，これを免れるために，第三者は自ら進んで債権者に弁済することができる（第三者の弁済，474条参照）。このように物上保証人が債務者（B）の債務を弁済し，または質権の実行によって目的物の所有権を失ったときは，自己の出捐で他人の債務を消滅させたことになり，保証人が主債務者の債務を弁済したのと類似の関係を有する。そこで民法は，この場合に，保証人と同じく，保証債務の規定（459条以下）に従って，債務者（B）に対して求償権を取得する（351条，図参照）。

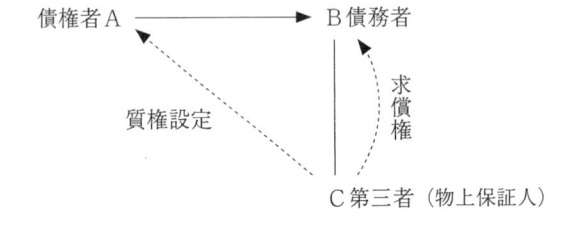

```
債権者A ─────────→ B債務者
        ↖           ↑
          ╲         ╎
           ╲        ╎求
    質権設定 ╲      ╎償
             ╲     ╎権
              ╲    ╎
               C第三者（物上保証人）
```

(2) 処 分 権

質権設定契約は処分行為であるから，質権設定者は目的物を処分する権限を有する者でなければならない。しかし，債権者が設定者に処分権限があると信じ，また信ずるについて過失なく，平穏，公然に質権の設定を受けたときは，即時取得（192条以下）に関する規定に従って，有効に質権を取得する（最判昭和45・12・4民集24巻13号1987頁）。この場合に，目的物の所有者は，自己の所有物の上に質権を設定されることになるから，物上保証人の立場に立つことになる。

(3) 目 的 物

　質権の目的物は，譲渡可能なものでなければならない（343条）。譲渡できない物は，禁制品（模造通貨，麻薬等），取引に制限のある物（国宝，その他の重要文化財）である。これらの物は，債権者が優先弁済権行使のための処分，換価ができないからである。また，譲渡はできるが，特別法により質権の目的物とすることの許されないものに，自動車（自動車抵当法20条），航空機（航空機抵当法23条），建設機械（建設機械抵当法25条），登記船舶（商850条）などがある。担保設定者に使用，収益させるべきであるという政策的理由により，質権の目的物とすることができない。

(4) 被担保債権

　質権によって担保される債権の種類には制限がない。通常多くは金銭債権であるが，金銭債権に限らず，特定物の給付や労務の供給を目的とする債権でもよい。質権には，留置的効力があるので，金銭に見積もることのできない債権（399条参照）でも，債務不履行の場合には，最終的には損害賠償債権（金銭債権）に転化するからである。

(5) 目的物の引渡し

　質権設定契約は，当事者の合意によるほか，目的物の引渡しによって効力を生じる（344条）。目的物を引き渡すというのは，必ずしも現実の引渡し（182条1項）に限らない。簡易の引渡し（182条2項）はもちろん，指図による占有移転（184条）も認められるが，占有改定（183条）は許されない。つまり，質権設定者が質物をそのまま預かるとか，借り受けるということは許されず，質権者は質権設定者に，自己に代わって質物の占有をさせることができない（345条），のである。このような厳格な「引渡し」が質権の効力発生要件とされている理由については，学説上かなり議論がある。その理由は，外観上，占有移転になんの変化もない占有改定でもって質権の公示方法とすることは，一般債権者を害するおそれがあること，質権の本来の効力である留置的効力をそこない，隠れた質権の発生させるおそれがあること，である（現在では，留置的効力の確保による弁済の促進のため，と解するのが一般である。）（道垣内・82頁，68頁参照）

　質権設定契約の成立後に，目的物を設定者に任意に返還した場合，質権の対抗力は失われるが，質権は消滅しないとするのが判例である（大判大正5・

12・25民録22輯2509頁)。しかし，占有改定を禁じたのはもっぱら留置的効力の確保にあるとする観点から，質権は消滅するというのが通説である（我妻・担保131頁)（◇発展・研究◇参照)。

◇ 発展・研究 ◇

質権設定契約は要物契約か

　質権設定契約は要物契約である，と説明するのが従来の通説である。実際上も，市販されている六法全書の民法344条の見出しでは，「要物性」，「要物契約性」，「設定契約の要物性」という用語が使用されている。しかし，近時の学説にはこのような説明に疑問を呈するものが現れている（清水＝山野目＝良永・新・民法学2物権法（第2版）209頁参照)。要物契約とは，契約当事者の合意の他に物の引渡しが成立要件とされる契約である。本来，要物契約とは，契約関係についての分類であって，質権という物権の設定の成否について用いるべき概念ではない。また，目的物の引渡しは，契約成立要件ではなく，合意のみで質権設定契約は成立し，質権者は質権設定者に対する目的物の引渡請求権を有すると解すべきである，といわれている（道垣内・67頁参照)。

　さらに，民法の現代語化では，344条の見出しで「要物性」という用語が消え，「質権の設定」という言葉に置き換えられた。これは363条（譲渡に証書の交付を要する債権を除いて，証書の交付を債権質の効力発生要件とすることを廃止した）の整合性から，つまり，通常の債権質の設定には，証書の交付を必要としないことから，344条と同様に，要物性という見出しをなくしたものと考えられる。このように，物の引渡しが質権の効力発生要件となるわけではない。それゆえに，議論の混乱を招きがちな要物契約という概念の使用は避けるべきであろう。

2　動産質権の対抗要件

　動産質権者は，「質物を継続して占有しなければ」，第三者に対抗することができない（352条)。質物を継続して占有することが，第三者対抗要件である。ここでの「第三者」とは，債務者，質権設定者以外の者を指す。質権者が適法にその目的物を賃貸，あるいは修繕の目的で第三者に保管させた場合に，質権

者はなお占有を保持しているので，質権は消滅しない。

　質権者は，第三者によって質物の占有を奪われたとき，質権の対抗力を失うから，この者に対して，質権に基づく返還請求ができない。ただし，占有回収の訴え（200条）による目的物の返還を求めることができる（353条）。なお，占有侵奪以外の方法によって，目的物の占有を失った場合（詐取，遺失）に，質権者は，もはやその回復手段は存しない。

3　動産質権の効力

(1)　被担保債権の範囲

　質権は約定担保物権であるから，その担保される債権の範囲は，当事者の合意によって定まる。民法は，当事者で別段の定めをしない場合に備えて，補充的規定を置いている。その範囲は，元本，利息，違約金，質権実行の費用，質物保存の費用，その他債務不履行または質物の隠れたる瑕疵によって生じた損害賠償の債権である（346条）。抵当権によって担保される債権の範囲（374条）と比べると相当に広い。これは，質権者が目的物を占有するため，同一目的物に質権の競合する場合がほとんどなく，また質物が第三者に譲渡されることも少ないため，質物の全価値を質権者に把握させてもよいとする理由からである。なお，被担保債権の範囲は，特約によって変更することもできる（346条ただし書）。

(2)　質権の効力の及ぶ目的物の範囲

　質権の効力の及ぶ目的物の範囲は，約定担保物権であるから，当事者の合意によって定まる。

　①　従物　債権者に従物が引き渡されたかどうかで定まる。別段の意思表示がなければ，質権の客体とされ，従物自体の引渡しがなければ，従物の上に質権が成立しえないのは当然である。

　②　天然果実　質権の効力は質物から生ずる天然果実にも及ぶ。留置権の規定が準用される（350条・297条）。動産質では，実際上稀であろう。

　③　法定果実　質権者は，目的物の所有者の承諾の下に使用，収益もしくは賃貸（原則として，質権者には使用，収益権はない）するような場合に（350条，297条），その物から生ずる利用利益（例えば，賃料）は，質権の効力が及ぶ。

④ 物上代位　動産質権は，目的物の有する交換価値を支配するものであるから，その目的物が何らかの理由により，具体化された場合に，物上代位の原則が適用される（350条・304条）。なお，動産質権に物上代位が認められる場面については，目的物が滅失または毀損したことによる保険金とか，損害賠償債権についてのみ，認められるであろうし，また実益も多いであろう。

(3) 担保的効力

　質権者は，担保される債権の全額の弁済を受けるまで，その目的物を留置する権利（347条）と，債務者が期限に弁済をしないときに，目的物から優先弁済を受ける権利（342条参照）をも有することは前述したとおりである。

　① 留置的効力　質権者の留置的効力は，債務者に心理的強制を加えて，間接的に債務の履行を促そうとするもので，質権の重要な効力である。ただし，質権者は自己に優先する権利を有する者，例えば，先順位の質権者（355条）や質権に優先する先取特権を有する者（334条参照）に対しては，留置的効力を主張できない。したがって，これらの者が質物の競売の申立てをするときは，質権者はその引渡しを拒むことができない（民執190条参照）。その場合には，順位に応じてその競売代価から優先弁済を受けるのみである。動産質権者は，留置していた目的物について支出した必要費，有益費の償還を請求できる（350条・299条）。なお，質権者が目的物を留置し続けても，債権そのものを行使しているとはいえないから，これによって債権の消滅時効を阻止することはできない（350条・300条）。

　② 優先弁済的効力　優先弁済権を行使する方法は，原則として民事執行法によって，質物を競売し（民執1条・190条）その売却代金からその順位に従って弁済を受ける。他の債権者による競売については，その権利を証する文書を提出してこれに配当加入し，売却代金から優先弁済を受けることになる（民執133条・192条）。

　動産質権の実行に限っては，正当の理由がある場合（質物の価格が低く，競売費用倒れになるとか，公定相場があって競売する必要がない場合など）には，鑑定人の評価に従って，質物をもって直ちに弁済に当てることを裁判所に請求できるという，簡易な方法が認められている（354条）。しかし，このような簡易な方法による場合は，あらかじめ債務者にその請求を通知しなければならない

（354条後段）

(4) 流質契約

　質権の設定者は，設定契約または弁済期前の契約で，弁済として質権者に質物の所有権を取得させ，その他法律が定めた方法（競売，簡易な弁済充当）によらないで質物を処分させる旨の合意をすることはできない（349条）。流質契約の禁止の理由は，窮迫な状態にある債務者が，わずかな金額の融資を受けるために高価な質物を提供し，暴利行為の犠牲になるのを予防するためである。この場合，流質に関する特約は，当然に無効となるが，ただその無効は流質契約のみにとどまり，質権設定契約自体まで無効とすべきではないとするのが一般的考え方である。なお，流質契約の禁止規定は，商事質には適用がなく，流質契約が許容されている（商515条）。また，営業質屋の質権は，当然，流質権を認めている（質屋営業法19条）。

4　転　質　権（348条）

　転質とは，質権者Aが，設定者Bから質物として受け取った「物」を（その質権の存続期間内において），再びC（転質権者）に質入れすることである。Aは，これによってBの債権の弁済期前に金銭を入手し，いったんBに貸し付けて固定された資金を質物の再利用によって再び流動化することができる。このように転質は，貸付資金の流動化にとって重要な作用をもつ制度である。

　転質には，質権設定者の承諾を得て行われる承諾転質（350条・298条2項）と，承諾なしに行われる責任転質（348条）とがある。かつて，民法350条が298条2項を準用していることから，設定者の承諾がなければ質物を担保権に供することができないので，承諾なしになされた転質は横領罪になる（大判明治44・3・20刑録17輯420頁）とするものもあった。しかし学説，判例はこれを積極的に解し，質権者がその権利の範囲内でしかも自己の責任をもって行う以上，質権者の自由であることが承認されるにいたった（◇論点◇参照）。

　① 承諾転質　承諾転質は，質設定者（B）の承諾のもとに，質権者（A）が質物の上に，もとの質権（原質権）とは別個の，新たな質権（転質権）を設定することである。それゆえに，Cは，自己の債権の弁済期が到来すれば，原質権における被担保債権の弁済期到来の有無，被担保債権額の多寡にかかわら

ず，直接質権を実行することができる。

② 責任転質　責任転質の設定は，質物の引渡しなど質権設定契約の一般的成立要件を備えていることが必要である。ただし，Cが転質権をBに対抗するためには，AからBへの通知またはBによる承諾がなければならないとされている。

転質権は，原質権の存続期間内で効力を有し（348条参照），その優先弁済権の範囲も原質権の被担保債権額の限度で優先弁済を受けることになる。

転質の効力として，原質権者は転質しなかったら生じなかった損害については，それが不可抗力であっても，賠償責任を負う（348条後段）。

転質権者が転質権を実行するためには，その被担保債権の弁済期が到来するだけでなく，原質権の被担保債権もまた弁済期が到来していなければならない。したがって，原質権の被担保債権の弁済期が到来するまでは，転質権を実行できない。逆に，原質権の被担保債権の弁済期が先に到来したときは，原質権設定者は供託して，原質権さらに転質権を消滅させることができる。

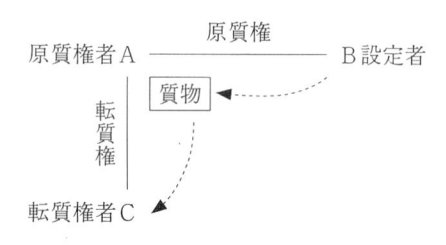

```
              原質権
原質権者A ─────────── B設定者
        │ ┌──┐ ↖
        転│質物│  ╲
        質└──┘   ╲
        権         ╲
        ↓           ╲
      転質権者C ◀╌╌╌╌
```

◇　論　　点　◇

転質の法的構成

質権者が自己の質権の上に質権（転質権）を設定する場合に，何が転質権の目的になっているかによって，その法的構成が異なってくる。

従来の学説は，「質権」と「原債権」とが共に質入れされると解する説（共同質入説）と，原質権の被担保債権と切り離して「質物」そのものを再度質入れすると解する説（「質物」再度質入説），とに大別される。「質物再度質入説」（通説）によれば，原質権の被担保債権それ自体は転質権の目的となっていないため，原質権の被担保債権が設定者によって弁済されると，原質権が消滅す

る。その結果，原質権の被担保債権には転質の効果が及んでいないため，転質権もその目的を失って消滅することになるので，実際上の問題として，妥当性を欠くことになる。

「共同質入れ説」は，担保物権の附従性の理論に忠実に従い，質権は，被担保債権と切り離して処分できないことを根拠としている。しかし，この構成によれば，民法348条の責任転質は，被担保債権が質入れされ，原質権も随伴性によって転質の目的になることから，その実質は債権質にほかならず，責任転質が可能なのは当然であって，348条の特別な意味をもたなくなってしまう。また，「質物」について「転質をすることができる」，との文言にも反することになる。

いずれの説においても，問題を抱え込むことになる。そこで，転質と転抵当との理論の整合性（転抵当では，被担保債権から切り離して処分する，抵当権単独処分説が有力であること）を考慮して，質物再度質入説を採るのが妥当であろう。また，質権と被担保債権と切り離して，民法348条の定める「質物」それ自体に再び質権を設定するものであるが，その付随的効果として原質権の被担保債権にも転質権の効果が拡張されるものと解すべきである（清水＝山野目＝良永・前掲参照），と説明されている。このように解することにより，なによりも，348条の文言に忠実になり，また素直な解釈だと考えられる。

5 動産質権の消滅

動産質権の消滅原因としては，物権共通の消滅原因，担保物権共通の消滅原因，その他動産質権の固有のものがある。

① 動産物権共通の消滅原因　動産質権が物権であることから，物権共通の消滅原因，例えば目的物の消滅，放棄，混同などによって消滅する。

② 担保物権共通の消滅原因　担保物権共通の消滅原因である被担保債権の消滅（消滅における附従性），によって消滅する。また，消滅時効により，被担保債権の消滅によって，質権も消滅する（350条・300条）。

③ 動産質権固有の消滅原因　質権者の質物保存義務違反を理由に，質権消滅請求によって消滅することもある（350条・298条3項）。また，質権者がその目的物を設定者に任意に返還した場合については，単に対抗力を失うに過ぎ

ないとする見解（対抗力喪失説）と，占有の継続は質権存続の要件であり，占有を失うときには質権は消滅するという見解（質権消滅説）の争いがある。

§3 不動産質権

1 不動産質権の意義

　民法は不動産を目的とする約定担保物権として，抵当権のほかに不動産質権の制度を設けている（356条以下）。不動産質権では，質権者が目的不動産の引渡しを受け，自ら使用，収益をなし，その収益をもって弁済にあてるという点が動産質権と異なる。しかし，不動産を引き取って管理しなければならず，金融機関にとっては利用しにくい制度である。なお，今日，賃貸用マンション，貸ビル，アパートを担保として，担保権者が個々の賃貸人から継続的に賃料を受け取り，これを自己の債権に漸次充当するという方法で，不動産質権を積極的に活用できるのではないかと主張されている。

2 不動産質権の設定

　(1) 当事者

　不動産質権の設定契約の当事者は，動産質権と同様であり，債権者と質権設定者である。第三者（物上保証人）と債権者の契約により不動産質権を設定することもできる。

　(2) 目的物

　不動産質権の目的物は，土地と建物である。不動産質権には，抵当権の規定が準用される（361条）ため，地上権や永小作権（369条2項）も不動産質権の対象になると考えられるが，これらは，権利質権の対象になるものである。また，立木法による立木，工場財団，企業財団等については，特別法により一個の不動産として扱われるもので，不動産質権の目的とすることはできない。

　(3) 目的物の引渡し

　不動産質権の設定は，当事者の合意と目的物の引渡しによって効力を生ずる。

この引渡しは，動産質権の場合と同様に，現実の引渡し，簡易の引渡し，指図による占有移転も含まれる。ただし，占有改定（183条）による引渡しは代理占有禁止の規定（345条）の適用があるので含まれない。

(4) 被担保債権

不動産質権によって担保される債権は，動産質権の場合と同様であり，条件付債権や将来の債権，さらには継続的な取引関係から将来生ずべき不特定な債権を担保する根質（根不動産質）の設定も可能である（361条・398条の2）。ただし，対抗要件としての登記手続からみると，被担保債権が確定していることが必要となる（不登83条・95条参照）。また，金銭債権以外の債権を担保するときは，その価額（不登83条1項1号）を記載することが必要となる。

(5) 不動産質権の存続期間は，10年を超えることができない。これより長い期間を定めたときは10年に短縮される（360条）。期間は更新することはできるが，更新のときより10年を超えることはできない（360条2項）。これは，所有者以外の者にあまり長く不動産を用益させることは望ましくないという理由からである。ただ，不動産登記法95条1項1号では，必ずしもこれを定めて登記する必要があるわけではない。

(6) 対抗要件

不動産質権の対抗要件は登記である（177条，不登95条参照）。当事者が設定行為で別段の定めをしたときは（359条），これは登記事項である。

3 不動産質権の効力

(1) 被担保債権の範囲

被担保債権の範囲は，民法346条が適用され，動産質権の範囲と同じであるが，不動産質権の対抗要件が登記であるため，債権額は登記をしなければ第三者に対抗できない（不登83条1項1号）。また，不動産質権では，原則として利息の請求はできない（358条）。特約があれば認められるが，その場合には登記をしなければならない（不登95条1項1号）。これは不動産の上に融資される資金の利息と，その不動産の使用収益の代償とがほぼ等価だとされることから，利息は請求できない。

(2) 効力の及ぶ目的物の範囲

目的物の範囲については、抵当権の規定が準用されるため（361条）、民法370条によって定まる。ただし、不動産質権は目的物を留置し、その用法に従って使用収益できる（356条）ので、質権者は目的物からの天然果実を収取し、また、第三者に賃貸して法定果実を収取することもできる。その反面として、目的物の管理費用あるいは、その他公租、公課のような負担を負わなければならない（357条）。

4 不動産質権の消滅

不動産質権の消滅原因としては、存続期間の経過によって消滅する。また、抵当権の規定が準用されることから（361条）、代価弁済（378条）、担保権消滅請求（378条参照）によっても消滅する。

§4 権利質権

1 意義

質権は、動産、不動産ばかりでなく、「財産権」をもってその目的物とすることができる（362条1項）。この財産権に対する質権を「権利質」という。権利質の対象となる権利としては、譲渡性のある財産権であればよく、その主要なものとしては、債権、株式、不動産物権（地上権、借地権）、無体財産権などがある。そして、債権を目的とするものを「債権質」という。以下では、債権質の中でもその中心は債権者の特定している指名債権であるので、指名債権の質権を中心に説明する。

ところで、民法が定めている債権の担保手段としては、権利質のみである。権利質は、質権としては比較的新しい制度であるにもかかわらず、今日の社会においてきわめて重要な作用を営んでいる。それは債権が、経済取引界において、企業の有する資産のなかで重要な地位を占めるようになってきたからである（例えば、リース会社、クレジット会社などにみられるように、顧客に対する債

権が資産の主要部分である)。実務では，これら主要の資産である債権の担保手段としては，債権質のほかに，「債権の譲渡担保」，「代理受領」，「振込指定」，「相殺予約」という簡易な方法が発展してきたことに注意する必要がある。

2 債権質の設定
(1) 債権質の目的となる債権
債権質の目的となりうるものは，財産的価値があって，譲渡可能なものでなければならない（343条・362条2項参照）。扶養請求権（881条）あるいは労働者の災害補償給付請求権（労基法83条2項）のように，法律によって処分が禁止されたものはその目的とすることができない。譲渡禁止特約のある債権（466条2項）においては，質権者が善意に質権の設定を受けた場合には，その質権は当該債権の債務者に対抗できる。

(2) 債権証書の取扱い（363条）
平成15年改正以前においては，債権質を質権の一般法理に服させるため，債権証書があるときはその証書の交付をもって債権質の効力発生要件としていた。民法は，このような債権質についてもできるだけ要物性を与えようとしていた。しかし，有体物でない債権に証書の引渡しを要求することは，実質的理由に乏しく，現実性に欠けていた。そこで，改正法は，譲渡に証書の交付を要する債権（証券的債権）を除いて，証書の交付を質権の効力発生要件とすることを廃止した。指名債権（例えば，貸金債権，預金債権，売買債権，請負代金債権等）など，いわゆる債権者が特定している債権にあっては，証券によって表象されないのが一般である。証書があればその交付によって質権が成立することになるが，証書のないものについては交付すべきものがない（通常の指名債権では，証書がないことが多い）。この場合には引渡しや交付がなくとも，当事者間の意思表示のみでその効力が生ずるものとされる。

3 債権質の対抗要件
債権質の目的となる債権の種類によって，その対抗要件も異なる。
指名債権の対抗要件は，指名債権譲渡の場合と同一である（364条・467条）。AからBに対する指名債権（例えば，貸金債権）をCに質入れする場合に，民

法467条の規定に従い、質権設定者AがBに質権設定の通知をし、Bによる承諾がなければ（承諾については、AまたはCのいずれに対してでもよい）、第三債務者Bに対抗できない。また、B以外の第三者（例えば、質入れ債権の他の譲受人や同一債権に対して質権を取得した者）に対する対抗要件は、その通知または承諾が「確定日付ある証書」によってなさなければならない（364条1項・467条2項参照）。優先権の順序は、確定日付のある通知の到達または承諾の先後によって決することになる（最判昭和49・3・7民集28巻2号174頁）。なお、法人が有する指名債権を譲渡（または質入れ）した場合について、債権譲渡特例法は、債権譲渡の登記制度を債権質に準用している（債権譲渡特例法10条）ことに注意する必要がある。

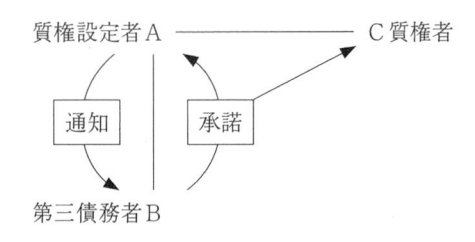

```
質権設定者Ａ ─────────→ Ｃ質権者
         ↖       ↗
         通知   承諾
           ↘   
       第三債務者Ｂ
```

4　債権質の効力

(1)　被担保債権の範囲

被担保債権の範囲としては、動産質権と同様に元本、利息、質権実行のための費用も含まれる（346条参照）。

(2)　債権質の効力の及ぶ目的債権の範囲

債権質の効力は、質入債権の全部と従たる権利としての利息債権および人的、物的担保（保証債務や担保物権）にも及ぶことになる。例えば、質入れされた債権に抵当権が付いていたときは、抵当権付債権の質入れ（物的担保は被担保債権に附従するので）ということになり、この場合に、抵当権設定登記の附記登記が必要になる。

(3)　債権への拘束

債権質設定者は、自己の債務の担保として、目的債権を質入れしたのであるから、質入債権の取立て、免除、相殺、更改などこれを消滅させる一切の行為

をすることができない。また，質権者が債権質の対抗要件を備えた場合には，設定者と第三債務者の間で変更または消滅しても，質権者には対抗できない。

(4) 優先弁済権

目的債権そのものから優先弁済を受けるについては，直接取立（367条）と民事執行法による質権の実行方法がある。

① 直接取立権　　質権者には，質入債権を直接に取立てることが認められている（366条1項）。質入債権が金銭債権であると物に対する引渡請求権であるとを問わない。直接取立をするためには，質入債権，被担保債権の両方の弁済期が到来していることが必要である。

② 民事執行法による実行　　質権者は，民事執行法（193条）によって，目的債権につき担保権の実行手続をとることもできる。しかし，債権質については，民法366条で直接取立権が認められているため，民事執行法によることの意義はほとんどないであろう。

5　その他の権利質

① 指図債権質（365条）　　指図によって譲渡できる旨が記載された債権をいうが代表的なものとしては，手形，小切手，貨物引換証，倉庫証券，船荷証券などである。その質入れの対抗要件は，証券に質入裏書をして質権者に交付することである。

② 不動産物権上の質権　　地上権または永小作権に対する質権の設定は，土地の引渡しをもって成立要件とし（344条），登記をもって対抗要件とする。不動産質権と同様である。

③ 特許権，実用新案権，意匠権，商標権などの無体財産権上の質権　　これら権利の質入れは，合意と登記とによって行われる。原簿への登録が質権設定の効力発生要件である（特許98条，実用新案25条，意匠35条，商標34条）。なお，これら質権の特長として，質権者は，原則として，当該権利を行使することができず，設定者が行使し，収益するので，実質的には抵当権と類似した機能を営んでいることになる。

6 債権質の消滅

　債権質は被担保債権の消滅によって消滅する。この場合には，質権者は債権証書を質権設定者に返還しなければならない。それ以外の債権質特有の消滅原因は見あたらない。

第5章 抵 当 権

§1 抵当権の意義

1 抵当権とは

　抵当権者は，債務者または第三者が占有を移さないで債務の担保に供した不動産について，抵当権者（債権者）が，他の債権者に優先して弁済を受けることができる（369条1項）。すなわち，抵当権とは，抵当権者と抵当権設定者との間で，原則として不動産を目的物として設定される約定・非占有の担保物権であり，債務不履行があった場合に目的不動産を換価し，他の債権者に優先してその換価代金を被担保債権に充当することができる，優先弁済的効力（以下，優先弁済効という）を有する担保物権である。なお，民法は，抵当権の目的物として地上権および永小作権も挙げる（369条2項）が，実際にはあまり例がない。

　抵当権が設定された場合，目的物を占有するのは抵当権設定者であるため，その「占有」には何ら権利を公示する機能がない。この点が，占有担保権である質権との大きな差異である。そのため，民法は，抵当権の公示方法を「登記」とする（177条，不登3条）。このことから，動産であっても，登記または登録により権利関係を公示するのに適した目的物に抵当権を設定することが可能となり，それは各種の特別法により認められている。例えば，船舶（商848条），建設機械（建設機械抵当法7条），農業用動産（農業動産信用法13条），立木（立木法2条2項）などは登記することにより，また，自動車（自動車抵当法5条），航空機（航空機抵当法5条）などは登録することにより，抵当権の目的物とすることができる。このほか，企業財産の集合体である各種の財団，例えば，工場に属する土地・建物・機械等を一体として組成した工場財団なども登記す

ることにより，抵当権の目的物とすることができる（工場抵当法8条・11条・20条・36条参照）。

2　抵当権の性質

　抵当権設定契約は，物権契約であり，抵当権者と抵当権設定者との間の無方式の合意により直ちにその効力が生ずる諾成契約である。抵当権者は債権者であり，抵当権設定者は，債務者または債務者以外の第三者であり，この第三者を物上保証人という。

　抵当権は，非占有担保権であり，抵当権設定者は引き続き目的物を使用・収益することができる一方，抵当権者は目的物を占有せず，その交換価値のみを把握している。そのため，抵当権は，目的物の物質的存在から離れた，その交換価値のみを把握する価値権（Wertrecht）であるともいわれる。この点が，用益物権（地上権，永小作権など）と異なる点である。用益物権は，目的物を物質的に支配する物質権（Substanzrecht）であり，目的物の使用価値を把握しているからである。もっとも，ここで，目的物の交換価値を把握するとは，被担保債権（貸金・利息）が弁済されれば「交換価値の把握」だけで終了するが，弁済されない場合には，「交換価値の実現」，つまり目的物の処分（換価）をすることができるということである。それゆえ，抵当権は，目的物に対する処分権能を有する物権である。

　また，抵当権は，附従性，随伴性，不可分性（372条・296条），物上代位性（372条・304条）および優先弁済性など，担保物権（留置権を除く）が有する共通の性質を有する。なお，約定担保権である抵当権や質権においては，附従性はかなり緩和され（成立における附従性の緩和），根抵当権においては，それは極度に緩和され，実行における附従性しか存在しない。さらに，随伴性も，根抵当権においては否定されることがある（398条の7）。

◇　論　点　◇

抵当権は，質権と比較して，どのような特質および機能を有するか

　抵当権は，非占有担保権であり，債務者に対し，債務の弁済を間接的に強制する留置的効力（留置的機能）がない。そのため，抵当権は，一見，債権者に

§1 抵当権の意義　237

とって不利なように見えるが，登記・登録制度と結びつくことにより，その存在が明確に公示される（公示の原則）とともに，目的物や被担保債権などが特定されることによって（特定の原則），債権者の優先的地位が明示されている。また，抵当権設定者にとっては，そのまま目的物の占有を継続できるという利便性がある。そのため，抵当権は，不動産だけでなく，担保価値の高い動産や企業設備などにも設定することができ，生産金融（生産信用）に適しているといえる。

　これに対し，質権も，優先弁済効を有する約定担保物権であるが，質権設定者が目的物の占有を質権者に移転しなければならない占有担保権であり（342条），質権設定契約は，目的物を引き渡すことにより効力を生ずる要物契約であり（344条），質権設定者による代理占有（占有改定）も禁止されている（345条）。そのため，質権には留置的効力があり（347条），債務者に対し心理的圧迫を加え，債務の履行を間接的に強制する留置的機能がある。このように，質権では，質権者が目的物を占有するため，その「占有」には権利を公示する機能がある。つまり，占有担保権か，非占有担保権かは，権利の公示方法の違いとして現れるのである。

　そして，「占有」それ自体に権利公示機能があると同時に，その公示方法の容易・簡便性から，質権は，譲渡性を有するあらゆる目的物（動産・不動産・権利）に設定することができ，一見，債権者にとって非常に強力な担保物権であるようにも見える。しかし，動産質や不動産質では，設定者は目的物の占有を奪われ，その利用を妨げられるため生産金融には適さない。また，不動産質の場合，質権者には，使用収益権も認められている（356条）ため，質権設定者にとって不利であり，それはほとんど利用されていない。他方，債権・社債・株式・無体財産権などの権利質の場合，その権利を表章する証書や有価証券には交換価値のみがあり，利用価値がないから，設定者は，それを留置されても不便を感じず，本来の意味での留置的効力がない（証書・有価証券が留置されることにより，設定者は，目的権利の処分権を制限されるが，その制限は，留置的効力によるのではなく，優先弁済効に基づくものである）。

　したがって，占有担保権としての性質から生じる留置的機能を最も発揮するのは動産質であり，それは，かつて小口融資の消費金融において利用された。

しかし，その動産質も，今や無担保融資の消費者金融に取って替わられ，留置的機能の存在は，結果として質権の衰退を招いたのである。今や，動産担保において比較的よく利用されているのは，非占有担保権である動産譲渡担保であるが，それは占有改定（183条）により公示されるため，公示方法として不完全である。

　ところで，非占有担保権である抵当権は，登記・登録という公示制度に支えられ，主として，土地・建物という不動産に設定されてきた（特別法により認められている一定の動産にも設定できる）。しかし，バブル経済の崩壊により不動産価格が大幅に下落したため，不動産を目的物として抵当融資を受けることが困難となった。そこで，換金性の高い在庫商品や原材料などを活用した融資を求める声が，企業から出るようになった。具体的には，在庫商品，原材料，工場の機械・備品などを担保目的物として提供して融資を受ける際，当該目的物を引き続き設定者の占有下に置くが，当該目的物の所有権は，貸手側に移転し，登記所で公示するという融資方法である。これは一種の動産抵当権というべきものであり，法制審議会においてその立法化が検討されていたが，2004年（平成16年）11月25日，「債権譲渡の対抗要件に関する民法の特例等に関する法律の一部を改正する法律」（同年12月1日公布，法律第148号）が成立し，法人が行う動産の譲渡について，登記によって対抗要件を備えることが可能となった（なお，同改正法は，債務者が特定していない将来債権の譲渡についても，登記によって第三者対抗要件を備えることを可能とした）。なお，この改正法は，「動産及び債権の譲渡の対抗要件に関する民法の特例等に関する法律」に名称変更された。同法律は，個別動産・集合動産を問わずに適用されるが，特別法により登記・登録が所有権の得喪の対抗要件となる動産（船舶・自動車・航空機など。第Ⅰ部第2章§9・1(2)①［81頁］参照）で既に登記・登録がなされているものについては適用されない（同改正法の詳細については，第Ⅱ部第6章§3◇論点◇3［368頁］，ジュリスト1283号46頁以下，銀行法務21・642号4頁以下参照）。

§2　抵当権の設定

[設例]　Ａ農業協同組合は，その定款の目的において非組合員に対する貸付を禁止していたが，理事長Ｂは，非組合員であるＣ株式会社に対し1,000万円の融資を行った。その際，Ｃ会社は，自己所有の土地にＡ農協のために抵当権を設定し，その旨の登記をした。その後，Ｃ会社は，自己に対する融資は，Ａ農協の目的範囲外の行為で無効であり，被担保債権も無効であるから，抵当権も存在しないとして，抵当権設定登記の抹消を主張した。Ｃ会社の主張は認められるか。

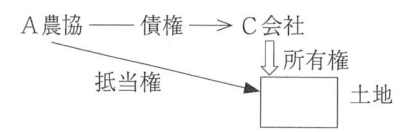

Ａ農協 ── 債権 ─→ Ｃ会社
　　　　抵当権　　　　↓所有権
　　　　　　　　　　□　土地

1　抵当権設定契約

　抵当権は，債権者（抵当権者）と債務者または第三者（抵当権設定者）との間の契約によって設定される。物上保証人である第三者は，いわゆる保証人と異なり，債務を負うものではなく，債務の担保に供した自己所有の特定財産（通常は不動産）についてのみ責任（債務なき責任）を負うにすぎない。したがって，債権者は，物上保証人に対し，債務の履行を請求できないのはもちろん，抵当目的物によって弁済されなかった残余債務の弁済も請求できない。しかし，物上保証人が，債務者の債務を任意に弁済し，または抵当権の実行によって抵当目的物の所有権を失ったときは，自己の財産の出捐によって他人の債務を消滅させた点で，保証人が主たる債務者の債務を弁済した場合に類似する。そこで，民法は，保証債務の規定に従い，物上保証人が債務者に対し求償権を取得すると定めている（372条・351条）。

　抵当権設定契約は，物権契約であり，処分契約であるから，抵当権設定者は，その目的物について処分する権利（所有権など）を有していなければならない。

それゆえ，現在所有していない特定の不動産について，将来それを取得すれば抵当権が成立するという設定契約は有効であり，設定者がその所有権を取得すると同時に抵当権は成立し，抵当権者は，抵当権設定登記を請求することができる（大決大正4・10・23民録21輯1775頁）。他方，設定者が目的不動産の登記名義人であっても，真実の所有権者でない場合には，抵当権は成立しない。

抵当権設定契約は，従たる契約である。すなわち，被担保債権を生ずる契約ないし法律関係（主たる法律関係）の存在を前提として成立する（抵当権の附従性）。もっとも，この主たる法律関係の存在は緩和されているが，当事者間で予期された被担保債権が条件付にも成立しないときは，抵当権設定契約も成立しない。

> **物上保証人の求償権**　物上保証は，他人のために担保物権を設定する行為であり，債務者に代わって債務を履行する委任ではない。それゆえ，物上保証人が弁済等により債務者の債務を消滅させ，免責を得させることは委任事務の処理とはいえず，むしろ，義務なくして債務者のためになされた事務管理（697条）に相当し，物上保証人の債務者に対する求償権の性質は，事務管理費用償還請求権（702条）と解すべきであろう。しかし，民法は，物上保証人の求償権について保証債務の求償権に関する規定に従うとしているから，その求償権の範囲は，459条・462条によって定まり，702条およびそれに対し一般法の関係に立つ703条・704条という一般不当利得の規定も適用されない（東京地判平成3・4・22判時1405号57頁）。

2　抵当権の対抗要件

(1) 登記の重要性

抵当権は物権であるから，抵当権設定の登記をしなければ第三者に対抗することができない（177条）。抵当権設定の登記事項は，登記の目的（抵当権設定），登記原因とその日付（債権契約である金銭消費貸借契約の日付および物権契約である抵当権設定契約の日付），債権額，利息・遅延損害金の定めがあればその記載，債務者氏名・名称・住所などである（不登59条・83条1項・88条）。

抵当権設定登記は，第三者に対する対抗要件であるから，未登記の抵当権で

も当事者間では有効であり，競売の申立てをすることもできる。もっとも，抵当権の実行としての競売には，①抵当権の存在を証する確定判決等の謄本，②抵当権の存在を証する公証人が作成した公正証書の謄本または③抵当権の登記のされている登記事項証明書が提出されたときに限り開始する（民執181条1項）ので，未登記抵当権の実行は，かなり制約を受けることになる（未登記抵当権の実行は，①または②の文書を提出すれば可能である）。

非占有担保権である抵当権は，登記されることによってその存在が明確に公示され，目的不動産，被担保債権，債権者の優先的地位なども公示され，その結果，取引の安全が確保されるのである。ところが，わが国では抵当権設定登記の際の登録免許税が債権額の1000分の4と高いことや借金の事実を世間に知られたくないという債務者側の要望等により，抵当権者が，債務者に信用不安が生ずるまで抵当権設定の登記申請に必要な書類一式を預ったままで登記しないでおくという「登記留保」の慣行が少なからず存在する。

しかし，未登記の抵当権は，第三者に主張することができないため，抵当権者は，他の債権者に優先して抵当不動産から弁済を受けることができず，未登記抵当権は，抵当権の本質的効力である優先弁済効を有しないことになる。また，同一不動産に複数の抵当権が設定された場合，抵当権相互間の優先順位は登記の先後によって決まるので（373条1項），未登記抵当権は，登記済みのすべて抵当権に劣後することになる。したがって，抵当権の設定登記を行うことは，その優先的権利を確保するために必要不可欠な行為である。

(2) 登記の流用

被担保債権の不成立・消滅にもかかわらず，抵当権設定の登記のみが抹消されずに残っている場合，この登記を他の債権のために設定された抵当権に流用できるであろうか。わが民法では，被担保債権が存在しないのに抵当権のみが存続することはあり得ない（抵当権の附従性）。したがって，問題は，抹消されずに残っている抵当権の登記を，後に設定された抵当権についての登記として流用できるかということである。

判例は，流用前に第三者（後順位抵当権者・第三取得者）がいる限り，同一の担保物，同額の債権担保であっても，流用登記は無効である（大判昭和6・8・7民集10巻875頁，大判昭和8・11・7民集12巻2691頁）が，流用後に第三者

が出現した場合には，抵当権者はその流用登記によって第三者に対抗できるとする（大判昭和11・1・14民集15巻89頁，最判昭和49・12・24民集28巻10号2117頁）。中間省略登記を有効とする判例理論および取引安全の観点から判例の見解は妥当であろう。

3　抵当権の目的物

抵当権は，登記・登録により公示できる目的物に設定することができ（§1の1参照），民法が定める抵当権の目的物は，不動産（369条1項）および地上権・永小作権（369条2項）である。

(1)　一筆の土地の一部

①　一筆の土地の場所的一部は，独立して物権の客体となりうるので，区分して抵当権を設定することができるが，それを第三者に対抗するには，当該土地を分筆登記（不登39条・40条）したうえで，抵当権設定登記をしなければならない。

②　土地・建物の共有持分の上に抵当権を設定できるが，一筆の土地の所有権ないし持分権の割合的一部（例えば，所有権の2分の1，持分権の2分の1）を目的とする抵当権を設定できるであろうか。登記実務は，このような定め方では目的物を特定できないとして抵当権の成立を否定する（昭和35・6・1民事甲1340号民事局長通達）が，価値権である抵当権の対象は目的物の価値であり，物理的特定性は必要でなく，所有権ないし持分権の一部でも，抵当権の対象は特定しているから，かかる割合的一部を目的とする抵当権設定を認めてもよく，後はそのような登記が認められるかという登記技術論の問題であるという反論がある。

③　マンション等の区分所有建物において，区分所有権の目的（建物区分所有等に関する法律1条）について抵当権を設定できるが，共有部分の持分は，原則として専有部分と切り離して処分できない（同法15条2項）ので，そのような共有持分の上に独立の抵当権を設定することはできない。

④　未完成建物は未だ不動産とはいえないから，それを目的とする抵当権設定契約は，物権的効果を生じない。そして，社会通念上，建物と認められる状態になった時に物権的効果発生の障害が除去され，当然に抵当権設定の効力が

生ずると解すべきである。もっとも，登記実務では，未完成建物を目的とする抵当権設定契約は，債権的効果しか発生せず，物権的効果は，完成建物となった時に改めて抵当権設定契約をすることにより発生すると解し，抵当権設定登記に必要な登記原因証書として，建物完成時以降の日付の抵当権設定契約書の提出を要求する（昭和37・12・28民事甲3727号民事局長回答）。

4　抵当権の被担保債権

(1)　債権の種類

　被担保債権は，通常，金銭債権であるが，金銭債権以外の債権であっても，債務不履行の場合に金銭債権（損害賠償債権）に転化するものであればよく，そのような債権を被担保担債権として抵当権を設定することができる。ただし，被担保債権が金銭債権以外の債権の場合に抵当権の設定登記をするには，当該債権を金銭に評価して，「債権の価格」を登記申請書に記載することを要する（不登120条）。後順位抵当権者や不動産譲受人を保護するためである。

(2)　被担保債権の態様

　①　1個の債権の一部（例えば，1,000万円の貸金債権のうちの800万円）を被担保債権として抵当権を設定することができる（一部抵当という）。また，同一の債権者が有する数個の債権について1個の抵当権を設定することができ，それは，債務者が一人の場合でも，数人の場合でも同様である。それでは，複数の債権者がそれぞれ別個に債権を有する場合，これらの数個の債権を被担保債権として1個の抵当権を設定できるであろうか。通説はこれを肯定し，抵当権は，複数の債権者により準共有（264条）されていると解する（後掲◇論点◇を参照）。

　②　将来発生する債権　抵当権設定の時点で被担保債権が存在・特定していなければならないというのが，成立における附従性であるが，判例・学説はこの附従性をかなり緩和し，被担保債権は，抵当権設定の時点で存在している必要はなく，その発生の基礎となる具体的法律関係が存在する限り，将来発生する債権あるいは条件付債権を被担保債権として，現在において抵当権を設定することができると解している（条件付・期限付の抵当権ではない）。なお，不動産登記法88条1項3号も，条件付債権を被担保債権とする抵当権の有効を前

提としている。

判例は，消費貸借契約におい金銭を交付しないうちに，同契約に基づく貸付債権を被担保債権として設定された抵当権を有効とする（大判昭和6・2・27新聞3246号13頁）が，この判例は，附従性の緩和というより，消費貸借契約の要物性の緩和に重点がある。すなわち，抵当権設定時に金銭が交付されていない消費貸借契約は要物性（587条）を欠き，厳格に解すれば未だ債権が発生していないといえるが，利息付消費貸借契約については当事者の合意のみで契約が成立するという諾成的消費貸借契約の成立を肯定すれば，金銭の交付を停止条件とする債権が発生しており，そのような債権を被担保債権とする抵当権は有効に成立するわけである。

(3) 無効の債権

抵当権は，被担保債権の存在を前提とする。したがって，被担保債権の発生原因である契約が不成立，無効，または取消しにより，被担保債権が，不発生または無効となった場合には，抵当権も成立せず，あるいは遡及的に消滅することになる（抵当権の附従性）。問題は，被担保債権の不発生と同時に，その不発生を原因として新たな債権が発生した場合にも，抵当権は消滅しているか否かということである。

判例は，労働金庫による員外貸付に際し設定された抵当権に基づいて競売が行われた場合に抵当権設定者（債務者）が競売の無効を主張し，競落人に対し土地建物所有権移転登記の抹消を請求した事案について，員外貸付が労働金庫の事業範囲外の行為で無効であったとしても（43条），設定者は不当利得返還義務を負っているから，「本件抵当権も，その設定の趣旨からして，経済的には，債権者たる労働金庫の有する右債権の担保たる意義を有する」と述べ，設定者が右の不当利得返還債務を弁済しない一方で，貸付の無効を理由に，抵当権ないしその実行手続の無効を主張することは，信義則上許されないと判示した（最判平成44・7・4民集23巻8号1347頁）。すなわち，最高裁によれば，員外貸付の無効により，抵当権は無効となることを前提としながらも，信義則上，抵当権の無効主張を否定するという論理構成を採っているわけである。この事案では，債務者自身が抵当権を設定し，実行手続まで終了している事案であるから，抵当権の無効主張を許さなかった結論は正当である。

他方，多数学説は，不発生ないし消滅した被担保債権とそれを原因に新たに発生した債権の間には法律上の同一性は存しないが，経済的実質的な同一性があるから（履行期および利率が異なるのみである），抵当権は有効であって，後者の債権上に存続すると解する。

いずれも，設定者による抵当権の無効主張を許さない点では同じであるが，その根拠を一般条項に求めるのではなく，両債権の経済的実質的同一性を評価し，端的に，抵当権は，後者の債権を被担保債権として存続するという論理構成を採るべきであろう。

〔設例〕の場合，A農協のC会社に対する員外融資，すなわち金銭消費貸借契約は法人の目的範囲外の行為であり（43条），無効である（通説・判例）が，同時に，A農協は，C会社に融資した1,000万円について不当利得返還請求権を有している。この不当利得返還請求権は，金銭消費貸借契約に基づく当初の被担保債権と経済的実質的に同一性を有し，抵当権は不当利得返還請求権上に存続していると解すべきであり，C会社は，抵当権の不存在を主張して，抵当権設定登記の抹消を求めることはできない。

◇ 論 点 ◇

数人の債権者が，異なる数個の債権を有する場合，これらの債権を1個の抵当権で担保することができるか

この問題は，複数の銀行A，B，Cが共同して債務者Dに融資する場合に生じる。この場合の融資形態としては，資金を幹事銀行Aに集め，Dとの間に1個の与信契約を締結したうえで1個の抵当権で担保する共同融資と，銀行間で融資条件を内部的に協定するが，各銀行がその融資負担部分（A3,000万円，B2,000万円，C1,000万円）についてDと個別に与信契約を締結し，これら3個の債権を1個の抵当権で担保する協調融資がある。共同融資の場合には1個の債権を3銀行が準共有し，その債権を被担保債権として1個の抵当権が設定されるので，抵当権も3銀行により準共有されるから問題がない。

これに対し，協調融資の場合には，各債権者がそれぞれ債務者Dに対し別個に有する債権を1個の抵当権で担保し，抵当権が3債権者により準共有されるということは，各債権者が他人の債権についても（AがBの2,000万円とCの

1,000万円の債権，BがAの3,000万円とCの1,000万円の債権，CがAの3,000万円とBの2,000万円の債権について）抵当権を取得することになるから，そのような抵当権設定は認められないというのが登記実務の見解である（昭和35・12・27民事甲3280号民事局長通達）。この見解では，抵当権が準共有されるのは，被担保債権も準共有されている場合（共同融資）に限られることになる。

しかし，抵当権の準共有をこのように解するのは正当ではない。すなわち，被担保債権がそれぞれ独立の債権であっても，各債権者が，それぞれ自己の債権を担保するために1個の抵当権を準共有しているのであるから，それぞれの債権額の割合（上記の例では，Aが3，Bが2，Cが1の割合）で持分権を有していると考えればよく，各債権者が，債権額の総和について抵当権を取得すると解すべきではないからである。実際，根抵当権の準共有において，各債権者は，1個の担保枠の中で債権額の割合に応じて弁済を受けることが認められており（398条の14），より単純な普通抵当権において，複数債権者が有する複数の債権を1個の抵当権で担保することは認められるべきである。

§3　抵当権の効力

[設例]　Aは，自己所有の大衆食堂用建物についてB銀行のために抵当権を設定し，その旨の登記を経て，5,000万円の融資を受けた。Aは，その融資金全額を使って建物内部を高級レストランに改装し，最新の照明・音響・空調の各設備を取り付けた。その結果，それらの設備を含む建物の価額は1億円に達した。ところが，その後，レストランの経営が苦しくなったので，Aは上記の設備一式をC会社に売却した。C会社は，その設備を取り外して上記の建物から搬出し，自己の倉庫に保管した。この場合，B銀行は，C会社に対し，上記の設備一式の返還を請求することができるか。

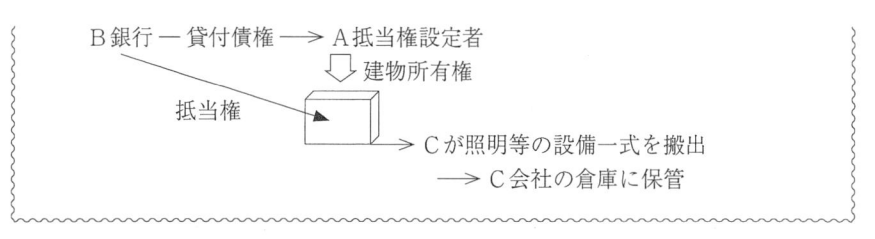

```
B銀行 ─ 貸付債権 ──→ A抵当権設定者
                    ⇩ 建物所有権
   抵当権    ┌─┐
           └─┘──→ Cが照明等の設備一式を搬出
                 ──→ C会社の倉庫に保管
```

1 被担保債権の範囲

　抵当権が優先弁済効を有する被担保債権の範囲は，元本のほか，「利息その他の定期金」については満期となった最後の2年分，「遅延損害金」についても最後の2年分で，利息その他の定期金と通算して2年分を超えることができない（375条）。質権の被担保債権の範囲が，特約がない限り，元本，利息，違約金，質権実行費用，質物保存費用，その他の損害賠償金など広範囲に及ぶ（346条）のとは対照的である。

　抵当権の被担保債権の範囲が制限されているのは，抵当権の場合，目的物が抵当権設定者の手元に置かれ，設定後も後順位抵当権者や一般債権者などの第三者がその目的物について利害関係を持つことが少なくない一方，仮に無制限に利息や遅延損害金が担保されるとすると，被担保債権の元本額や利息が登記されていても，その総額がいくらになるかを予測することが困難となり，後順位抵当権者などの第三者の利益を害するからである。

　このように，375条の趣旨は，抵当権者と第三者との利害調整にあり，同条の制限は，抵当権設定者（債務者・物上保証人）には及ばない。したがって，抵当権者は，設定者に対しては債権全額について競売の申立をすることができ（その結果，債権全額について消滅時効が中断される），後順位抵当権者に配当後，競落代金になお余剰があれば，2年分を超える利息についてもさらに配当を受けることができる。

　抵当不動産の第三取得者について375条が適用されるかについて争いがあるが，通説・判例は，物上保証人と同様，同条が適用されないとする（大判大正4・9・15民録21輯1469頁，京都地判昭和59・10・30金法1108号56頁）。後順位抵当権者や差押債権者は，抵当不動産の残余価値を把握しようとするから，被担保債権の範囲の制限に実益があるのに対し，第三取得者は，目的物そのものを

取得しようとするものであるから，設定者の負担をそのまま承継すべきだからである。また，375条は，目的不動産の競売の際において抵当権者の優先弁済受領権に一定の制限を加え，後順位抵当権者などの第三者の利益を保護するものにすぎないから，この第三者が抵当債務を代位弁済して抵当権を消滅させるには，すべての債務を弁済しなければならない。なお，根抵当権者は，極度額までは，375条のような制限なしに優先弁済を受けることができる（398条の3第1項）。

2 抵当権の効力が及ぶ目的物の範囲

(1) 付 合 物

抵当権の効力は，抵当不動産の付加一体物（付加物という）に及ぶ（370条本文）。問題は，付加物とは何かということである。民法には，付加物に似た概念として付合物（242条）と従物（87条）がある。

付合物とは，不動産との物理的な結合の一体性によってその構成部分となり独立性を失っている物であるから，まさに370条の「付加一体物」に相当し，抵当不動産への付合の時期如何を問わず，その付合物に抵当権の効力が及ぶことについて異論がない。

判例により，付合物＝付加物として抵当権の効力が及ぶとされた付加物は，宅地上の庭石（取り外し困難のもの），旅館内の岩風呂，プール，ビル内のエレベーター・空調機・配電盤，家屋内のガラス戸・引戸・欄間・窓枠，ガソリンスタンドの地下油槽などである。なお，通常，付加物に含まれる物であっても，当事者間の特約で，抵当権の効力が及ばないとすることもできる（370条ただし書前段）が，この特約は登記事項であり（不登88条1項4号），登記しなければ第三者に対抗できない。

> **付合物** 不動産の所有者は，その不動産の従としてこれに付合した物の所有権を取得する（242条本文）。この規定の趣旨は，不動産の所有者とそれに附属される物（通常は動産）の所有者が異なる場合において，その附属物が不動産と結合して物理的に一体化するか，たとえ分離できても，分離に多大の費用を要し社会経済上著しく不利益な状態を生ずるときは，1個の物として単独所有権に服さ

せることが社会経済的利益および法律関係の簡明化の点から望ましいからであり，不動産所有者は，その附属物の所有権を取得する（なお，建物や立木法により登記された立木は，土地とは別個の不動産であり，明認方法が施された立木・稲立毛なども土地から独立して取引の客体とされるので，いずれも土地に付合しない）。しかし，このような結果は，附属物の所有者にとって深刻なものであるから，不動産所有者に対し償金を請求できる（248条）。また，権原（賃借権や地上権）に基づいて附属させた場合には，その附属物は不動産に付合せず，附属者の所有のままである（242条ただし書）。なお，不動産に付合される物は動産に限るというのが通説であるが，独立の附属建物が付合される場合もあり，そのように限定する必要はないであろう。

(2) 従　　物

従物とは，主物の経済的効用を客観的・継続的に助けるために主物に従属しながらも，独立して取引の対象となる物であり，学説は，抵当権設定時に存在する従物はもちろん，抵当権設定後に附属させられた従物にも抵当権の効力が及ぶとする。そして，その条文上の根拠を370条に求める説と87条2項に求める説がある。370条説によれば，従物は370条の付加物に含まれるとする。これに対し，87条2項説によれば，370条の付加物とは付合物を意味し，従物は付加物には含まれないとする一方，87条2項の趣旨は，主物と従物の客観的・継続的な経済的結合関係から両者の法律的運命を一体的に処理することにあるから，抵当権設定時だけでなく設定後の従物にも，87条2項により抵当権の効力が及ぶと解する。なお，同説は，87条2項にいう「処分」とは，抵当権設定から実行に至る一体の態様を指すと解する。

このような根拠の相違が生ずるのは，87条の従物概念（ドイツ法を継受）と370条の付加物概念（フランス法を継受）が調整されていないことによる。すなわち，370条は，明確な従物概念を持たない旧民法およびその母法であるフランス民法に由来するものであり，立法者は，87条の存在にもかかわらず，従物と付合物との区別を未だ十分に意識していなかったといわれるからである。このような立法の沿革からすれば，370条の付加物とは，抵当権の経済的効用を発揮するために抵当不動産と経済的・有機的に一体化している物と考え，付合物はもちろん，従物も，付加物に含まれると解し，370条説を支持することに

なろう。

判例は，当初，独立の動産には抵当権を設定できないことや従物は付加物ではないことを理由に，従物たる動産には主物たる不動産の抵当権の効力が及ばないとした（大判明治39・5・23民録12輯880頁）が，大正8年の民事連合部判決は，抵当権設定当時に抵当建物の常用に供されていた動産たる従物（畳・建具・湯屋［ゆや］営業用器具一式）に，87条2項により抵当権の効力が及ぶことを認めた（大連判大正8・3・15民録25輯473頁）。

最高裁は，抵当宅地上の石灯籠および取り外しのできる庭石は宅地の従物であり，抵当宅地上の植木および取り外しの困難な庭石は宅地の構成部分であると認定し，前掲大正8年の民事連合部判決を引用して，抵当権設定時に存在した従物および構成部分に抵当権の効力が及ぶと述べ，設定登記があれば，構成部分はもちろん，従物についても，抵当権の効力から除外する等特段の事情のないかぎり，370条により従物についても対抗力を有すると判示した（最判昭和44・3・28民集23巻3号699頁）。つまり，最高裁は，抵当権設定時の従物に抵当権の効力が及ぶ根拠を370条に求めているわけである。

判例により抵当権の効力が及ぶとされた従物として，ガソリンスタンドの地下タンク・計量器・洗車機等の設備のように，店舗建物（主物）より価値が高い物（最判平成2・4・19判時1354号89頁）や，抵当建物（主物）の存立の前提となっている借地権のような「従たる権利」がある（最判昭和40・5・4民集19巻4号811頁）（◇論点◇後掲参照）。

(3) **抵当権設定後の従物**

抵当権設定後に附属された従物にも抵当権の効力が及ぶか否かは，抵当権の実行時において，抵当権者や抵当権設定者にとり重大な問題となる。学説はこれを肯定するが，判例の見解は明確でない。①抵当権設定後に抵当建物に増築された茶の間は従物として（増築により1個の建物となった場合，増築部分は付合物と考えることもできる），抵当権の効力が及ぶとした判例（大判大正10・7・8民録27輯1313頁）や②抵当権設定後に抵当建物に附属される畳・建具に抵当権の効力が及ばない旨の特約があれば，抵当権は設定後の畳・建具に及ばない（つまり，かかる特約がなければ，原則として設定後の従物にも抵当権の効力が及ぶ）とした判例（大判昭和9・7・2民集13巻1489頁）のように明確に肯定した

ものと，③抵当権設定後の畳・建具類は，従物である以上，抵当権の効力が及ばないとして否定した判例（大判昭和5・12・18民集9巻1147頁）がある。

もっとも，③判例も，雨戸・戸扉等，建物の内外を遮断する建具については，建物の付合物（構成部分）と認定し，抵当権の効力がそれに及ぶことを肯定する。したがって，判例は，従物と解しうる物であっても，それを付合物と認定して付加物の中に取り込み，結果として，設定後の従物にも抵当権の効力を及ぼしているといえる。また，下級審判例には，劇場兼キャバレーの建物（時価3億7,500万円）に抵当権が設定された後に，舞台照明器具・音響器具その他劇場施設用動産類（従物）が抵当建物（主物）に取り付けられた事案（これらの従物が取り付けられた結果，建物および施設の総評価額は時価7〜8億円となった）において，これらの従物に抵当権の効力が及ばない旨の特約がない限り，たとえ従物の価値が主物の価値を超える場合であっても，抵当権の効力は従物に及ぶとしたものがある（東京高判昭和53・12・26判タ383号109頁）。

抵当権の設定から実行に至るまでの間，設定者の日常生活や経済活動により，主物に附属される従物は変動するのが常態であり，当事者間に反対の特約がない限り，設定後の従物にも抵当権の効力が及ぶことを肯定することが，370条の趣旨に合致しよう。

以上から，設例の場合，抵当権設定後に建物（主物）に取り付けられた照明・空調設備は，主物と同程度の価値のある従物であるが，370条の付加物に該当し，B銀行の抵当権の効力が及ぶことになる。

(4) **付加物の分離・搬出**

抵当権の効力が及んでいる付加物が抵当不動産から分離され，搬出された場合，抵当権の効力は，その分離物や搬出物に及ぶであろうか。

かつて問題となったのは，山林から伐採された樹木が搬出された事案であり，抵当権実行前の不当な伐採・搬出に対して，抵当権の効力，つまり抵当権に基づく物権的請求権に基づいて伐採および搬出の禁止が認められた（大判昭和7・4・20新聞3407号15頁）。

また，工場建物とともに工場抵当権（工場抵当法2条）の目的物とされた工場備付け機械が売却され，工場から搬出された事案について，第三者が即時取得（192条）しない限り，当該動産（備付け機械）には抵当権の効力が及んでお

り（工場抵当法5条），抵当権者は，第三者の占有する動産に対し，抵当権を行使することができ，抵当権の担保価値を保全するためには，目的動産の処分禁止だけでは足りず，抵当権者は，搬出された目的動産を工場に戻すことを請求できるとされた（最判昭和57・3・12民集36巻3号349頁）。

学説には，分離物が抵当不動産上に存在している限り，抵当権設定登記によって抵当権の効力が分離物に及んでいることが公示され，その分離物に対する抵当権の効力を第三者に対抗できるが，それが搬出されてしまえば対抗力を失い，抵当権者は第三者に対抗できないという見解がある。しかし，第三者の利益を害しない範囲で可能な限り，抵当不動産の担保価値を維持すべきであり，その利害調整方法として，前掲の最高裁昭和57年3月12日判決のように，第三者が分離物を即時取得しない限り，抵当権の効力は，その分離物に及んでいると解すべきである。その場合には，抵当権者は，抵当権に基づく物権的請求権に基づき，第三者に対し，分離物を抵当不動産内に戻すように返還請求できると解すべきである。なお，分離・搬出による抵当権侵害が709条の要件を充たす場合，抵当権者は，分離・搬出した第三者に対し不法行為に基づく損害賠償請求をすることができる。

したがって，〔設例〕の場合，照明等の設備が搬出されたとしても，当該設備に抵当権の効力が及んでおり，C会社が即時取得しない限り，B銀行は，C会社に対し，それをレストラン建物内に戻すように返還請求できると解することになる。

(5) 抵当権の効力が及ばない場合

370条本文は，抵当権の効力が付加物に及ぶという原則を定めるが，同条ただし書は，抵当権の効力が及ばない二つの例外を定めている。

その1は，当事者が，抵当権設定契約において，付加物に抵当権の効力が及ばない旨の別段の定め（特約）を結んだ場合である（370条ただし書前段）。この特約は当事者間では有効であるが，登記事項であり（不登88条1項4号），登記しなければ抵当権譲受人等の第三者に対抗できない。

その2は，債権者取消権（424条）により債務者の行為を取り消すことができる場合である（370条ただし書後段）。例えば，債務者である抵当権設定者が，他の債権者を害する目的で，他所にある自己所有の高価な機械設備等を抵当不

動産に付加し，抵当権者もそのことを知っている場合である。抵当権設定契約（法律行為）自体が詐害行為となる場合には424条の適用問題であるが，物を抵当不動産に付加するという事実行為によって他の債権者を詐害する場合には424条が適用されないため，特に370条ただし書後段が設けられたわけである。

第3に，第三者が権原に基づいて抵当不動産に附属させた物にも抵当権の効力が及ばない。このような附属物は，抵当不動産の所有権に吸収されず，第三者の所有権が留保されているからである（242条ただし書）。例えば，借地人が抵当土地に樹木を植栽した場合や建物賃借人が抵当建物に機械器具を取付けた場合などである。この場合，借地人や賃借人等が，抵当不動産に利害関係を有する者（抵当不動産の譲受人など）に対し，その留保所有権を対抗するためには，その権原（借地権，賃借権等）についての対抗要件を備えることを要する（明認方法でもよい）。

(6) 果　　実

果実に対する抵当権の効力を定める371条は，平成15年（2003年）7月の民法改正（2004年（平成16年）4月1日施行）により大幅に修正された。改正前の371条1項本文は，「前条ノ規定ハ果実ニハ之ヲ適用セス」と規定し，抵当権の効力が果実には及ばないという原則を定め，そのただし書において，「抵当不動産ノ差押アリタル後ハ此限ニ在ラス」と規定していたのに対し，現行371条は，「抵当権は，その担保する債権については不履行あったときは，その後に生じた抵当不動産の果実に及ぶ」と規定するからである。

改正前371条の構造は，抵当権とは，抵当権設定者が抵当不動産の使用・収益権を有する非占有担保権であり，抵当不動産から生じる果実は，当該設定者が収受するのが原則であるとする一方，抵当不動産が差し押さえられた後（抵当権の実行後）は設定者の果実収受権が制限され，果実にも抵当権の効力が及ぶというものであった。問題は，ここにいう「果実」とは，天然果実のみを指すのか，それとも天然果実だけでなく，賃料のような法定果実も含むのかということであった。

民法の起草者は，371条が抵当不動産の付加物に対する抵当権の効力を定めた370条を受けた規定であるため，同条の「果実」は有体物である天然果実のみを指し，目的物使用の対価たる法定果実（賃料）は抵当不動産の代償物（価

値代替物）であると解し、372条が準用する304条を根拠として法定果実にも抵当権の効力が及ぶことを明言していた。また、従来の通説も、賃料は目的物の交換価値のなし崩し的実現であるとして、372条・304条に基づき、賃料に対し抵当権の効力（＝抵当権の物上代位の効力）が及ぶとした。さらに、最判平成元年10月27日（民集43巻9号1070頁）も、抵当権と先取特権はともに非占有担保権であること、賃料に対する抵当権の効力を認めても、設定者の抵当不動産使用を妨げないことを理由に372条・304条の基づき、賃料への物上代位効を肯定した。もっとも、この304条適用説を採る場合、法定果実に対し物上代位の効力（以下、「物上代位効」という）が及ぶ時期は、債務不履行の時点以降と解さなければならない。物上代位効とは、抵当権の優先弁済的効力（以下、「優先弁済効」という）を確保するために認められた効力であり、債務不履行がない間は、抵当権の非占有担保性に鑑み、法定果実の収受権を有するのはあくまでも抵当権設定者だからである。しかし、従来の304条適用説は、賃貸借契約の締結と同時に賃料債権に物上代位効が及ぶかのような説明をしていた点で不正確であった。

　他方、近時の多数説は、抵当権の非占有担保性から、抵当不動産の差押えまでは法定果実の収受権は抵当権設定者に属し、天然果実と同様、371条1項ただし書に基づき、抵当不動産の差押え後（抵当権の実行後）においてのみ、法定果実にも抵当権の効力が及ぶと解し、同条の「果実」とは、天然果実と法定果実の双方を指すと解した（371条1項ただし書適用説）。

　したがって、両説の違いは、実体法上、法定果実に抵当権の効力が及ぶ時期が、債務不履行時以降なのか、その後の抵当権実行時以降なのかという点にある。立法の沿革、および賃料は抵当目的物の価値代替物と解しうるから、304条適用説が正当である（詳細は、§4の◇論点◇を参照）。もっとも、371条1項ただし書適用説を採っても、民事執行法上、法定果実から優先弁済を受ける手続規定は存しなかったので、抵当権者は、同法193条1項後段の物上代位の手続により優先弁済を受けるほかなかったから、手続法上、両説に差異はなかった。

　これに対し、改正371条は、天然果実と法定果実の区別なく、いずれの果実に対しても抵当権の効力が及ぶ時期を「債務不履行時」とし、その場合の抵当権実行の一方法として、民事執行法を改正して、抵当不動産の占有管理を抵当

権設定者から裁判所の選任する管理人に移し，そこから生じる果実を被担保債権に充当させる「担保不動産収益執行」制度を新設した（民執180条）。その結果，抵当権者は，抵当債務の不履行を要件として，担保不動産収益執行制度に基づいて法定果実および天然果実を取得できることになったわけである。

◇ 論　点 ◇

抵当権の効力は，「従たる権利」に及ぶか（建物抵当権の効力は，土地賃借権［敷地利用権］に及ぶか）

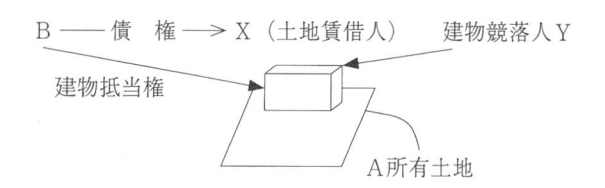

```
B ── 債　権 ──→ X（土地賃借人）　　建物競落人Y
　　建物抵当権
　　　　　　　　　　　A所有土地
```

　Xは，建物所有を目的としてA所有の土地を賃借し，その賃借地上に建物を建て，当該建物についてBのために抵当権を設定した。その後，Bが当該建物の抵当権を実行し，Yがその建物の競落人となった。しかし，Aは，Yによる上記土地の賃借権譲受ないし転借を承諾せず，依然としてXを上記土地の賃借人と認めていた。そこで，Xは，Yの建物所有による上記土地の占有には何ら権限がないとして，Aに代位して，Yに対し，建物収去・土地明渡しを請求した。Xの請求は認められるか。

　この問題について，最高裁昭和40年5月4日判決（民集19巻4号811頁）は，次のように述べ，Xの請求を棄却した。すなわち，
「土地賃借人の所有する地上建物に設定された抵当権の実行により，競落人が該建物の所有権を取得した場合には，民法612条の適用上賃貸人たる土地所有者に対する対抗の問題はしばらくおき，従前の建物所有者との間においては，右建物が取毀しを前提とする価格で競落された等特段の事情がない限り，右建物の所有に必要な敷地の賃借権も競落人に移転するものと解するのが相当である。けだし，建物を所有するために必要な敷地の賃借権は，右建物所有権に付随し，これと一体となって一の財産的価値を形成しているものであるから，建

物に抵当権が設定されたときは敷地の賃借権も原則としてその効力の及ぶ目的物に包含されるものと解すべきであるからである。したがって，賃貸人たる土地所有者が右賃借権の移転を承諾しないとしても，すでに賃借権を競落人に移転した従前の建物所有者は，土地所有者に代位して競落人に対する敷地の明渡しを請求することができない」と。

　学説も，借地上の建物に設定された抵当権の効力が，建物所有者の敷地利用権にも及び，抵当権が実行されて，建物所有権が競落人に移転した場合，競落人は，同時に敷地利用権を取得することを認め，その根拠を87条2項の類推適用に求める（通説）。つまり，敷地利用権は，主物たる抵当建物に「従たる権利」であると解するわけである。一方，前掲の最高裁は，敷地利用権が建物所有権に付随し，それと一体となって一の財産的価値を形成していると述べており，370条を根拠としているといえる。

　いずれにしろ，土地賃借権は競落人Yに帰属し，Yはその賃借権をXに対抗できるから，Xは，Yと敷地利用を争うことはできない。もっとも，Yは，取得した土地賃借権を賃貸人Aに対抗するには，Aの承諾が必要であり（612条），Aの承諾を得ることができない場合には，その承諾に代わる許可の裁判を求めることができる（借地借家20条1項）。これにより，Yは，無断譲渡を理由とするAの賃貸借契約の解除に対抗することができる。実務界では，このような手続を回避するため，借地上の建物について抵当権の設定を受ける場合，予め抵当権設定者（借地人）に地主の承諾書を取らせているということである。

　なお，建物について抵当権設定登記がなされると，その抵当権の効力が敷地利用権に及ぶことについても対抗力を生ずる（最判昭和44・3・28民集23巻3号699頁）。建物についての抵当権設定登記は，その付加物（従たる権利）も含めた一体としての建物についての公示だからである。

◇ 発展・研究 ◇

建物抵当権が実行される前に，土地賃借権のみが第三者に譲渡されていた場合でも，建物抵当権の効力は，その土地賃借権に及ぶか

　土地賃借人Aが，賃借地上の所有建物についてBのために抵当権を設定し，その旨の登記を行った後，土地賃借権のみをXに譲渡し，その賃借権譲渡を地

主Yが承諾した。その後，建物抵当権が実行され，Cが当該建物を競落したので，Yは，Cの土地賃借権取得を承諾した。そこで，Xが，土地を利用できなくなったことを理由に，Yに対し土地賃借権価格相当の損害賠償を請求した。Xの請求は認められるか。

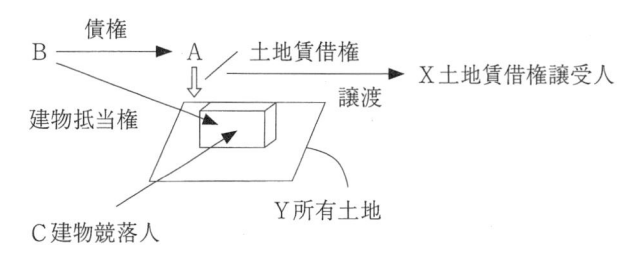

```
        債権
   B ────────→ A    土地賃借権
                ⇓         ────────→ X 土地賃借権譲受人
建物抵当権 ┌──────┐  譲渡
      ┌─┤      │
      │ └──────┘
      │          Y所有土地
  C建物競落人
```

　この問題について，原審の東京高判昭和47年9月28日判決（後掲の民集31巻2号204頁に掲載）は，土地賃貸人Yが，Cの土地賃借権取得に承諾を与えたことにより，本件土地をXとCに二重賃貸したことになり，その結果，Yは，Cに対する土地賃借権の対抗要件を具備していないXに対し本件土地を使用収益させるべき義務について履行不能となったものであって，その履行不能はYの責に帰すべき事由によるとする一方，建物抵当権が設定されていることを知りながら土地賃借権を譲り受けたXにも，自己の賃借権を保全するために信義則上要求される義務を怠った過失があるから，6割の過失相殺をすべきであるとして，Xの損害賠償請求を本件土地賃借権の時価の4割相当額の限度で認めた。

　しかし，最判昭和52年3月11日（民集31巻2号171頁）は，前掲の二つの最高裁判決（最判昭和40・5・4および最判昭和44・3・28）を引用したうえで，次のように判示して原審を破棄し，Xの請求を棄却した。すなわち，

　「抵当権設定登記後の土地賃借権の譲受人は，対抗力ある抵当権の負担のついた賃借権を取得するにすぎないのであるから，右抵当権の実行による競売の競落人に対する関係においては，競落人が競落によって建物の所有権とともに当該土地の賃借権を取得したときに，賃借権を喪失するに至るものというべきであり，さらに，競落人が右競落による賃借権の取得につき，賃貸人の承諾を得たときには，右譲受人は，賃貸人との関係においてもまた賃借人としての地位を失い，賃貸借関係から離脱するに至るものと解するのが相当であって，賃貸人と譲受人及び競落人との間に二重賃貸借の関係を生ずるものではない。以

後，賃貸人は譲受人に対して当該土地を使用収益させるべき義務を負わないのであるから，その履行不能を論ずる余地もないのである。そして，本来賃借権譲渡に関する賃貸人の承諾は，賃貸人との関係において有効に賃借権を譲渡することができるように賃借権に譲渡性を付与する意思表示にすぎないのであるから（最高裁昭和27年(オ)第1055号同30年5月13日第二小法廷判決・民集9巻6号698頁参照），賃貸人は，譲受人に対し賃借権の譲受を承諾したからといって，そのために競落人への賃借権の移転を承諾してはならない義務を負うことになるとは解されず，前述のように賃貸人が競落人に対し賃借権の移転を承諾したことにともない譲受人が賃借人としての地位を失う結果となっても，それはもともと譲受人の取得した賃借権に付着していた抵当権の負担が具体化したことによるものにすぎないのであって，これをもって，賃貸人の責に帰すべき事由によるものとすることはできない」と。妥当な見解である。

§4　抵当権の物上代位

[設例]　Aは，B銀行から融資を受けるに際し，自己所有の建物についてB銀行のために抵当権を設定しその旨の登記を経るとともに，C保険会社との間に上記建物について火災保険契約を結んだ。その後，Aは，D銀行から融資を受けるに際し，その火災保険契約に基づく保険金請求権についてD銀行のために質権を設定し，C保険会社に対し，

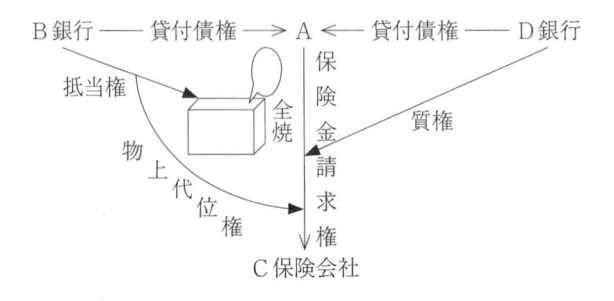

その旨の通知を確定日付ある証書によって行った。その後，上記建物が全焼したので，B銀行は，抵当権の物上代位権に基づいて上記の保険金請求権を差し押さえた。この場合，C保険会社は，誰に火災保険金を支払えばよいかについて論じなさい。

1 物上代位とは

　抵当権は，抵当目的物の交換価値を把握しているため，その目的物の価値が何らかの事由によって滅失・減少すると同時に，その滅失・減少した価値に相当する新たな目的物（価値代替物または価値変形物という）が発生した場合には，その目的物の上に担保物権の効力が及ぶものとすることは，抵当権の優先弁済効を確保することになり，抵当権者の保護に資する。この効力を抵当権の物上代位効という（価値代替物は，物上代位効の目的物であるため，代位目的物ともいう）。したがって，物上代位効とは，元の抵当権，つまり原（げん）抵当権の効力とは別個に発生する新たな効力ではなく，原抵当権それ自体の効力である。

　民法は，この物上代位効を先取特権の304条に定め，同条を，抵当権については372条で，質権については350条で準用する。これら三つの担保物権について物上代位効が認められるのは，いずれも価値権的性質を有し，優先弁済効を有するからである。もっとも，どのような担保物権について，また，どのような場合に物上代位を認めるかということは，結局，いかなる担保権者を，いかなる範囲で保護するかという立法政策の問題である。実際，現行民法の立法過程では，物上代位効が認められる担保物権やその発生事由は変動し，最終的に現行のような三つの担保物権について認め，かつ，その発生事由を目的物の「売却」，「賃貸」および「滅失・損傷」と規定したのである。

　しかし，日本民法のように，広範囲に物上代位を認める立法例は存在しない。日本民法と同じく，先取特権，質権および抵当権について物上代位効を認めるのはイタリア現行民法（1943年）2742条だけである（なお，日本民法304条の母法は，イタリア旧民法（1865年）1951条であり，同条は，先取特権と抵当権についてのみ物上代位効を認めていた）。そして，イタリア現行民法2742条における物上代位効の発生事由は，目的物の「滅失・損傷」だけであり，代位目

的物は，保険金と公用収用に基づく補償金だけである。さらに，ドイツ，フランスやスイスの各国において共通して認められている代位目的物は，保険金と公用収用に基づく補償金だけである。他方，アメリカでは，原則として，保険金は，モーゲージ［mortgage］（わが国の抵当権に相当）の代位目的物として認められていない。アメリカでは，保険金担保の契約慣行が十分に発達しているからである。

したがって，なぜ，担保物権に物上代位効が認められるかという物上代位本質論については，担保物権の物権的側面を重視し，担保権者保護という法政策的理由から認められるという物上代位特権説のほうが説得的であるように見える。しかし，物上代位効が認められる担保物権は，価値権的性質を有する担保物権に限られることから，物上代位効とは，価値権たる担保物権の本質上当然に認められる効力であるという物上代位価値権説にも一定の合理性がある。かつて，この両説は激しく対立したが，本来，同一次元で対立的に把握するべきではなく，いずれの説も，物上代位の本質の一側面を述べていると理解すべきである。

2　物上代位効の目的物（代位目的物）

304条1項本文は，「先取特権は，その目的物の売却，賃貸，滅失又は損傷によって債務者が受けるべき金銭その他の物に対しても，行使することができる。」と規定する。このため，これを抵当権に準用する場合，その文言どおりに適用してよいかが問題となる。

(1) 売却代金

抵当目的物が売却された場合，抵当権の効力（物上代位効）は，売却代金に及ぶであろうか。例えば，動産売買先取特権（311条5号）の目的物（動産）が第三者に譲渡された場合，動産売買先取特権には追及効がないため，その動産売買先取特権は失効する（333条）から，売却代金に動産売買先取特権の効力（物上代位効）が及ぶとすることは，動産売買先取特権の優先弁済効の確保に資する。

これに対し，登記された抵当権には，先取特権と異なり，目的物に対する追及効があり，また，売却代金を欲する抵当権者のためには代価弁済制度（378

条）があるから，売却代金に対する抵当権の物上代位効を否定すべきであるというのが現在の多数説である。一方，かつての通説は，売却代金への物上代位効を肯定し，追及効または代価弁済を選択行使できると解した。思うに，売却代金は，抵当目的物の価値変形物と評価できるし，また売却代金への物上代位効を肯定しても，その範囲は被担保債権額に限定され，抵当権者は利得するわけではないから，選択行使はもちろん，重畳行使を認めてもよいと解する。なお，判例は，売却代金への物上代位効を肯定し，少なくとも選択行使を認めているようである（抵当不動産の仮差押解放代金についての最判昭和45・7・16民集24巻7号965頁および抵当不動産の買戻代金についての最判平成11・11・30民集53巻8号1965頁参照）。

(2) **賃料・転貸賃料**

抵当不動産が差し押さえられた後（抵当権の実行後），「天然果実」には平成15年改正前371条1項ただし書により抵当権の効力が及ぶ一方，「法定果実（賃料）」については，これを抵当不動産の価値変形物（価値代替物）とみなし，304条により抵当権の効力（抵当権の物上代位効）が及ぶというのが，立法者・判例・かつての通説であった（304条適用説）。他方，抵当権の非占有担保性を理由に，抵当不動産の差押え後は，いずれの果実に対しても，改正前371条1項ただし書により抵当権の効力が及ぶというのが近時の多数説であった（371条1項ただし書適用説）。

前述のように，何が代位目的物であるかは，一定の経済的合理性に基づく立法政策の問題である。したがって，抵当権設定者（債務者・賃貸人）が債務不履行を惹起し，抵当権の優先弁済効を侵害する可能性がある一方で，抵当目的物（賃貸目的物）から発生する賃料を収受するのは，抵当権者と抵当権設定者の間の経済的公平の観点から認められないとして，債務不履行以降，賃料を抵当目的物の価値代替物とみなし，その上に抵当権の効力（抵当権の物上代位効）が及ぶと解すべきであり，304条適用説のほうが妥当である。

これに対し，平成15年改正371条は，債務不履行後に生じた抵当不動産の「果実」に対し抵当権が及ぶと定め，天然果実と法定果実の区別なく，いずれの果実にも抵当権の効力が及ぶことを明言するとともに，その果実に対する執行方法について「担保不動産収益執行」制度を新設した（民執180条）。その結

果，法定果実（賃料）に対する抵当権の効力については，372条・304条と371条とが並存することになった。そこで，両制度の調整規定が置かれ，賃料に対して抵当権の物上代位権に基づく差押えがあった後に，371条による収益執行が開始された場合には，物上代位権に基づく差押えの効力は停止することになる（民執93条の4）。

ところで，1990年代のバブル経済崩壊時において，債務者（抵当権設定者・賃貸人）は，抵当不動産から生じる賃料への抵当権の物上代位権行使を免れるため，賃貸借契約をいったん解除し，第三者との間に短期賃貸借契約（原賃貸借）を締結し（平成15年改正前の395条は，短期賃貸借が抵当権設定登記後に登記された場合でも，抵当権に対抗できると定めていたため），その第三者と従来の賃借人との間に新たに転貸借契約を締結させた。この場合，その第三者は，原（げん）賃貸借契約の賃借人かつ新たに締結された転貸借契約の転貸人となる一方，従来の賃貸借契約の賃借人が，その転貸借契約の転借人となるが，その第三者は，債務者（賃貸人）のダミー会社や系列会社であることがほとんどであり，原賃貸借は，執行妨害目的を有することが明らかであった（原賃料は通常，極めて低廉である）。そのため，抵当権者は，債権回収のためには，原賃料債権に対してではなく，転貸料債権に対して物上代位権を行使した［下図参照］。その結果，この物上代位権行使の可否をめぐる紛争が激増したわけである。

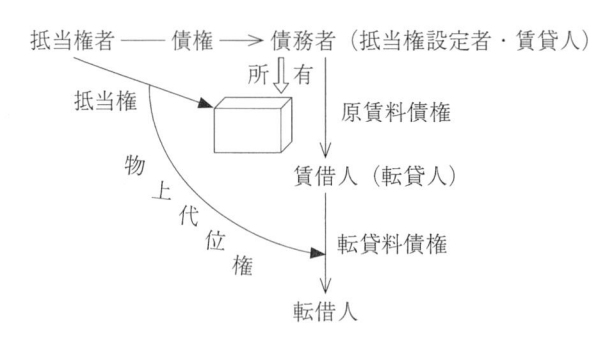

```
抵当権者 ──── 債権 ──→ 債務者（抵当権設定者・賃貸人）
                          所 ⇓ 有
  抵当権                                    原賃料債権
         物
          上              賃借人（転貸人）
           代
            位                              転貸料債権
             権
                          転借人
```

下級審の裁判例および執行実務は，転貸料債権に対する抵当権の物上代位権行使を一定の場合に肯定したが，その理論構成は異なり，限定的肯定説（後順位賃借権限定説）と原則否定説（執行妨害等要件説）に分かれた。限定的肯定説は，原賃貸借の成立時期（＝対抗要件具備時期）が抵当権設定登記の後の場合

に限り，転貸料債権への物上代位権行使を肯定する。一方，原則否定説は，原則として転貸料債権への物上代位権行使を否定するが，賃貸人と賃借人とが実質的に同一視される場合や原賃貸借が執行妨害的・詐害的なものである等の特段の事情がある場合には，原賃貸借と抵当権設定登記の先後に関係なく，転貸料債権への物上代位権行使を肯定する。

　執行裁判所の性格からいえば，形式的基準で判断する限定的肯定説のほうがよいであろう。しかし，限定的肯定説は，転貸料への物上代位権行使を，原賃貸借と抵当権の対抗問題（先後関係）として把握している点で妥当でない。なぜなら，賃料ないし転貸料という法定果実に対する物上代位権行使の可否は，債務不履行が惹起されたときに，抵当目的物＝賃貸目的物＝転貸目的物という同一の目的物から生じている賃料または転貸料を，抵当目的物の価値代替物とみなし，それを物上代位権の客体とすることが妥当かどうかという抵当権の効力問題だからである。

　最高裁平成12年4月14日決定（民集54巻4号1552頁）は，①372条によって準用される304条1項本文に定める「債務者」には，原則として抵当不動産の賃借人（転貸人）は含まれないという文理解釈，②転貸料への物上代位を認めると，正常な転貸における賃借人（転貸人）の利益を不当に害するという実際的理由を挙げ，原則否定説を採った。しかし，この最高裁決定に対しては，①の文理解釈では例外的に転貸料への物上代位を認める場合の根拠規定を欠くことや613条の存在，②の実際的理由については，転貸料への物上代位権行使が問題となる事例では，保護に値する正常な転貸こそ稀であるという批判をなすことができる。さらに，原則否定説の難点として，抵当権者が，転貸料への物上代位権行使が可能となる特段の事情の存在を立証しなければならず，執行裁判所もその存否を判断しなければならない点を挙げることができる。

　したがって，転貸料への物上代位権行使を原則的に肯定したうえで，賃借人が，原賃貸借に執行妨害目的がないことを立証した場合に限り，それを否定すべきである。

(3) **目的物の滅失・損傷**

　最も典型的な物上代位効の発生事由は，抵当目的物の「滅失・損傷」であり，その場合に代位目的物（価値代替物・価値代償物）として多くの立法例で認めら

れているものは保険金と公用収用に基づく補償金である。このうち，保険金は，保険契約者（抵当権設定者）による保険料支払いの対価であり，厳密に言えば，それは抵当目的物の「代替物」ということはできず，本来，抵当目的物の「付加物（派生物）」であって，代位目的物とすることはできない。実際，物上代位制度は，歴史的には，保険金を「代替物＝代位目的物」として認めるかどうかをめぐって激しく議論されてきた。わが304条の立法過程においてもそうであった。そして，各国の立法例は，結局，抵当権者を保護して抵当金融を促進するという法政策的観点から，法律上，保険金を抵当目的物の「代替物」とみなしたのである。

ところが，わが国では近時，保険金は「代替物」であるが，賃料は「付加物」であるとして両者を区別し，物上代位を，代替的物上代位と付加的物上代位に分けるべきであるという見解が多い。しかし，このような見解は，保険金をめぐって法制化された物上代位制度の歴史を無視するものである。304条は，賃料も，保険金も，いずれも厳密には「付加物」であるにもかかわらず，抵当権者保護という法政策目的のために，いずれも「代替物」とみなしたのが歴史的事実である。

抵当目的物の「滅失・損傷」が第三者の不法行為によってなされた場合，抵当権者は，抵当権それ自体の侵害を理由として第三者に損害賠償を請求できる（損害賠償額の算定や損害発生時期などの立証が困難である）が，抵当権設定者が所有権侵害を理由として第三者に対して取得する損害賠償請求権の上に物上代位することもできる。この場合の損害賠償金は，まさに滅失・毀損した抵当目的物の価値代替物といえるからである。もっとも，損害賠償代金を代位目的物として認める立法例は少なく，わが国以外ではフランス保険法典で部分的に認められているだけである。このように，保険金よりはるかに抵当目的物の価値代替物性が強い損害賠償金でさえ代位目的物とされないのであるから，物上代位制度は，法政策の所産であることが容易に理解できよう。

なお，抵当目的物が公用収用される場合に事業施行者から支払われる補償金や清算金も，損害賠償金と同様，典型的な価値代替物であり，その場合の物上代位効については土地収用法（104条）や土地区画整理法（112条）などの特別法に明文規定が置かれている。これについては，イタリア，ドイツ，フランス

やスイスの各国においても，保険金と同じように代位目的物とされている。

　以上より，設例の場合，抵当権設定者（保険契約者・被保険者）Aが所有する建物が全焼すると同時に，AはC保険会社（保険者）に対し火災保険金請求権を取得するが，その保険金請求権は当該建物の価値代替物と解してよく，372条・304条1項本文に基づき，B銀行の抵当権の効力（物上代位効）は保険金請求権上に及んでおり，同保険金請求権は，抵当権の優先的拘束を受けている。もっとも，B銀行が保険金を取得するには，C保険会社（第三債務者）が保険金をAに支払う前に，その保険金請求権を差し押えなければならない（372条・304条1項ただし書）。この「差押え」が，物上代位権行使の要件である。

　他方，設例では，D銀行が同保険金請求権上に債権質権を有し，その第三者対抗要件も備えており（364条1項・467条2項），同保険金請求権は，D銀行の債権質権の優先的拘束を受けている。つまり，同一の保険金請求権をめぐってB銀行の物上代位権（抵当権）とD銀行の質権が競合しているわけである。そして，この競合関係にある第三者間の優劣の決定にあたり，物上代位権行使の要件である「差押え」の趣旨（意義）についての解釈が決定的となるのである。

3　物上代位権行使の要件——なぜ「差押え」が要求されるのか

(1)　特定性維持説と優先権保全説

　物上代位権行使の要件としての「差押え」の趣旨については，従来，相互に対立する物上代位本質論から導き出された特定性維持説と優先権保全説があり，激しく対立していた。

　特定性維持説とは，価値権としての抵当権の本質上当然に物上代位権が認められるという物上代位価値権説を前提とし，「差押え」は，代位目的物が債務者の一般財産に混入しないように，代位目的物の特定性を維持するためにのみ要求されているから，その特定性さえ維持すればよく，代位目的物（代位目的債権）は誰が差し押さえてもよい（物上代位権者は，他の債権者に先行して差し押さえる必要はない）とする説である。特定性維持説によれば，物上代位権は原（げん）抵当権そのものであり，両者は同一性を有するから，物上代位権の公示（第三者対抗要件）は，抵当権設定登記（177条）で足りると解される。それゆえ，設例の場合，特定性維持説によれば，保険金請求権を差し押さえた

(先行して差し押さえることを要しない) B銀行とD銀行の保険金請求権をめぐる優劣は, 「抵当権設定登記の日付」と「債権質権の確定日付」の先後により決することになり, B銀行が優先する。

　次に, 優先権保全説とは, 物上代位権は抵当権者保護のために法律により特別に認められた優先権 (特権) であるという物上代位特権説を前提とし, その優先権を付与された抵当権者自身が, 優先権 (物上代位権) 保全のために代位目的物 (代位目的債権) 差し押さえなければならないとする説である。優先権保全説によれば, 物上代位権は, 原抵当権とは別個の優先権であるため, 原抵当権とは別個の公示を要するとし, その公示方法が「差押え」であると解する。この説は, かつての判例 (大連判大正12・4・7民集2巻209頁, 最判昭和59・2・2民集38巻3号431頁, 最判昭和60・7・19民集39巻5号1326頁) の立場であり, 近時の多数説でもあった。それゆえ, 設例の場合, 優先権保全説によれば, 保険金請求権を差し押さえたB銀行とD銀行の優劣は, B銀行の「物上代位権に基づく差押えの日付」とD銀行の「債権質権の確定日付」の先後により決することになり, D銀行が優先する。

　このように, 特定性維持説と優先権保全説のいずれを採るかによって結論は異なるが, いずれの説にも賛成し難い。なぜなら, 第1に, 304条1項ただし書の「差押え」の趣旨は, 担保権者に対する物上代位権付与を定めた同条1項本文についての立論である物上代位本質論とは直接の関係がなく, 物上代位本質論を前提とする必要がないからである。第2に, 「差押え」の趣旨とは, 304条1項本文だけが存在し, 同条1項ただし書が存在しない場合の事態を論じなければならないのに, この両説は, 同条1項ただし書が設けられた後の「差押え」の法的効果を論じているからである。すなわち, 「差押え」の趣旨として, 特定性維持説が述べる「代位目的債権の特定性維持」や優先権保全説が述べる「優先権保全」は, いずれも「差押え」の法的効果 (結果) を述べているだけであり, なぜ「差押え」が必要なのかという, 「差押え」の趣旨・目的については何も述べていないのであり, 両説は, 「差押え」の趣旨に関する説とはいえないからである。

　従来, 「差押え」の趣旨に関する議論が混乱してきたのは, 「差押え」の趣旨として論じなければならない場面を見落としていたことに原因がある。

(2) 第三債務者保護説

　以上に対し，第三債務者保護説は，304条1項本文だけが存在し，同条1項ただし書が存在しない場面を立論の出発点とする説である。すなわち，抵当目的物の滅失・損傷により物上代位権が発生した場合，代位目的債権（保険金請求権）の債務者である第三債務者（保険者）は，その代位目的債権が物上代位権（抵当権）の拘束を受けているため，物上代位権者に代位目的物（保険金）を弁済しなければならないにもかかわらず，第三債務者は，物上代位権の存在を知らないため，通常，代位目的債権の債権者（抵当権設定者・保険契約者）のほうに弁済するであろう。しかし，そのような弁済は，弁済してはならない相手方に対する弁済（非債弁済）であるから，後に物上代位権者からの弁済請求があれば，その請求に応じなければならず，ここにおいて，第三債務者は二重弁済の危険に陥るのである。そこで，この第三債務者の二重弁済の危険を防止するために設けられたものが，同条1項ただし書であり，同ただし書の「差押え」であるというのが第三債務者保護説である。

　したがって，第三債務者保護説は，304条1項本文と同項ただし書を峻別し，前者は，物上代位権付与による担保権者保護を目的とする規定であり，後者は，物上代位権の発生により物上代位権者に対し直接の弁済義務を負うことになる第三債務者の二重弁済の危険防止を目的とする規定であると考えるのである。そして，304条1項ただし書が設けられた結果，物上代位権者による代位目的債権の「差押え」前においては，第三債務者は，抵当権設定者や第三者（代位目的債権の譲受人等）に代位目的物を弁済しても免責され，その結果として，設定者や第三者も保護されるのである。もちろん，「差押え」後においては，第三債務者は，物上代位権者に弁済すべきことは当然であり，その結果として，同条1項本文により物上代位権を付与された抵当権者が保護されるのである。

　このようにして，第一次的に第三債務者を保護するために，物上代位権行使の要件として「差押え」が要求された結果，その反射的効果として第二次的に，物上代位権の付与に伴うすべての利害関係人の利害が調整されるのである。だからこそ，担保物権の物上代位を認める立法例において，等しく，第三債務者の二重弁済の危険を防止し，第三債務者を保護する措置が講じられているのである。日本民法304条の前身である旧民法（1890年）債権担保編133条1項但書

の「払渡差押（フランス語原文では opposition）」やその前身のボアソナード民法草案1138条（日本語翻訳文では1638条）1項但書の「異議（フランス語原文では opposition）」がその措置である。すなわち，ボアソナード民法草案1138条1項但書は，「但其先取特権アル債権者ハ弁済前ニ適正ノ方式ニ従ヒ弁済ニ付キ異議ヲ述フルコトヲ要ス」と規定し，ボアソナード博士は，その「異議（opposition）」が第三債務者の二重弁済の危険を防止するためのものであることを明言していたのである。そして，「異議」という用語は，旧民法では「払渡差押」となり，現行民法では「差押え」となったわけである。

同様に，イタリア民法2742条2項の opposozione（異議），フランス保険法典L.121-13条2項但書の opposition（異議），ドイツ民法1128条1項2文の widersprechen（異議を述べる）も，第三債務者の二重弁済の危険防止の措置であり，これらはいずれも，保険者（第三債務者）が行う保険金支払に対して，抵当権者等に「異議」申立ての権利を与える一方，その「異議」がない間に保険者が被保険者に対してなした保険金支払は有効である旨の規定を置いて，第一次的に保険者を二重弁済の危険から保護すると同時に，その反射的効果として，保険者から保険金支払を受ける者をも保護しているのである（例えば，イタリア民法2742条2項1文は，「保険者は，異議の申立てを受けることなく，その目的物の滅失の日から30日後に保険金を支払ったときは免責される」と規定する）。

ところが，第三債務者保護説を批判する見解は，第三債務者保護説を貫徹すれば，物上代位権者による「差押え」前に第三債務者が設定者や第三者に弁済した場合，物上代位権者は，これらの弁済受領者に対し不当利得返還請求できることになり，不当であるという。この批判は，第三債務者保護説とは，304条1項ただし書が存在していない場合における第三債務者の立場を論じた説であることを理解していない。同条1項ただし書が設けられた結果，物上代位権者による「差押え」前において第三債務者が設定者や第三者に対してなす弁済は有効であり，これらの受領者に不当利得が生じないのは当然のことだからである。第三債務者保護説とは，同条1項ただし書が設けられた後のことを述べる説ではないのである。

同様に，第三債務者の二重弁済の危険なるものは存在しないとして，第三債務者保護説を批判する見解もある。この批判も，「差押え」の趣旨とは，304条

1項ただし書が存在しない場合の第三債務者の立場を論じるべきことを理解していない。そのような場合には、代位目的債権には、抵当権（＝物上代位権）が付着しており（だから、物上代位の目的債権＝代位目的債権というのである）、第三債務者は、必ず二重弁済の危険に陥ると解すべきである。

さらに、第三債務者保護説は、第三債務者だけを保護し、競合債権者（第三者）の立場を無視するという批判もある。この批判も、304条1項ただし書が存在しない場合において、物上代位権者と直接の利害関係を持つのが第三債務者だけであることを看過する不当な見解である。これに対し第一次的に第三債務者を保護する結果、その反射的効果（第二次的効果）として、第三債務者から弁済を受ける競合債権者も保護されると解するのが第三債務者保護説である。第三債務者の二重弁済の危険を防止し、第三債務者を保護するということは、当然、その弁済の相手方をも保護することになるのである。

以上により、「差押え」の趣旨として妥当な説は、第三債務者保護説ということになる。そして、第三債務者保護説によれば、物上代位権は、原抵当権に内在する権利であり、それと同一性を有するから、その公示は抵当権設定登記で十分であり、保険金請求権を差し押えたB銀行とD銀行の優劣は、「抵当権設定登記の日付（177条）」と「債権質権の確定日付（364条・467条2項）」の先後により決するので、B銀行が優先し、C保険会社の保険金支払先はB銀行となる。この結論自体は、特定性維持説と同じであるが、第三債務者保護説では、「差押え」は物上代位権者自身が先行してなすことを要する点で異なるのである。

◇ 論　点 ◇

304条1項ただし書の「払渡し又は引渡し」とは何か
1　代位目的債権の譲渡

物上代位権者は、物上代位権行使の要件として、第三債務者が代位目的物の払渡しまたは引渡しをする前に、その代位目的物を差し押えなければならない。この「払渡し又は引渡し」とは、どのような行為であろうか。

「差押え」の趣旨が第三債務者の二重弁済の危険防止にあると解すれば、第三債務者が債務者（抵当権設定者）や第三者（競合債権者）に「現実の弁済」をして代位目的債権が消滅しない限り、同債権には抵当権が付着し、第三債務者

は抵当権者(物上代位権者)のほうに弁済しなければならない。そのため，代位目的債権が存続している限り，第三債務者には常に二重弁済の危険があることになり，その危険を防止するためには，代位目的債権を差し押さえ，もって第三債務者に対し物上代位権の存在を知らせ，弁済先を誤らせないようにする必要がある。したがって，物上代位権者は，第三債務者が代位目的債権について「現実の弁済」をなす前までに「差押え」をすればよく（他方，第三債務者が「現実の弁済」をなす前に，物上代位権者の「差押え」がないのであれば，「現実の弁済」は有効であり，その受領者も保護される），この「払渡し又は引渡し」とは，「現実の弁済」のみを指すことが明らかである。民法の施行当時は，このような解釈が定説であった。

　ところが，大審院民事連合部大正12年4月7日判決（民集2巻5号209頁）［以下，「大連判大正12年」という］は，一般債権者が，代位目的債権である火災保険金請求権について転付命令を得た後に，抵当権者が同請求権を差し押えた事案において，304条1項ただし書の「差押え」の趣旨について優先権保全説を採るとともに，「転付命令」が，同規定の「払渡し又は引渡し」に該当すると判示した。その後の一連の大審院判例も，「差押え」の趣旨について優先権保全説を採るとともに，「代位目的債権の譲渡」も「払渡し又は引渡し」に該当すると判示した（大判昭和5・9・23民集9巻918頁，大判昭和10・3・12新聞3817号9頁，大判昭和17・3・23法学11巻12号100頁）。したがって，大連判大正12年以降の判例の立場によれば，物上代位権者による差押え前に，代位目的債権についての転付命令取得者や同債権の譲受人等の第三者が登場した場合には，物上代位権者による「差押え」が不可能となり，304条1項本文において付与された物上代位権は，ほとんど画餅に帰すことになるのである。

　これに対し，最高裁は，動産売買先取特権の物上代位に関する事案において，債務者（動産買主）の破産宣告後においても（最判昭和59・2・2民集38巻3号431頁）［以下，「最判昭和59年」という］，また一般債権者が転売代金債権（代位目的債権）を差し押さえた後においても（最判昭和60・7・19民集39巻5号1326頁）［以下，「最判昭和60年」という］，動産売買先取特権者は，転売代金債権を差し押え，物上代位権を行使できると判示した。これらの最高裁判決は，「払渡し又は引渡し」を狭く解釈し，大審院判例よりも物上代位権者を保護す

るものであった。まさに，「物上代位権の復権」の第一歩である。しかし，最判昭和59年と最判昭和60年は，「差押え」の趣旨について，依然として優先権保全説（優先権保全説と特定性維持説のそれぞれの特徴を述べているので二面説とも呼ばれるが，実質は優先権保全説である）を採っていたので，その判例理論は，その後の執行妨害事例に対処することができなかった。

　1990年以降のバブル経済の崩壊により，賃料債権に対し物上代位権を行使して債権回収を図ろうとする抵当権者（貸手側）と，その賃料債権をダミー会社や子会社に譲渡して執行を妨害しようとする債務者（借手側）との間の争いが激化した。下級審の裁判例は，すべて前掲の最高裁判決が述べる「差押え」の趣旨（実質的な優先権保全説）を引用して，抵当権者優先の結論を導くものもあれば，逆に賃料債権の譲受人優先の結論を導くものもあった。また，抵当権者優先の結論を導く下級審判例の理論構成はさまざまであり，権利濫用法理のような一般条項を根拠にするものもあり，理論的に混迷の極みにあった。

　こうした中，最高裁平成10年1月30日判決（民集52巻1号1頁，判時1628号3頁）［以下，「最判平成10年」という］および最高裁（第三小法廷）同年2月10日判決（判時1628号3頁，金法1508号67頁，金商1037号3頁，判タ964号73頁）はいずれも，抵当権設定登記後に債務者に債務不履行があったため，抵当権者が，抵当不動産から生ずる賃料債権を物上代位権に基づき差し押えたところ，その差押え前に，弁済期未到来のものも含め賃料債権が包括的に第三者に譲渡され，確定日付ある証書によりその譲渡の対抗要件（467条2項）が具備されていた事案に関し，「差押え」の趣旨について第三債務者保護説を採り，「払渡し又は引渡し」には「代位目的債権の譲渡」は含まれず，物上代位権は，抵当権設定登記により公示されていると述べ，代位目的債権たる賃料債権が譲渡された場合

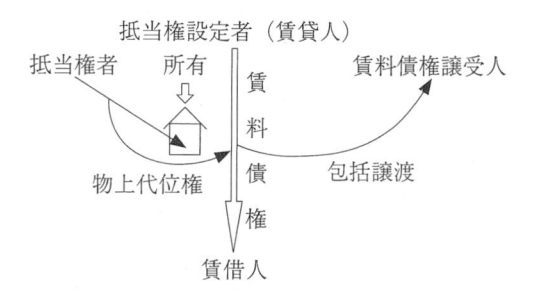

であっても，抵当権者は物上代位権を行使できると判示した。そして，両判決は，以上の理は，譲渡された代位目的債権の弁済期が到来しているかどうかにかかわりなく妥当すると述べた。

　この二つの最高裁判決は，民法施行後，初めて第三債務者保護説を採用した画期的な判決である。第三債務者保護説は，民法施行100年を経てようやく日の目を見，同時に，物上代位権も，本来のあるべき姿を回復したのである。さらに，最高裁平成10年3月26日判決（民集52巻2号483頁）は，代位目的債権たる賃料債権について，抵当権の物上代位権に基づく差押えと一般債権者の差押えとが競合した場合の優劣に関し，抵当権設定登記と一般債権者の申立てによる差押命令の第三債務者への送達の先後より決すべきであると判示した。この最高裁判決は，物上代位権が，抵当権の設定登記により公示されているとするものである。この結果，最高裁のすべての小法廷が，抵当権の物上代位権に基づく「差押え」の趣旨に関し，第三債務者保護説を採ったことになるわけである。

　そこで，以下に最判平成10年の一部を紹介する（前掲の同年2月10日判決も同じ内容である）。すなわち，

　「民法372条において準用する304条1項ただし書が抵当権者が物上代位権を行使するには払渡し又は引渡しの前に差押えをすることを要するとした趣旨目的は，主として，抵当権の効力が物上代位の目的となる債権にも及ぶことから，右債権の債務者（以下『第三債務者』という。）は，右債権の債権者である抵当不動産の所有者（以下『抵当権設定者』という。）に弁済をしても弁済による目的債権の消滅の効果を抵当権者に対抗できないという不安定な地位に置かれる可能性があるため，差押えを物上代位権行使の要件とし，第三債務者は，差押命令の送達を受ける前には抵当権設定者に弁済をすれば足り，右弁済による目的債権消滅の効果を抵当権者にも対抗することができることにして，二重弁済を強いられる危険から第三債務者を保護するという点にあると解される。

　右のような民法304条1項の趣旨目的からすると，同項の『払渡又ハ引渡』には債権譲渡は含まれず，抵当権者は，物上代位の目的債権が譲渡され第三者に対する対抗要件が備えられた後においても，自ら目的債権を差し押さえて物上代位権を行使することができるものと解するのが相当である」と。

　もっとも，最高裁平成17年2月22日判決（民集59巻2号314頁，金法1740号28

頁）は，公示方法の存在しない動産売買先取特権の物上代位権行使に関し，「差押え」の趣旨には第三者（競合債権者）の利益も含まれると述べ，第三者保護説（優先権保全説）を採った。つまり，最高裁は，抵当権と先取特権とで，公示方法の有無を理由に，「差押え」の趣旨について異なる解釈を行うわけである。

2　代位目的債権に対する転付命令

Aは，用地買収契約に基づきB県に対し，所有土地上の建物につき移転補償金債権を取得したが，同債権を一般債権者Xが差押え，転付命令を得た。同転付命令は，AおよびB県（第三債務者）に送達されたが，同転付命令が確定する前に，以前から上記の建物について抵当権を有し抵当権設定登記を経ているYが，物上代位に基づき，上記の建物移転補償金債権を差し押さえた。X, Yのいずれが優先するか。

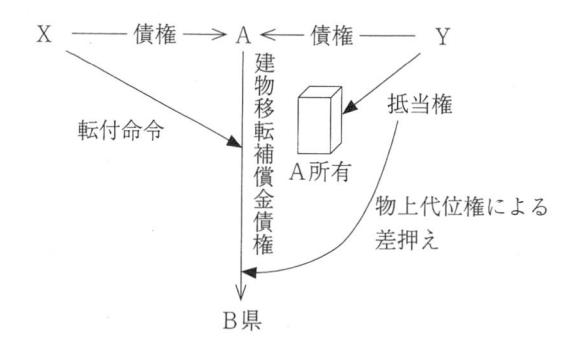

「転付命令」とは，債権執行の手続きにおいて，差押債権者の申立てに基づいて差し押さえられた債権を，支払いに代えて差押債権者に移転（転付）する命令であり（民執159条1項），それが確定すると，被転付債権が存在する限り，その券面額で，差押債権者の債権（執行債権）は弁済されたものとみなされる（民執160条）。

大連判大正12年は，民事執行法160条と同じ旧民事訴訟法601条に基づき，転付命令の確定により差押債権者の債権が弁済されたものとみなされることから，代位目的債権に対する「転付命令」は，304条1項ただし書の「払渡し又は引渡し」に含まれ，もはや物上代位権行使が不可能となると述べ，「転付命令」

優先の結論を導いた。この大連判大正12年がリーディングケースとなり，その後の判例は，最判昭和60年に至るまですべて，「転付命令」と「代位目的債権の譲渡」を同一視し，いずれも「払渡し又は引渡し」に含まれると解していた。なぜなら，代位目的債権に対する「転付命令」の取得は，同債権を差押債権者に移転する点で，「代位目的債権の譲渡」と同じだからである。

　ところが，最判平成10年が，「代位目的債権の譲渡」は「払渡し又は引渡し」に含まれないと解したため，「転付命令」がどうなるかが注目されていた。従来の判例理論は，両者を同一視していたので，最判平成10年が行った304条の解釈を前提にすれば，「転付命令」についての大連判大正12年は変更されるはずであった。

　しかし，最高裁平成14年3月12日判決（民集56巻3号555頁）［以下，「最判平成14年」という］は，304条1項ただし書の「払渡し又は引渡し」に含まれるか否かという実体法上の解釈を避け，もっぱら手続法である民事執行法の解釈から，建物移転補償金債権に対する抵当権の物上代位権行使と同債権に対する転付命令との優劣につき，「転付命令」優先の結論を導き出し，一般債権者Xを優先させた。つまり，最判平成14年は，物上代位権に基づく差押えと民事執行法159条3項による差押えを同視し，転付命令が第三債務者に送達される時までに被転付債権（建物移転補償金債権）を抵当権者が差押えなかったときは転付命令が優先すると述べ，理由付けは異なるが，大連判大正12年と同じ結論に至ったわけである。

　この最判平成14年を評して，最高裁は，物上代位に強力な地位を与えすぎた一連の判例を修正したと見るべきではないかという見解があるが，そのような見解は，最判平成10年を正しく評価していない見解である。他方，最判平成14年の最高裁調査官コメントは，「本判決は，転付命令の効果としての目的債権の移転が民法304条1項の『払渡又ハ引渡』には当たるとしたものではなく，転付命令の制度からすれば，目的債権の債権譲渡と異なり，抵当権の効力が目的債権に及ばなくなると解すべき理由があるとしたものと理解することができるから，平成10年判決と矛盾することはない」（判時1785号36頁，金法1648号55頁，判タ1091号69頁，金商1148号6頁）と述べる。

　しかし，手続法は実体法に奉仕すべきものであり，法解釈論としては，まず

実体法上の解釈をすべきである。最判平成14年は，手続法の解釈に終始したつもりであろうが，「抵当権者が物上代位により被転付債権に対し抵当権の効力を及ぼすためには，自ら被転付債権を差し押さえることを要し」と述べ，明らかに実体法上の解釈を行っており，しかもその解釈は，最判平成10年に反するものである。最判平成10年の論理に従えば，抵当権の効力（物上代位効）が被転付債権（＝代位目的債権）である建物移転補償金債権に及ぶのは用地買収契約の時からであり，物上代位権に基づく差押えの時からではないからである。最判平成10年の論理に従うのであれば，抵当権者Yが優先することになる。

3　代位目的債権の質入れ（質権設定）

　わが国の物上代位制度は，304条1項本文において，比較法的に例を見ないほど広範囲に物上代位効を認めて担保権者を保護しているにもかかわらず，大連判大正12年以降の判例が，そのただし書に定める物上代位権行使の要件としての「差押え」の趣旨に関し優先権保全説を採っていたため，比較法的に例を見ないほど物上代位権者の保護が希薄化している。そのため，抵当権者は，物上代位権に頼らずに，抵当権設定者（被保険者）が保険者（第三債務者）に対して有する未必の保険金請求権（抽象的保険金請求権）をあらかじめ自己に質入れさせる「質権設定方式」という保険担保の慣行が盛んである。抵当権者がこの「質権設定方式」を利用していれば，抵当目的物（保険の目的物）の滅失・損傷（保険事故）と同時に具体化した保険金請求権上に抵当権の効力（物上代位効）が及ぶが，抵当権者は，同請求権を差し押さえることなく，直接，債権質権者として保険金を保険者に請求できるからである（366条1項）。

　前掲の〔設例〕258頁は，抵当権者であるB銀行が，「質権設定方式」を利用しないで，D銀行がこの方式を利用し，抵当権設定者AのC保険会社に対する未必の保険金請求権上に質権の設定を受けたという問題である。この場合，抵当建物が全焼すると同時に，AのCに対する保険金請求権が具体化し，同請求権上に物上代位権（＝抵当権）と債権質権が成立することになり，両担保権の優劣は，それぞれの第三者対抗要件具備の先後によって決まるが，物上代位権のほうは，その行使の要件として「差押え」が要求されているため，「差押え」の趣旨に関する解釈論により，債権質権との優劣が決まるわけである。すなわ

ち，特定性維持説および第三債務者保護説では，物上代位権は抵当権設定登記により公示されるから，代位目的債権たる保険金請求権を差し押さえることを条件として（特定性維持説では物上代位権者が先行差押えすることを要せず，第三債務者保護説では先行差押えすることを要するという差異がある），「抵当権設定登記」と「債権質権の第三者対抗要件具備」の先後により決する。他方，優先権保全説では，物上代位権は「差押え」により公示されるから，「物上代位権に基づく差押え」と「債権質権の第三者対抗要件具備」の先後により決まり，後者のほうが先になされているので，常に債権質権が優先するのである。

　以上から，「質権設定方式」において質権が設定されている保険金請求権とは，未だ保険事故が発生していない（抵当目的物が滅失・損傷していない）段階の保険金債権であることが容易に理解できよう。ところが，ほとんどの学説はこの点を誤解し，この未必の保険金請求権の質入れが，304条1項ただし書の「払渡し又は引渡し」に該当するか否かを論じ，多数説は，「代位目的債権の譲渡」が「払渡し又は引渡し」に含まれるのと同様に，「質権設定方式」における「質入れ」も，「払渡し又は引渡し」に含まれるとし，債権質権は，常に抵当権に優先すると解するのである。同時に多数説は，前述の保険金請求権をめぐる物上代位権と債権質権との優劣に関しても，「差押え」の趣旨につき優先権保全説を採り，「物上代位権に基づく差押え」と「債権質権の第三者対抗要件具備」の先後によって決し，常に債権質権優先の結論を導くのである。債権質権優先の判断を行った下級審判例もすべて，同様のことを述べている（福岡高判昭和32・8・30下民集8巻8号1619頁，高知地判昭和43・3・26判時526号78頁，福岡地判昭和55・9・11金法961号34頁）。

　しかし，このような解釈は誤りである。なぜなら，304条1項ただし書の「払渡し又は引渡し」の対象となる保険金請求権とは，未必の保険金請求権（抽象的保険金請求権）ではなく，抵当目的物の滅失・損傷によって発生した具体的保険金請求権，つまり物上代位権が及んでいる「代位目的債権」でなければならないからである。それゆえ，「払渡し又は引渡し」に含まれるか否かを論じるべき「保険金請求権の質入れ」とは，一般によく行われている「質権設定方式による質入れ」ではなく，抵当建物の火災によって発生した「具体的保険金請求権の質入れ」でなければならないのである。そして，このような火災

発生後の「具体的保険金請求権の質入れ」は極めて稀である。その場合には，抵当権者自身が「質権設定方式」をすでに利用しているか，仮にそれを利用していなくとも，物上代位権に基づいて，すでにその具体的保険金請求権を差し押さえているからである。

ところが，ほとんどの論者は，「質権設定方式」における「抽象的保険金請求権の質入れ」を（それは代位目的債権ではなく，その質入れは304条1項ただし書の適用問題ではないにもかかわらず），「払渡し又は引渡し」に含まれると解していた。そのため，最判平成10年が「代位目的債権の譲渡」を「払渡し又は引渡し」に含まれないと解し，抵当権者優先の結論を導いたことに驚き，最判平成10年の論理を前提とすれば，「質権設定方式」を利用していても抵当権者が優先することになるから，従来の実務の変更を迫る判決がなされる可能性があると述べるのである。しかし，繰り返すように，実務でよく利用されている「質権設定方式」における保険金請求権の質入れは，「抽象的保険金請求権の質入れ」であり，「代位目的債権たる具体的保険金請求権の質入れ」ではないから，304条1項ただし書とは何ら関係がなく，最判平成10年の射程は及ばない。したがって，従来の実務の変更を迫る判決がなされる可能性はなく，仮にそのような判決がなされれば，その判決は，304条1項ただし書の要件を誤解している不当な判決である。

◇ 発展・研究 ◇

物上代位と相殺の優劣

Xは，Kに対して有する貸金債権を担保するため，K所有の建物に抵当権の設定を受け，その旨の登記を経たが，その直後，Yは，Kとの間に上記建物について賃貸借契約を結び，保証金3,000万円を預託した。その後，Yは，上記賃貸借契約を解消し，Yとの間に，賃料月額30万円・保証金300万円とする新賃貸借契約（新保証金300万円は，旧賃貸借契約の保証金3,000万円から充当した）を結ぶとともに，Kに対する保証金返還債権の残額とKのYに対する新賃料債権を対当額で相殺する旨の合意が成立した。その後，Kが貸金債務を履行しないため，Xは，抵当権の物上代位権に基づき，KのYに対する賃料債権を差押えた。この場合，Yは，相殺合意の抗弁を主張し，Xの物上代位権行使を排斥

できるか。

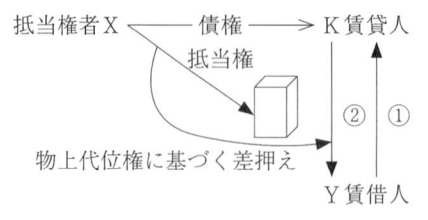

```
抵当権者X ←――債権――→ K賃貸人    YとKの相殺合意：
         抵当権                 ①保証金返還債権（自働債権）
            ↓                  ②賃料債権（受働債権）
           ☐   ②↑ ①↑            を対当額で相殺
  物上代位権に基づく差押え
             ↓
           Y賃借人
```

　この問題は，賃料債権（代位目的債権・受働債権）の優先的摑取をめぐる抵当権者（物上代位者）と賃借人（第三債務者・相殺権者）との優劣問題であり，その解決のためには，①賃料債権に対する抵当権の物上代位権は，第三債務者（賃借人）にはどのようにして公示されるのか，②物上代位権に基づく差押えに，511条の適用があるのか，③賃借人と賃貸人との間の相殺合意は，372条が準用する304条1項ただし書の「払渡し又は引渡し」に含まれるのか，という論点に答えなければならない。これらの論点について，Yは，①第三債務者に対する関係では，抵当権設定登記は，抵当権の物上代位権の公示としては不十分であり，差押えこそが物上代位権の公示方法である，②物上代位権に基づく差押えと一般債権者の差押えは同じ差押えであり，いずれも511条が適用され，同条の解釈について無制限説を採った最大判昭和45・6・24民集24巻6号587頁が妥当する，③相殺合意は，304条1項ただし書も「払渡し又は引渡し」に含まれるから，YとKの相殺合意が優先すると主張した。

　これに対し，最高裁平成13年3月13日判決（民集55巻2号363頁）［以下，「最判平成13年」という］は，次のように判示し，Yの主張を排斥した。すなわち，「抵当権者が物上代位権を行使して賃料債権の差押えをした後は，抵当不動産の賃借人は，抵当権設定登記の後に賃貸人に対して取得した債権を自働債権とする賃料債権との相殺をもって，抵当権者に対抗することはできないと解するのが相当である。けだし，物上代位権の行使としての差押えのされる前においては，賃借人のする相殺は何ら制限されるものではないが，上記の差押えがされた後においては，抵当権の効力が物上代位の目的となった賃料債権にも及ぶところ，物上代位により抵当権の効力が及ぶことは抵当権設定登記により公示されているとみることができるから，抵当権設定登記の後に取得した賃貸人に対する債権と物上代位の目的となった賃料債権とを相殺することに対する賃

借人の期待を物上代位権の行使により賃料債権に及んでいる抵当権の効力に優先させる理由はないというべきである。

そして，上記に説示したところによれば，抵当不動産の賃借人が賃貸人に対して有する債権と賃料債権とを対当額で相殺する旨を上記両名があらかじめ合意していた場合においても，賃借人が上記の賃貸人に対する債権を抵当権設定登記の後に取得したものであるときは，物上代位権の行使としての差押えがされた後に発生する賃料債権については，物上代位をした抵当権者に対して相殺合意の効力を対抗することができない」と。

最判平成13年は，物上代位権は抵当権設定登記により公示されていると述べ，それを前提として，Y（第三債務者・賃借人）が自働債権（保証金返還債権）を「抵当権設定登記の後」に取得した場合には，物上代位に基づく差押え後に発生する受働債権（賃料債権）については，相殺合意の効力を抵当権者に対抗できないと判示したわけであり，Xを優先させたこの結論自体は妥当である。しかし，最判平成13年が，物上代位権の公示について，「第三債務者」に対する公示と「第三債務者以外の第三者」に対する公示を区別せず，「第三債務者」に対する物上代位権の公示も「抵当権設定登記」であると述べ，自働債権の取得時期が「抵当権設定登記の前」の場合には，相殺が常に優先すると解している点（本問とは直接の関係はないが）には賛成しがたい。「差押え」の趣旨につき第三債務者保護説の立場に立てば，物上代位権の公示は，「第三債務者」に対する公示と「第三債務者以外の第三者」に対する公示とに峻別し，前者は「物上代位権に基づく差押え」，後者は「抵当権設定登記」と解するからである。この点に関する限り，Yの主張が正しい。

第三債務者保護説によれば，「第三債務者」に対する物上代位権の公示方法は，「抵当権設定登記」ではないから，第三債務者による自働債権の取得時期が「抵当権設定登記」の前後であるかどうかは，第三債務者と物上代位権者の優劣基準とはならない。その優劣基準となるのは，「物上代位権に基づく差押え」のほうであり，第三債務者による相殺が，「物上代位権に基づく差押え」前になされたときは第三債務者が優先し，「物上代位権に基づく差押」後になされたときは抵当権者が優先する。したがって，最判平成13年と異なる点は，自働債権の取得時期が「抵当権設定登記」の前の場合であっても，相殺が「物

上代位権に基づく差押え」の後であれば，抵当権者が優先するという点である。最判平成13年では，「第三債務者」に対する物上代位権の対抗要件を「抵当権設定登記」と解しているため，自働債権の取得時期が「抵当権設定登記」の前の場合には，「物上代位権に基づく差押え」の後に相殺をしても，第三債務者が優先するという不合理な結果になるのである。

　いずれにしろ，本問のYが自働債権を取得したのは「抵当権設定登記」の後であるから，最判平成13年でも，第三債務者保護説でも，YとKの相殺合意の効力は，「物上代位権に基づく差押え」前は有効であるが，「物上代位権に基づく差押え」後はXに対抗できないと解することになる。

　ところで，Yは，物上代位権に基づく差押えと一般債権者の差押えを同視し，511条が適用されると述べ，同条の解釈については，相殺の期待権を可能な限り尊重する無制限説が妥当するから，相殺が優先すると主張する。この点については，物上代位権に基づく差押えと一般債権者の差押えを同視することはできず，511条は適用されないと解すべきである。なぜなら，賃料債権（受働債権）への物上代位権（優先権）の効力は，差押えによって及ぶのではなく，Kの債務不履行と同時にすでに及んでいるからである。つまり，第三債務者Yは，物上代位権という優先権の付着した債権を受働債権として相殺することになる一方，Xの差押えは，一般債権者としての差押えではなく，担保権実行としての差押えだからである。

　なお，賃借人の保証金返還債権ではなく，敷金返還請求権が問題となった事案に関し，最高裁平成14年3月28日判決（民集56巻3号689頁）は，賃借人を優先させた。すなわち，抵当権者による物上代位権に基づく差押え後に賃借人が賃貸借契約を解約して退去したため，抵当権者が賃借人に対し，差し押えた賃料債権の取立訴訟を提起したのに対し，賃借人が，賃料債権は敷金から当然に控除され消滅したと主張した事案に関し，最高裁は，敷金契約が締結された場合，賃料債権は，敷金の充当を予定した債権になり，賃貸借契約が終了して目的物が明渡されたときには，賃料債権は，敷金の充当によりその限度で当然に消滅すると述べ，賃借人の主張を認めたのである。これは，敷金返還請求権の特殊性に着目した判断であるが，本件の敷金は保証金的性格を有しており，最判平成13年との理論的整合性が問題となろう。

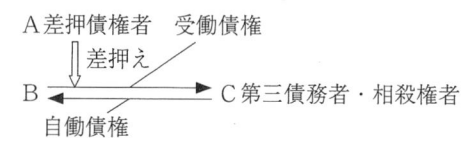

> **差押えと相殺**
>
> ```
>   A差押債権者    受働債権
>       ↓差押え
>   B ←―――――→ C第三債務者・相殺権者
>     自働債権
> ```
>
> 受働債権について支払いの差止め（差押え）を受けた第三債務者Cは，その後に取得した債権（自働債権）により相殺をもって差押債権者Aに対抗することができない（511条）。511条の趣旨は，受働債権の差押え前に取得した自働債権については，相殺により回収できるという第三債務者（相殺権者）の期待を保護し，それを他の債権者の債権執行に優先させることにある。しかし，その一方で，相殺は，自働債権および受働債権の双方が弁済期にあることを要件としている（505条1項本文）ため，差し押さえられた受働債権の弁済期が未到来の場合における，差押えと相殺の優劣関係が問題となる。
>
> ① 差押えの時点で双方の債権が弁済期にあるとき，相殺ができることは問題がない。
> ② 自働債権の弁済期が到来しているが，受働債権の弁済期が未到来の場合も，相殺権者は，期限の利益を放棄して相殺することができる（最判昭和32・7・19民集11巻7号1297頁）。
> ③ 双方の債権が存在するが，差押えの時点で自働債権または双方の債権が未到来の場合が問題となるが，最大判昭和45・6・24民集24巻6号587頁は，相殺の期待はできるだけ尊重されるべきであるから，双方の債権の弁済期の先後を問わず，受働債権の差押え時点で自働債権が存在する限り，相殺が優先するという無制限説を採った。

〔参考文献〕

清原泰司『物上代位の法理』（民事法研究会，1997年）

清原泰司「（判批）抵当権者による物上代位権の行使と目的債権の譲渡」判例評論475号22頁（判例時報1643号216頁）以下（1998年）

「抵当権の物上代位による債権回収」銀行法務21・567号4頁以下（1999年）

「特集　転貸料債権に対する物上代位」銀行法務21・577号41頁以下（2000年）

「特集　差押えと相殺」銀行法務21・579号10頁以下（2000年）

角紀代恵「（判批）動産売買先取特権に基づく物上代位と目的債権の譲渡」ジュリスト1313号75頁以下（2006年）

§5　抵当権の実行と第三取得者の保護

　抵当権は非占有担保権であるから，抵当権設定者は，抵当不動産を自ら使用・収益するだけでなく，抵当不動産を第三者に譲渡したり，用益させたりすることができる。このように，抵当不動産について所有権または用益権を取得した者を第三取得者という。

　抵当権設定登記後の第三取得者は，抵当権が実行されない限り，抵当不動産を自由に用益できるが，ひとたび抵当権が実行されると，所有権や用益権を失い，その地位は根底から覆される。もっとも，この場合，第三取得者は，売主に対し担保責任を追及することができ（567条），あるいは代位弁済（474条）により抵当権者と同じ地位に立つこともできる（500条・501条）。しかし，代位弁済の場合，第三取得者は，被担保債権の全額を弁済しなければならず，被担保債権額が抵当不動産の時価を上回る場合には利用されない。

　そこで，民法は，第三取得者を抵当権の負担から解放し，抵当不動産の流通促進を目的として，代価弁済（378条）と滌除［てきじょ］（平成15年改正前378条）という二つの制度を設けた。しかし，平成15年の民法改正により，代価弁済はそのまま残されたが，滌除の制度は廃止され，それに代えて「抵当権消滅請求」（379条）という制度が設けられた。

1　代価弁済

　代価弁済とは，抵当不動産につき所有権または地上権を買い受けた第三取得者が，抵当権者の請求に応じ，その代価を抵当権者に弁済したときは，第三取得者のために抵当権が消滅するという制度である（378条）。

　第三取得者が，抵当権者の請求に応じて代価弁済をしたときは，たとえその額が被担保債権額に充たなくとも，抵当権は，その第三取得者のために消滅する。すなわち，所有権譲受人が代価弁済をすると，抵当権者は，目的物を競売できなくなり，地上権譲受人が代価弁済をすると，競売後も地上権が存続するわけである。

　代価弁済において，第三取得者は，抵当権者の請求に応じる義務がなく，そ

の場合，抵当権者は，物上代位権に基づき売買代金債権を差し押さえることにより（372条・304条1項），代価弁済がなされたのと同じ結果を得ることができる。また，代価弁済の効果として，第三取得者は，抵当権者に支払った範囲で，売主に対する売買代金債務を免れ，被担保債権も，第三取得者が支払った範囲で消滅し，なお残額があれば，その部分は無担保債権として存続する。

代価弁済は，抵当権者のイニシアティブにより行われるが，あくまでも第三取得者との合意を前提とする制度である。しかし，抵当権抹消の金額について，両者が合意できるのであれば，そもそもこの制度を利用するまでもないから，存在意義の乏しい制度である。

2　抵当権消滅請求
(1)　滌除の廃止

平成15年の民法改正により，従来の滌除の制度は廃止され，それに代えて，抵当権消滅請求の制度が設けられた。

滌除とは，抵当不動産につき所有権，地上権または永小作権を取得した第三取得者が，自ら抵当不動産の価額を評価し，その評価額を抵当権者に提供して，抵当権者が承諾した場合に抵当権を消滅させる制度である（平成15年改正前378条）。しかし，抵当権者が滌除の申出を拒絶する場合には，滌除の通知を受けた後1カ月以内に増価競売の申立てをしなければならず，また増価競売の結果，第三取得者の評価額より1割以上の増価で競落する者がいないときは，抵当権者自ら1割の増価で競落する義務を負った（改正前384条）。さらに，抵当権者は，増価競売の申立てにあたり，増価金額相当の保証を提供しなければならなかった（改正前民事執行法186条―改正により削除）ため，手続的にも抵当権者の負担は重かった。

いずれにせよ，滌除の申出があれば，抵当権は強制消滅させられるため，滌除の制度は，直ちに抵当権実行を行う予定のない抵当権者にとって不当な圧迫となり，現実には，第三取得者が抵当権を廉価で消滅させるために利用するなど，濫用されることも多く，立法論として廃止すべきだという意見が強かった。また，判例も，滌除をなしうる者（滌除権者）の範囲（抵当不動産につき所有権，地上権または永小作権を取得した第三者［改正前378条］）を厳格解釈し，滌除によ

り抵当権者が不当に圧迫されないようにしていた。

(2) **抵当権消滅請求**

　平成15年の民法改正により，滌除の制度は廃止され，それに代えて「抵当権消滅請求」という制度が設けられた（379条）。

　(a) **抵当権消滅請求権者**　抵当権消滅請求権者は，抵当不動産につき所有権を取得した第三取得者に限定されている（379条）。滌除権者は，抵当不動産について所有権，地上権または永小作権を取得した第三者であったが，地上権または永小作権を取得した者にまで，抵当権者の利益を犠牲にしてまで抵当権消滅請求を許す実際上の必要性が乏しいと考えられたからである。このように，抵当権に後れる用益権を原則として保護しないという考えは，短期賃貸借保護の制度を廃止したことと制度的に整合している。

　主たる債務者，保証人およびこれらの者の承継人は，いずれも抵当債務の負担者であり，たとえ第三取得者となっても，抵当債務全額を弁済する必要があるから，抵当権消滅請求権者から除かれる（380条）。また，仮登記をした代物弁済予約権者のように，将来，第三取得者になるかも知れないが，現在まだ確定していない停止条件付第三取得者も，条件成否未定の間は抵当権消滅請求をすることができない（381条）。

　さらに，譲渡担保権者は，担保権を実行して清算手続の完了までは確定的な所有権を取得しないため滌除することができないとされ（最判平成7・11・10民集49巻9号2953頁），抵当不動産の共有持分の第三取得者も，滌除を認めると，抵当権者が1個の不動産の全体について一体として把握している交換価値が分断され，抵当権者を害するため，滌除権者から除かれた（最判平成9・6・5民集51巻5号2097頁）が，これらのことは，抵当権消滅請求制度のもとでも妥当しよう。

　(b) **抵当権消滅請求の手続き**　抵当権消滅請求とは，抵当不動産の第三取得者が，一定の金額を弁済または供託して抵当権を消滅させることである。

　第三取得者が抵当権消滅請求をすることができる時期は，抵当権者が抵当権の実行としての競売による差押えの効力発生前であることを要する（382条）。滌除制度のもとでは，第三取得者に滌除権行使の機会を保障するため，抵当権者は，抵当権の実行に先立ち，滌除権者に対し抵当権実行の通知義務を課せら

れていた（平成15年改正前381条）。そして，その通知後1カ月経過後でなければ競売の申立てをすることができなかった（平成15年改正前382条・同387条）。しかし，第三取得者は，抵当不動産の取得後いつでも滌除権の行使ができるのであるから，そこまで抵当権者に過大な負担をかけて第三取得者を保護する必要はなく，かえって，事前通知制度が存在したため，競売手続直前の執行妨害やその手続の遅延がもたらされた。そのため，平成15年改正前381条は削除され，事前通知をする必要がなくなった。

　第三取得者が抵当権の消滅を欲するときは，登記をしたすべての債権者（抵当権者）に対して，①第三取得者の所有権取得に関する記載をした書面，②抵当不動産に関する登記事項証明書，③債権者が2カ月以内に抵当権実行をして競売の申立てをしないときは，第三取得者の所有権取得代価または第三取得者の指定金額を債権の順位に従って弁済または供託すべき旨を記載した書面を送付しなければならない（383条）。

　第三取得者から383条の書面（抵当権消滅請求の通知）を受け取った抵当権者が，2カ月以内に抵当権を実行して競売の申立てをしないとき，抵当権者は，第三取得者の提供した金額を承諾したものとみなされる（384条1号）。抵当権者が競売の申立てをしても，その申立てを取り下げたり，同申立を却下する旨の決定が確定したり，同申立に基づく競売手続を取り消す旨の決定が確定した場合も同様である（384条2号・3号・4号）。そして，すべての抵当権者が，第三取得者の提供した金額を承諾し，かつ第三取得者がその承諾を得た金額を払渡しまたは供託したときに抵当権は消滅する（386条）。

　他方，抵当権者が，第三取得者からの抵当権消滅請求を拒絶する場合には，383条の抵当権消滅請求の通知を受け取った後2カ月以内に抵当権の実行を競売の申立てをする必要がある（384条）。滌除制度のもとでは，抵当権者は，滌除の通知を受け取った後1カ月以内に増価競売の申立てをしなければならなかった（平成15年改正前384条）が，増価競売の制度は廃止され，競売申立てまでの期間も2カ月に伸張された。この競売申立ては，通常の競売申立てであり，増価競売におけるのと異なり，抵当権者自らが買受人となる義務を負わない。つまり，買受人がいない場合でも，抵当権者は買受人となる必要がなく，その場合，抵当権は存続したままになるわけである。

なお、抵当権者が抵当権の実行をするときには、抵当権消滅請求の通知(383条)を受け取った後2カ月以内に、債務者および抵当不動産の譲渡人にその旨の通知をしなければならない(385条)。その趣旨は、抵当権の実行により第三取得者が所有権を失った場合、抵当不動産の譲渡人は、第三取得者から売主の担保責任(567条)を追及されることになり、その回避のため、譲渡人に対し、自ら弁済して抵当権を消滅させる機会を与えるためである。同様に、債務者も抵当権実行により債務が消滅した場合、第三取得者から求償を受けうることがあり、債務者にも弁済の機会を与えるためである。

従来の滌除制度のもとでは、滌除の成立で第三取得者が勝つか、増価競売で抵当権者が勝つかの二者択一しかなく、後者の場合でも抵当権者には自己競落の義務があり、しかも、いずれの場合でも抵当権は消滅させられた。これに対し、抵当権消滅請求制度のもとでは、第三取得者の提供金額に不満な抵当権者は、従来より長い熟慮期間のもとで、通常の競売申立てによる目的物換価の機会を保障され、買受人が現れない場合でも自己競落の義務を負わせられず、かつ第三取得者の提供金額を承諾する必要もない(384条4号括弧書き)など、抵当権者の立場に配慮している。

§6 抵当権制度の改正

平成15年(2003年)7月25日に成立した「担保物権及び民事執行制度の改善のための民法等の一部を改正する法律」(平成15年法律第134号、平成16年4月1日施行)は、従来の抵当権制度を大きく変えた。その主要な改正点について述べる。

1 抵当権の実行

抵当権とは、債務者または第三者が所有する目的不動産の占有を移転しないで、債務不履行の場合に、その目的不動産を換価し、換価代金から優先して弁済を受けることができる担保物権であり(369条1項)、その実行手続は、民事執行法に定められている。

平成15年改正の民事執行法は，抵当権の実行方法として，①担保不動産競売と②担保不動産収益執行の2つの制度を創設し，それぞれ独立して申し立てることができるとした（民執180条）。

(1) 担保不動産競売の制度

担保不動産競売とは，平成15年改正前の民事執行法にいう抵当権の実行としての競売のことであり，通常の抵当権実行方法である。担保不動産競売は，担保権に内在する換価権に基づくから，抵当権者は，競売手続の開始にあたり債務名義を必要としないが，抵当権（担保権）の存在を証する文書を提出しなければならない（民執181条1項1号～3号）。抵当権者は，この担保不動産競売の手続によって，抵当不動産の売却代金から優先的に配当を受けることができるわけである。

(2) 担保不動産収益執行の制度

平成15年改正前の民法371条1項は，抵当権の効力は果実に及ばない（同項本文）が，抵当不動産の差押えがあった後，つまり抵当権の実行後は，果実にも及ぶと規定していた（同項ただし書）。そして，この「果実」とは，天然果実のみを指すのか，それとも天然果実および法定果実の双方を指すのかということについて争いがあり，民法起草者や通説は，平成15年改正前の民法371条1項は，抵当権の効力が抵当不動産の付加一体物に及ぶと定めた370条を受けた規定であるため，「果実」とは有体物である天然果実のみを指すと解す一方，抵当不動産使用の対価である法定果実（賃料）については，抵当不動産の価値変形物とみなし，372条により準用される304条1項によって抵当権の効力（物上代位効）が及ぶと解していた（304条適用説）。判例も同様に解していた（最判平成元・10・27民集43巻9号1070頁）。なお，物上代位効は，抵当権の優先弁済効の確保のために認められた効力であるから，賃料に対して物上代位効（抵当権の効力）が及ぶのは，債務不履行時からである。

他方，抵当権の非占有担保性を強調し，抵当不動産の差押え後においてのみ，371条1項ただし書により，いずれの果実にも抵当権の効力が及ぶというのが最近の多数説であった（改正前371条1項ただし書適用説）。上述の通説・判例との差異は，法定果実に抵当権の効力が及ぶ時期が債務不履行時からなのか，それとも抵当不動産の差押え時からなのかという点，および抵当権の効力が及ぶ

根拠規定の違いにあったわけである。しかし，改正前371条1項ただし書適用説によっても，法定果実に対する抵当権の実行方法は，物上代位権の実行手続き（民執193条1項後段）によるほかなかった。なお，強制管理の方法により抵当不動産の収益（天然果実および法定果実）を収取することができたが，それは抵当権の実行ではなく，一般債権者の立場での強制執行手続きであり（民執43条1項），適切な管理人の選任の困難，管理コストの高さや公租・公課に対する劣後などの理由により，ほとんど利用されなかった。

　これに対し，改正後の371条は，債務不履行後に生じた抵当不動産の「果実」には抵当権の効力が及ぶと定め，天然果実・法定果実の双方に，債務不履行時以降に抵当権の効力が及ぶことを明定した。そして，この371条を受けて，改正民事執行法は，抵当不動産の「果実」，すなわち「収益」に対する抵当権の実行方法として，担保不動産収益執行の制度を新設したわけである。

　担保不動産収益執行とは，担保不動産競売と同様，抵当権（担保権）の存在を証する文書が提出されたときに開始し，執行裁判所が債務者または所有者の有する不動産を差し押さえ，管理人を選任し，その管理人に不動産の管理・収益の収取をさせ，その収益を抵当権者等の債権者に分配して債権回収を図る執行手続きである。その手続きは，強制管理の手続きに類似するので，強制管理の規定（民執93条以下）が全面的に準用されている（民執188条後段）。

　平成15年の民法改正によっても，物上代位制度は何ら変更されなかったので，法定果実（賃料）に対する抵当権の効力を定めた規定としては，371条と372条（304条を準用）が並存することになった。そこで，その調整規定が置かれ，物上代位権に基づく賃料債権の差押え（372条・304条，民執193条1項後段）の後に担保不動産収益執行（371条，民執180条2号）が開始された場合には，先に行われた物上代位権に基づく差押えの効力は停止するが，差押債権者は，担保不動産収益執行において配当を受けることができる（民執188条・93条の4）。

　なお，担保不動産収益執行と物上代位権に基づく賃料債権差押えのいずれを選択するかは，抵当権者（担保権者）の選択に委ねられている。前者は，管理人に対する報酬等の管理コストが必要であり，手続も煩雑であるため，そのコストの負担に見合う大規模物件で賃借人の把握が困難な場合や従来の賃貸借契約を解除して新規の賃貸借契約を締結する必要がある場合などに適しているの

に対し，後者は，差押債権者に直接取立権が認められるなど手続きが簡便かつ手続費用も低廉であるため，賃料債権が確実に存在する小規模物件に適しているといえよう。

2　短期賃貸借保護制度の廃止

　抵当権設定登記後に抵当不動産に設定された賃借権は，抵当権に対抗できないため，抵当権が実行されると賃借権は消滅する。しかし，この原則が貫徹されると，抵当不動産の利用が著しく制限されるため，平成15年改正前の民法395条は，短期賃貸借（602条）に限り，抵当権設定登記後に登記された場合（借地借家法による対抗要件でもよい）でも抵当権に対抗できるとしていた（短期賃貸借保護の制度の詳細については§7参照）。ところが，現実には，短期賃貸借保護の制度は，執行妨害のなどのために濫用され，その弊害が大きかったので，平成15年民法改正により廃止されたわけである。

　その結果，原則どおり，賃貸借の期間の長短を問わず，抵当権に後れる賃借権は，抵当権者に対抗することができなくなった。そこで，平成15年改正民法は，短期賃貸借保護制度の廃止に伴う制度的手当てとして，①抵当権者の同意による賃借権の存続（387条）と②抵当建物競売後の建物使用者の引渡し猶予（395条）という二つの制度を創設し，一定の要件のもとに例外的に賃借人を保護することにした。

(1)　抵当権者の同意による賃借権存続の制度

　この制度は，賃借人に優先する抵当権者の全員が，その賃借権の存続に同意をし，かつその「同意の登記」をしたとき，賃借人は，同意をした抵当権者に賃借権を対抗することができるというものである（387条1項）。

　この制度を創設した趣旨は，正常な賃貸借がなされ，抵当権者にとっても賃借権の存続が望ましい場合には，抵当権者全員の同意によって賃借権を存続できるようにするほうがよいということにある。実際，この制度は，抵当権者が賃貸借の内容について同意することを前提とし，その賃貸借契約の内容が完全に抵当権者により把握されることから，賃貸借が一定期間・一定条件で存続することが，抵当権者と賃借人の双方にとって利益があるような場合に利用されよう。

この制度は，抵当権者の同意により賃借権に対抗力を与えるのであるから，不動産取引安全のため，その同意は公示されなければならず，賃借権登記によってなされ（605条，不登3条8号），賃借人が買受人に対し主張できる賃貸借契約の内容は，その賃借権登記に記載された内容（たとえば，賃料，存続期間，賃料の支払時期，敷金，譲渡・転貸の許容の特約等（不登81条））によることになる。したがって，387条1項の「登記をした賃貸借」には，借地借家法上の対抗要件（借地借家10条・31条）を含めることはできない。

(2) 抵当建物競売後の建物使用者の引渡し猶予の制度

抵当権者に対抗できない抵当建物賃借人が，突然，建物の引渡し（明渡し）を迫られる不利益を緩和するため，抵当権に後れる建物賃借人で一定の要件を充たす者は，抵当権が実行されて買受人が買受けした時から6カ月間は，建物の引渡しを猶予されることになった。この制度趣旨から，引渡し猶予を受けることができる者は，抵当権に後れる建物賃貸借に基づいて現にその建物を使用・収益している者に限定される。すなわち，①競売手続開始前から，その建物を使用・収益している者，および②強制管理または担保不動産収益執行制度の管理人が競売手続開始後に行った賃貸借により，その建物を使用・収益する者である（395条1項）。

抵当権実行による建物の買受けにより，その建物についての従前の賃貸借契約は消滅するため，引渡し猶予期間中の建物使用者と建物買受人との関係は，文字どおり引渡しの猶予であり，建物使用者は，賃借権という占有権原を喪失し，不法占有者となる。したがって，建物使用者は，建物買受人に対し賃料相当額の損害金の支払義務がある一方，買受人には賃貸義務がない。そのため，買受人が，建物使用者に対し，賃料相当額の損害金の支払いを催告したうえで相当期間内に履行がなされないときは，引渡しの猶予制度の適用がない（395条2項）。

〔参考文献〕

「変わる担保・執行制度―その論点と立法的提言」銀行法務21・601号（2002年）

谷口園恵・筒井健夫編著『改正担保・執行法の解説』（商事法務，2004年）

小林秀之編著『Q＆A改正担保・執行法の徹底解説』（中央経済社，2004年）

道垣内弘人＝山本和彦＝古賀政治＝小林明彦『新しい担保・執行制度［補訂版］』（有斐閣，2004年）

§7　抵当権と用益権の調整

〔設例〕
(1)　Aは自己が所有する不動産をBに賃貸していたところ，事業資金が必要となったので，銀行Cから融資を受けるためにCのため抵当権を設定した。Cは，Aからの債務の弁済が滞ったので抵当権を実行した。Bの用益はどうなるか。
(2)　(1)の設例でCが先に抵当権設定を受けていて，その後にAがBに土地を賃貸した場合には，Bの用益はどうなるか。
(3)　(2)の設例で，Bの用益権が短期賃借権（602条）の場合，そして長期賃借権の場合はどうか。

1　抵当権と用益権の関係

　抵当権の内容を規定する369条1項によれば，抵当権とは，債務者または第三者が，占有を移転しないで債務の担保に供した不動産につき，他の債権者に先立って自己の債権の弁済を受けることのできる権利である。抵当権は「占有を移転しない担保権（非占有担保）」であることに「占有を移転する」質権（342条）との違いがある。したがって抵当権が設定されても，所有者は従来どおりその不動産を利用することができる。融資を得ながら，抵当不動産の利用を継続したい債務者・所有者には便宜である。もっとも債務者が債務の履行を怠った場合には，抵当権者は抵当権を実行することができ，競売によって買受人が登場すれば，所有者は抵当不動産を引き渡さなければならない。したがって最終的には使用者の用益は奪われることになる。
　このときに第三者がその抵当不動産を用益（利用）していたらどうなるのであろうか。抵当権が実行されて買受人が登場しても用益を継続できるのか，すなわち用益権を対抗できるのかが，抵当権と用益権の調整に関する第一の問題である。この問題については，基本的に対抗問題に関する民法の原則と建物利

用者について一定の保護を与える395条の規定を考慮しなければならない。後述するように、同条の旧規定は濫用的な短期賃借人によって抵当権の実行を妨害する温床ともなって、その廃止論も含めて議論されてきたが、改正がなされた（後述）。

　第2の問題として、地上建物の存在する土地上の抵当権、または建物の上の抵当権が実行された場合である。土地建物が同一の所有者に属する場合、建物のためには用益権（地上権・賃借権）は設定されていない。そこで土地と建物の一方または双方に抵当権が設定され、実行された場合、土地と建物の所有者が異なることがある。そうすると他人の土地上に建物が権原なくして存在するということは法的には認められないので、建物の存続のためには用益権を創設する制度が別途必要となる。これが法定地上権の制度（388条）である。

2　短期賃貸借
(1)　抵当権と用益権の対抗関係

　A所有建物の上に、Aの債務を担保するためBのために抵当権が設定された場合に、Aが建物をさらにCに賃貸している場合には、通常抵当権が設定されているとしても抵当権者はみずから目的不動産を使用するわけでもないし、その権限も与えられていない。AがCに賃貸すること自体は妨げられないのである。

　ところが、Aが債務不履行に陥ったためBが抵当権を実行して競売手続きに移り、買受人Dが登場した場合にはDから明渡しを求められることがある。このような場合にはどのように処理されるのであろうか。

　このように抵当権と用益権がともに設定されている場合にどちらが優先するかという問題は、基本的に不動産物権変動の本則である177条にもとづき、対抗要件の先後関係によって決まるといってよい。

　(a)　抵当権を設定する以前から、他人に用益させていた場合は、その用益権が対抗要件を備えているかどうかによって決まる。当初、民法は対抗要件として登記のみ認めていた（177条・605条）が、その後拡張され、地上権・賃借権（両者を借地権という）による建物登記（借地借家10条、旧建物保護法1条）、賃借された建物の引渡し（借地借家31条、旧借家1条）、農地の引渡し（農地法18条

などがある。これらの対抗要件を具備すれば，用益権は抵当権に対抗することができ，抵当権が実行され買受人に所有権が移転しても用益関係はなお存続するのである。したがって〔設例〕(1)では，Bが対抗要件を備えていれば，抵当権がたとえ実行されてもなお存続するのである。

(b) 抵当権が設定されてもその後抵当不動産の所有者は他人に用益させることができる。抵当権は目的物の用益を内容とする権利ではないからである。しかしいったん抵当権が実行されれば，その用益関係はたとえ登記などの対抗要件を具備していてもその買受人には対抗することができない（長期賃貸借について大判昭和8・12・15新聞3665号13頁，永小作権について大判明治36・11・25民録9輯1295頁，地上権について大判大正6・4・5民録23輯625頁）。手続法上もそのような用益権は競売手続における売却により効力を失い消滅する取扱いとなる（民執59条2項）。したがって，〔設例〕(2)では原則的にBの賃借権はCに対抗することはできないのである。

ところが，民法395条の旧規定では602条に定めた期間を超えない賃貸借（短期賃貸借）は，抵当権の設定後に登記したものでも，抵当権に対抗しうるとした。これは，上述した抵当権と用益権との対抗問題に関する原則の例外を定めたものであり，特に短期賃貸借についてのみ保護するものとの趣旨にもとづくものである。したがって，〔設例〕(2)のBの賃借権が短期賃借権であれば，395条の適用を受け，Cに対抗することができることになっていた。

(c) ところが，古くからこの短期賃借権がしばしば抵当権の実行を妨害する詐害的もしくは濫用的な内容を有し，抵当制度の大きな問題となってきた。そこで平成15年7月に改正法が成立し，原則的に短期賃借権保護の制度が廃止され，その代わりに明渡猶予期間を設けることで建物賃借人の保護をはかることとしたのである（詳しくは次項参照）。

(2) 短期賃借人保護制度の趣旨と問題

旧395条は，抵当権設定後に設定・登記された短期賃借権が抵当権に劣後するにもかかわらず対抗しうるとしたが，その趣旨は何か。仮にすべての用益権が抵当権者に対抗し得ないとすれば，抵当権者にとっては都合がよいが，用益権者にとってあまりに不利益で，そのような結果はかえって抵当不動産の用益を阻害することにもなろう。反対に，すべての用益権が抵当権に対抗しうる

（競落しても買受人は用益権の負担がついた不動産を取得する）とすれば，買受人にとって大きな負担となるため，売却が困難となることから売却価格の低下を招き，債権回収の実をあげることができなくなる。抵当権と用益権をどのように調整するかは，このように困難な問題であるが，民法旧規定は抵当権設定登記後に設定された短期賃貸借に限って対抗力を与え，抵当権実行後も賃借人が抵当不動産を利用できるとしてその調整を図った。短期賃貸借であれば不動産の管理行為にすぎず，不動産の担保価値に影響しないが，長期賃貸借となると処分行為となるのでこれは認められないというのがその理由であったとされている。

【旧395条】
　　第六百二条ニ定メタル期間ヲ超エサル賃貸借ハ抵当権ノ登記後ニ登記シタルモノト雖モ之ヲ以テ抵当権者ニ対抗スルコトヲ得
　　但其賃貸借カ抵当権者ニ損害ヲ及ホストキハ裁判所ハ抵当権者ノ請求ニ因リ其解除ヲ命スルコトヲ得。

ところが，立法当初からこの規定は問題があると指摘されてきた。保護対象として短期賃借権に限られ，その保護する対象が狭すぎる一方で，実際には抵当権の実行（執行）を妨害する手段として利用されることが多く，抵当権者はその対応に悩まされることになる。担保・執行法制度の改正が企図されることとなり，法制審議会担保執行法制部会で立法論議がなされ，「担保物権及び民事執行制度の改善のための民法等の一部を改正する法律」が平成15年7月25日に成立，8月1日に公布され，平成16年4月1日より施行された。同法を承け，さらに平成17年4月1日より施行された現代語化された395条は，以下のように規定されている。

【新395条】
　　抵当権者に対抗することができない賃貸借により抵当権の目的である建物の使用又は収益をする者であって次に掲げるもの（次項において「抵当建物使用者」という。）は，その建物の競売における買受人の買受けの時から六箇月を経過するまでは，その建物を買受人に引き渡すことを要しない。
　　一　競売手続の開始前から使用又は収益をする者
　　二　強制管理又は担保不動産収益執行の管理人が競売手続の開始後にした賃貸借により使用又は収益をする者
　　2　前項の規定は，買受人の買受けの時より後に同項の建物の使用をしたことの対価に

ついて，買受人が抵当建物使用者に対し相当の期間を定めてその一箇月分以上の支払の催告をし，その相当の期間内に履行がない場合には，適用しない。

なお，新法施行の際に現に存する短期賃貸借であれば，施行後に更新されたものも含めて，なお旧法の規定によるので，その限りで従来の短期賃借権保護の制度は存続することになる。したがって，以下では従前の制度を説明し，その後で新法を説明することにしよう。

(3) 〔短期賃貸借保護の要件〕

旧395条の保護を受けるためには，(a)602条の期間を超えない賃貸借であること，(b) 賃貸借の登記があること，の二つの要件が必要とされる。

(a) 602条の期間を超えない賃貸借（短期賃貸借） 樹木の栽植または伐採を目的とする山林については10年，その他の土地については5年，建物については3年が，602条の期間である。そこで，この期間を超える長期賃貸借や期間の定めのない賃貸借はどうなるか，また借地権の存続期間について30年と規定する借地借家法との関係はどうなるのかという問題が派生する。ここでは長期賃貸借について説明しよう（期間の定めのない賃貸借，借地借家法については次の論点で扱う）。

602条の期間を超える長期賃貸借は，旧395条の保護を受けず，抵当権者にまったく対抗することができないと解するのが判例である（建物の長期賃貸借について最判昭和36・6・23民集15巻6号1680頁，土地の長期賃貸借について最判昭和38・9・17民集17巻8号955頁）。しかし判例によれば602条の期間をわずかでも超えればまったく対抗力を持たないことになり不合理であるとして，学説では短期賃貸借の期間だけは対抗力を有すると解するのが多数である（高木・187頁，星野英一・法協86巻11号161頁，水本浩・民事研修59号31頁など）。〔設例〕(3)では，判例によれば短期賃借権のみ旧395条の保護を受け，長期賃借権は保護されないが，学説によれば，短期賃借権は言うまでもなく，長期賃借権であっても短期賃借権の期間だけ保護されることになる。

(b) 賃貸借の登記があること 旧395条は，短期賃借権の登記を必要とする。もともとこの登記は民法605条の不動産賃貸借の登記を意味していたが，現在では借地借家法が規定している対抗要件がこれに代わっているといってよい。宅地賃貸借では借地上の建物登記（借地借家10条，旧建物保護1条），建物

賃貸借では建物の引渡し（借地借家31条，旧借家1条）がそれである。建物賃貸借について判例は，借家法上の対抗要件を肯定している（大判昭和12・7・9民集16巻1162頁，大判昭和12・7・10民集16巻1209頁，最判昭和39・6・19民集18巻5号795頁）。宅地の賃貸借については，かつて建物保護法上の建物登記では旧395条の要件を充たさないとした（大判昭和6・7・21民集10巻585頁）が，昭和12年判決以降は昭和6年判決に先例的価値は認められないと解するのが適当であろう（高木・189頁，そのほか昭和6年判決に批判的な我妻・担保345頁，柚木＝高木・担保413頁など）。

(4) 効　果

旧395条の規定では602条の期間内は，当該短期賃貸借は競売の買受人に対抗しうることになる。条文では「抵当権者」に対抗しうるとしているが，実際に問題が生ずるのは抵当権実行により目的物所有権が買受人に移転するときであり，賃借人は買受人との間で対抗関係に立つのである。旧395条の規定によって対抗力を与えられた賃貸借は，結局買受人に承継されることになる（605条，借地借家10条1項・31条の対抗と同様に解してよい）。敷金も買受人が承継し，賃料前払い特約があればその登記によって買受人に対抗しうる（大判昭和7・4・28民集11巻851頁。ただし，この点は新法により大きく変わったことに注意すべきである）。

なお，602条の期間はいつから起算されるかという問題がある。賃貸借契約成立時点から起算する説，抵当権実行のための差押えの効力が生じたとき（民執188条・46条1項）からとする説，買受人への所有権移転時（民執188条・79条）からとする説がある。正面からこの問題について明言した判例は見当たらないが，契約成立時を前提としているものと解される（最判昭和43・9・27民集22巻9号2074頁）。

また短期賃貸借の期間満了時に，宅地の賃借人が買受人に対して地上建物の買取請求権（借地借家13条，旧借地4条2項）を行使することができるか。これを肯定すると，抵当権者は築造建物をあらかじめ想定することが難しく，土地の担保価値の適正な評価をなしえないことを理由として，判例（最判昭和53・6・15民集32巻4号729頁）は否定する（なお，高木・190頁）。

(5) 抵当権者の解除請求

旧395条但書によれば，抵当権に対抗しうる短期賃貸借であっても，それが

抵当権者に「損害」を及ぼすときには，抵当権者は裁判所に賃貸借の解除を請求することができる。短期賃貸借が抵当権に対抗しうる場合，通常目的物の担保価値（評価額）は下落するが，賃料が前払いされていたり，あるいは不当に廉価であるような場合には，抵当権者の予測以上に担保価値が下落することになり，ひいては被担保債権の満足を得ることができない事態ともなりうる（「詐害的」ないし「妨害型」短期賃貸借と称される）。そこで抵当権者はその解除を裁判所に請求しうるのである。もっともそのような短期賃貸借契約自体を公序良俗違反（90条）または通謀虚偽表示（94条）であるとして，無効を主張することは許される（札幌高決昭和58・3・17判タ500号170頁ほか）。

(a) 解除請求の要件　賃借権が抵当権者に「損害」を及ぼすことが必要である。「損害」とは，短期賃貸借の存在によって抵当不動産の売却価額が下落し，そのために抵当権者が被担保債権の弁済として受ける配当額が減少することをいう（我妻・担保346頁ほか）。学説の多くは，賃借権の譲渡・転貸の自由の特約，賃料の前払いや賃料が不当に低いなど正常な短期賃貸借とは異なる契約内容となっているために，不当に売却価額を押し下げる要因が必要であると解している（高木・191頁ほか）。ところが近時の最高裁はそのような要因を必要としない（最判平8・9・13民集50巻8号2374頁）。正常型短期賃貸借であってもその存在により抵当不動産の売却価額が下落し，それによって抵当権者が被担保債権の弁済として受ける配当等の額が減少するときには，「損害」要件を充たすことになるが，この判例については批判が多い。損害の有無の判断時期は，解除判決の口頭弁論終結時とされる（大判昭和16・6・14民集20巻873頁）。

(b) 解除請求の方法　旧395条但書による解除請求は，訴えの方法（形成の訴え）による（大判明治35・2・7民録8輯37頁）。しかも賃貸人と賃借人の双方が共同被告となる必要的共同訴訟である（大判大正4・10・6民録21輯1596頁）。しかも解除請求は，被担保債権の弁済期が到来する前でも，担保権実行としての競売が開始した後でも可能であるが，競売手続の完了前であることを要する。

(c) 解除の効果　詐害的短期賃貸借が解除された場合には，解除の効力は抵当権者と賃借人との間でのみ生ずるのではなく，賃貸人（設定者）にも及ぶ。したがって賃貸借は賃貸人との関係においても消滅するため，賃貸人は賃借人

に対して所有権に基づき不動産の明渡しを請求しうることになる（最判平成6・3・25判時1501号107頁）。抵当権者が明渡しを求めることができるかは，抵当権の性質ないし効力から見て問題となる。抵当権は非占有担保であるから，旧395条但書の解除がなされた後も，賃借人が抵当不動産を占有しつづける場合に問題となる（§8抵当権の侵害を参照）。

(6) 新規定の原則

新法によれば，短期賃貸借保護の制度は原則として廃止される。したがって民法の原則どおり，抵当権と用益権の優先関係は対抗要件取得の先後関係で決定される（177条）。ただし，建物が競売されたとき，建物使用者が次の場合においては，買受けの時から6カ月間は引渡しを要しないとして，一定の猶予期間が設けられた（新395条1項）。その対象となるのは次の者である。

第1に，競売手続の開始前から使用又は収益をする者，第2に強制管理又は担保不動産収益執行の管理人が，競売手続の開始後にした賃貸借によって，使用又は収益をする者，である。

これらの者はその使用または収益が保護に値する者として6カ月間の猶予が与えられたものである。もっともこれに対しても抵当権者を保護する観点から，建物使用の対価について，買受人が建物使用者に対して相当の期間を定めて一月分以上の支払いを催告し，その相当期間内に履行がない場合にはこの猶予期間はない，とした（新395条2項）。なお，詳細は本章の新法解説を参照。

◇　論　　点　◇

以下では，旧規定に関する論点を説明することにしよう。

1　借地借家法との関係

旧395条を規定する民法の制定後，借地法，借家法の制定（大正10年）により賃借権の保護が強化され，現行借地借家法（平成3年）が建物保護法とともにこれを引き継いでいる。借地借家法によれば宅地賃貸借については30年未満の存続期間を規定しても借地人に不利な特約として無効となり（借地借家9条），結局30年の存続期間となる（借地借家3条）。その結果，宅地の賃貸借には，602条の期間を超えない短期賃貸借は存在しないことになり，395条も適用され

ないことになろう。それでは賃借人を保護すべき借地借家法の適用により、かえって賃借権が保護されないということになる。そこで学説の多くは、395条との関係では短期の約定はそのまま効力を維持し、その限度内で抵当権に対抗しうるとしていた。

2 期間の定めのない賃貸借

期間の定めのない賃貸借については、判例は長期賃貸借と短期賃貸借を区別するので、いずれに該当するかを決定しなければならない。宅地の賃貸借については、判例は借地借家法3条を適用して（旧借地法では2条1項・3条）長期賃貸借になるとする（最判昭和45・6・16判時600号84頁）。

建物の賃貸借については、期間の定めがない場合、当事者はいつでも解約申入れができる（617条1項）ので、かつては短期賃貸借に該当するとされていた（大判大正3・7・13民録20巻607頁）。しかし昭和16年の借家法改正により、1条ノ2（現行借地借家28条）が規定され、賃貸人の解約申入れに正当事由が要求されることになった。この解約制限が適用されることになれば、期間の定めのない賃貸借は事実上3年を超える長期賃貸借と同様になってしまうので、短期賃貸借になるのか問題となりかつて争われたが、最高裁は短期賃貸借に該当するとして、借家法の適用を肯定した（最判昭和39・6・19民集18巻5号795頁〔傍論〕、前掲最判昭和43・9・27）。

3 抵当権者の解除請求権と長期賃借権

本来、旧395条但書の解除は、対抗力ある短期賃貸借が抵当権者に損害を及ぼすときに認められる。長期賃貸借も短期賃貸借の期間だけ対抗力を有するという学説の立場に立てば（2(3)(a)参照）、解除請求の対象となりえよう。しかし以前の判例では長期賃借権は抵当権に対抗することができないので、解除請求の対象となりえないとされていた（大判昭和6・7・10民集10巻524頁）が、近時興味深い裁判例の展開が見られる。最判昭和63・2・16民集42巻2号93頁は、抵当権に対抗できない農地の長期賃貸借であっても、抵当権者に損害を及ぼすときには、旧395条但書を「準用」して解除できるとする。さらに長期賃貸借でも抵当権者に損害を及ぼすときには、同条但書を「類推適用」して解除請求

をなしうるとする東京地判平成12・11・14金法1602号64頁が現われている。しかしながら、前述したように「損害」の要件として不当に売却価額を押し下げる要因を要しないとする判例の立場からは、正常な短期賃貸借ですら解除をなしうることになるし、さらに長期賃貸借に対しても（準用ないし類推適用により）旧395条但書の適用があるとすれば正常な長期賃貸借をも解除請求できることになろう。これでは、およそ抵当権設定登記後に設定された賃借権は、すべて解除請求できることになり不当である。

◇ 発展・研究 ◇

併用賃借権の効力

　前述したように、用益権を保護する趣旨の395条が実際には悪用ないし濫用されて、例えば抵当権の実行を妨害する目的で設定される詐害的短期賃貸借が横行してきた。そこでこのような詐害的短期賃貸借に対抗するために実務では、抵当権設定と同時に自己を賃借人とする（停止条件付）短期賃貸借契約を締結し、賃借権の登記ないし仮登記を備えた。そうすることによってその後に設定される短期賃貸借に優先することができるので、詐害的短期賃貸借を排除することができるというのである。抵当権者が賃借権を併用するので、これを併用賃借権ないし併用賃貸借という。

　しかしながら賃借権を併用するのは抵当権者であって、実際に目的物を用益するわけではないから、その効力をどのように考えるかは問題となる。

　当初、最高裁は、併用賃貸借の目的は抵当権者に対抗できる第三者の短期賃借権を排除し、それによって抵当不動産の担保価値の確保をはかることにあると解し、第三者の短期賃借権が現われないまま競落人（買受人）が抵当不動産の所有権を取得したときには、併用賃借権はその目的を失って消滅する（最判昭和52・2・17民集31巻1号67頁）としていた。この判決は、併用賃借権に395条の保護が与えられないことを示したが、併用賃借権に後順位短期賃借権者を排除する効力は認めているとも受け取れた。問題は、併用賃借権が賃借権としての実体を有していない（用益していない）にもかかわらず、なぜ賃借権としての実体を有する賃貸借を排除しうるのか、にある。場合によっては、正常な短期賃貸借をも排除しうることになろうし、そうすると395条の意味が失われ

よう。そして最判平成元・6・5民集43巻6号355頁は，併用賃借権は賃借権としての実体を有するものではない以上，対抗要件を具備した後順位の短期賃借権を排除する効力を認める余地はないと判じて，現在では併用賃借権の意味は存在しなくなった。

ただ，詐害的短期賃貸借に対して有効な対抗手段を何に求めるのか，改めて問題になる。詐害的短期賃貸借に対して旧395条但書による解除判決が確定すれば，賃貸人（設定者）は賃借人に対して明渡請求できる（2(5)(c)参照）ので，抵当権者が債権者代位権（423条）により代位請求するという手段をとるべきなのか，あるいは抵当権に対する侵害として直接に妨害排除請求すべきなのか，問題となる（椿寿夫・ジュリスト963号93頁以下）。この点については§8抵当権の侵害を参照。

3 法定地上権

〔設例〕
(1) A所有の土地と地上建物のうち，建物上にBのために設定されていた抵当権が実行され，Cが建物の買受人となった。Cは土地の利用権を取得することができるか。
(2) A所有の土地と地上建物のうち，土地上にBのために設定されていた抵当権が実行され，Dが土地の買受人となった。建物の所有者Aは敷地を利用することができるか。

設例(1)

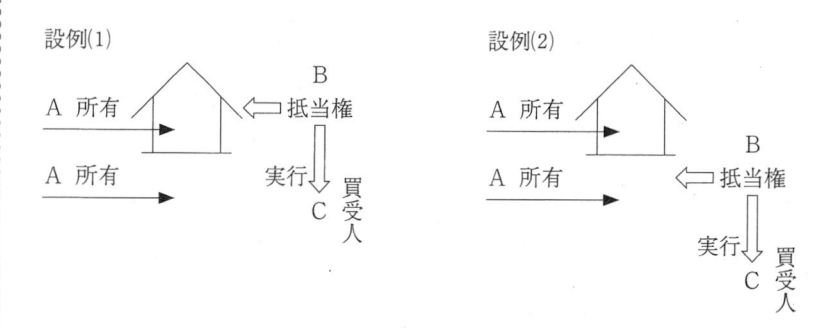

A 所有 → 家 ← B 抵当権
A 所有 →
実行 ↓ 買受人 C

設例(2)

A 所有 → 家
A 所有 → B ← 抵当権
実行 ↓ 買受人 D

(3) A所有の更地にEのために抵当権が設定された。その後，Aはその土地上に建物を建てたが，Eは抵当権を実行してFが土地の買受人となった。Aは土地の利用権を取得することができるか。

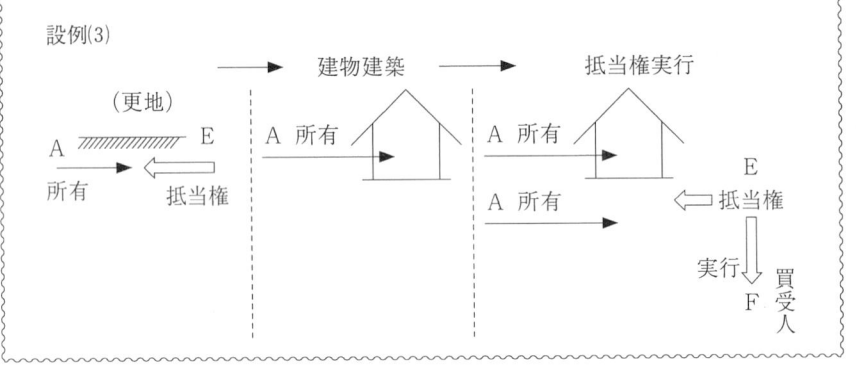

設例(3)

```
       （更地）         →  建物建築  →      抵当権実行
  A  ////////  E       A 所有             A 所有      E
 所有         抵当権                                 ⇐ 抵当権
                       A 所有             A 所有       実行⇩  買受人
                                                            F
```

(1) 法定地上権制度の趣旨

　いずれの〔設例〕においても問題となるのは建物所有者の土地利用権である。「他人の土地」上に建物が存在する場合，原則として建物所有者は土地の利用権原が必要となるからである。〔設例〕(1)についていえば，建物買受人であるCにAの土地を利用する権原が，〔設例〕(2)については建物所有者Aが土地の買受人（所有者）であるDの土地を利用する権原が必要となる。ところが，いずれの場合にも，もともとAが自ら所有する土地上に建物を所有しているのであるから，そのための利用権原を設定していない。したがって，抵当権実行後の買受人と土地ないし建物所有者との間であらためて利用権原の設定が必要となるが，それは利害の対立する者の間では必ずしも期待しえない。無権原を理由に建物の取壊しが要求されることもありうる。そこでこの問題を解消するため，競売前にAが自分のために土地利用権を設定することが考えられる（〔設例〕(1)のCが競売により土地利用権をも「従たる権利」として取得する—抵当権の効力の及ぶ範囲参照）が，混同の法理（179条）によってそれは不可能である。このような「自己借地権」は原則的に認められていない（借地借家15条参照）からである。

　結局，このような事態が生ずるのは土地と建物を分離し，各々独立の所有権と抵当権の対象となるとしたからであり，したがってこれに対応する法制度が

必要となる。そこで民法388条は、土地建物が同一の所有者に属している場合に、そのいずれか一方に抵当権が設定されて競売され、土地所有者と建物所有者が異なるに至ったときに、その建物について地上権が設定されたものとみなすことにした。これを法定地上権という。したがって(1), (2)のケースともに、法定地上権が成立する。ただし、より具体的には以下の成立要件をみたさなければならない。

(2) 法定地上権の成立要件

法定地上権が成立するためには、判例・通説によれば以下の四つの要件が必要である。

(a) **抵当権設定当時の建物の存在**　抵当権設定当時において建物が存在していなければならない。これを裏から言えば、抵当権設定当時建物が存在していない、いわゆる更地の場合には、たとえ後に建物が建築されても法定地上権は成立しないということになる（判例・通説）。例えば、更地に抵当権を設定する際に、土地の抵当権者が抵当地上に建物の建築をあらかじめ承認していた場合であっても、抵当地を更地として評価していたときには、法定地上権の成立は認められないとされ（最判昭和36・2・10民集15巻2号219頁）、更地に抵当権を設定する際に、土地所有者Aと抵当権者との間で将来抵当地上に建物を建築した時には競売の時に地上権を設定したものとみなすとの合意がなされても、Aは土地の競落人に対して地上権を主張できないとする（大判大正7・12・6民録24輯2302頁）。

(b) **抵当権設定当時に土地と建物が同一の所有者に帰属していたこと**

抵当権設定当時において、土地と建物が同一の所有者に帰属していたことが必要である。もし土地と建物が異なる所有者に帰属していた場合には、すでにその建物のために土地利用権が設定されているはずであるから、その後土地に抵当権が設定された場合には土地利用権の対抗問題として考えればよい。また、建物に抵当権が設定された場合には、建物抵当権の効力は建物の「従たる権利」として土地利用権に及ぶので、建物買受人は土地利用権を取得することができる。いずれの場合でも法定地上権を認めなければ建物の存続が図れないわけではないからである。

(c) **土地と建物の一方または双方の上に抵当権が存在すること**　388条は、

土地または建物の一方の抵当権設定を要件としているが，土地と建物の双方に抵当権が設定された場合でもよい（最判昭和37・9・4民集16巻9号1854頁）。

　(d) 競売が行われて土地と建物が別々の所有者に帰属するようになったこと
　競売には担保権の実行としての競売（民執181条以下）と強制競売（同45条以下）とがあるが，そのいずれでもよい。

(3) 法定地上権の内容と対抗要件
　法定地上権の範囲は建物の敷地に限定されず，建物利用に必要な限度において敷地以外の土地にも及ぶとされている（大判大正9・5・5民録26輯1005頁）。地代について当事者の協議が調わないときは裁判所が決定する（388条後段）。
　法定地上権も物権一般の原則に従って，第三者に対しては対抗要件を必要とする。したがって地上権の登記（177条）が必要であるが，建物の保存登記でもよい（借地借家10条1項，旧建物保護法1条）。

(4) 一括競売
　法定地上権の成立要件の(a)にみたように，更地に抵当権を設定した後に建物が建築された場合には法定地上権の成立は認められない。ところがこのような建物が存在すると土地の競売も困難になるので，民法は，土地抵当権者は土地と建物を一括して競売に付することができるとした（389条本文）。抵当権の実行を容易にし，建物の存続を図る目的であると解されている。ただし，抵当権者は土地から優先弁済を得ることができるのであって，建物からではない（同条ただし書）。
　さらに改正法によって，抵当権設定者以外の者が建物を築造した場合であっても，建物所有者が抵当地について抵当権者に対抗することができる権利を有する場合を除いて，土地抵当権者は建物も一括して競売することができるとされた（同条2項）。改正前は，建物を築造する者が設定者に限られていたため，第三者が築造した場合には一括競売ができないという問題があったためである。

　　　　　　　　　◇ 論　　点 ◇

法定地上権成立要件の解釈

　これまで判例は，法定地上権の成立要件を次第に緩やかに解して，その成立をできるかぎり認めるという傾向にあったとみてよい。しかし，近時はその傾

向に新たな動きも見られる。その主要なものを以下にみてみよう。

(1) **抵当権設定後に，土地または建物の一方または双方が第三者に譲渡された場合**

　法定地上権の成立要件の(b)により，土地と建物の所有者が同一人であることが必要であるが，抵当権設定後に，土地または建物の一方が第三者に譲渡された場合，またその双方が譲渡された場合は，法定地上権は成立するか。土地および建物所有者のAが土地上にBのために抵当権を設定した後，建物をCに譲渡した。抵当権の実行によってBが競落したが，BからCに対して建物収去・土地明渡を求めた事案において，大審院はCのために法定地上権の成立を認めた（大連判大正12・12・14民集2巻676頁）。この事例のように建物が譲渡された場合，譲渡の際にすでに建物のための土地利用権が設定されていたはずであるが，これは土地抵当権に後れるために競売により消滅する。しかし，土地抵当権者は法定地上権の成立を予定して担保価値を算定していたであろうから，法定地上権を成立させてもなんら不都合はないので成立を認めるべきであると解される。土地に抵当権が設定された後に土地と建物の双方が譲渡された場合であっても，同様に解してよいであろう。

　建物のみに抵当権が設定された後，土地が譲渡された場合は，どうか。土地の譲渡の際に建物のための土地利用権が同様に設定されているであろう。そうすると抵当権の効力は「従たる権利」にも及ぶとすれば，建物抵当権の実行により買受人はその土地利用権をも取得することになり，問題はないかに見える。ところが，土地利用権が賃借権であれば，賃貸人の承諾（612条）か，承諾に代わる裁判所の許可（借地借家20条1項）が必要となろう。賃借権の譲渡があると解されるからである。これが買受人にとって負担であることを考慮すれば，法定地上権の成立を認める理由があろう。判例も成立を認める（大判昭和8・3・27新聞3543号11頁）。

　また建物のみに抵当権が設定された後，建物が譲渡された場合にも，追及効がある抵当権はなお建物について存続し，抵当権の効力が土地利用権に及ぶので，上述したことがそのままあてはまるであろう。

(2) **抵当権設定後に土地と建物の所有権が同一人に帰属した場合**

　例えば，土地所有者Bから賃借していた土地上に建物を所有したAは，Cの

ために建物抵当権を設定したが，その後BがAの建物を抵当権の負担がついたまま買い受けた後，建物抵当権の実行によりDが建物を競落した場合に，BがDに対して建物収去・土地明渡を請求した事案がある。このときDは法定地上権の成立を主張できるであろうか。判例は，抵当権設定時に所有者が異なっている以上，土地および建物の所有権が同一の者に帰したとしても，民法388条は適用されないとして否定した（最判昭和44・2・14民集23巻2号357頁）。基本的に，土地上に借地権者の所有する建物がある場合に，その建物上に抵当権が設定されたのち，土地と建物の所有者が同一人に帰したときには，借地権は第三者たる抵当権者の権利の目的であるから混同の法理の例外として存続する（179条1項ただし書）。したがって借地権者は対抗要件を取得していれば競落人に対抗できるのだから，特に法定地上権を成立させる必要はないであろう（同様の場合で，建物に抵当権が設定されていたときでも，前記成立要件(b)で説明したように法定地上権を成立させることもない）。

さらにこの問題を進めて，建物に1番抵当権が設定された当時には土地と建物の所有者が異なっていたが，2番抵当権設定当時には同一人に帰属していた事案についてはどうか。判例では，1番抵当権者の申立てによる競売がなされたときでも，法定地上権の成立が認められた（大判昭和14・7・26民集18巻772頁）。これに対して，土地について1番抵当権が設定されたときには土地と建物の所有者が異なっていたが，後に同一人に帰したときに土地に2番抵当権が設定され，1番抵当権者の競売申立てによって土地が競落された場合でも，法定地上権は成立しないとされた（最判平成2・1・22民集44巻1号314頁）。その理由は，1番抵当権者は設定当時において土地と建物の所有者が異なることから，法定地上権の負担がないものとして土地の担保価値を把握しているからであるとする。ここでは法定地上権の成立により建物の存続が図られる利益よりも，1番抵当権者の把握した担保価値のほうが優先すると考えられているといってよかろう。

(3) 建物改築・再築の場合

土地に抵当権が設定された当時において，建物が存在していれば，その後建物が改築されたり，滅失後再築されたりしても，法定地上権は成立すると解されている。ただし，その地上権の内容は，改築や再築前の旧建物を基準とする

（大判昭和10・8・10民集14巻1549頁）。しかしながら，例外も認められていた。借地借家法以前の旧借地法2条1項においては，堅固建物と非堅固建物の区別に基づき，存続期間に差があった。そこで，Aの土地にBが抵当権の設定を受けたときにはA所有の非堅固建物が存在していたが，Bが近い将来地上建物が取壊され，堅固建物が建築されることを予定して，その土地の担保価値を算定したときは，抵当権者の利益を害しない特段の事情があるとして，堅固建物所有を目的とする法定地上権の成立が肯定された（最判昭和52・10・11民集31巻6号785頁）。旧建物を基準とするのは抵当権者に不測の損害を被らせないためであるから，その利益を害しないことを理由とする。もっとも現行借地借家法3条では堅固・非堅固の区別はなくなったので，存続期間に差異はなくなった。問題は，抵当権者の担保価値の評価内容を基準として法定地上権の成否を判断している点にあろう。買受人は必ずしも抵当権者の担保価値評価を知りえないからである。

◇ 発展・研究 ◇

共同抵当における再築事例

　土地と建物の共同抵当の場合に，抵当権設定当時の建物が後に取り壊され，再築された場合に，新建物のために法定地上権は成立するであろうか。前述した土地抵当権についての大判昭和10・8・10の判決を受けて法定地上権成立を認めた判例があり（大判昭和13・5・25民集17巻1100頁），その後も同様の判決が続いていた。ところが，再築された建物に法定地上権が成立する一方で，共同抵当権者のためにその再築建物に抵当権が設定されなかった場合には，土地価格分から法定地上権価格分が除外されるので，土地抵当権はいわゆる「底地」価格しか把握しないことになる。これは共同抵当権者の予想に反し，土地抵当権の実行が妨げられることともなるので，法定地上権の成立は否定するべきであるとの主張がなされてきた。そして最高裁も原則としてこれを認めるに至った（最判平成9・2・14民集51巻2号375頁）。近年における執行妨害対策の一例として見ることもできよう。

§8　抵当権の侵害

〔設例〕
(1) Aが所有する土地・建物にBのために抵当権が設定されたが，Aが弁済期になっても債務を履行しない。Bがやむなく抵当権を実行しようとしていたところ，Aが家屋をパワーショベルで一部壊していた。このままでは家屋が全壊するおそれがある。Bは抵当権に基づいて何を請求できるか。
(2) (1)の事例で，家屋を毀損するような行為ではなくて，AがCに賃貸して利用させていたが，賃料全額払込み済み，高額な敷金，転貸自由などという特約がついた短期賃貸借であった。このような状況では抵当不動産の評価が大幅に低下する可能性が大である。抵当権者はどのような対応ができるか。そのような特約はないが，占有している賃借人が暴力団風であることが一見して分るような場合はどうか。

1　抵当権の侵害に対する抵当権の効力

　抵当権は物権の一種であるから，物権の効力として抵当目的物への侵害に対し妨害排除請求などの物権的請求権が生ずる。民法は占有訴権についてのみ規定している（198条ないし200条）が，他の物権についても当然に認められ，所有権・抵当権などの物権に適用されることに異論はない。さらに，侵害によって損害が発生していれば，損害賠償請求権（709条）も発生する。
　しかしながら，抵当権は目的物の占有を移転しない担保（非占有担保）であり，被担保債権の弁済が得られない場合に目的物を換価して優先的に弁済を受ける権利である（369条）。通説ならびに判例は，これをもって抵当権は目的物の交換価値を支配する権利（価値権ないし価値支配権）であるとする（我妻・担保382頁，柚木＝高木・担保283頁，高木・158頁）。したがって目的物の使用収益

を内容としないために，所有者は抵当不動産を使用収益することができ，それが通常なされる範囲内であれば，例えば農作物を収穫することもでき，他人に用益（賃貸）させることも，また譲渡することもできる。したがって抵当権の場合には，所有権や地上権などの物権に基づく物権的請求権とは異なる解釈をする必要が生ずるのである。以下，個別の事例で検討しよう。

2 抵当権の侵害とされる場合

(1) 目的物の損傷ないし付加物・従物の分離・搬出

判例では，抵当権の侵害理論は抵当山林の伐採の事例から発展してきた。債務者または第三者が抵当山林を通常の用益の範囲を超えて不当に伐採することは，抵当権の侵害にあたり，その伐採の禁止を求めることができることはもちろん，伐採された木材の搬出を禁止することもできる（大判昭和7・4・20新聞3407号15頁）。このような行為に対しては，抵当権に基づく妨害排除請求権として，さらに抵当権侵害の可能性がある場合に抵当権に基づく妨害予防請求権として，伐採または搬出の禁止を請求することができるのである。物権的請求権であるから，行為者の故意・過失を要しない。伐採によって目的物の価値が被担保債権額を下回ることも必要でない。抵当権の不可分性の原則に基づき，抵当権は目的物の全体に効力が及び，どの部分についてもこれをもって優先弁済に当てることができるからである。

目的物の損傷行為もまた同様に考えるべきである。抵当家屋を取り壊すような行為は，抵当権に基づいて当該行為の禁止を請求することができる。〔設例〕(1)では，たとえ所有者に対してであってもパワーショベルで家屋を損傷する行為を禁止するよう請求することができる。

ただし，他人の用益それ自体は抵当権侵害にあたらないのは前述のとおりである。抵当権が鉱業権の上に設定され不法な斤先掘契約により採掘させても，その採掘が普通鉱業家のとるべき方法に適する以上，抵当権侵害とはならない（大判大正4・6・16民録21輯971頁）。

(2) 目的物の返還

例えば分離物（抵当山林から伐採された伐木など）が搬出された場合に，抵当権者は抵当権に基づいて返還請求権を行使できるか。抵当権は占有権原を有し

ないので，抵当権者自身に引渡しを認めることはできないとも考えられる。しかし，多くの学説はこれを認め，一括して競売する便宜のため，抵当不動産の所在場所に戻すように請求できるとし，または搬出された状態であれば第三者の即時取得の機会も増大することから返還請求権を認めるべきであるとする。工場抵当法に関する最高裁判決（最判昭和57・3・12民集36巻3号349頁）は，工場抵当法2条により工場に属する土地建物とともに抵当権の目的とされた動産が，抵当権者の同意を得ないで工場から搬出されたときは，抵当権者はこれを工場に戻すことを請求できるとされた。学説もこの法理を一般の抵当権についても肯定すべきだとする。

(3) 無 効 登 記

A所有不動産にBのために抵当権が設定された後，その不動産に短期賃借権が設定されたが，解除された場合に，まだ短期賃貸借の登記があるとき，その登記は無効な登記でありながら，旧395条により抵当権者に優先するかのような外観を呈する。抵当権の実行に対して事実上の障害となるので，抵当権者は無効登記の抹消請求権を有する（大判明治42・12・10民録15輯933頁）。無効な先取特権登記（大判大正4・12・23民録21輯2173頁），消滅した先順位抵当権の登記（大判大正8・10・8民録25輯1859頁，大判昭和15・5・14民集19巻840頁）についても同様に登記の抹消請求を認めている。

(4) 不 法 占 有

前述したように，抵当不動産の所有者が目的物を使用収益していても，また第三者が賃借人として使用していても，そのこと自体は——それが通常の使用の範囲内であるかぎり——なんら抵当権を侵害しない。ところが，短期賃貸借の項で説明したように，抵当権の実行を阻むために古くから詐害的・濫用的な短期賃貸借が設定され，抵当権に基づく競売が十分に機能しないという結果がもたらされてきた。このような場合，抵当権者に損害を及ぼすものとして，裁判所に短期賃貸借の解除を請求しうる（旧395条但書）が，解除された短期賃借人が依然として抵当不動産に居座ることがある。これは無権原で占有していることになる（不法占有）が，抵当権者は明渡しを求めることができるであろうか。これは抵当権が占有を内容としないことから目的物の用益関係に介入できないのではないか，また占有それ自体は，物理的損傷の場合と違って目的物の

価値を低下させるわけではないから，抵当権が価値支配権であればなおのこと抵当権侵害はないといえるのではないか，などという議論がありうる。その議論の延長から〔設例〕(2)を考えればどうなるか。賃貸借契約が異常な内容であっても，競売によって買受人が登場すれば，引渡命令を執行裁判所から得ることにより引渡しが可能となる（民執83条1項）。不法占有者が退去すれば，物件は元通りで価値の低下はありえず，したがって〔設例〕(1)のような物理的損傷行為と違い，抵当権侵害は存在しない（したがって抵当権に基づく妨害排除請求は認められない）ということもできよう。この点についてはきわめて興味深い判例の展開がある（→◇論点◇へ）。

3　損害賠償

抵当権の侵害により損害が発生していれば，不法行為が成立し（709条），損害賠償請求権が生ずる。

(1)　要　　件

抵当権侵害によって損害があるとされるためには，抵当目的物の価値減少のために被担保債権の弁済が得られなくなることが必要である。したがって一部が毀損されてもなお被担保債権の弁済を得られる場合には，損害があるとはいえない。第三者が抵当目的物を損傷した場合，所有者のみが不法行為者に対して損害賠償請求権を取得し，抵当権者はこれに物上代位する（372条・304条）ことができるにとどまるとする見解が多数である。物上代位の制度趣旨に合致すると思われる。

(2)　損害の算定時

抵当権実行前においても損害賠償請求をなしうるか。判例によれば，損害額の算定時は抵当権が実行されたときはそのとき，抵当権実行前では賠償請求権行使のときとして肯定説を説く（大判昭和7・5・27民集11巻1289頁）が，学説は肯定・否定に分かれる。

4　期限の利益喪失と増担保の義務

債務者によって抵当目的物が滅失され，損傷され，又は減少されたときは，債務者の故意・過失を問わずに期限の利益を喪失し（137条2号），抵当権者は

残存抵当目的物について抵当権を実行しうる。このとき，担保物を補充するという増担保の特約があるときは，債務者が相当の期間内に新しい担保を提供しない場合（137号3号）に，期限の利益を喪失する。

第三者によって抵当目的物が滅失し，損傷し，又は減少したとしても，当然には期限の利益は喪失しない。もっとも増担保の特約があるときには，担保提供義務の不履行（137条3号）によって期限の利益を喪失する。

◇ 論　点 ◇

第三者の不法占有と抵当権に基づく妨害排除請求権

(1) 併用賃借権

判例は当初，抵当権は一つの「価格権」にとどまるとして，抵当不動産を第三者が無権原で占有していても，物理的毀損行為でないかぎり抵当権はなんら増損されることはなく（大判昭和9・6・15民集13巻1164頁），抵当権の侵害にならないと説いていた。ところが，第三者が不法占有している物件の競売では実際上買受人が登場しないため売却価格が低下する上，詐害的な短期賃貸借の設定により，抵当権の執行が妨害される事例が頻発した。そこで抵当権者は，自身が賃借権設定登記を経由し（いわゆる併用賃借権），さらに代物弁済予約の登記を経由する自衛策を採った（「三種の神器」と言われた）。ところが，最判平成元・6・5民集43巻6号355頁は，併用賃借権およびその仮登記は，用益を目的とする真正のものとはいえず，本登記を経由しても賃借権としての実体を有するものでない以上，対抗要件を具備した後順位の短期賃借権を排除する効力は認められないとした。そうすると，残る手段として抵当権に基づいて妨害排除請求することができるかどうかが問題となる。これを肯定する下級審裁判例や学説が増加したが，最高裁判例が待望されるに至った。

(2) 平成3年最高裁判決とその後の民事執行法改正

最高裁は，詐害的短期賃貸借が解除された後，短期賃借人が無権原占有（不法占有）している事案について，抵当権に基づく妨害排除請求権を否定し，さらに抵当不動産所有者が短期賃借人に対して有する，所有権に基づく妨害排除請求権の，債権者代位権による代位行使も否定された（最判平成3・3・22民集45巻3号268頁）。主たる理由は，第三者による不法占有だけでは抵当不動産

の担保価値が下落するわけではなく、したがって抵当権の侵害もないというものであり、これに対してはいわゆる抵当権ドグマに依拠している等の批判がなされてきた。この後、民事執行法による対処、例えば売却のための保全処分（民執55条）や引渡命令（同83条）が活用されたが、これは執行妨害の対処としてはなお不十分で、後に平成8年および10年に民事執行法が一部改正されるに至ったが、手続的な限界もあり、また競売の手続以前に妨害を排除する必要性が指摘されるなど、限界も見えてきた。

(3) 平成11年判決による判例変更

以上のような状況のもとで、最高裁平成11年11月24日判決（民集53巻8号1899頁）が登場した。その論旨は、第1に、不法占有によって競売手続の進行が害され適正な価額よりも売却価額が下落するおそれがあるなど、抵当不動産の「交換価値の実現が妨げられ抵当権者の優先弁済請求権の行使が困難となるような状態があるとき」には、抵当権に対する侵害と評価して妨げないこと。第2に、このような状態があるときは、「抵当権の効力として、抵当権者は、抵当不動産の所有者に対し、その有する権利を適切に行使するなどして右状態を是正し抵当不動産を適切に維持又は保存するよう求める請求権を有する」こと、したがって第3に、この請求権を保全する必要があるときは、「民法423条の法意に従い、所有者の不法占有者に対する妨害排除請求権を代位行使することができる」とした（抵当権に基づく妨害排除請求は傍論として肯定）。

民法423条の債権者代位権構成によって抵当権者の不法占有者に対する明渡請求を肯定したものであり、平成3年判決を変更したと理解されている。今後、その具体的な内容や侵害判断されるべき事例の要件など検討すべきであろう。

§9 抵当権の処分

〔設例〕 不動産上に抵当権の設定を受け、融資をした銀行は、その権利を他に譲渡することで回収したいが、その方法にはどのようなもの

があるか。

1 抵当権の処分の意義

抵当権者は同時に債権者であるから、これを譲渡して債権の回収を図ることができる。抵当権は附従性（ないし随伴性）に基づいて譲受人に移転することになる（抵当権付債権の譲渡）。しかし、抵当権を被担保債権から切り離し、独立して譲渡することはできるだろうか。附従性の原則を徹底すれば認められないことになろうが、民法はこれを緩和して——程度の差はあれ被担保債権から切り離して——認めている（附従性の緩和ともいう）。その方法は、第1に転抵当（376条1項前段）、第2に抵当権の譲渡・放棄および抵当権の順位の譲渡・放棄（376条1項後段）、第3に抵当権の順位の変更（374条）である。〔設例〕に対しては、以上の方法を挙げなければならない。

2 転 抵 当

(1) 意　義

例えば、BがAに対して1,000万円の融資をして抵当権の設定を受けていたが、その後BがCから500万円の融資を受けるときに、Bの抵当権（原抵当権という）を担保とすることがある。このように抵当権者は、その抵当権をもって他の債権の担保とすることができ、これを「転抵当」という（375条1項前段）。

ところで、転抵当の法的性質をどのように理解するかについては、転質と同様に古くから学説上対立が見られた。基本的に原抵当権の被担保債権をも担保に入れるのか否かが対立点であり、債権と抵当権とを共同して質入れすると解する債権・抵当権共同質入説、抵当権に質権が設定されると解する抵当権質入説、抵当目的物に再度抵当権が設定されると解する抵当物上再度抵当権設定説がある。債権・抵当権共同質入説のみが、被担保債権も質権の対象となっているために、転抵当権者が原抵当権の債務者に対して債権の直接取立が可能である（367条1項）。

(2) 要　　件

　転抵当の設定には原抵当権設定者Aの承諾を必要としない。これを責任転抵当という。ただしAの承諾を得てなすことも有効で，これを承諾転抵当という。いずれにしても転抵当は，通常の抵当権と同様，転抵当権設定契約が必要である。転抵当権の被担保債権額が原抵当権のそれを超過してもよく，被担保債権の弁済期も原抵当権のそれより後になってもよい。

(3) 対抗要件

　転抵当権の設定は，不動産物権変動の一つであるから，通常の抵当権と同様に登記が第三者に対する対抗要件（177条）であり，その方法は付記登記による。

　さらに，原抵当権の主たる債務者Aへの転抵当権設定の通知またはAの承諾がなければ，転抵当権者Cは主たる債務者A，保証人，原抵当権設定者およびその承継人に対抗できない（377条1項）。

(4) 効　　果

　転抵当権者Cは，転抵当権および原抵当権の被担保債権の弁済期が到来すれば，原抵当権の被担保債権を限度として転抵当権の被担保債権の優先弁済を得ることができる。かつては転抵当権の弁済期の到来は，原抵当権のそれと同時かそれ以前でなければならないとされていたが，最近ではこれは要件の問題ではなく，効果の問題として考えられるようになったからである。原質権の「存続期間」という制約のある転質（348条）のような規定が転抵当にはないことも，転抵当の要件において弁済期の前後が問題にならない根拠となろう。

　転抵当権は原抵当権の上に成立していることから，原抵当権者は，転抵当権の設定によって原抵当権を放棄してはならず，原抵当権の被担保債権も消滅させてはならないという拘束を受けることになる。これを徹底すればBは弁済を受けることができなければ，競売の申立てもできないことになろう。もっとも原抵当権の被担保債権額が転抵当権のそれを超過する場合に，その余剰部分について原抵当権者は弁済を受けられるとする有力学説があり，またBはその余剰があれば自ら抵当権の実行を申し立てることができるとする判例（大判昭和7・8・29民集11巻1729頁，なお最判昭和44・10・16民集23巻10号1759頁）もあって，必ずしも全面的な拘束を受けるわけではない。学説は転抵当の法的性質，関係者の利益考量の相違もあって見解が分かれている。

3　抵当権の譲渡・放棄および抵当権の順位の譲渡・放棄

(1) 意　義

　抵当権の附従性という原則からすると抵当権と被担保債権とを切り離して，抵当権のみを独立して処分することはできないはずである。しかし，民法は同一の債務者に対する他の債権者の利益のために，抵当権だけを処分（譲渡・放棄）することを認める（376条1項後段）。その限度で附従性を緩和しているといえる。

　例えばAの不動産（価額1,200万円）の上にBが1番抵当権（被担保債権額800万円），Cが2番抵当権（被担保債権額300万円）の設定を受けているときに，まだ担保を得ていないDからAがさらに200万円の融資を得ようとする。このときにDのために3番抵当権を設定することもできるが，別の手段が以下のようにある。

(2) 抵当権の譲渡

　先の例で，Bが無担保債権者であるDに対して自己の抵当権を譲渡する方法がある。Dの債権額・弁済期は，Bの債権額・弁済期の範囲内でなくてよいが，DはBの有していた利益の限度でしか利益を得られない。したがって第三者の利益に影響を与えない（Cの配当額に変更はない）。

	担保権（被担保債権額）	抵当権の譲渡	配当
B	1番抵当権（800万円）	Bから800万円分のうち200万円がDへ譲渡	②600万円
C	2番抵当権（300万円）		③300万円
D	無担保（200万円）	Bから200万円分を譲受け	①200万円

　表のように，Bに本来配当されるべきであった800万円からDがその被担保債権額分の200万円を優先的に配当を受け，Bは残額の600万円の配当を受けることになるのである。

(3) 抵当権の放棄

　先の例で，Bが無担保債権者であるDに対して自己の抵当権を放棄する方法がある。これはDに対してのみBは自己の優先権を失い，Dとの関係では債権額の比例で配当を受ける。次表のようになる。

	担保権(被担保債権額)	抵当権の放棄	配当
B	1番抵当権（800万円）	800万円分のうち5分の4	②640万円
C	2番抵当権（300万円）		③300万円
D	無担保（200万円）	Bの800万円の5分の1	①160万円

(4) 抵当権の順位の譲渡・放棄

　抵当権の順位の譲渡・放棄は，先順位抵当権者から後順位抵当権者に対して抵当権の順位だけが譲渡・放棄されることをいう。もっともこの制度は，後に抵当権の順位の変更という制度が新設されたので，その意義はほとんどなくなった。

　抵当権の順位の譲渡がなされれば，順位の譲渡人は後順位となるので，譲受人は，自分と譲渡人の配当額の合計額において優先弁済を受け，譲渡人は残額について弁済を受けられる。第三者の利益には影響を及ぼさないことは抵当権の譲渡・放棄と同様である。

　抵当権の順位の放棄がなされれば，放棄した者と放棄を受けた者とは同順位となる。したがって各々の配当額の合計がおのおのの債権額に比例して配当される。ここでも第三者の利益に影響しない。

4　抵当権の順位の変更

　民法の一部改正（昭和46年法律99号）によって新設されたものである。抵当権の順位の譲渡・放棄は手続が煩雑であったため，簡易な手続きとして抵当権の順位の変更という制度が規定された（旧規定では373条2項・3項，新法では374条）。

　各抵当権者全員の合意によって，先順位抵当権と後順位抵当権を変更することができる（374条1項本文）。利害関係者がいる場合には，その承諾が必要である（374条1項ただし書）。順位の変更は，登記をすることによって，絶対的効力を有する（374条2項）。

§10　抵当権の消滅

〔設例〕
(1) Bへの融資を担保する目的でAのために抵当権が設定されたところ，Bの弁済によって被担保債権が消滅した。抵当権は存続するか。弁済ではなく，債権が時効消滅した場合はどうか。
(2) Aのために抵当権が設定された家屋が火事により焼失した。Aの抵当権は存続するか。
(3) AのBに対する債権を担保するために，C所有土地上に抵当権が設定されていた（Cは物上保証人）ところ，BがCの土地を時効取得した。抵当権は存続するか。

1　消滅原因

　抵当権はどのような原因に基づいて消滅するか，がここでのテーマである。債権については，民法はその消滅原因として，弁済，代物弁済，相殺，更改，免除，混同を規定している（474条〜520条）ほか，消滅時効（167条）や取消し（121条）・解除（545条）など権利一般の消滅原因がある。債権と同様に，抵当権にも担保物権ないし固有の消滅原因と物権共通の消滅原因がある。
　まず，抵当権は担保物権であるから，被担保債権が消滅すれば抵当権も消滅する。付従性の原則に基づくものである。したがって〔設例〕(1)では，被担保債権の弁済や時効消滅によって抵当権は消滅することになる。
　次に抵当権は物権であるから，物権共通の消滅原因に基づいて消滅する。例えば目的物の滅失も物権の消滅原因であるから，〔設例〕(2)のように家屋が火事により焼失すれば抵当権も消滅するのが本来である。しかしこれについては，物上代位制度（372条による304条の準用）によって抵当権者が保護されていることに注意すべきである。このほか取得時効，消滅時効（167条2項），混同（179条），放棄なども物権共通の消滅原因であるから，これに抵当権も従う（→

§5物権の消滅参照）が，消滅時効については次に見る特則があることに留意しなければならない。

さらに抵当権固有の制度に基づいても消滅する。たとえば代価弁済（378条），抵当権消滅請求（改正前では滌除，379条），競売などである。民法は以上の原則に加えて，抵当権の消滅に関する特則を規定している。

2 抵当権の消滅時効

前述したように，所有権以外の物権は20年以上行使されないときには時効消滅する（167条2項）ので，物権である抵当権も同様に取り扱われるのが原則であろう。しかしながら，民法は債務者および抵当権設定者に対しては，抵当権は被担保債権と同時でなければ時効によって消滅しないと規定した（396条）。その趣旨は，債権が消滅時効にかかっていないのに，抵当権のみが消滅時効にかかることを防ぐためであると説明されている。

ところが判例は，同条が債務者および抵当権設定者に限定していることから，抵当権は後順位抵当権者や第三取得者に対しては被担保債権とは独立して20年の消滅時効にかかる（大判昭和15・11・26民集19巻2100頁）とした。次の時効取得に関する判例の態度と合わせて問題となる。

3 目的物の時効取得

抵当不動産の時効取得によって抵当権も消滅することになる（物権共通の消滅原因）ので，抵当目的物が他人によって時効取得されるときには，所有権同様，抵当権も消滅することになる。しかしながら自ら義務を負う債務者および物的責任を負う抵当権設定者についてもこれを認めることは適当でないから，債務者・抵当権設定者（物上保証人）を除外した（397条）。〔設例〕(3)の場合には，Bは債務者であるから，物上保証人Cの土地をBが時効取得するとしても，それによって抵当権は消滅しないことになる。

このように債務者・抵当権設定者は397条の適用対象から除かれるが，抵当不動産の第三取得者はどうか。判例は，抵当不動産の第三取得者が取得時効の条件を具備した場合にも抵当権は消滅しないとして，債務者・抵当権設定者と同様に扱った（大判昭和15・8・12民集19巻1338頁）。除外対象を拡張している

といえるが，その一方，消滅時効との関係では，前述したように，第三取得者に対しては被担保債権とは独立して抵当権が20年の消滅時効にかかるとしていた（前掲大判昭和15・11・26）。このような取扱いに対しては反対意見もある。

4 抵当権の目的たる用益権の放棄

　抵当権は，不動産のみならず，地上権，永小作権にも設定することができる（369条2項）。したがって設定されたこれらの用益権についても，抵当権の消滅との関係が問題となる。民法は，地上権または永小作権に抵当権を設定した者は，これらの用益権を放棄してもこれを抵当権者に対抗することができないと規定した（398条）。用益権を放棄しても他人の権利まで消滅させることはできないという趣旨である。

　もっとも判例はこの趣旨を拡張して，借地上建物に抵当権を設定したときに，借地権を放棄しても借地権の消滅を抵当権者に対抗することができない（大判大正11・11・24民集1巻738頁）とし，また借地契約を合意解除しても借地権の消滅を抵当権者に対抗できない（大判大正14・7・18新聞2463号14頁）としている。

§11　共 同 抵 当

〔設例〕

(1)　AはBから1,500万円の融資を受けようとする。所有する甲不動産は1,500万円の価値があるが，不動産市場の低迷を危惧して，BはさらにAが所有する別の乙不動産（1,000万円の価値）にも抵当権の設定を得たいという。これは認められるか。

(2)　(1)の設例で，甲不動産について2番抵当権者C（被担保債権額600万円）が存在し，乙不動産について2番抵当権者D（被担保債権額400万円）が存在する。Bは甲・乙不動産のどちらからでも自由に自己の抵当権を実行することが認められるか。その場合のC・Dの

利益はどう考えればよいか。

1 共同抵当の意義

　同一の債権を担保するため，数個の不動産の上に抵当権を設定する場合がある。〔設例〕(1)では，甲・乙の二つの不動産の上に抵当権を設定することが民法上認められており，これを共同抵当という（392条1項）。その目的は，債務者が不動産を複数所有していても，個々の不動産だけでは債務額全部を担保するのに十分でない場合に，それらを一括して担保とすることにより担保価値を増大させること（担保価値の集積），ならびにある不動産（例えば建物）の価格低下やその滅失による危険を分散する（危険の分散）ことにある。わが国のように，土地と建物が別個独立の不動産とされている法制では，土地の上に建物がある場合，両方に抵当権が設定されることが日常的であり，実際に広く利用されている。〔設例〕でいえば甲不動産が土地であり，その上にある建物が乙不動産であるような場合が数多くみられるわけである。

2 共同抵当の設定・公示

　共同抵当は，共同抵当設定契約によって債権者・設定者間で設定することができる。また共同抵当である旨の登記に加えて，共同担保目録が作成される（不登規則166条以下）ことにより公示される。しかし，この登記がなくても後順位抵当権者は共同抵当である旨を主張して，その利益を享受できるとされている（我妻・担保433頁）。つまり共同抵当である旨の登記は，後順位抵当権者等にとって利益となるのであり，共同抵当の登記にはいわゆる対抗要件としての意味はない。

3 共同抵当における配当と後順位抵当権者との関係

　共同抵当が設定された場合，先の設例の共同抵当権者Bは，甲・乙不動産の双方について抵当権を実行するか，あるいは甲・乙のいずれかを先に抵当権を実行し，あるいはどちらか一方のみを実行することもあろう。この選択をBが自由になしうるものとすれば，Bにとって便宜である。しかし，甲・乙の不動

産上に後順位抵当権者がいる場合、Bがどちらの不動産について抵当権を実行するかによって後順位抵当権者の地位が大きく左右されることがある。

〔設例〕(2)において、もしBが甲不動産についてのみ抵当権を実行した場合には、Bは1,500万円の債権全額の弁済を受けることができるが、Cはまったく配当を得られない。その一方で、DはBの1番抵当権の消滅に伴い順位が上昇するために債権全額の弁済を得られる。これに対して、Bが乙不動産の抵当権を実行した場合には、乙不動産の売却代金を全額Bが取得することになるため、Dは2番抵当権から何らの弁済をも得られない結果となる。他方、Bの1番抵当権の被担保債権額は500万円となるので、甲不動産からCはその債権全額を回収することができる。このようにBの選択如何によって各不動産における後順位抵当権者の利益が大きく左右されることになり、時には後順位抵当権者の期待に反することが起こりうる。そうであれば、C・Dの立場からみて後順位で融資を行うことはリスクを伴い、CやDから融資を得るためにはAの財産では不足するとの判断にもつながりかねない。これはいったんBが抵当権の設定を受けた後には、Aは他の融資先に自己の有する不動産の担保価値を最大限に活用することができず（担保価値の固定化）、不都合である。そこで民法は後順位抵当権者との利害の衝突を調整し、不動産の担保価値の効率を高めるために、392条を規定した。

4　同時配当（392条1項）

(1)　原則として、共同抵当権者は甲・乙不動産上の抵当権を、双方同時に、あるいは一方のみを実行することができる（選択の自由）。もしBが甲不動産と乙不動産の双方について抵当権を実行する場合、これを配当の側面から見て「同時配当」といい、各不動産からその価額割合（1,500万円対1,000万円＝3対2）に応じて割付け（392条1項）、Bは甲不動産から900万円、乙不動産から

表①　同時配当

	共同抵当権者B （債権額1,500万円）	甲の2番抵当権者C （債権額600万円）	乙の2番抵当権者D （債権額400万円）
甲不動産(1,500万円)	900万円	600万円	
乙不動産(1,000万円)	600万円		400万円

600万円の優先弁済を受けることになる。したがってまた，Cは甲不動産から600万円，Dは乙不動産から400万円の配当を受けることができる（表①参照）。

(2) 先の設例では，共同抵当の各不動産の上に後順位抵当権者がそれぞれ存在したが，今度は同時配当のときにいずれか一方に後順位抵当権者が存在しない場合には，どのように取り扱われるべきであろうか。例えば，乙不動産にのみ2番抵当権者D（債権額600万円）が存在し，甲不動産上には後順位担保権者が存在しないとしよう。このとき，Bは甲不動産の抵当権を実行すれば，そこから1,500万円の配当を受けられ，Dは乙不動産から600万円の配当を全額受けられることになろう。しかし判例（大判昭和10・4・23民集14巻601頁）によれば，この場合にも割付けがなされ，Bは甲不動産から900万円の配当を受けるにとどまり，乙不動産から600万円配当されるため，被担保債権額600万円のDは残額400万円の配当しか受けられない。これは甲不動産上の一般債権者の利益が考慮されたものとされている。

(3) さらに，甲・乙不動産のいずれにも後順位抵当権が存在しない場合に，割付けはなされるべきであろうか。これは392条1項が適用されるかという問題である。判例（前掲大判昭和10・4・23）によれば，一般債権者（差押債権者，配当要求債権者）の利益を考慮して，392条1項は適用されるとし，多くの学説も賛成する。

5　異時配当（392条2項）

(1) Bが甲・乙不動産のうち，どちらか一方だけを実行した場合，その配当から全額の弁済を得ることも認められている（392条2項前段）。甲不動産の上の抵当権を実行した場合，Bに1,500万円の配当がなされ，したがって甲不動産の2番抵当権者Cにはまったく配当がなされないことになる。そこで，同時配当の場合であればBが乙不動産から受けるべき配当額の限度（600万円）において，CがBに代位して乙不動産について競売を申し立て，配当を受けることができるとした（392条2項後段，表②参照）。その結果，Dは，乙不動産から2番抵当権者として残額の400万円の配当を受けることができ，かくして同時配当の場合と同様の結果がもたらされる。このようにして後順位抵当権者が共同抵当権者の選択によって不利益を受けないように，かつ後順位抵当権者間の

表② 異時配当（Bが甲不動産の抵当権のみ実行）のときの配当

	共同抵当権者B （債権額1,500万円）	甲の2番抵当権者C （債権額600万円）	乙の2番抵当権者D （債権額400万円）
甲不動産(1,500万円)	1,500万円		
乙不動産(1,000万円)		600万円（Bを代位）	400万円

公平を図るようにしたのである。

(2) 物上保証人との関係

　物上保証人が共同抵当の目的物の双方または一方を所有している場合、後順位抵当権者は物上保証人の利害と衝突することがあり、それは第三取得者が共同抵当の目的物を取得する場合にも同様に生ずる。類型としては、以下の四つがある。①債務者所有の不動産上に後順位抵当権が存在し、物上保証人所有の不動産について抵当権が実行された場合、②①のケースで債務者所有の不動産の抵当権が実行された場合、③物上保証人所有の不動産上に後順位抵当権が存在し、物上保証人所有の不動産について抵当権が実行された場合、④③のケースで債務者所有の不動産の抵当権が実行され債務者所有の不動産上に後順位抵当権者Fが存在する場合、である。先の事例をベースに、甲不動産上にのみ後順位抵当権者Cが存在し、乙不動産を物上保証人Eが所有しているとしよう。このとき、乙不動産上の抵当権が実行されたとき、Eは弁済者代位の制度（500条）によって甲不動産上のBの抵当権に代位できるであろうか。

　①のケースについて、物上保証人は求償権の範囲で、債務者所有不動産上の抵当権に代位できるとされている（判例［最判昭和44・7・3民集23巻8号1297頁］・通説）。物上保証人の代位に対する期待の保護が理由である（昭和44年判決は「物上保証人としては、他の共同抵当物件である甲不動産から自己の求償権の満足を得ることを期待していたものというべく、その後に甲不動産に第二順位の抵当権が設定されたことにより右期待を失わしめるべきではないからである」と説明する）が、それは代位不動産上の後順位抵当権者よりも物上保証人を優先しようという立場である。

　②のケースにおいては、甲不動産上の後順位抵当権者Cが、乙不動産上のBの抵当権に代位することができるかが問題となる。①のケースのように物上保証人を優先する見解に立つならば、Cは代位できないことになろう。

③のケースでは、例えば乙不動産上に後順位抵当権者Ｃが存在し、乙不動産上のＢの抵当権が実行された場合である。物上保証人Ｅも後順位抵当権者Ｃも代位する可能性があるが、判例は物上保証人のみに代位を認める（大判昭和11・12・9民集15巻2172頁、最判昭和53・7・4民集32巻5号785頁）。もっとも後順位抵当権者は、代位によって物上保証人に移転した抵当権から優先して弁済を受けることができると解されている。物上保証人は自ら後順位抵当権を設定し、その負担があることは当初から予定されているので、たまたま乙不動産から競売されたからといって、後順位抵当権に優先することが認められないのは当然であろう。そこで物上保証人が代位したＢの１番抵当権は、後順位抵当権者の被担保債権を担保するものとなり、あたかも物上代位（372条・304条１項本文）をするのと同様に、その順位に従って１番抵当権から優先弁済を受けられるのである（前掲大判昭和11・12・9）。

④のケースでも、③と同様の理由から後順位抵当権者ＦはＥ所有の乙不動産に代位することはできない（前掲最判昭和44・7・3）。

(3) **第三取得者との関係**

前項と同様に、第三取得者が登場した場合にも、後順位抵当権者との関係が問題となる。第三取得者も、取得した不動産上の抵当権が実行された場合、代位弁済の制度（501条）によって他の抵当権に代位することが認められているからである。代位の期待に対する保護が問題となる。目的不動産がいずれも債務者所有であるならば、後順位抵当権者と第三取得者のうち、いずれか先に出現したほうが優先すると考えられる。先に出現した方は、他方の出現を予定しておらず、あるいは代位の期待を有しているからである。

これに対して、物上保証人の所有する不動産が第三取得者に譲渡された場合には、債務者が所有する不動産上の後順位抵当権者は、出現が先であれ後であれ、物上保証人に劣後するのであるから、第三取得者がこれに変っても同様に取り扱ってよいであろう（第三取得者が物上保証人の地位を承継するとした最判平成3・9・3民集45巻7号1121頁参照）。

◇ 論　点 ◇

1　一部弁済と代位

　共同抵当権者が被担保債権について一部の弁済を受けた場合にも，代位できるであろうか。〔設例〕(2)でいえば，Bが乙不動産上の抵当権を実行した場合に，Dは甲不動産上のBの1番抵当権に代位しうるであろうか。このときBは乙不動産から1,000万円の優先弁済を得ているが，被担保債権残額が500万円残っている。

　判例は，古くは代位を否定していたが，その後態度を改めた。すなわち後順位抵当権者は，抵当権が実行された段階ではただちに代位できないが，先順位抵当権が将来において他の不動産から全額弁済を受けて消滅すべき場合に代位できる地位（停止条件付抵当権）を有し，将来において確定すべき請求権として代位付記の仮登記をすることができるとした（大連判大正15・4・8民集5巻575頁）。学説では，判例に賛成する立場があるが，先順位抵当権が実行された段階でただちに代位ができるとし，抵当権実行も代位の付記登記もなしうると解する立場もある。後説の場合には，代位される抵当権を共同抵当権者と代位抵当権者とが準共有することになる。そうであれば，代位抵当権者が共同抵当権者の意思とは関係なく，抵当権を実行することができることになろう。そこまでの利益を後順位抵当権者に与えるべきか疑問であるし，判例の立場でも十分に後順位抵当権者の地位が確保されると考えられる。前説に賛成したい。

2　代位の期待とその保護

　このように後順位抵当権者には代位権が与えられることから，共同抵当権が実行される時に，代位権を行使できるであろうとの期待を持つことになる。逆にいえば，後順位抵当権者は将来の代位権行使を期待して抵当権を取得するのである。この期待はどの程度まで保護されるべきであろうか。その問題は，共同抵当権者がある不動産上の抵当権を放棄した場合，あるいは共同抵当権者がある不動産の所有権を取得した場合（混同）に生ずる。

(1)　放棄の事例

　設例で，Bが乙不動産上の抵当権を放棄して後，甲不動産上の抵当権を実行

した場合，Bは1,500万円の被担保債権全額の優先弁済を得ることができるが，Cは甲不動産からはもはや優先弁済を受けることができず，だからといって乙不動産上のBの抵当権は放棄されており代位できないため，Cにはきわめて不都合な結果がもたらされる。そこで判例は，もし放棄がなければ後順位抵当権者が代位することができた価額について，共同抵当権者は後順位抵当権者に優先できないとした（大判昭和11・7・14民集15巻1409頁）。したがって，設例では，Bが放棄しなかったとすれば乙不動産上の抵当権に代位することができた600万円について，BはCに優先することができないので，Bは結局900万円の優先弁済を受けられるにすぎず，Cは甲不動産から600万円の配当を受けることになるのである。

　学説では，いずれも後順位抵当権者に一定の保護を与えるが，その方法については見解が分かれる。①判例を支持する説のほか，②放棄がなされていても後順位抵当権者は放棄がないものとして代位できるとする説，③放棄された場合，あらかじめ割付けがなされたとみて，他の抵当権を実行した場合，共同抵当権者は割付額しか優先することができないとする説，④共同抵当権者が，抵当権を放棄するためには後順位抵当権者の同意が必要とする説などがある。②は設定者が抵当権放棄の利益を受けえず，④では共同抵当権者に放棄の自由が奪われる。①と③にはそのような問題がないが，③によるならば，抵当権が放棄された不動産上の後順位抵当権者は，優先弁済を行使できる範囲があらかじめ割り付けられた額に制限されるが，①にはその制限がない。事例では，Bが乙不動産上の抵当権を放棄した場合，③によればDは債権額が400万円以上であっても割付額である400万円に制限されるが，①によれば債権額が400万円以上であっても（例えば500万円），その全額について代位できることになろう。他の一般債権者との均衡上③が妥当と思われる。

　(2)　混同の事例

　共同抵当権者が抵当権の目的不動産の一つについて所有権を取得した場合，混同が生じて抵当権は消滅するか。それは，後順位抵当権者にとっては，代位されるべき抵当権が消滅することになるのかという問題となる。かかる抵当権が「第三者ノ権利ノ目的」であるとみて，混同は生ぜず，したがって抵当権は消滅しないとするのが通説である（179条1項ただし書の適用）。

§12 根抵当

〔設例〕
(1) 継続的な取引関係があって金銭貸借が頻繁に行われる当事者間で、通常の抵当権を設定する場合にはどのような問題があるか。
(2) 被担保債権を「銀行取引によって生ずる一切の債権」とする根抵当権が設定された場合、どのような債権が担保されることになるか。

1 根抵当の意義

(1) 根抵当の意味

　根抵当とは、「一定範囲に属する不特定の債権」を極度額の限度において担保するために設定される抵当権である（民398条の2第1項）。例えば銀行や商社と企業との間、メーカーと卸商との間などで継続的な取引関係が存在し、債権債務が恒常的に増減変動する場合には、その間の信用を担保するためには、普通の抵当権（普通抵当）では十分でないことがある。というのは、特定の被担保債権が消滅したときには抵当権も附従性の原則に従って消滅するので、同一の取引関係から発生する別の債権を担保するためには、新たにそのための抵当権を設定しなければならず、そのための手続きや費用が負担となるからである。さらに当事者間の取引が継続的になればなるほど、抵当権の設定契約やその登記手続などが毎回必要となって煩雑であり、実務上不都合である。そこで一定期間の間、被担保債権が消滅しても抵当権を消滅させない取扱いが必要となる（附従性の原則の否定ないし緩和）。かくして個々の債権の発生・消滅に関係なく存続し、増減変動する債権を一括して一定限度額まで担保する担保権（根担保）、すなわち根抵当が考案された。〔設例〕(1)のような場合には、普通抵当を利用することに以上のような問題があるので、根抵当を利用することになるのである。

(2) 根抵当の沿革

　根抵当そのものはすでに明治時代から行われてきたが，当初民法はこれを法定しておらず，その有効性は判例・学説によって承認されてきた。戦後，経済の発達に伴って根抵当の利用が急速に展開して，さまざまな解釈問題が発生したが，その最たるものがいわゆる「包括根抵当」が有効かどうかという問題であった。すなわち，当事者間における継続的取引契約（基本契約という）にもとづいて生ずる債権を担保するだけでなく，例えば「銀行取引に基づいて生ずる一切の債権」を担保するためにも根抵当権が利用されるようになった。これは当事者間で発生する債権のすべてを包括的に担保するものとなりうるもので，それは与信者に対して不必要に担保価値の独占を許すものと評価することができる。これは結局のところ根抵当権にどの程度の被担保債権との関連性を認めるべきかという，すぐれて法政策的問題であり，立法的解決を必要とした。そこで昭和46年に民法に「第四節　根抵当」の規定が設けられる（法律99号）とともに，関連する問題についても立法的解決を与えたのである。

(3) 根抵当の特質

　以上の背景を踏まえるならば，根抵当権は，継続的な取引関係を前提にして増減変動する多くの債権を，一定の範囲内に属するものに限って，一定の限度額まで担保するものである。そのためには(1)で述べたように，附従性の原則を否定ないし緩和して，被担保債権の消滅によって根抵当権が消滅しないようにしなければならない。そうすると，根抵当権の存在は被担保債権から一定限度で独立しているとみることができよう。したがって債権からの独立性が根抵当権の特質といえる。

　そしてこのような根抵当権の性格づけについては，種々の表現が見られる。所有不動産の担保価値を入れた函であるとし，極度額は函の大きさであり，被担保債権範囲を決定する基準は函の入口である（我妻・担保482頁）としたり，あるいは極度額に相当する目的物の担保価値の独立的な支配権＝枠支配権である（新コンメン担保〔清水〕390頁，高木・252頁など）とし，あるいは極度額と順位によって規定された部分＝担保枠の独立的存在が認められた（鈴木・問題点5頁）とされる。いずれの表現であっても，それによってただちに解釈論的帰結がもたらされるものではないが，解釈問題に際して根抵当権の理解を助け，

あるいは普通抵当権との差異を明確にすることのできる，いわば道具概念として認識すればよいであろう。ここでは，比較的簡明な「担保枠支配権」また「枠支配権」という表現を用いる。極度額を限度とする枠が，目的不動産の担保価値を債権から独立して支配していると観念するわけである。

2 　根抵当権の設定と内容

(1) 　根抵当権の設定

　根抵当権は，普通抵当権と同様に約定担保物権であるから，当事者（根抵当権者と根抵当権設定者）の根抵当権設定契約によって設定される。根抵当権設定者には債務者がなることもあれば，債務者以外の者（物上保証人）がなることもあるのも普通抵当と同様である。

　しかし，設定契約で定めるべき事項には，根抵当権の特質に基づくものがある。すなわち，第1に担保枠＝極度額を決定しなければならない（「極度額の限度において」398条の2第1項）。これは，いわば根抵当権の担保する債権の量的範囲を決定するものである。第2に被担保債権範囲を決定する基準を決めなければならない（398条の2第1項・2項）。これは，いわば根抵当権の担保する債権の質的範囲を決定するものであり，不特定の債権を担保する根抵当権であっても，どのような範囲（種類）の債権を担保するかという基準を決めるのである。このほか債務者も定めなければならないのは，普通抵当と同様である（確定期日も定めることができるが，必要的記載事項ではない（398条の6第1項））。極度額，被担保債権範囲，そして確定期日について以下説明する。

(2) 　極度額の決定

　根抵当権は，「極度額の限度において」一定の範囲に属する特定の不債権を担保するものである。したがって極度額を決定しなければならない。その趣旨は，極度額を定めることによって後順位担保権の設定を可能とし，目的物の担保価値の効率的な活用をもたらすことにある。例えば，目的不動産の価額が8,000万円であるとして，極度額が5,000万円に決定されれば，根抵当権者は5,000万円の限度まで優先弁済を得ることができるが，さらに設定者は3,000万円の余剰分について第2順位以下の抵当権を設定することができるのである。この極度額は，被担保債権の成立や消滅と関係なく存続しつづけることになり，

したがって債権から独立した担保価値（担保枠）を支配することができるといえる（被担保債権額が1,000万円であれば、極度額も1,000万円になるわけではない）。

なお、極度額の理解については、元本の最高額を意味し、利息その他の定期金、債務不履行によって生じた損害賠償などはこれとは別であるとする元本極度額とする考え方と、極度額にも元本のみならず利息その他の定期金、損害賠償などが含められるとする債権極度額という二つの考え方がある。かつて問題とされたが、民法は債権極度額の立場を採用した（398条の3第1項）。

(3) 被担保債権範囲の確定

前述したように根抵当権は当事者の合意＝設定契約によって設定されるが、被担保債権範囲の確定についてはまったく自由であるわけではない。民法がその枠組みを用意し、当事者がこれを選択することにしている。民法があらかじめ決めている被担保債権資格は、具体的な取引ならびに抽象的な取引の2種類であり、さらに債務者との取引以外を原因とする債権がある。〔設例〕(2)に対しては、以下のような基準で被担保債権範囲が確定されることになる。

① 具体的かつ継続的な取引によって生ずる債権

不特定の債権範囲が、債務者との「特定の継続的取引契約」によって生ずるものに限定される場合である（民398条の2第2項前段）。例えば、当座貸越契約や継続的手形割引契約などがあり、登記先例によれば「○年○月○日当座貸越契約」、「○年○月○日手形割引契約」、「○年○月○日電気製品供給契約」、「○年○月○日石油販売特約店契約」なども認められている。

② 抽象的な取引の種類によって生ずる債権

不特定の債権範囲が、債務者との「一定の種類の取引」によって生ずるものに限定される場合である（398条の2第2項後段）。具体的には、銀行取引、売買取引、金銭消費貸借取引、手形貸付取引、手形割引取引、当座貸越取引、保証委託取引というものが認められており、実際には①よりもこの種類の根抵当権が多い。しかしながら、どのような種類の取引でも認められるわけではなく、例えば金融取引、商取引、商社取引、手形取引、根抵当取引などは登記申請が受理されない。その基準について、「客観的に担保すべき債権の範囲を画する基準として、その内容を第三者が認識できるようその取引の種類」を設定登記に記載するものとしている（昭和46年10月4日民事甲第3230号法務省民事局長通

達)。銀行取引が認められているのに，商社取引が認められないというのは，一見不合理にみられるが，銀行取引は銀行法によってその業務の範囲が法定されているが，商社取引にはそれがないというのである。〔設例〕(2)の場合には，具体的には銀行法によって規定される業務の範囲における取引から生ずる債権が被担保債権となろう。

③ 債務者との取引以外から生ずる債権

(a) 特定の原因に基づいて継続して生ずる債権（398条の2第3項前段）　例えば，「甲工場の排液による損害賠償債権」や，「乙工場からの清酒移出による酒税債権」がこれにあたる。債権発生の原因を特定することができる事項によって決定されている。

(b) 手形上・小切手上の請求権（398条の2第3項後段）　債務者が，第三者のために振り出し，あるいは裏書や保証をした手形・小切手を根抵当権者が取得する場合があり，このときの手形・小切手上の請求権（いわゆる回り手形・小切手）を指す。これは債務者との直接の取引から生ずるものではないので，①や②のような債務者との取引によって生ずる債権とはいえず，したがって本来は根抵当権の被担保債権範囲に入らないことになるが，第3項後段はこれを特に認めたのである。包括根抵当を要望していた金融実務界は回り手形・小切手をも被担保債権資格を有するように求めたからであるが，他方，一定の制限を設けている。債務者に資力の低下が発生した場合である。このとき極度額にまだ空き枠が残っていれば，根抵当権者は第三者から廉価に手形・小切手を取得することにより，根抵当権の空き枠を利用して回収することができよう。しかし，それでは後順位抵当権者や一般債権者は空き枠に対する正当な期待を裏切られることになって不当である。そこで，民法は債務者の支払い停止のほか，破産，再生手続開始，更正手続開始，整理開始もしくは特別清算開始の申立てがあるとき，または抵当不動産に対する競売の申立てや，滞納処分による差押えがあるときに，それぞれの事情の前に取得した手形・小切手債権についてのみ根抵当権を行うことができるとした（398条の3第2項）。なお，以上のほか，設定時に発生している特定債権も被担保債権範囲に加えることができる（高木・240頁）。

(4) 確定期日

　根抵当権は，確定した元本およびその利息・遅延利息を担保することになる（398条の3第1項）が，その確定期日は根抵当権設定者と根抵当権者とが合意することができる（398条の6第1項）。したがって確定期日以降に発生した元本債権は根抵当権によって担保されないことになる。確定期日の合意には，後順位抵当権者その他の第三者の承諾を得る必要がない（398条の6第2項）が，定めた日から5年内であることを要する（398条の6第3項）。

　この合意は任意であって合意しなくともよい。合意がなくて確定期日が定められていない場合には，設定時より3年経過後，設定者は元本確定請求をすることができる（398条の19第1項）。ただしこの規定は，設定者が物上保証人であり，根抵当権設定後に債務者の資産状態が悪化したなど，予期しえない事情変更が生じた場合にも適用されるべきであると考える説がある。これによれば，確定期日の定めがあっても確定請求をなしうると解することになる。

(5) 根抵当権の設定と登記

　根抵当権の設定は，不動産に関する物権の設定である以上，登記を要する。必要的記載事項は，被担保債権の範囲・極度額・債務者であるが，元本確定期日の定めがなされていればこれも登記事項となる（不登83条・88条2項）。登記は原則的に対抗力を生ずる（177条）。したがって根抵当権設定者の一般債権者に対しても，抵当不動産の第三取得者に対しても登記なくして対抗することができない。さらに同一不動産の上に複数の抵当権や根抵当権が設定された場合，登記の前後によってその順位が決まる（373条）。

　注意すべきは，登記を効力発生要件ないし成立要件とする規定がとくに根抵当権の内容の変更などに多く見られることである。被担保債権範囲決定基準の変更（398条の4第3項），元本確定期日の変更（398条の6第4項），根抵当関係の相続による承継（398条の9第4項），純粋共同根抵当の成立及びその内容の変更（398条の16・398条の17第1項）などである。内容変更に際して登記を対抗要件とすれば，その効力が当事者と第三者とで異なることにもなり，収拾できないような紛糾が生じるからである。そこでこのような規定を根拠として，「一種の効力発生要件」と説明したり（我妻・担保496頁，柚木＝高木・担保461

頁)「一種の成立要件」と説明する説（新コンメン担保〔清水〕395頁，鈴木・概説89頁など）がある。とはいえ，学説の説明は単純に色分けできるものではなく，対抗力が生ずるのを原則としつつ，例外的に効力発生要件としての規定があるとの説明が多い。

3　根抵当権の内容の変更

　根抵当権が設定される関係は継続的であるために，その内容が変更されることがありうる。民法は，根抵当権の元本確定前であれば，極度額，債務者，被担保債権範囲などを変更することを認めている。

(1) 被担保債権の範囲の変更

　元本確定前においては，被担保債権の範囲を変更することができる（398条の4第1項前段）。例えば，被担保債権範囲を特定の継続的取引契約から生ずる債権としていたのを，銀行取引によって生ずる債権と変更することができ，あるいは銀行取引によって生ずる債権に加えて，手形債権，小切手債権を追加することや，すでに追加されていた手形債権，小切手債権を削除することができるのである。すなわち交換的変更，追加的変更，削除的変更が可能である。

　この変更は，根抵当権設定者と根抵当権者との間の合意に基づいて行われる。なお第三取得者が登場していれば，第三取得者が当事者となる。また後順位抵当権者その他の第三者の承諾を必要としない（398条の4第2項）。被担保債権範囲は設定当事者の意思によって決定されることから，その変更も当事者の意思にのみ拘束されるべきだからである。

　さらに，この変更は，元本確定前に登記しなければ変更がなされなかったものとみなされる（398条の4第3項）。変更の合意の効力が変更登記によって左右される結果となり，対抗要件としての登記の一般的効力とは異なる。その説明には前述したように対立があるが，変更の合意のみでは効力は生ぜず，変更登記を効力発生要件とする説（我妻・担保496頁）に従っておきたい。そうでないと当事者間と第三者に対する関係とで被担保債権範囲が異なり混乱を招くからである。

(2) 債務者の変更

　元本確定前においては，債務者を変更することができる（398条の4第1項後

段)。変更には，被担保債権範囲の変更と同様，交換的，追加的，そして削除的変更が可能である。例えば，債務者甲を乙にしたり，債務者甲に別の債務者乙を追加したり，債務者甲ならびに乙から乙を削除（ないし除外）することができる。この変更も，根抵当権設定者と根抵当権者との間の合意に基づいて行われ，後順位抵当権者その他の第三者の承諾を必要としないこと，そして元本確定前に登記しなければ変更がなされなかったものとみなされるのも，被担保債権範囲の変更と同様である（398条の4第2項・第3項）。物上保証人，第三取得者が当事者である場合に，債務者の承諾を必要としないことにも注意すべきである。

(3) 極度額の変更

極度額の変更には，増額する場合と減額する場合とがあるが，いずれにしても極度額が根抵当権から優先弁済を受けられる限度を決めるものであることから，他の利害関係人に影響するところが大きく，被担保債権範囲の変更や債務者の変更とは違った取扱いを必要とする。そこで民法は，極度額の変更には根抵当権設定当事者の合意だけでなく，利害関係人の承諾を必要とした（398条の5）。利害関係人となる者は，極度額の増額の場合，後順位担保権者や差押債権者などであり，減額の場合には，その根抵当権の転抵当権者や，個々の被担保債権の差押債権者も含まれる。

もっとも民法は，極度額の変更登記を規定していない。しかし，極度額の変更についてのみ登記なくして物権的効力が生ずるものとするのは妥当でない。他の変更の場合と同様に，変更登記によって効力が発生すると解すべきであろう。この物権的効力が生ずるためには利害関係人全員の承諾が必要である（高木・245頁，我妻・担保499頁）。一部の者の承諾のみでよいとすれば，他の者との法律関係が複雑になって妥当でないからである。

(4) 元本確定期日の変更

確定期日を延期したり，繰り上げたり，あるいは廃止することも合意によって可能である（398条の6第1項）。後順位抵当権者など第三者の承諾を必要としない（398条の6第2項）。ただし，新変更期日は，変更した日から5年以内でなければならない（398条の6第3項）。確定期日の変更は，旧期日前に登記をしなければ元本は旧期日で確定する（398条の6第4項）。ここでも登記に効

力発生要件としての効力が与えられていることがわかる。

4 確定前における債権・債務や地位の承継

根抵当権が確定する前に、根抵当権の担保すべき債権が譲渡されたり、債務引受がなされたり（特定承継）、あるいは根抵当権者または債務者が死亡して包括承継されたりすることがある。このようなときに根抵当権はどのような扱いを受けることになるであろうか。民法は根抵当権の独立性ゆえに普通抵当権とは異なる規定を置いていることに注意すべきである。

(1) 被担保債権・債務の特定承継

根抵当権の確定前に、根抵当権者から債権を取得した者は、その債権について根抵当権を行うことができない（398条の7第1項前段）。すなわち被担保債権が譲渡された場合、根抵当権から切断されることになり、もはや根抵当権によって担保されることはない。これは根抵当権の確定前においては個々の債権に関して随伴性が存在しないことを意味し、またこれは債務引受の場合にも妥当する。確定前に債務引受がなされた場合にも、根抵当権者は引受人の債権に根抵当権を行うことができない（398条の7第2項）。

(2) 代位弁済

さらに、元本確定前に債務者のため、または債務者に代わって弁済をなした者も同様に根抵当権を行使できない。すなわち第三者が債務者のために弁済した者、または保証人として債務者に代わって弁済した者は、原則的に債権者に代位して根抵当権を行使できるはずであるが（弁済による代位499条・500条）、これをできないものとした（398条の7第1項後段）。

(3) 更 改

更改の場合、原則として旧債務が消滅し（513条1項）、新債務が成立するが、旧債務の担保権を新債務のために移転することが認められている（518条）。しかし元本確定前の更改において、根抵当権を新債務に移すことはできない（398条の7第3項）。

(4) 相 続

根抵当権確定前に、根抵当権者が死亡し、相続が開始した場合、相続開始時に存在する債権のほか、相続人と根抵当権設定者の合意によって定めた相続人

が相続開始後に取得する債権を担保する（398条の8第1項）。ただし，合意の登記が6カ月以内になされなければ，担保すべき元本は相続開始時において確定したものとみなされる（398条の8第4項）。

債務者が死亡して相続が開始した場合には，根抵当権者と設定者の合意と，その登記が6カ月以内になされれば，相続開始時の債権のほか，合意によって定めた相続人が相続開始後に負担する債務を担保する（398条の8第2項・4項）。

以上の合意は，後順位抵当権者等第三者の同意を必要としない（398条の8第3項）。

(5) 合　併

根抵当権確定前に，根抵当権者たる法人が合併したり，債務者たる法人が合併した場合，合併後の債権が根抵当権によって担保されるかどうかの問題が，相続の場合と同様に問題となる。多くの場合，合併後の法人は根抵当取引を継続するので，合併によって根抵当権が確定するとするのでなく，原則として継続するものとしている。

根抵当権者たる法人を吸収合併した法人，またはこれを新設合併して設立された法人の場合には，合併時に存在していた債権と，合併後に取得する債権とが根抵当権によって担保される（398条の9第1項）。債務者たる法人を吸収合併した法人，またはこれを新設合併して設立された法人の場合にも，合併時に存在していた債権と，合併後に取得する債権とが根抵当権によって担保される（398条の9第2項）。もっとも根抵当権設定者は元本確定請求ができるが，債務者が設定者であるときは確定請求できない（398条の9第3項）。確定請求がなされれば，合併の時に確定したものとみなされる（398条の9第4項）。この確定請求権は，根抵当権設定者が合併を知ったときから2週間を経過したとき，または合併の日より1カ月を経過したときは，行使することができない（398条の9第5項）。

(6) 会 社 分 割

平成12年の商法改正による会社分割制度の導入に伴い，根抵当取引に関連する部分の整備を図ったものである（平成12年法律91号）。根抵当権確定前に，会社たる根抵当権者に分割があった場合，分割をした会社，および分割によって設立された会社，または営業を承継した会社について，分割時に存在した債権

と，分割後に取得した債権とが根抵当権によって担保されるものとした（398条の10第1項）。債務者たる会社に分割があった場合にも，分割をした会社，および分割によって設立された会社，または営業を承継した会社について，分割時に存在した債務と，分割後に負担した債務とが根抵当権によって担保されるものとした（398条の10第2項）。元本確定請求についても合併の場合と同様の取扱いをしている（398条の10第3項）。

5 確定前における根抵当権の処分

抵当権においては，転抵当，抵当権の譲渡・放棄，抵当権の順位の譲渡・放棄が認められている（376条）が，これは処分をする抵当権者が競売による配当までに債務者から弁済を受けないことを前提としていた。被担保債権の消滅を繰り返す根抵当権においては事情が異なり，したがって転抵当を除いてこのような処分を認めなかった（398条の11第1項）。これに代えて民法は根抵当権に特有の処分の方法を与えている。全部譲渡，分割譲渡，そして一部譲渡である。他方，普通抵当権と共通する処分方法も残しており，それが転抵当（398条の11第1項ただし書）と順位の変更（374条）である。

(1) 全部譲渡

根抵当権の確定前において，根抵当権者は根抵当権設定者の承諾を得て，その根抵当権を譲渡することができる（398条の12第1項）。この全部譲渡はいわば枠支配権そのものの譲渡である。したがって譲渡人が譲渡の当時有していた被担保債権は言うまでもなく，その後に生じた債権も譲渡された根抵当権によって担保されることがなく，もっぱら譲受人の債権のみが枠の範囲内で担保されることになる。もっとも甲と取引をしている譲渡人がA取引を被担保債権範囲としていたのに，乙と取引をしている譲受人の被担保債権範囲がB取引である場合には，債務者ならびに被担保債権範囲の変更をすることが必要であり，その範囲で根抵当権の枠を全部利用することができるのである。

全部譲渡は根抵当権者と譲受人の合意によってなされるが，設定者の承諾を必要とする（398条の12第1項）。不動産に関する物権の移転であるから，登記をもって対抗要件とする（177条——ただし付記による（不登規則3条5号））。

(2) 分割譲渡

　確定前の根抵当権を2個の根抵当権に分割して，その一方を譲渡することができる（398条の12第2項）。これを分割譲渡といい，枠支配権の一部を譲渡することになる。たとえば，Aが債務者Bの不動産上に極度額1,500万円の根抵当権を有している場合，1,000万円と500万円の二つに分割して，500万円の根抵当権をCに譲渡することができる。ただし，その根抵当権を目的とする権利（転抵当など）は，譲渡された500万円の根抵当権について消滅する（398条の12第2項後段）。そのため，その根抵当権を目的とする権利を有する者の承諾を得ることが必要である（398条の12第3項）。

　分割譲渡も，全部譲渡と同様，根抵当権者と譲受人の合意によってなされ，登記を対抗要件とする。分割譲渡された二つの根抵当権は同順位となる。

(3) 一部譲渡

　確定前に，根抵当権の譲渡人と譲受人との間で，根抵当権を準共有することが一部譲渡である（398条の13）。いわば根抵当権の持分権の譲渡といえる。したがって根抵当権を分割するのではなく，両者で共同に利用する関係となる。

　譲渡人と譲受人の合意でなされるが，設定者の承諾を得る必要がある（398条の13）。登記が対抗要件であることは全部譲渡，分割譲渡と同様である。

　競売の際に，譲渡人と譲受人は，極度額を限度として配当を受け，各人の債権額に応じて割り振られることになる（398条の14第1項本文）。ただし，元本確定前に，これと異なる割合を定めたり，あるいは一方が他方に優先して弁済を受けるべきことを定めたときは，その定めによる（398条の14第1項ただし書）。

(4) 転抵当（転根抵当）

　普通抵当権と同様に，根抵当権の上に他の債権を担保するために抵当権を設定することができる。これを転抵当（転根抵当）という（398条の11第1項ただし書）。例えば債務者Aの不動産上に1,000万円の根抵当権を有する根抵当権者Bは，Cに対して負う500万円の債務の担保とすることができる。Cは転抵当権を取得することになるが，これは根抵当権でも普通抵当権でもよい。

　転抵当は，転抵当権設定者＝原根抵当権者と転抵当権者との間の合意でなされ，原根抵当権設定者の同意は必要でない。特に不利益を与えることがないからである。もっとも転抵当権が設定されれば，極度額の減額には転抵当権者の

承諾が必要であり（398条の5），原抵当権の譲渡や一部譲渡がなされた場合，転抵当権は譲受人に対しても効力を有し，分割譲渡される場合には，転抵当権者の承諾が必要である（398条の13）。

転抵当の対抗要件は原則通り登記であるが，付記登記によって行う（376条2項）。377条2項は適用されない（398条の11第2項）。したがって，債務者Aは転抵当権者Cの承諾なくして原根抵当権者Bに弁済することができ，その債務は消滅する。転抵当権者Cは，Bの根抵当権を実行しても，債権がわずかになっていることがありうるし，完済されていればなんら優先弁済をそこから得ることはできないことにもなる。したがってCは空虚な枠しか把握していないということになるが，実際に転抵当がなされるのは系列金融機関の下位のものから上位のものにする場合が多く，おのずから合理的になされているとされている。

(5) 順位の譲渡・放棄を受けた根抵当権者の処分

前述したように根抵当権は，その順位の譲渡も放棄も認められていないが，逆に，根抵当権者の利益のために普通抵当権者から順位の譲渡・放棄を受ける（受益者となる）ことは可能である。この場合に，さらに根抵当権者が根抵当権の譲渡，またはその一部譲渡をなしたとき，その処分の利益を譲渡人が受けるのか，譲受人が受けるのか問題となりうる。例えばAが1,000万円の普通抵当権を第1順位で，Bが第2順位で500万円の根抵当権を有している場合に，AはBに第1順位の譲渡・放棄ができる（その結果，換価額が1,500万円で，順位の譲渡のときには，Aに配当される1,000万円とBに配当される500万円の合計1,500万円について極度額を限度としてBが配当を受け，順位の放棄のときには，A・Bの債権額に応じて2対1の割合で配当される）。このとき，BがCに根抵当権を全部譲渡した場合，Cは自己の被担保債権額について優先弁済を受けるのか，Bの根抵当権の枠（800万円）について利益を得るのかが問題になるのである。この点について，民法398条の15は，譲受人が利益を得ると規定した。したがってCが極度額の800万円の限度で配当を受け，残額はAに配当されることになる。分割譲渡の場合には，分割の割合に応じてB・Cに配当され，残額をAに配当する。一部譲渡の場合には，極度額800万円を限度としてB・Cが配当を受け，各債権額の割合に応じて（398条の14）配当され，残額がAに配当される。

6 根抵当権の確定

(1) 確定の意義

　根抵当権の確定とは，根抵当権によって担保される元本債権が特定することをいう。後述する確定事由によって，その時点で存在する元本債権が被担保債権として特定されることになる。確定以後に発生した債権はもはや担保されることはない。したがって確定すると根抵当権は特定債権を担保することになり，そのかぎりで普通抵当権と変わらないが，しかしまだ差異はある。元本債権の利息等は，確定時の空き枠やその後の弁済によって生じた空き枠に，極度額の限度まで担保されることになる。374条の適用がある普通抵当権に対してなお枠支配権としての特色を残すものとして，通説は確定後の根抵当権を普通抵当権に転化したものとは見ない。さらに今回の改正によって元本確定事由が変更された。従来規定されていた担保すべき元本が生じないこととなったときという確定事由（元本の不発生，改正前398条ノ20第1項第1号）が削除され，新たに根抵当権者の元本確定請求を認めた（398条の19第2項）。

(2) 元本確定事由

　民法は398条の20に一括して元本確定事由を列挙しているが，これ以外にも確定事由は存在する。これらをまとめると以下のとおりである。

　① 確定期日の到来

　根抵当権の確定すべき期日を定めていたとき（398条の6）には，その期日の到来した時に確定する。期日を変更する合意をしていても，登記された期日が到来する前に変更の登記をしなければ登記された期日で確定する（398条の6第4項）。

　② 確定請求

　確定期日を定めていなかった場合，根抵当権設定の時から3年を経過すれば，担保すべき元本の確定請求ができ根抵当権設定者は，その請求の時から2週間を経過した時に確定する（398条の19第1項）。さらに前述のように改正により，確定期日を定めていた場合を除き，根抵当権者はいつでも担保すべき元本の確定を請求することができ，かつ，請求時において確定する（398条の19第2項，同第3項）とされた。例えば，債権流動化の際に，あるいは子会社等の整理をし，清算をするなどの場合，債権をまとめて譲渡するためには，根抵当権につ

いては元本確定させる必要がある。それにともない設定者への通知や根抵当権確定の登記手続きをとるが，共同申請の原則から設定者の協力を得る必要があって迅速な処理に限界があった。そこで今回の改正により，根抵当権者から元本確定の手続きをとれることになり，また単独での根抵当権確定登記が可能とされた（不登93条）。これによって，事業者向けの貸付債権の流動化，サービサーへの債権売却が円滑に行われることが期待されている。

③　競売・担保不動産収益執行・差押え（換価手続の開始）

根抵当権者が，抵当不動産について競売，担保不動産収益執行または物上代位による差押えを申し立て，競売開始決定，担保不動産収益執行手続の開始または差押えがなされたときには，その申立てのとき（398条の20第1項1号）である。このほか，国または地方公共団体などが根抵当権者である場合に，抵当不動産の上に滞納処分による差押えをしたときは，その時（398条の20第1項2号），根抵当権者以外の第三者による抵当不動産に対する競売手続の開始または滞納処分による差押えがなされ，根抵当権者がかかる事実を知ったときには，知った時より2週間を経過したとき（398条の20第1項3号），そして債務者または根抵当権設定者が破産宣告を受けたとき（398条の20第1項4号）である。後二者について，競売手続の開始または差押えの効力が消滅したときは，確定しなかったものとみなされる（398条の20第2項本文。なお，ただし書に注意）。

④　相　　続

根抵当権者または債務者について相続が開始したときに，根抵当権者と設定者の合意を6カ月以内に登記しなかったときには，相続開始の時に確定する（398条の8第4項）。

⑤　合併・会社分割

根抵当権または債務者の合併のとき，根抵当権設定者（債務者は除く）が確定請求をしたときには，合併のときに確定する（398条の9第3項・4項）。この取扱いは，会社の分割の場合にも準用される（398条の10第3項）。

(3)　確定後の法律関係

確定によって，根抵当権の流動性は失われ，確定時に存在した元本債権，それによって生ずる利息，遅延利息が終局的に担保されることになる。この根抵当権を「確定根抵当権」ともいう。

確定した後に、被担保債権額の合計が極度額を下回り、いわゆる空き枠ができた場合、ここに根抵当権者は利息を含めて極度額まで担保することができること、そしてこれが、確定してもなお普通抵当権と異なる根抵当権の特色であることもすでに説明した。しかし、他方において、根抵当権者は、確定後も根抵当権を実行することなく放置しておいて、（時には高利の約定により）利息を空き枠一杯にまで満たして、事実上、根抵当権を固定化することも考えられる。そうすると、担保不動産の効率的な運用を図ることも困難となろう。そこでこのような状態から脱却する手段として、民法は極度額減額請求権（398条の21）を規定した。

また被担保債権額の合計が極度額を上回った場合、根抵当権者は極度額を越える部分については任意の弁済を得て、残額を抵当不動産から回収することもできる。しかしそれは物上保証人や抵当不動産の第三取得者の立場から見れば問題なしとしない。普通抵当の場合には被担保債権全額を予想することができるが、根抵当権ではそれができないことになり、結局担保不動産の効率的運用が困難となる。そこでこのような状態から脱却する手段として、民法は根抵当権消滅請求権（398条の22）を用意した。

① 極度額減額請求権

根抵当権設定者は、確定した元本債権額と、その後2年間に生ずるべき利息その他の定期金、および債務不履行により生ずる損害賠償の合計額の範囲にまで極度額を減額請求することができる（398条の21第1項）。この請求権を行使することによって、設定者は担保不動産の残余価値を利用することができるのである。なお、純粋共同根抵当（◇論点◇参照）の場合、数個の不動産の中の一つについて極度額減額請求権を行使することで足り、それによって全体について減額される（398条の21第2項）。

② 根抵当権消滅請求権

元本確定後に、現に存在する債務の額が極度額を超える場合に、物上保証人、抵当不動産の第三取得者、あるいは地上権、永小作権ないしは対抗力ある賃借権を取得した第三者は、極度額に相当する金額を払い渡し、またはこれを供託することによって、根抵当権の消滅を請求することができる（398条の22第1項）。この請求権は形成権であるとされている。根抵当権者への意思表示に

よって効力を生じ、その承諾は不要である。

　根抵当権消滅請求権は、物上保証人、第三取得者、用益権者に認められるもので、（主）債務者や保証人およびその承継人には認められない（398条の22第3項・380条）。もともと極度額を越えた債務についても、債務を負っている以上弁済すべきであるからである。また停止条件付きで第三取得者等になった場合、条件成否未定のあいだは、根抵当権消滅を請求することはできない（398条の22第3項・381条）。なお、純粋共同根抵当の場合、一つの不動産について消滅請求があれば、全部の不動産について根抵当権が消滅する（398条の22第2項）。

7　根抵当権の共有

　一つの根抵当権を複数の者の間で共有する関係が生じたのは、前述した根抵当権の一部譲渡においてである。しかし根抵当権の共有関係はこの場合に限られない。根抵当権は財産権であるから、これを数人が有する（準共有・264条）ことがあり、例えば数人が共同して設定者と根抵当権設定契約を結ぶ場合や、根抵当権を単独で有している者と共有者となろうとする者と設定者の三面契約で共有に移行する場合などがある。

(1)　共有根抵当権

　根抵当権の共有者は、各自その被担保債権額に応じて弁済を受ける（398条の14第1項本文）。したがって極度額2,000万円の根抵当権で、確定した債権額がAについて1,800万円、Bについて1,200万円であれば、Aが1,200万円、Bが800万円の優先弁済を受けることができることになる。

　ただし、別段の定めを元本確定前にしている場合、例えばAが8割、Bが2割と定めているときにはそれに従い（398条の14第1項ただし書）、したがってこの場合Aが1,600万円、Bが400万円の優先弁済を受ける。またある者が他者に優先して弁済を受けると定めることもでき、先の例ではAが1,800万円、Bが200万円の割合とすることもできる。

(2)　共有根抵当権の処分・変更・確定

　共有根抵当権の持分権を譲渡することは、他の共有者の同意と設定者の承諾を得ることにより可能である（398条の14第2項・398条の12第1項）。もっとも

この譲渡は全部譲渡のみを指すのか，分割譲渡，一部譲渡も可能なのかについては議論がある。A・Bが根抵当権の共有者であるとして，各自が持分の一部を譲渡することが自由に認められることになると，Bから持分の一部を譲り受けたCとAとの優劣や弁済割合が明確でなく，複雑な問題が生じうる。そこで398条の14第2項は，他の共有者の同意と根抵当権設定者の承諾を得なければならないとして，ABC間の弁済割合や優劣関係について合意がなされることを期待した（したがって持分権の自由処分を禁じた）と，通説は理解する（我妻・担保524頁，高木・262頁）。法律関係の簡明な決済を考慮すれば妥当であろう。

被担保債権範囲の決定基準，債務者，確定期日の定めは，共有者各人で異なってもよいとされている。しかし，その変更は，根抵当権そのものの変更であるから，共有者全員が合意しなければならない。

根抵当権が確定する事由は，各人において個々に生じうる。しかし通説は，共有者それぞれについて確定するわけではなく，根抵当権全体が確定するには確定事由が全員に生じたときであると説く。

◇ 論　　点 ◇

共同根抵当

同一の債権を担保するために，複数の不動産の上にも根抵当権を設定することができるのは，普通抵当と同様であるが，根抵当権の場合には枠の支配権であることから別の考慮も入る。例えばAがBの有する不動産甲・乙・丙の上に，各1,000万円の共同根抵当権を有しているとする。このとき，被担保債権額について各不動産からそれぞれに優先弁済を得ることができるのか，したがって甲・乙・丙の各不動産が1,000万円の負担を負い，合計3,000万円の負担となる（累積的な負担）のか，あるいは，被担保債権額を各不動産に割り付けるのか，したがって甲・乙・丙全部で1,000万円の負担となる（共通の負担）のかという取扱いがありうる。前者を累積共同根抵当権，後者を純粋共同根抵当権（「狭義の共同根抵当」ともいう）という。累積共同根抵当権の場合，被担保債権額の増大に対応できるので，例えばすでに根抵当権が甲・乙二つの不動産に設定されて（極度額が甲500万円，乙200万円）いる場合に，別の不動産丙を追加する（極度額500万円）ことによって，極度額一杯にまで融資すれば1,200万円まで融

資を拡大することができることになる。他方，純粋共同根抵当権の場合，個々の不動産を評価することなく一括して評価すればよいので，土地とその地上建物や，隣り合う数筆の土地を担保に取る場合に適していると言われる。おのおのに一長一短があり，民法は，累積共同根抵当権を原則としつつ，同一債権を担保するもので，設定と同時に共同根抵当権の登記をした場合に限って，純粋共同根抵当権を例外的に認め，当事者が選択できるようにした。

(1) 純粋共同根抵当権

　純粋共同根抵当権が成立するためには，二つの要件を満たさなければならない。①同一の債権の担保として，数個の不動産上に根抵当権が設定されたこと（398条の16）。「同一の債権の担保」ということから，被担保債権範囲決定の基準，債務者，極度額すべてが同一でなければならない。さらに，②設定と同時に，数個の不動産上に根抵当権が設定された旨の登記（共同担保の登記）を具備することである。「設定と同時に」というのは，根抵当権の設定登記と同時にということであって，追加的にはできないということではない。すでに根抵当権が甲不動産について設定されていて，その後，乙不動産の根抵当権が追加される場合にも，乙不動産の根抵当権が設定登記されるときに共同担保の登記をすることによって，純粋共同根抵当権とすることができる（我妻・担保530頁，貞家＝清水湛・232頁，高木・260頁）。

　被担保債権範囲決定基準，債務者，極度額についての変更，および根抵当権の譲渡は，すべての不動産についてその登記をしなければその効力を生じない（398条の17第1項）。さらに数個の不動産のうち，1個の不動産上の根抵当権について確定事由が生じたら，他の不動産上の根抵当権も同時に確定する（398条の17第2項）。いずれも複雑な法律関係の発生を防ぐためである。

　そして純粋共同根抵当権が成立すれば，普通抵当における共同抵当の規定である392条・393条の適用を受けることになる。

(2) 累積共同根抵当権

　同一の当事者間で，数個の不動産の上に設定された根抵当権であっても，先の純粋共同根抵当権の要件を備えないものは，すべて累積共同根抵当権である（398条の18）。被担保債権範囲決定基準，債務者または極度額のいずれかが異なれば，累積共同根抵当権となる。したがって，392条・393条の適用がない。

累積共同根抵当権における債権の優先弁済の配分は，以下の通りとなる。①甲不動産上の根抵当権と，乙不動産上の根抵当権の被担保債権範囲がまったく異なる（甲についてはA債権，乙についてはB債権）場合，A債権は甲不動産の根抵当権から，B債権は乙不動産の根抵当権からそれぞれ極度額まで優先弁済を受けることができる。②被担保債権範囲が一部異なっている場合，例えば①の事例でA債権が「銀行取引から生ずる債権」であり，B債権が「手形取引から生ずる債権」であるとき，重複している範囲の債権は，甲・乙いずれの不動産上の根抵当権からでも優先弁済を受けることができる。③被担保債権範囲決定基準，極度額がまったく同一である場合，各不動産から極度額の範囲で優先弁済を受けることができる。したがって極度額が甲不動産・乙不動産ともに1,000万円であれば，両方合わせて2,000万円まで優先弁済を受けることができるのである。

　根抵当権者がいずれの不動産からも優先弁済を受けられる場合には，配当時にどの不動産から優先弁済を受けるか決定しなければならない。その選択権は根抵当権者にあると解される。しかし後順位抵当権者が存在する場合，根抵当権の選択によっては不利益を受けることがあろう。そこで同時配当の場合，392条の類推適用により，各不動産の価額に応じて債権を配分するものと解されている。

　累積共同根抵当権の確定は，各根抵当権についてそれぞれ独立して生ずる。純粋共同根抵当権との違いがこの点にもある。

第6章　非典型担保

§1　非典型担保総説

〔設例〕　中小企業の経営者は新規事業のため資金がほしいが，自宅ならびに工場はすでに抵当権が設定されている。資金を調達するにはどのような手段があるか。

1　実務における展開

担保制度ないし担保権は実際の取引実務において利用され，発展してきたものであるから，実務界の需要やニーズに影響されるものである。設例のような場合は実際にはよく起こるものであり，とりわけ不動産上には多くの場合金融機関が先順位で抵当権が設定されており，余剰価値としては不十分で新規借り入れの担保手段としてはもはや使えないのが通常である。民法の規定する担保手段としては質権があるが，これも原則として債権者に目的物の占有が移転する（344条）ため不便である。そこで民法規定の担保手段（典型担保）以外で資金調達手段が発展してきた。

具体的には，例えば古くから利用されてきたものとして譲渡担保がある。債務の担保として債務者が不動産や動産の所有権を債権者に移転して，借金を返済したらこれを返すというものである。

さらに債務の担保として債務者が代物弁済契約ないしその予約を債権者と結んでその仮登記をしておくという仮登記担保がある。これも民法は規定していなかったため，判例法が発展してきたが，現在は特別法が制定されるに至って

いる（仮登記担保契約に関する法律）。

　また自動車を買ったユーザーがローンを組む場合に，ローンの完済に至るまで自動車の所有権を売主に留保しておくという担保があり，所有権留保という。これも民法は規定していない。しかしながら，以上の三者は実務においては多く利用されている担保の類型であり，これらはまとめて非典型担保と呼ばれる。また典型・非典型の区分に加え，抵当権や質権のような制限物権が設定される制限物権型担保と，権利が移転する権利移転型担保という分類の仕方もある。権利移転型であるために，移転する権利は所有権のみならず，債権や無体財産権などその対象は広くなり，これらの目的も担保化したいという実務の要請にもこの移転構成によって応えることができるのである。

2　非典型担保の存在理由

　すでに説明してきたが，非典型担保が利用される理由は何か。担保権の利用形態・需要などに応じてそれは多種多様であるが，ここでは主たる理由のみあげてみよう。

　①　動産について民法が認める担保方法は質権（動産質）のみであるが，これは必ずしも実用的ではない。というのは，占有が債権者に移転するため（352条），担保目的物である動産を担保設定者の手元に置き，利用を継続しながら担保化したいという要請には，動産質では応えられないからである。そこで，占有を債権者に移さないで動産を担保化するために，民法の質権を使わずに，例えば譲渡担保を利用してきたのである。

　②　典型担保の換価は民事執行法によるが，従来その手続はいささか煩雑で時間がかかり，その結果換価金額も低下するなどと批判されてきた。そこで実務界では煩雑な手続を省き，迅速な換価を実現するために非典型担保が考案・利用されてきた。ただ本来的には抵当権や質権などの典型担保を利用すべきであるのに，それをしないで，ときには債権者にとってのみ都合のよい非典型担保が使われてきたこともあり，中には暴利行為との評価ができるものもあった（債務者の経済的困窮に乗じて被担保債権額の約8倍の価格の不動産を譲渡担保にとった最判昭和38・1・18民集17巻1号25頁など参照）。したがって法的にはこのような担保形態を手ばなしに認めるという姿勢はとりえない。しかしながら手

続的側面での問題があったことは否定できない（そこで近年執行法制の改正作業が進められてきた）。

③　典型担保の場合，担保目的物は特定物であることが前提であるが，倉庫の中の商品全体や，不動産・動産を一つのまとまりとして担保化する手段がない。個別の商品や不動産・動産だけでは十分な担保価値をもたない場合に，典型担保では集合物に対する担保手段を求める債権者・債務者の要請に応えられないのである。

④　典型担保の代表である抵当権には，かつては短期賃借権の保護（改正前395条）や滌除（改正前378条）などの制度により，用益権との調整のために抵当権の効力が制限されることがありうる。これに対して譲渡担保であれば不動産の所有権が移転するために，設定者のもとで用益権が設定されるということは，法形式上はなくなるのである（もっとも後述するように，民法・民事執行法の改正によってこれらの問題点がかなりの程度解消されつつあることに留意されたい）。

以上のような理由から，各種の特別法の制定にもかかわらず，実務の要請に基づき非典型担保が生成・発展してきた。そこに非典型担保の存在理由があるといえる。

§2　仮登記担保

〔設例〕　Aは，Bに対する債務を履行できなかったときには，自己所有の不動産をBに代物弁済する契約を結んだ。Aが債務不履行に陥った場合，Bはただちに所有権を取得できるか。権利行使の手続きにはどのような行為があるか。

1 仮登記担保の意義と沿革

　AはBに対する金銭債務を担保するために，所有する不動産について代物弁済契約の予約あるいは停止条件付代物弁済契約または売買予約を結び，債務が弁済されない場合には当該不動産の所有権をBに移転するという方法がある。この予約ないし契約にもとづいてBの有する所有権移転請求権を保全する仮登記（不登105条2号）がなされるため，仮登記担保といわれる。

　この担保方法はなぜ利用されてきたのか。この方法により被担保債権額（例えば400万円）よりも価値の高い不動産（例えば1,000万円）を担保とし，債務不履行があればこれを売却処分して余剰分（600万円）を「丸取り」できるといううまみがあった。さらに，抵当権の実行に伴う手続の煩雑さや時間のロス，これに伴って生じる競売価格の低下などの不便・不利益，および典型担保に対する民法の諸制限（被担保債権範囲を制限する374条，滌除権の378条，短期賃貸借による395条の制限など）を回避することができるのである（ただし，改正法に注意されたい）。古くから利用されてきたゆえんである。

　しかしながら，そのような債権者にとっての利点はまさに問題となる。とくに「丸取り」によって暴利行為となることも多く，清算義務が確立される（おつりを返す）など，担保としての実質に着眼した判例法が形成されてきたが，なお不明な点も多かったので，現在では「仮登記担保契約に関する法律（以下仮登記担保法と記す）」（昭和53年法78）によって規律されている。譲渡担保にも参考になる点が多く，実際に類推適用などの解釈手法も登場する。

2 仮登記担保権の設定（仮登記担保契約）

　仮登記担保契約は，債権者と債務者または物上保証人との間でなされる。すなわち，金銭債権を担保するため，その不履行があるときは債権者に債務者または第三者に属する所有権その他の権利の移転等をすることを目的としてされた代物弁済の予約，停止条件付代物弁済契約，その他の契約（売買予約など）で，その契約による権利について仮登記または仮登録のできるもの（仮登記担保法1条）をいう。所有権その他の権利の移転が目的となるために権利移転型担保としての特徴を有するが，他方，仮登記担保法の各規定によって制限物権型と同様の取扱いがあることにも注意すべきである（競売では抵当権とみなされ

る（仮登記担保法13条1項）など）。

　仮登記担保契約のなされる目的物は普通不動産であるが，工場財団・鉱業財団などの所有権，特許権，その他登録できる船舶や航空機なども可能であり，多種多様である。

　仮登記担保の被担保債権は金銭債権であり，金銭債権以外の債権，例えば特定物の引渡債権を担保するために仮登記担保を設定することはできない。被担保債権の範囲は，仮登記担保権者が実行するときには，清算期間経過時の債権，および債務者・物上保証人が負担すべき費用（登録免許税など）で債権者が代わって負担したものである。もっとも，他の債権者による強制競売・担保権実行による競売においては，抵当権と同様となり，利息や損害金については最後の2年分に制限されている（仮登記担保法13条2項）。

3　公示方法

　仮登記担保権の公示方法は，仮登録，仮登記である。仮登記には所有権移転請求権保全の仮登記がある（不登105条2号）。担保仮登記と呼ばれる。もともと仮登記は順位保全の効力を有するにすぎず，対抗力がないが，仮登記担保法では，仮登記担保権を抵当権とみなし，仮登記を抵当権設定登記とみなしている（仮登記担保法13条1項・20条）。また，Aの不動産が他の債権者によって強制競売または担保権の実行としての競売に付された場合，仮登記担保権者は仮登記のままで順位に応じた優先弁済権を行使することができる（仮登記担保法13条1項・15条1項。仮登録も同様である）。したがって〔設例〕においては，目的不動産について競売の可能性を考慮して，Bは仮登記をしておかなければ自己の優先弁済権を確保できないことになる。

4　仮登記担保の実行（私的実行）

　仮登記担保権者は，競売によることなく目的物所有権を取得することができ，債権の満足を得ることができる。これを私的実行という。私的実行を行うためには，債務者が履行遅滞に陥り，かつ仮登記担保契約所定の要件（停止条件付契約の場合には条件の成就，予約の場合には予約完結の意思表示）が満たされなければならない。

もっとも，以上の要件のみで所有権などの権利がただちに移転するわけではない。仮登記担保法はさらに制限を課している。つまり，債権者が債務者または物上保証人に対して，債権などの額を明らかにして清算金の見積額を通知し，かつその通知が到達した日から2カ月の期間（清算期間という）が経過しなければ，その所有権を取得できないとする（仮登記担保法2条1項・2項）。仮登記担保法制定までは，債務不履行が発生すれば債権者はただちに所有権移転手続をして，転売することによって債権を回収することが多かったことから，債務者を保護するためにこれを制限したのである。

　さらに，利害関係人の権利行使を確保するための制限も設けられている。たとえば，先の通知が到達したとき，担保仮登記後に登記された先取特権，質権もしくは抵当権を有する者または後順位の担保仮登記の権利者があるときは，債権者は，遅滞なくこれらの者に対して所定の通知をしなければならない（仮登記担保法5条1項）。以上のようにして，仮登記担保権者の私的実行に対して債務者や利害関係人の保護が図られているのである。〔設例〕では，Bは以上の手続きを履践しなければならない。

5　競売手続による優先弁済

　仮登記担保権の目的物について競売手続が開始された場合，仮登記担保権は競売手続の中で抵当権とみなされ，その順位については担保仮登記のされた時に抵当権設定登記がされたものとみなされて優先弁済を受けることができる（仮登記担保法13条）。したがって，権利移転型といいながら，仮登記担保法では抵当権とみなされることで制限物権型と同じ扱いを受けているのである。また，仮登記担保権の私的実行がなされた後でも，清算金の支払いまでに競売手続の開始決定がなされたときは，担保仮登記にもとづいて本登記の請求をすることができないとされている（仮登記担保法15条）。ここでも競売手続が仮登記という形式よりも重視されている。

6　仮登記担保と用益権

　仮登記担保においては抵当権と同様に，仮登記担保権が実行されるまで目的物の所有権は設定者のもとにとどめられるので，目的物を他人に利用させたり，

譲渡したりすることが可能である。そこで、用益権との調整をどのようにするかという問題が生ずる。

土地とその地上建物が同一人の所有となっている場合に、土地について担保仮登記がなされたときは、その仮登記に基づく本登記がなされる場合について、その建物の所有を目的として土地の賃貸借がされたもの（法定借地権）とみなされる（仮登記担保法10条）。法定地上権を規定する388条が類推適用されるべきかという問題があったが、立法的に解決したものである（ただし、建物に担保仮登記がなされた場合については規定がない）。

なお、仮登記担保権設定後、目的物上に地上権・賃借権などの利用権の設定を受けた者は、改正前の395条（短期賃借権の保護）の適用を受けるか、という問題があった。学説では濫用的短期賃貸借の横行を前提として、同条の類推適用を否定する学説が有力であったが、今回の改正によって短期賃貸借保護の規定が廃止されたので、この問題設定が変わることになるであろう。

7 仮登記担保の消滅（消滅事由）

仮登記担保権も、通常の担保物権と同様に、弁済や時効によって被担保債権が消滅すると自らも消滅する。また目的物の競売や滅失によっても消滅する。

§3 譲渡担保

〔設例〕 Aが取引相手のBから融資を受けるために、所有する甲不動産をBに譲渡することにして、債務を弁済したときにこれを返還してもらうことにした。ただし、Aが目的物を占有利用するためにAB間で賃貸借契約を結んでいる。
(1) Bは賃料不払いを理由に賃貸借契約を解除して、Aに対して目的不動産の引渡しを請求できるか。
(2) Aが債務不履行に陥った場合、Bは何ができるか。

(3) Aが完済する前に，Bが目的不動産を第三者に譲渡して，登記も移転した場合，Aはその返還を請求できるか。

1　譲渡担保の意義・機能・種類
(1)　譲渡担保とは何か

AがBから借金する際に，担保としてAの所有する物の所有権をBに移転しておき，借金を返済したら所有権をBから返還してもらうことにしたとする。この場合，所有権を移転するだけなので目的物自体はAがなお利用しつづけるが，Aが借金を返済することができず債務不履行となったときには，移転した所有権がBに確定的に帰属することになる。Bはこれを第三者に売却することによって回収を図ることもできる。このように，設定者（債務者または第三者）の有する所有権その他の財産権を債権者に譲渡し，債務が弁済されたらその権利は設定者に復帰し，債務不履行の場合にはその権利は債権者に確定的に帰属するという担保の形態を譲渡担保という。

(2)　譲渡担保はなぜ利用されるのか

多くの場合，占有を移転しないので，設定者は従前通り目的物を利用することができる一方，債権者もこれを自ら管理する必要もない。さらに，移転する権利には制限がないので，譲渡性があればどのような権利でも担保化することができる。例えば「のれん」などの無形の財産権や，指名債権，ゴルフ会員権，さらに在庫商品などの集合物を担保化することができ，典型担保にはない機能を有している。

また，債権者に所有権が移転する権利移転型担保であることから，換価するために裁判所の競売手続を経るということがない。そのため，制限物権を設定する質権・抵当権に比べて迅速かつ簡単に換価できるという利点がある。さらに，制限物権の場合には他の後順位担保権者が登場することもあるが，譲渡担保は権利が債権者に移転し，不動産の場合目的物の所有名義も移転するので，債務者・設定者が後順位担保権を設定することができない。不動産であれば抵当権の場合に典型的に見られたような後順位担保権者の妨害行為などもないという利点がある。

(3) 譲渡担保にはどのような種類があるか

譲渡担保の権利を移転するという形式には二通りある。例えばAがBから融資を受けて，その担保としてAの所有する物の所有権を移転する場合がある。AとBとの間には融資を原因とする債権（被担保債権）が存在する（狭義の譲渡担保）。これに対して，AはBから融資を受けるが，その形式はAの所有物をBが買ったことにして（Bの代金支払いがAへの融資となる），期日までにAが弁済したら，所有権を戻すという場合（売渡担保）である。この場合，法形式的にはAB間には被担保債権が存在しないことになり，被担保債権が存在する前者と決定的に異なる。しかしながら，いずれも実質的には債権担保を目的としていることから，売渡担保であっても譲渡担保と同様の解釈がなされるようになり，今日では区別の実益は少ないといえよう。

このほか，目的物の価額と被担保債権額との差額を返す「清算型」と返さない「流担保型（ないし非清算型）」が区別され，「清算型」についても，債権者が目的物の所有権を取得してその評価額と被担保債権金額との差額を清算する「帰属清算型」，目的物を任意に売却処分してその代金と被担保債権金額との差額を清算する「処分清算型」が区別されている。さらに目的物所有権の帰属の仕方に関して，債権者が目的物所有権を確定的に取得するための請求を必要とする「請求帰属型」と，これを必要としないで債務不履行が生ずれば目的物は当然に確定的に担保権者に帰属する「当然帰属型」がある。これらについても，次に述べる判例法の進展に伴って清算型が原則となり，学説でもほとんどが無清算特約を認めない現在では，区別する意義はほぼなくなったといえよう。

2 譲渡担保の法的構成

(1) 判　例

当初の判例は，所有権が当事者間でも外部の第三者との関係でも債権者に移転する「内外部ともに移転」型と，所有権が外部との関係では移転しているが，当事者間内部では設定者にとどまっている「外部的にのみ移転」型とを分け，いずれかは当事者の意思によって決まるが，「外部的にのみ移転」型を原則形態であるとしていた。後に学説によって「内外部ともに移転」を「強い譲渡担保」とし，「外部的にのみ移転」を「弱い譲渡担保」と称され（我妻・担保604

頁），支持も得た。しかし，その後大審院は原則と例外を逆転させ，当事者間においても所有権は移転しているとして，当事者の意思が明らかでないときには「内外部ともに移転」型を原則とすると改めた（大連判大正13・12・24民集3巻555頁）。もっとも清算型を推定する（大判大正8・7・9民録25輯1373頁，大判大正10・3・5民録27輯475頁）一方で，債権者が破産した場合でも設定者に取戻権を承認する（株券の譲渡担保について大判昭和13・10・12民集17巻2115頁）ので，担保としての法的取り扱いをしているといってよい。その後，最高裁においても，担保としての実質を重視して，譲渡担保権者には債権担保の目的を達するのに必要な範囲内においてのみ目的不動産の所有権移転の効力が生じるとしつつ，譲渡担保権者が目的物を確定的に自己の所有に帰させるには清算手続を要し，それまでは設定者は被担保債権を弁済して目的不動産を受け戻すことができるという構成をとる（最判平成5・2・26民集47巻2号1563頁，最判平成7・11・10民集49巻9号2953頁など）。すなわち所有権移転の構成をとりながらも，清算義務を肯定し，設定者の受戻権を肯定するなど担保としての効果を持たせるよう制限しているといえよう（高木・346頁）。

(2) 学　説

学説を大別するならば，所有権的構成と担保的構成に分かれるが，多くは担保的構成に傾いているといってよい（吉田眞澄・譲渡担保49頁以下，米倉明・譲渡担保の研究3頁以下，高木・341頁以下）。設定者は譲渡担保を設定してもなお所有権を有し，譲渡担保権者は一種の担保物権ないし制限物権を取得するという構成や，譲渡担保の設定によって債権者には一応所有権が移転する（第1段の物権変動）が，債権者が保有しうるのは担保権のみであり，所有権マイナス担保権の残余部分が設定者に直ちに返還される（第二段の物権変動）ことになるという二段物権変動説（鈴木禄弥・譲渡担保161頁）のほか，端的にこの担保物権の内容を「抵当権」と構成する学説まである（抵当権説，米倉・前掲書44頁）。二段物権変動説はかなり技巧的な構成であり，また抵当権説には譲渡担保権と抵当権との違いを看過するものとの批判もあって，一種の制限物権と構成する立場が有力と思われる（柚木＝高木・担保551頁，このほか授権説や物権的期待権説など）。

3 譲渡担保の設定

譲渡担保は，設定者と担保権者との間の契約によって成立する。買戻権付の売買契約の形式をとっていても，担保目的であれば譲渡担保設定契約と解すべきであろう。設定者は通常債務者であることが多いが，抵当権の場合と同様，債務者以外の第三者（物上保証人という）であってもよい。被担保債権は通常金銭債権であるが，これ以外であってもかまわない。また将来発生する債権であっても，増減変動する不特定の債権であってもよい（根譲渡担保という）。目的物は譲渡性があって，財産的価値のあるものであれば，種類を問わない。たとえば，土地や建物などのような不動産や動産，指名債権やゴルフ会員権などがある。また，構成部分が変動する集合動産も，その種類，所在場所，量的範囲などによって目的物の範囲が特定される場合には，譲渡担保の目的となる（最判昭和54・2・15民集33巻1号51頁，後述）。

4 公示方法・対抗要件

(1) 不動産

不動産の場合，公示方法は登記である（177条）。「売買」を原因とする所有権移転登記が普通であったが，登記原因を「譲渡担保」とすることも認められている。しかし抵当権などのように被担保債権やその金額，譲渡担保権が実行されているかどうかなどは登記から知ることはできず，十分な公示方法とはいえない。

(2) 動産

動産の場合，公示方法は引渡しである（178条）。もっとも目的物を設定者のもとにとどめるのが通常であることから，この場合占有改定（183条）の方法で行われ，判例もこれを対抗要件として認めている（最判昭和30・6・2民集9巻7号855頁）。しかしながら，外形上の変動がまったくないために，公示機能はないに等しい。したがって譲渡担保権が設定された動産を第三者が取得しても，その存在について善意無過失であることが通常なので，第三者は即時取得の保護を受ける（192条）。占有改定による対抗要件では即時取得のリスクを回避しえないということになるので，実務ではネームプレートなどの明認方法がなされることがある。もっとも設定者は自己の信用状態が疑われることを危惧

してネームプレートを嫌うことも多く，使われることが少なく公示方法として決定的とは言えない。なお，動産譲渡担保に関して，登記を対抗要件として認める立法がなされた（詳細は◇論点◇参照）。

(3) 指名債権

指名債権の場合，一般の債権譲渡と同様に，譲渡人からの通知または債務者からの承諾が対抗要件となる（467条）。

5 譲渡担保の効力の及ぶ範囲

(1) 目的物の範囲

目的物に対してはどの範囲まで譲渡担保権によって把握されるのか（目的物の範囲）。抵当権と同様に，目的物の占有・利用が設定者のもとにとどめられる譲渡担保においては，設定後に目的物に付属せしめられた付加物・従物にも効力が及ぶと解される（通説，370条が類推適用される）。また従たる権利については，借地上建物が譲渡担保の目的とされた場合に，賃借権に対しても従たる権利として及ぶ（最判昭和51・9・21判時833号69頁）。

物上代位の規定（304条）も類推適用されるのが通説である。動産譲渡担保について最高裁も物上代位を肯定した（最判平成11・5・17民集53巻5号863頁）。

もっとも，目的物が滅失・損傷した場合の保険金請求権については見解が分かれている。法形式としては権利（所有権）が譲渡担保権者に移転しているため，保険契約の被保険者が譲渡担保権者になると考えられ，したがって保険契約に基づき保険金請求権が譲渡担保権者に帰属することになろう。ただし，譲渡担保権者は被担保債権額の範囲で把握していると考えて，保険金額との差額は清算させればよい。また設定者が自分を被保険者として保険契約を結んだ場合，保険金請求権は設定者に帰属するが，譲渡担保権者はこの上に物上代位しうることになる。なお，最高裁は近年，譲渡担保権者および設定者のいずれにも目的不動産について被保険利益を有するとして設定者に保険契約の締結を認めた（最判平成5・2・26民集47巻2号1653頁）。

(2) 被担保債権の範囲

権利移転型の譲渡担保においては，抵当権と異なり，後順位担保権者が登場する余地が少ない。そこで通説は，抵当権に関する被担保債権範囲の制限規定

(374条)の類推適用を否定するが、担保権的構成からは同条を類推適用すべきであるとの見解もある。

6 譲渡担保の効力
(1) 対内的効力
① 目的物の利用関係

目的物の占有・利用については、基本的に設定契約によって定まる。債権者に占有が移転する場合もないではない。しかし占有が設定者にとどめられる譲渡担保においては、設定者の利用権原は何によるのであろうか。通常、譲渡担保は所有権移転の形式をとるので、目的物を利用するために賃貸借あるいは使用貸借契約が締結されている。そのため賃借権、使用借権が設定者の利用権原になるが、この構成では賃料不払いなどを理由に契約を解除して目的物の引渡を請求できるかという問題が生ずる。しかしながら、近時の学説は担保的構成にもとづき、設定者の利用権限を通常の貸借とは異なった特殊な利用関係に基づく利用権と構成し、あるいは端的に所有権そのものであるとする。そして当事者間の賃貸借契約に基づく賃料支払義務は、実質的にみると利息支払義務であり、その遅滞によって譲渡担保権の実行をなしえず、その不払いを理由に目的物の引渡しを請求することはできないとするのが通説である。したがって〔設例〕(1)では、通説によれば引渡請求はできない。

② 目的物の滅失・損傷・処分

設定者または譲渡担保権者が目的物を滅失したり、損傷したり、あるいは他へ処分したりすることがある。この場合に、いかなる責任を負うことになるであろうか。

(a) 設定者による場合　設定者が目的物を滅失・損傷し、あるいは他へ処分（第三者に善意取得させるなど）した場合、所有権ないし譲渡担保権侵害の不法行為責任を、または譲渡担保設定契約上の債務不履行責任を負うことになる。さらに、債務者が目的物の滅失・損傷をなした場合、被担保債権について期限の利益を喪失する（137条2号）。増担保義務についても抵当権と同様に考えられる。

(b) 譲渡担保権者による場合　譲渡担保権者が目的物を滅失・損傷した場

合はどうか。所有権的構成に立つ判例によれば、譲渡担保権者は所有権を取得しているが、担保目的以外に行使しないとする債務があるとして、被担保債務の弁済期前に目的物を損傷したり、所有権を第三者に取得させたりした場合には、債務不履行責任を負うとした（最判昭和35・12・15民集14巻14号3060頁）。

担保的構成をとるならば、設定者の有する所有権侵害の不法行為責任が生ずると解することになる。

(2) 対外的効力

譲渡担保の設定者Aと譲渡担保権者Bとが、それぞれ外部の第三者との関わりを持つことがある。いずれかが目的物を第三者に売却したり、あるいはその債権者が目的物を差し押さえたりすることがある。譲渡担保では権利（所有権）をBに移転する構成をとり、公示方法の上でも不動産であればBに所有権の移転登記がなされ、動産では占有改定によってBに対抗要件が具備されているとはいえ、外形上は占有しているAが所有者にみえる。したがって第三者の利害がからんでくることにもなり、その調整が必要となる。以下では、Aから目的物を譲り受けたC、Aの差押債権者D、Aから譲渡担保の設定を受けたE、さらにBから目的物を譲り受けたF、Bの差押債権者Gとして考察する。

① 譲渡担保権者と第三者との関係

(a) 設定者Aが目的物をCに譲渡した場合　設定者Aが占有している動産譲渡担保の場合、Aが目的物を第三者Cに譲渡することがありうる。このとき所有権的構成によれば、Aは無権利者であるから、Cが善意取得（192条）した場合を除いて、Cは所有権を取得することができない。担保的構成によれば、Aは所有者であるから、Cは所有権を完全に取得することができる。問題は、Cは譲渡担保権の負担のついた目的物を取得することになるのかどうかである。このとき、Cが譲渡担保権の存在について善意・無過失であれば、譲渡担保の負担のつかない所有権を取得することになり（192条）、Bの譲渡担保権は消滅することになる。Bとしては、ネームプレートのような明認方法を施すことで、Cの善意取得を阻むほかないであろう。

これに対して不動産譲渡担保の場合、登記がBに移転しているので、ふつう設定者Aが第三者に譲渡することは生じない。ただし担保的構成によれば、所有権は移転していないので、抵当権の場合と同様に、譲渡担保権の負担付で第

三者に譲渡することが可能となる。

(b) 設定者の一般債権者Dが目的物を差し押さえた場合　不動産譲渡担保では通常，登記が譲渡担保権者に移転しているので設定者の一般差押者が差し押さえることはないが，動産譲渡担保においては占有を設定者に留めていることが多いので設定者の一般債権者Dが差し押さえることが多く，問題となる。所有権的構成をとれば，譲渡担保権者Bは所有者であるため，第三者異議の訴えによってDの強制執行を排除することができることになろう。古い判例はこの立場をとる（大判大正3・11・2民録20輯865頁，大判大正5・7・12民録22輯1507頁）。担保的構成に立った場合，Bは担保権者の地位にとどまるので，第三者異議の訴えまで認める必要はなく，競売手続きにおいて優先弁済を受ければ充分であると考えられる（仮登記担保の考え方）。かつては，第三者異議の訴え以外に，担保権者のため優先弁済請求の訴え（旧民訴旧565条）があり，担保的構成の立場からはこれを認めればよいとされていた。ところが，民事執行法は優先弁済請求の訴えを廃止し，配当要求をなしうる担保権者としては先取特権者と質権者に限定している（民執133条）。したがって第三者異議の訴えによるほかなく（最判昭和58・2・24金商672号42頁），担保的構成のもとでもこの見解をとるものが多いが，なお第三者異議の訴えの一部認容判決として優先弁済を認めるにとどめる判決を認めるべきであるとする見解や，民事執行法133条の類推適用により配当要求を認めればよいとする見解（高木・363頁）も有力である。

(c) 設定者Aについて破産手続・会社更生手続が開始した場合　所有権的構成に立つと，Bは取戻権を行使することができる（破産62条，会社更生64条）。担保的構成ではBは別除権者として（破産2条9項・10項）もしくは更生担保権者として（会社更生2条10項・11項）の取扱いを受けることになろう。判例では会社更生の事例で担保的構成と同様の効果を認めている（最判昭和41・4・28民集20巻4号900頁）。

(d) 設定者AからさらにEのため譲渡担保が設定された場合　二重に譲渡担保の設定を受けた場合はどうか。不動産の場合には登記がBに移転するために実際にはAは再度譲渡担保を設定することはできない。占有が債権者に移転しない動産譲渡担保の場合に問題となる。所有権的構成によれば，無権利者の

Aが所有権をEに譲渡することになるため，即時取得の法理に従う。担保的構成によれば，後順位の担保権が設定されたことになり，順位は対抗要件の法理に従い，占有改定で順位が決まる。

② 設定者と第三者との関係

(a) 譲渡担保権者Bが目的物を第三者Fに譲渡した場合　譲渡担保権が実行されるまでは，所有権的構成によれば，FはBから所有権を取得することになり（大判大正9・6・2民録26輯839頁など），設定者AはBに対して債務不履行責任を問いうるにすぎない。担保的構成によれば，譲渡担保権者が目的物の所有権を有しないのに，所有権移転登記が自己名義であることを利用してFに譲渡したことになろう。したがって94条2項が類推適用される事例の一つである。Fは善意であれば所有権を確定的に取得し，Aは債務を弁済しても目的物を取り戻すことができない。悪意である場合，背信的悪意者とすることもできるが，譲渡担保権の取得を認めてもAに不利益はなく，Aの弁済によって譲渡担保権が消滅するという見解もある（高木・366頁，東京高判昭和46・7・29下民集22巻7・8号825頁など）。〔設例〕(3)では以上の考察が必要である。

譲渡担保権が実行され，清算手続が終了した場合，担保的構成によってもBに所有権が確定的に帰属する。したがって，どの立場でも第三者に所有権を譲渡しうる。

ところが，不動産譲渡担保では，Aが被担保債権を弁済しても登記名義を放置していたために，第三者に譲渡されることがある。この場合，譲渡担保権者Bを起点とする二重譲渡，つまりBからAへの復帰的物権変動とBからCへの物権変動との対抗問題となると考え，Fが背信的悪意者でないかぎり，Aは登記なくしてFに対抗することができないとするのが判例である（最判昭和62・11・12判時1261号71頁）。これに対して担保的構成をとれば，はじめから所有者はAなので対抗問題は生ぜず，Aの弁済によってBの譲渡担保権が消滅したにすぎないことになる。ただし外形である登記を放置したため善意のFに譲渡された場合であれば，94条2項を類推適用すればよい。したがって善意のFのみが保護されることになる。

(b) 譲渡担保権者の一般債権者Gが目的物を差し押さえた場合　不動産譲

渡担保の場合，登記が譲渡担保権者Bに移転しているので，Bの一般債権者Gがこれを差し押さえることがある。このとき所有権的構成によれば，Aは所有権者でないため第三者異議の訴え（民執38条）を提起することはできず，Gの差押えは有効である。担保的構成によれば，Aの第三者異議の訴えは認められよう。もっともここでも，Aが登記の外形作出に関与したことを理由に，94条2項の類推適用を認める見解が有力である（米倉）。

7 譲渡担保の実行

(1) 目的物の確定的取得

譲渡担保権の実行は目的物を確定的に取得するという方法（私的実行）による。前述したように，判例では譲渡担保権者に債権担保の目的を達するのに必要な範囲内においてのみ所有権移転の効力が生じるとし，確定的に取得するには清算手続を要し，それまでは設定者は被担保債権を弁済して目的不動産を受け戻すことができると構成している（前掲最判平成5・2・26，最判平成7・11・10民集49巻9号2953頁）。したがって，清算の終了によって確定的に所有権が取得されることになる（なお仮登記担保法2条の類推適用を認める下級審判例もある）。

(2) 清算義務

目的物の価額が被担保債権額を上回り差額が生じたら，これを清算しなければならない（最判昭和46・3・25民集25巻2号208頁）。譲渡担保権は被担保債権額の範囲で目的物の価値を把握するという見解に立てば当然であり，もともと仮登記担保の清算法理の展開によって学説・判例により，清算義務が確立したものである。もっとも清算の方法については，目的物の適正評価額と，被担保債権額とを清算する（帰属清算型）か，目的物を第三者に処分してその代金で清算する（処分清算型）かによる。仮登記担保と同様に原則として帰属清算とすべきであろう（仮登記担保法2条・3条）。また，清算金の支払いと目的物の引渡しは同時履行の関係に立つ（前掲最判昭和46・3・25）。〔設例〕(2)においても，目的物の評価額ないし処分額と被担保債権額とを清算して，残額があればこれを返還すべきである。

(3) 受戻権

債務者は弁済期が到来しても，なお元本と利息あわせて被担保債権全額を弁

済して所有権を取り戻し，移転登記の抹消を請求することができる。これを受戻権という。受戻権は，帰属清算型では清算金の提供がある時まで，処分清算型では処分の時まで行使することができるとされている。

8 集合動産・集合債権の譲渡担保
(1) 集合動産譲渡担保

譲渡担保はその目的物が多様であることから，構成部分の変動する集合動産を目的とすることが認められている。企業の倉庫内にある商品は搬入と搬出が絶えず繰り返され流動しているが，個々の商品だけでは担保として不十分である。そこで，これらを一体のものとして担保化することができれば，金融を得ることも可能となり便宜であろう。このような在庫商品を一体として譲渡担保を設定したものが集合動産譲渡担保である。

目的物の把握の仕方について，一物一権主義を維持して個々の動産ごとにそれぞれ譲渡担保が成立すると解する立場（分析論という）と，集合動産の全体が一個の集合物を構成すると考え，この集合物上に譲渡担保が成立すれば，個々の動産上にも当然に譲渡担保の効力が及ぶとする立場（集合物論）がある。

最高裁は，一般論として集合物概念を認めた（最判昭和54・2・15民集33巻1号51頁）後，昭和62年に集合物譲渡担保の有効性を認めた（最判昭和62・11・10民集41巻8号1559頁）。同判決は，構成部分の変動する集合動産についても「その種類，所在場所及び量的範囲を指定するなど何らかの方法で目的物の範囲が特定される」場合に，1個の集合物として譲渡担保の目的となりうるとした。

しかしながら，対抗要件として占有改定が認められているのは特定動産譲渡担保と同様であり，公示機能は無に等しいという問題が同じく生ずる。前述の最高裁昭和62年判決も，対抗要件具備の効力は，その後構成部分が変動したとしても，集合物としての同一性が損なわれない限り，新たにその構成部分となった動産を包含する集合物について及ぶものと解されている。なおこの事案は，集合動産譲渡担保と動産売買先取特権とが競合した事例であるが，いずれかを常に優先するような解決ではなく，各担保権の競合を認めた上で，例えば先取特権の成立時と個別動産の搬入時の前後によって決定されるという説や，民法334条を集合動産譲渡担保に類推適用するという説など，事案に応じた解

決を志向する学説が有力に主張されている。

(2) 集合債権の譲渡担保

特定の指名債権を譲渡担保の目的とすることはすでに触れた。しかし，現在発生していないが将来発生する債権を担保し，あるいはこれを既存の債権とともにあわせて一団の債権群（集合債権）として譲渡担保の目的とすることがある。集合動産の譲渡担保と同様に認めることができるであろうか。ここでは，そもそも将来債権であってもその発生が明確でなくても譲渡することができるか（可能性），その範囲を限定しなければならないか（特定性）という問題が生ずる。最近では，診療報酬債権群を一括して債権譲渡した事例について最判昭和53・12・15判時916号25頁，最判平成11・1・29民集53巻1号151頁や，売掛代金債権の譲渡について最判平成12・4・21民集54巻4号1562頁などがある。

対抗要件についても，民法の規定する債権譲渡の対抗要件（467条）は個別の債権譲渡に関するものであり，将来債権の一括譲渡には適合的ではなかろう。そこで「債権譲渡の対抗要件に関する民法の特例等に関する法律（平成10年法104号）」は，「債権を特定するために必要な事項で法務省令で定めるもの」の登記によって対抗要件を具備するとしている（同法2条）。このほか，リース・クレジット債権に関して，「特定債権等に係る事業の規制に関する法律等（平成4年法77号）を参照。

9 譲渡担保の消滅

AがBから1,000万円の融資を受けていたら，利息も含めて返済することによって，債務は弁済により消滅する。したがって，これを担保する譲渡担保もその目的を失って消滅し，目的物の所有権は設定者に復帰することになる。また，時効によって債権が消滅したり，目的物が滅失した場合でも同様に譲渡担保は消滅する。

◇ 論　点 ◇

1　設定者AがBに動産譲渡担保を設定した後，第三者Eに譲渡担保権を設定したときに，ネームプレートなどの明認方法を施さないで設定した場合にはどうなるか

この場合，Aは，Bへの譲渡担保設定をなしていない（先順位譲渡担保が存在しない）ものとしてEに譲渡担保を設定していることが多いであろう。したがってEがBの譲渡担保権の存在について善意・無過失であれば，譲渡担保権を先順位で即時取得するということになる。Eも占有改定をするのが通常であろうから，占有改定によって即時取得できるかという192条の問題に連なる。

2 第三者の不法な侵害

第三者が譲渡担保目的物を損傷したり，占有を奪った場合はどのような請求が可能であろうか。

(1) 第三者による占有侵奪

所有権の帰属が最終的に確定した後においては，確定した所有権の所在に基づいて（元）設定者・（元）譲渡担保権者のいずれかが第三者に対して妨害排除請求ないし返還請求をなすことができるのは明らかであるので，問題は清算が終了し，所有権の帰属が確定する前においてである。

所有権的構成では，譲渡担保権者が所有者であるため，所有権に基づく返還請求ないし妨害排除請求ができることになるが，設定者は占有訴権に基づく請求しかできないことになる。他方，担保的構成では，設定者が所有者であるため，所有権に基づく返還請求ないし妨害排除請求もできることになろう。最高裁によれば，設定者が債務の弁済により完全な所有権を回復することができることを理由に，不法占有者に対して目的不動産の返還を請求することができると解した（最判昭和57・9・28判時1062号81頁）。判例では，所有権は移転するがその効力は債権担保の目的を達するのに必要な範囲内において認められるという構成をとるので，この問題に関して担保的構成と同様の結論となるのは興味深い。

なお，占有を移転しない譲渡担保においては，譲渡担保権者は自己への引渡し，ないし明渡しを不法占有する第三者に対して請求できるか。占有権原との関係で問題となる。占有を移転しない場合には譲渡担保権者は設定者への引渡しを請求しうるにすぎないが，設定者が非協力的である場合には実効性がない。抵当権に基づく物権的請求権の問題と同様に，設定者の物件管理ができない場合に譲渡担保権者への明渡しを肯定してよいであろう。

(2) 第三者による毀損

第三者の不法行為によって目的物が毀損した場合には，譲渡担保権者は，所有権的構成をとれば所有権侵害を理由として損害賠償請求ができ，担保的構成をとれば譲渡担保権もしくは担保権侵害を理由として，抵当権侵害の場合と同様に考えればよいであろう。

設定者は担保的構成の場合には所有権侵害に基づく損害賠償請求ができるが，所有権的構成によれば設定者の有する利用権侵害を理由とすることになろうか。

3 動産譲渡の対抗要件に関する改正

平成16年に第161回国会において「債権譲渡の対抗要件に関する民法の特例等に関する法律の一部を改正する法律」（改正法）が成立し，同年12月1日に公布された（平成17年10月頃施行予定）。改正法は企業の資金調達を円滑化することを主眼として，動産譲渡登記制度を創設し，現行の債権譲渡登記制度を改正するものであるが，動産譲渡担保の対抗要件に関連するのでその概略を述べておこう。

(1) 改正法は動産譲渡の譲渡人が「法人」である場合に限定されており，登記対象は法人のする動産譲渡である。個人の行う動産譲渡は対象ではない（これを認めれば生活用の動産まで譲渡担保に提供するよう債権者から強要されかねないという懸念もある）。ただし，動産の譲受人は個人でも法人でもよい。

(2) 譲渡対象たる動産は，個別動産でも集合動産でもよい。企業ニーズに応えるためである。ただし，貨物引換証，預証券および質入証券，倉荷証券または船荷証券が作成されている動産は登記対象から除外されている（改正法3条1項括弧書）。

(3) 譲渡の目的について担保目的か否かは問われない（譲渡担保を目的とする動産譲渡は当然に改正法の対象となる）。立案過程における議論では，担保目的の譲渡および流動化目的の譲渡のみを対象とすべきであるとの意見もみられたが，それ以外の通常の譲渡との区別が必ずしも明確でなく，また「担保目的」の登記がその後これを否定する訴えにより無効とされるという事態が生ずると，登記の安定性，信頼性が害されるなどが理由である。

(4) 動産譲渡登記の効力について「引渡し」（民178条）がなされたのと同様

の法律効果が付与される。すなわち，法人が動産を譲渡した場合に，当該動産譲渡につき動産譲渡登記ファイルに譲渡の登記がされたときは，当該動産について，民法178条の引渡しがあったものとみなされる（改正法3条1項）。

そうすると，対抗要件として動産譲渡登記と引渡し，動産譲渡登記と占有改定とが競合した場合の優先関係が問題となろう。

①　動産譲渡登記と民法178条の引渡しが競合した場合，登記時と引渡し時との先後によって決定される。

②　先に占有改定による動産譲渡がなされた後，同じ動産について動産譲渡登記がなされた場合，登記が優先するか。議論のあった点であるが，結局登記が優先することはなく，対抗要件具備の先後によって優劣が決せられるという一般原則に従うこととなった。すなわち先に占有改定のなされた動産譲渡が，後に登記を具備した動産譲渡に優先する。

(5)　即時取得との関係はどうか。たとえば動産譲渡登記がなされた動産を，動産譲渡登記上の譲渡人から買い受けた譲受人に，即時取得（民192条）が成立するか。それは譲受人が登記を調査していない場合過失があるか否かによるが，改正法ではこれは明確にしていない。結局は裁判所の個別の判断に委ねられている。

§4　所有権留保・代理受領・振込指定

〔設例〕　ディーラーAから200万円の自動車をBが購入する売買契約を結んだが，代金についてはローンで支払うことにして，代金完済までは売主が所有権を留保するという特約を結んだ。AB間の法律関係はどうか。

1 所有権留保

(1) 所有権留保とは何か

　ある商品の売買に際して，目的物は引き渡しているが，代金は月賦で支払うという場合に，代金完済まで目的物の所有権が買主に移転しないで売主に留保されるという特約を結ぶことがある。これを所有権留保といい，〔設例〕においてBが代金を支払わない場合にはAは売買契約を解除して所有権に基づいて目的物（自動車）の返還を請求し，債権を回収することができるのである。所有権留保は，権利（所有権）の移転を利用する担保であることから，譲渡担保などと同様に，権利移転型担保に属するといえよう。もっとも譲渡担保では所有権移転が外形的に現れるし，仮登記担保では権利移転の予約という形式をとることが多く，所有権留保では権利移転を留保しているという点が異なっている。

　さらにその目的物は主として自動車，ピアノ，電化製品，家具などの消費財であり，割賦販売によって購入されることも多い。そこで，割賦販売法では，割賦販売業者が割賦販売の方法により販売された指定商品の所有権は，業者に留保されたものと推定されている（割賦販売法7条）。他方，宅地・建物などの不動産については，宅地建物取引業法によって，宅地建物業者がみずから売主として行う割賦販売では原則として所有権留保が禁止されている（宅建業法43条）。そのため，不動産の所有権留保は比較的少ないとも指摘されている。

(2) 所有権留保の法的構成

　所有権留保の法的構成は，かつては停止条件付所有権移転と解され，代金の完済までは売主に目的物の所有権が帰属し，代金完済という条件成就によって所有権が買主に移転するという所有権的構成がとられていた。したがって，条件成就までは買主は目的物の利用権と所有権取得についての期待権を有する（128条・129条）にすぎず，債権的な地位にとどまっていたのである。しかし，近時では，非典型担保における担保的構成の進展にともなって，債権担保という所有権留保の実質的な目的を重視し，売主には担保権（留保所有権）が帰属するとの担保権的構成がほぼ通説になりつつある。この説によれば，売主の権利は所有権を有する地位ではなく，担保目的に制限されることになり，譲渡担保と同様に，債権担保のために留保所有権を有しているにすぎないことになる。

他方，買主には利用権や期待権を超えて，所有権から売主の有する留保所有権を差し引いた物権的地位が与えられると解する。所有権留保の法的構成においてはこの二つの立場を理解しておく必要がある。

2 所有権留保の効力

(1) 対内的効力

当事者間の効力は，所有権的構成によれば売買契約の効果によって決まる。設例のディーラーＡから200万円の自動車を所有権留保付きで購入したＢは，200万円を支払うまで所有権が移転しないということになる。つまり，代金完済によって所有権は買主に移転し，それまでは売主に帰属すると解するのである。担保権的構成によれば，所有権が買主に実質的には帰属するものと構成されるので，買主は自由に目的物を使用収益することができることになる。もっとも，実際には売買契約上のさまざまな特約によって使用収益権が制限されていることが多く，その制約を受けて使用することができるにすぎない。また，買主が代金完済までに目的物を壊したり，第三者に譲渡して売主の留保所有権を消滅させたりしたときには，留保所有権に対する侵害があったものととらえて，売主は不法行為責任を問うことができる。あるいは，売買契約に基づいて（代金完済までは買主は目的物の保管につき善管注意義務を負うとの特約により），義務違反を理由とする債務不履行責任を問うこともできよう。

(2) 対外的効力

買主が目的物を第三者に処分した場合，どのように考えられるか。所有権的構成によれば，買主には所有権がないので，所有権を譲渡することはできず，ただ相手方が善意取得した場合（192条）のみ売主は所有権を失うことがあるにすぎない（最判昭和42・4・27判時492号55頁など）。担保権的構成によれば，買主は担保権付きの所有権を取得していることになるので，これを第三者に譲渡することになる。もっとも，割賦販売の契約により処分を禁止している場合，買主の第三者への処分は債務不履行となる結果，売主は契約を解除することができる。この契約解除は実質的には担保権の実行とみることができるので，売主は清算金の支払いと引換えに第三者に対して目的物の引渡しを請求することができるにとどまる。他方，第三者は所有権留保付きであることを知らないで

取得した場合、善意取得の要件を満たす限り完全なる所有権を取得できることになる。もっとも、買主が目的物を転売することが通常予想され、また当事者もそのように予定していたような場合、善意取得の要件を満たしていないからといって、目的物の引渡しを請求することができるとするのは問題があろう（◇論点◇参照）。

このほか、売主が処分した場合や、売主もしくは買主の一般債権者が目的物を差し押さえた場合などは、動産譲渡担保の場合に準じて考えればよい。ただし、代金完済までの間に買主の一般債権者が目的物に強制執行したときには、判例は、売主または売主から譲り受けた第三者に、所有権を主張して第三者異議の訴え（民執38条）をすることを認めている（最判昭和49・7・18民集28巻5号743頁）。

3 所有権留保の実行

通常の売買契約と同様に、買主の履行遅滞があれば、売主は売買契約を解除し、原状回復請求として目的物の返還を請求する（545条1項）。売主も原状回復義務を負うために、一部代金を受領していた場合、代金から損害賠償・違約金などを差し引いて清算し、残額があればこれを買主に返還しなければならない。この二つの債務は同時履行の関係にたつ。

4 代理受領・振込指定

以上に述べてきた非典型担保のほかに、その一種として代理受領と振込指定があり、譲渡・質入れが禁止されている（したがって譲渡担保が利用できない）金銭債権などにおいて利用されることが多い。

代理受領とは、債権者Aが債務者Bに対して有する債権を確保するために、第三債務者Cに対してBが有する債権について、Bから取立の委任を受け、Cから受領した金銭をBに対するAの債権の弁済に充てるという担保方法である（AB間の委任契約についてCの承認がなされる）。もっとも、委任の内容によって、取立委任か受領委任かという差異が認められる。取立委任であればAに直接取立権が帰属するが、受領委任であれば取立権がない。CがBに弁済したときAはCに対してどのような請求ができるであろうか。取立委任型であれば、

Aは取立権を有するので，Cは弁済による債権の消滅をAに主張し得ないことになろう。他方，受領委任型ではAB間の委任契約に対するCの承認は，A以外の者へ弁済しないという意思表示であり，したがってBへの弁済は債務不履行となろう（もっとも最判昭和44・3・4民集23巻3号561頁はこれを不法行為責任と構成する）。

これに類似する担保方法で，金融機関が利用しているのが振込指定である。先の事例で，CがBに対する債務の支払方法を，金融機関AにあるB名義の特定預金口座への振込に限定し，振り込まれた預金とAのBに対する債権とを相殺するという方法をとる。反対債権との対等額での相殺ができるのは通常金融機関であることから，この担保方法は事実上金融機関に限定されているといってよかろう。AB間においては，振込指定をなすべき契約がなされ，BC間においては振込みの指定が，そして振込指定についてのCの承認とによって構成される。ここでも代理受領と同様，Cの承認の解釈が問題となる。債権担保の目的で振込指定がなされていることが示され，振込指定以外の支払方法をとらないことが承認の意思表示の中に含まれているならば，その限りでの「一種の不作為義務」が成立していると解して，Bに弁済したような場合にはCに債務不履行責任もしくは不法行為責任がAから追及されることになろう（福岡高判昭和57・5・31金法999号43頁，最判昭和58・4・14判時1131号81頁など）。

◇ 論　点 ◇

所有権留保の実行と権利濫用──最判昭和50・2・28民集29巻2号193頁

　自動車の販売方法として，サブディーラーBがディーラーAの所有する自動車を，ユーザーCに売却し，その後この売買を完成するためにAから所有権留保付きで買い受けるという方法がとられる場合がある。この場合に，すでにCはBに代金を完済し，自動車の引渡しも受けているが，BがAに代金を支払わなかったとき，AはBとの売買契約を解除して，Cに自動車の引渡しを求めることができるだろうか。所有権的構成に立つならば，自動車の所有権に基づく返還（引渡し）請求権の問題となり，担保権的構成に立っても，所有権留保特約についてユーザーが善意無過失で留保のつかない所有権を取得するのでない限り，所有権に基づく返還請求権の問題となろう。最高裁昭和50年2月28日判

決（民集29巻2号193頁）は，ＡがディーラーとしてＢＣ間の売買契約の履行に協力しておきながら，所有権留保特約を付してＢに売却し，代金不払いを理由に契約を解除したうえ，留保された所有権に基づきＣに自動車の返還を請求することは権利の濫用であるとした。もっとも，権利濫用が成立する要件として，第1にユーザーがサブディーラーに代金を完済していること，第2にユーザーへの転売契約の後に，ディーラー・サブディーラー間の所有権留保売買契約がなされていること，第3にディーラーがサブディーラーの転売に協力していることを挙げている。その後，第2の要件をはずした判例もあらわれた（最判昭和57・12・17判時1070号26頁，ただし，その後ユーザーからの第三取得者が，所有権留保の効果として自動車の所有権を取得しえない可能性を予想していた場合に，権利濫用を否定した最判昭和56・7・14判時1018号77頁が出ている）。もっとも，権利濫用の構成をとる限り，例えば自動車の登録変更を請求できない可能性が残ることからユーザー保護に欠けるであろうし，ユーザーからの第三取得者についても192条の登録自動車への適用を否定する判決（最判昭和62・4・24判時1243号24頁）とあいまって，その保護に欠けるとの批判がありえよう。そこで，多数の学説は，ディーラーは常にサブディーラーからユーザーへの転売を承認していることから，これを転売授権がなされていると解して，その場合ユーザーが代金を完済すれば，完全な所有権を取得するものとしている。異論もあるが，基本的な方向としてはこれが妥当であろう。

事項索引

あ

アウフラッスング……………………28
悪意占有………………………………111
悪意占有者……………………………128
悪意の第三者…………………………75

い

遺産分割………………………………61
　──の宣言主義……………………61
　──の遡及効………………………61
意思主義………………………………27
遺失物拾得………………………117, 144
遺　贈…………………………………67
一部譲渡………………………………339
一物一権主義………………………6, 365
一部弁済………………………………325
一括競売………………………………304
一般先取特権…………………………206
移転的承継……………………………22
稲立毛………………………………89, 98
入会権…………………………………171

う

受戻権…………………………………364
売渡担保………………………………356

え

永小作権………………165, 228, 235, 283

お

温泉権…………………………………138
オンライン指定庁……………………39
オンライン申請可能…………………39

か

解除の法的構成………………………56
外部的にのみ移転……………………356
確定請求………………………………341
確定日付………………………………232
加　工……………………………104, 147
火災保険契約…………………………258
果　実…………………………………253
果実収取権………………………121, 198
過失相殺………………………………257
家畜外動物の取得………107, 121, 130
価値代替物…………………………254, 259
価値変形物……………………………259
合　併…………………………………337
株式上の質権…………………………233
仮登記…………………………………37
仮登記担保………………………182, 350
　──の実行………………………352
代（かわり）担保……………………201
簡易な弁済充当………………………225
慣習法上の物権………………………11
間接占有………………………………108
観念性…………………………………135

き

期間の定めのない賃貸借……………299
記名社債質……………………………233
逆向きの物権変動……………………53
94条2項類推適用論…………………26
境界に関する相隣関係………………141
境界紛争型……………………………65

協調融資 …………………………… 245
共同申請の原則 …………………… 37
共同占有 …………………………… 112
共同相続 …………………………… 59
共同抵当 …………………………… 321
共同根抵当 ………………………… 345
共同融資 …………………………… 245
競売権 ……………………………… 199
共　有 ………………………… 148, 171
　──の弾力性 …………………… 152
共有根抵当権 ……………………… 344
極度額 ……………………………… 330
極度額減額請求権 ………………… 343
虚有権 ……………………………… 136
虚有権化 …………………………… 163
金銭債権 …………………………… 221

く

区分所有権 ………………………… 242

け

形式的審査主義 …………………… 38
契約成立時説 ……………………… 30
ゲルマン法 ………………………… 94
原始取得 ……………………… 21, 117
現実の弁済 ………………………… 269
原所有者帰属説 …………………… 92
原賃料債権 ………………………… 262
権利資格保護要件 ………………… 72
権利質 ……………………………… 216
権利質権 …………………………… 230
権利喪失防止機能 ………………… 65
権利適法の推定 …………………… 127
権利に関する登記 ………………… 36
権利部 ……………………………… 36
権利保護資格要件 ……………… 56, 58
権利濫用法理 ……………………… 88
牽連性 ……………………………… 193

こ

公益質屋法 ………………………… 216
更　改 ……………………………… 336
恒久性 ……………………………… 135
鉱業権 ……………………………… 137
交互侵奪 …………………………… 125
公示の原則 ………………………… 24
公示方法 ………………………… 6, 24
後順位抵当権者 …………………… 247
工場抵当権 …………………… 88, 251
公信力 ……………………………… 25
公信力説 …………………………… 49
合　有 ……………………………… 148
公用収用 ……………………… 101, 104
混　同 ………………………… 101, 103, 130
混　和 ……………………………… 147

さ

財貨移転秩序 ……………………… 5
財貨帰属秩序 ……………………… 5
債権者取消権 ……………………… 252
債権者平等の原則 ……………… 176, 204
債権譲渡特例法 …………………… 232
債権的効果説 ……………………… 46
債権的登記請求権 ………………… 43
債権と衝突する場合 ……………… 13
債務者の破産 ……………………… 201
債務の特定承継 …………………… 336
先取特権 ……………………… 203, 259
　──の順位 ……………………… 209
差押え ………………………… 212, 265
差押債権者 ………………………… 247
指図債権質 ………………………… 233
指図による占有移転 ……… 80, 84, 91, 96

し

敷金返還請求権 …………………… 280

事項索引　377

時効取得……………………………62
自己占有……………………………108
自主占有………………………110, 113
質屋営業法…………………………215
質　権………………215, 235, 258
質権設定方式………………275, 276
指定相続分…………………………67
自働債権……………………………279
指名債権……………………………230
指名債権譲渡………………………231
借地権……………………………99, 162
収益質………………………………219
収益的効力…………………………187
集合動産譲渡担保…………………365
従　物…………………………82, 249
出頭主義……………………………38
受働債権……………………………280
取得時効……………………62, 107, 114
取得者（占有者）帰属説…………92
主　物…………………………82, 249
順位保全効…………………………37
準共有………………………152, 243, 245
純粋共同根抵当権…………345, 346
準占有………………………………131
承役地………………………………167
消極的信頼…………………………25
承継取得…………………………22, 117
商事留置権…………………………191
承諾転質……………………………225
譲渡担保……………182, 216, 354
　——の効力………………………359
　——の実行………………………364
　狭義の——………………………356
消費者契約法による取消し………55
消滅時効………………101, 104, 130
消滅上の附従性……………………218
処分契約……………………………239
所有権………………101, 106, 133, 283

所有権留保………………182, 369
　——の実行………………………372
所有権留保売買……………………88
所有の意思…………………………114
新権原………………………………113
申請情報……………………………39
人的担保……………………………177
人的編成主義………………………35

す

随伴性………………184, 189, 218, 236

せ

制限物権………………………101, 175
清算期間……………………………353
清算義務……………………………364
静的安全…………………………26, 53
成立要件主義………………………25
責任転質……………………………225
積極的信頼…………………………25
絶対性……………………………6, 135
絶対的構成説………………………78
絶対的発生…………………………23
折衷説………………………………31
設定的承継…………………………22
善意占有……………………………111
善意占有者…………………………129
　——の果実収取権………………127
全部譲渡……………………………338
全面性………………………………135
占　有……………………………91, 106
　瑕疵ある——……………………112
　過失ある——……………………111
　過失なき——……………………111
　瑕疵なき——……………………112
占有回収の訴え…………………92, 123
占有改定………80, 84, 91, 213, 238
占有権………………………106, 121

378　事項索引

──の消滅 …………………………130
占有質 ……………………………219
占有訴権 ……………………107, 122
占有尊重説 …………………………64
占有代理人 …………………109, 117
占有担保権 ………………………235
占有保持の訴え ……………………123
占有保全の訴え ……………………123
善良なる管理者の注意 ……………198

そ

相　殺 ………………………178, 277
相殺予約 ……………………179, 231
造作買取請求権 …………………194
相　続 ……………………………336
相続放棄 ……………………………60
相対的構成説 ………………………78
相対的無効説 ………………………46
双方代理 ……………………………38
総　有 ………………………148, 171
相隣関係 ……………………136, 138
即時取得 ……………25, 86, 91, 107, 207, 251
　　──の効果 ………………………91
即時取得制度 ………………………86
存続上の附従性 …………………218

た

代　位 ……………………………325
代位弁済 …………………………336
代位目的債権の譲渡 ……………269
代位目的物 ………………………264
対外的効力 ………………………361
代価弁済 ……………………230, 282
代価弁償請求権 ……………………93
対抗問題限定説 ……………………70
対抗問題説 ……………………55, 60
対抗要件主義 ………………………25
第三債務者保護説 …………267, 272

第三者主張説 ………………………47
第三者の不法侵害 ………………367
第三者の弁済 ……………………220
第三取得者 ………………………282
代償物 ………………………211, 214
大深度地下 ………………………137
対内的効力 ………………………360
代物弁済契約の予約 ……………351
代理受領 ……………179, 231, 372
代理占有 ……………………108, 217
諾成的消費貸借契約 ……………244
他主占有 ……………………110, 113
建　物 ………………………………7
建物買取請求権 …………………195
建物区分所有 ……………………154
建物登記簿 …………………………35
短期賃貸借 ………………………292
短期賃貸借契約 …………………262
短期賃貸借保護 …………………295
短期賃貸借保護制度 ……………289
団体自治 …………………………156
単独申請と職権による登記 ………43
単独占有 …………………………112
単独相続 ……………………………59
担保仮登記 ………………………352
担保権消滅請求 …………………230
担保物権 ……………………104, 175
　　──の消滅 ……………………187
担保不動産競売の制度 …………287
担保不動産収益執行 ……255, 261, 288
　　──の制度 ……………………287
弾力性 ……………………………135

ち

地役権 ……………………………167
地上権 ………………102, 160, 228, 235, 283
地上権設定契約 …………………162
中間省略登記 ………………………41, 242

事項索引　379

中間省略登記請求権……………………44
抽象的保険金請求権……………………276
長期賃借権………………………………299
直接支配性…………………………………5
直接占有…………………………………108
直接取立…………………………………233
直接取立権………………………………233
賃借権……………………………………102
賃借権譲渡………………………………256
賃料債権…………………………………288

つ

追及効……………………………………205
追奪担保責任………………………………78
強い譲渡担保……………………………356

て

停止条件付代物弁済契約………………351
定着物………………………………………98
抵当権…………………………102, 235, 291
　——に基づく妨害排除請求権…………19
　——の効力……………………246, 250, 255
　——の実行……………………241, 282, 286
　——の実行後…………………………253
　——の順位の譲渡・放棄……………316
　——の譲渡・放棄……………………316
　——の消滅……………………………318
　——の侵害……………………………308
　——の対抗要件………………………240
　——の物上代位………………………258
抵当権者…………………………………235
　——の解除請求………………………296
抵当権消滅請求……………………283, 284
抵当権設定契約……………236, 239, 253
抵当権設定者………………………235, 247
抵当権設定登記……………240, 242, 278
滌　除……………………………………282
典型担保…………………………………181

転質権……………………………………225
転貸借契約………………………………262
転貸料債権………………………………262
転抵当（転根抵当）………227, 314, 339
天然果実……………………………230, 253
添　付……………………………………145
転付命令……………………………270, 273

と

登　記………………………………24, 67, 80
　——の欠缺………………………………76
　——の有効要件…………………………40
　——の流用……………………………241
登記義務者…………………………………38
登記記録……………………………………36
登記原因証書………………………………38
登記原因証明情報…………………………39
登記権利者…………………………………37
登記識別情報………………………………39
登記所………………………………………35
登記済証……………………………………38
登記請求権…………………………………42
登記尊重説…………………………………64
登記・登録…………………………………87
登記簿取得時効……………………………62
登記簿の編成方法…………………………35
動　産…………………………………81, 87
　——の占有………………………………87
動産先取特権……………………………206
動産質……………………………………237
動産譲渡担保………………………………96
動産売買先取特権…………………213, 260
動産物権変動の公示……………………80, 81
同時配当…………………………………322
同時履行の関係……………………………31
同時履行の抗弁権…………………190, 208
動的安全……………………………26, 53
盗品・遺失物………………………………92

動物占有者の責任 …………………………121
特定遺贈 …………………………………67
特定承継 ……………………………22, 118
特定性維持説 ……………………………265
特別先取特権 ……………………………206
土　地 ……………………………………7
土地工作物占有者の責任 …………………121
土地賃借権 ………………………161, 256
土地登記簿 ………………………………35
取消後の第三者 …………………………53
取消前の第三者 …………………………53
取引の安全 ………………………………26

な

内外部ともに移転 ………………………356
流質契約 …………………………………225

に

二重譲渡型 ………………………………65
二重賃貸 …………………………………257
二重弁済の危険 …………………………267

ね

根譲渡担保 ………………………………358
根抵当 ……………………………………328
根抵当権消滅請求権 ……………………343
根抵当権の確定 …………………………340
根抵当権の共有 …………………………344
年代順編成主義 …………………………35

は

背信的悪意者 …………………………55, 75
背信的悪意者排除論 ……………………77
排他性 ……………………………………5
売買予約 …………………………………351
反対事実主張説 …………………………48
パンデクテン体系 ………………………29

ひ

引渡し ………………………………24, 80
非占有担保 ………………………………291
非占有担保権 ……………236, 238, 253, 282
被担保債権 ………………………………336
　――の範囲 …………………………223, 331
非典型契約 ………………………………181
非典型担保の存在理由 …………………349
否認権説 …………………………………47
表示に関する登記 ………………………36
費用償還請求 ……………………………195
費用償還請求権 ……………………193, 198
費用負担 …………………………………18
表題部 ……………………………………36

ふ

不可分性 ………………184, 189, 205, 218, 236
不完全物権変動説 ………………………47
付　合 ……………………………104, 146
付合物 ……………………………………248
附従性 ………………………184, 189, 236
　――の緩和 …………………………………185
　成立上の―― ……………………………218
物　権
　――の取得 …………………………………21
　――の種類 …………………………………9
　――の消滅 ……………………………23, 101
　――の性質 …………………………………5
　――の喪失 …………………………………22
　――の発生 …………………………………23
　――の変更 ……………………………22, 23
　――の放棄 …………………………………104
物権契約 ……………………………236, 239
物権行為時説 ……………………………31
物権行為独自性否定説 …………………28
物権行為の独自性 ………………………28
物権行為の無因性 ………………………32

物権相互間	12
物権的意思表示	28
物権的合意	28
物権的請求権	14, 123
物権的登記請求権	42
物権的返還請求権	14, 15
物権的妨害排除請求権	16
物権的妨害予防請求権	17
物権変動	21
——の原因	23
——の時期	30
物権変動時期確定不要説	32
物権法定主義	8
物質権	236
物上代位	104, 211, 213, 259, 277
物上代位価値権説	260
物上代位権行使の要件	265
物上代位権の公示	278
物上代位性	185, 190, 205, 211, 218, 236
物上代位特権説	260
物上代位本質論	265
物上保証人	220, 236, 239
物的担保	177
物的編成主義	35
不動産	7
不動産売渡証書	29, 38
不動産先取特権	206
不動産質	237
不動産質権	228
不動産登記	35
不動産登記簿	35
不動産物権上の質権	233
不当利得	128
不法占有	310
振込指定	231, 372
分割譲渡	338
分割請求	151
分筆登記	242

へ

併用賃借権	312
——の効力	300

ほ

妨害排除請求権	14
妨害予防請求権	14
包括承継	22, 118
包括承継人	59
法定果実	230, 253
法定取得・失権説	50
法定証拠説	50
法定制度説	49
法定担保物権	180, 189, 203
法定地上権	162, 301
——の成立要件	304
法律行為による物権変動	26
保険金請求権	258, 276
保証金返還債権	280
本権	106
本登記	37

ま

埋蔵物発見	145

み

水に関する相隣関係	140
未分離果実	89
民事留置権	191

む

無記名債権	82, 89
無権利説	60
無効登記	310
無主物の帰属	107, 110, 121, 144
無体財産権	230

め

明認方法 …………………………24, 89, 98
　──の効力 ………………………………99

も

モーゲージ ……………………………260
目的物の時効取得 ……………………319

や

約定担保物権 ………………180, 215, 237

ゆ

有償性説 ………………………………31
優先権保全説 ………………266, 275, 276
優先順位 ………………………………209
優先的効力 ………………………………12
優先弁済権 ……………………205, 211
優先弁済効 ……………………259, 260
優先弁済的効力 ……………186, 216, 235

よ

用益権 …………………………………291

用

用益物権 ………………………………236
要物契約 ………………………………222
要役地 …………………………………167
与信契約 ………………………………245
弱い譲渡担保 …………………………357

り

履行不能 ………………………………257
利息付消費貸借契約 …………………244
流質権 …………………………………225
留　置 …………………………………197
留置権 ……………………………188, 208
　──の消滅請求 ……………………200
留置的効力 ……………………186, 216
立　木 ……………………………88, 98
隣地使用請求 …………………………139
隣地通行権 ……………………………139

る

累積共同根抵当権 ……………345, 346

判例索引

大判明治32・4・12民録5輯4巻23頁……98
大判明治35・11・1民録8輯10号1頁……92
大判明治36・11・6民録9輯244頁………163
大判明治38・10・11民録11輯1326頁………11
大判明治38・12・11民録11輯1736頁………52
大判明治39・1・31民録12輯91頁…………52
大判明治39・5・23民録12輯880頁………250
大連判明治41・12・15民録14輯1276頁……69
大連判明治41・12・15民録14輯1301頁……52
大判明治42・1・21民録15輯6頁…………11
大判明治42・12・10民録15輯933頁………310
大判明治43・7・6民録16輯537頁…………43
大判大正3・7・13民録20巻607頁………299
大判大正3・11・2民録20輯865頁………362
大判大正4・6・16民録21輯971頁………309
大判大正4・9・15民録21輯1469頁……247
大判大正4・10・6民録21輯1596頁……297
大決大正4・10・23民録21輯1775頁……240
大判大正4・12・2民録21輯1965頁………16
大判大正4・12・23民録21輯2173頁……310
大判大正5・4・1民録22輯674頁…………43
大判大正5・5・16民録22輯961頁…………94
大判大正5・6・23民録22巻1161頁………15
大判大正5・7・12民録22輯1507頁……362
大判大正5・9・12民録22輯1702頁………42
大判大正7・3・2民録24輯423頁…………63
大判大正7・7・10民録24輯1441頁………42
大判大正7・12・6民録24輯2302頁……303
大連判大正8・3・15民録25輯473頁……250
大判大正8・5・16民録25輯776頁…………43
大判大正8・10・8民録25輯1859頁……310
大判大正8・10・13民録25輯1863頁……112
大判大正9・5・5民録26輯1005頁……304

大判大正9・11・22民録26輯1856頁………43
大判大正10・4・14民録27輯732頁……24,99
大判大正10・5・17民録27輯929頁………56
大判大正10・7・8民録27輯1313頁……250
大判大正10・7・8民録27輯1373頁………92
大判大正11・3・25民集1巻130頁
………………………………42,43,44
大判大正11・8・21民集1巻498頁………193
大判大正11・11・24民集1巻738頁…104,320
大連判大正12・4・7民集2巻209頁
………………………………266,270
大判大正13・5・22民集3巻224頁………126
大連判大正13・9・24民集3巻440頁……128
大判大正14・1・20民集4巻1頁…………128
大連判大正14・7・8民集4巻412頁……63
大判大正14・7・18新聞2463号14頁
………………………………104,320
大連判大正15・2・1民集5巻44頁………59
大連判大正15・4・8民集5巻575頁……326
大判大正15・5・28民集5巻587頁………42
大判昭和2・4・22民集6巻199頁………168
大判昭和3・8・8新聞2907号9頁………89
大判昭和3・10・16民集7巻792頁………42
大判昭和4・12・11民集8巻923頁……92,93
大判昭和5・9・23民集9巻918頁………270
大判昭和5・10・31民集9巻1009頁………18
大判昭和5・12・18民集9巻1147頁……251
大判昭和6・1・17民集10巻6頁…………195
大判昭和6・7・10民集10巻524頁………299
大判昭和6・7・21民集10巻585頁………296
大判昭和6・8・7民集10巻763頁………114
大判昭和6・8・7民集10巻875頁………241
大判昭和6・10・21民集10巻913頁………16

大判昭和7・4・20新聞3407号15頁 ……251
大判昭和7・5・27民集11巻1289頁 ……311
大決昭和7・7・19新聞3452号16頁 ……103
大判昭和7・8・29民集11巻1729頁 ……315
大判昭和7・11・9民集11巻2277頁 …17, 18
大判昭和8・2・13新聞3520号11頁………97
大判昭和8・3・15民集12巻366頁 ……42
大判昭和8・5・9民集12巻1123頁……71
大判昭和8・11・7民集12巻2691頁 ……241
大判昭和8・12・18民集12巻2854頁………82
大判昭和9・6・15民集13巻1164頁 ……312
大判昭和9・6・30民集13巻1247頁 ……195
大判昭和9・7・2民集13巻1489頁 ……250
大判昭和9・10・30民集13巻2024頁……99
大判昭和10・3・12新聞3817号9頁 ……270
大判昭和10・4・23民集14巻601頁………323
大判昭和10・8・10民集14巻1549頁
　………………………………………306, 307
大判昭和10・10・1民集14巻1671頁 ……8
大判昭和10・10・5民集14巻1965頁…16, 137
大判昭和11・1・14民集15巻89頁 ………242
大判昭和11・7・14民集15巻1409頁 ……327
大判昭和11・12・9民集15巻2172頁 ……325
大判昭和12・5・21判決全集4輯10号
　508頁 ………………………………………43
大判昭和12・7・9民集16巻1162頁 ……296
大判昭和12・7・10民集16巻1209頁 ……296
大判昭和12・9・16新聞4181号14頁………97
大判昭和12・11・19民集16巻1881頁 …17, 18
大判昭和13・5・25民集17巻1100頁 ……307
大判昭和13・12・26民集17巻2835頁 ……125
大判昭和14・7・7民集18巻748頁 ………56
大判昭和14・7・26民集18巻772頁 ……306
大判昭和14・8・24民集18巻889頁 ……196
大判昭和15・5・14民集19巻840頁………310
大判昭和15・8・12民集19巻1338頁 ……319
大判昭和15・9・18民集19巻1611頁 ……11
大判昭和15・11・26民集19巻2100頁 ……319

大判昭和16・6・14民集20巻873頁………297
大判昭和16・6・20民集20巻888頁 ………42
大判昭和17・3・23法学11巻12号100頁…270
大判昭和17・9・30民集21巻911頁 ………54
大判昭和18・2・18民集22巻91頁 ………196
東京高判昭和24・7・14高民集2巻2号
　124頁………………………………………191
最判昭和25・11・30民集4巻11号607頁 …72
最判昭和25・12・19民集4巻12号660頁 …73
東京地判昭和26・11・6下民2巻11号
　1283頁………………………………………45
秋田地判昭和28・10・20下民4巻10号
　1514頁………………………………………45
最判昭和29・1・14民集8巻1号16頁 …195
最判昭和29・8・31民集8巻8号1567頁…85
最判昭和30・3・4民集9巻3号229頁…199
最判昭和30・4・5民集9巻4号431頁……6
最判昭和30・6・2民集9巻7号855頁 …84
最判昭和30・7・5民集9巻9号1002頁…42
最判昭和30・10・25民集9巻11号1678頁…71
最判昭和31・4・24民集10巻4号417頁…76
最判昭和31・7・27民集10巻8号1122頁…40
東京高判昭和31・10・30高民9巻10号
　626頁………………………………………126
最判昭和32・5・30民集11巻5号843頁 …42
最判昭和32・6・7民集11巻6号999頁 …54
福岡高判昭和32・8・30下民集8巻8号
　1619頁……………………………………276
最判昭和32・12・27民集11巻14号2485頁…94
最判昭和33・2・14民集12巻2号268頁…169
最判昭和33・3・13民集12巻3号524頁…198
最判昭和33・6・6民集12巻9号1384頁
　……………………………………………198
最判昭和33・6・14民集12巻9号1449頁…56
最判昭和33・6・20民集12巻10号1585頁…30
最判昭和33・7・29民集12巻12号1879頁…98
最判昭和33・8・28民集12巻12号1936頁…63
最判昭和33・10・14民集12巻14号3111頁…59

最判昭和34・1・8民集13巻1号1頁 …127
最判昭和34・8・7民集13巻8号1223頁
　………………………………………100
最判昭和35・2・1民集14巻2号168頁 …94
最判昭和35・3・1民集14巻3号307頁…147
最判昭和35・3・1民集14巻3号327頁…127
東京地判昭和35・3・19判時220号31頁 …82
最判昭和35・4・21民集14巻6号946頁 …42
最判昭和35・6・24民集14巻8号1528頁 …30
最判昭和35・7・27民集14巻10号1871頁
　…………………………………………63
最判昭和35・11・29民集14巻13号2869頁…56
最判昭和36・2・10民集15巻2号219頁…303
最判昭和36・4・27民集15巻4号901頁
　……………………………………76, 77
最判昭和36・6・23民集15巻6号1680頁
　………………………………………295
最判昭和36・7・20民集15巻7号1903頁…64
最判昭和36・9・15民集15巻8号2172頁…88
最判昭和36・11・24民集15巻10号2573頁…45
最判昭和37・5・18民集16巻5号1073頁
　……………………………………119, 120
最判昭和37・9・4民集16巻9号1854頁
　………………………………………303
最判昭和38・2・22民集17巻1号235頁 …52
最判昭和38・3・28民集17巻2号397頁 …71
最判昭和38・5・31民集17巻4号588頁 …30
最判昭和38・9・17民集17巻8号955頁…295
最判昭和39・1・24判時365号26頁 ………90
最判昭和39・3・6民集18巻3号437頁
　………………………………………67, 71
最判昭和39・6・19民集18巻5号795頁
　……………………………………296, 299
最判昭和40・3・4民集19巻2号197頁…125
最判昭和40・5・4民集19巻4号811頁
　……………………………………250, 255, 257
最判昭和40・5・20民集19巻4号859頁…151
最判昭和40・9・21民集19巻6号1560頁…44

最判昭和40・11・19民集19巻8号2003頁…30
最判昭和40・12・7民集19巻9号2101頁
　………………………………………122
最判昭和41・4・28民集20巻4号900頁…362
最判昭和41・6・9民集20巻5号1011頁
　……………………………………91, 112
最判昭和41・11・18民集20巻9号1827頁…40
最判昭和41・11・22民集20巻9号1901頁
　…………………………………………63
最判昭和42・1・20民集21巻1号16頁…61
最判昭和42・4・27判時492号55頁………371
最判昭和42・5・30民集21巻4号1011頁…91
最判昭和42・7・21判時496号30頁………113
最判昭和42・11・9判時506号36頁………128
最判昭和43・3・8民集22巻3号540頁 …38
高知地判昭和43・3・26判時526号78頁…276
最判昭和43・8・2民集22巻8号1571頁
　……………………………………76, 77
最判昭和43・9・27民集22巻9号2074頁
　……………………………………296, 299
最判昭和43・11・15民集22巻12号2671頁…77
最判昭和43・11・21民集22巻12号2765頁
　………………………………………194
最判昭和44・1・16民集23巻1号18頁……77
最判昭和44・2・14民集23巻2号357頁…306
最判昭和44・3・28民集23巻3号699頁
　……………………………………82, 256, 257
最判昭和44・4・25民集23巻4号904頁 …77
最判昭和44・7・3民集23巻8号1297頁
　……………………………………324, 325
最判昭和44・7・4民集23巻8号1347頁
　………………………………………244
最判昭和44・10・16民集23巻10号1759頁
　………………………………………315
最判昭和45・6・16判時600号84頁………299
最判昭和45・7・16民集24巻7号965頁…261
最大判昭和45・10・21民集24巻11号1560
　頁………………………………………42

最判昭和45・12・4民集24巻13号1987頁…87
最判昭和46・1・26民集25巻1号90頁……62
最判昭和46・7・16民集25巻5号749頁…196
東京高判昭和46・7・29下民集22巻7・
　8号825頁……………………………363
最判昭和46・10・7民集25巻7号885頁…151
最判昭和46・10・14民集25巻7号933頁…102
最判昭和46・11・1判時654号52頁………112
最判昭和46・12・9民集25巻9号1457頁
　……………………………………………151
最判昭和47・9・8民集26巻7号1348頁
　……………………………………………116
最判昭和49・3・7民集28巻2号174頁…232
最判昭和49・3・19民集28巻2号325頁…71
最判昭和49・7・18民集28巻5号743頁…372
最判昭和49・9・26民集28巻6号1213頁…57
最判昭和49・12・24民集28巻10号2117頁
　……………………………………………242
名古屋地判昭和50・7・4判時806号71
　頁…………………………………………126
最判昭和51・6・17民集30巻6号616頁…196
最判昭和51・12・2民集30巻11号1021頁
　……………………………………………113
最判昭和52・2・17民集31巻1号67頁…300
最判昭和52・3・3民集31巻2号157頁…113
最判昭和52・3・11民集31巻2号171頁…257
最判昭和52・10・11民集31巻6号785頁…307
最判昭和53・3・6民集32巻2号135頁…120
最判昭和53・6・15民集32巻4号729頁…296
最判昭和53・7・4民集32巻5号785頁…325
最判昭和53・12・15判時916号25頁………366
東京高判昭和53・12・26判夕383号109頁
　……………………………………………251
最判昭和54・1・25民集33巻1号26頁…147
最判昭和54・2・15民集33巻1号51頁
　……………………………………11,365
最判昭和54・4・17判時929号67頁………117
最判昭和54・7・31裁判集民127号317頁

…………………………………………………111
福岡地判昭和55・9・11金法961号34頁…276
最判昭和56・1・27判時1000号83頁
　……………………………………110,113
最判昭和57・3・12民集36巻3号349頁
　……………………………………252,310
福岡高判昭和57・5・31金法999号43頁…373
東京高判昭和57・8・31判時1055号47頁…78
最判昭和57・9・7民集36巻8号1527頁…97
最判昭和57・9・28判時1062号81頁………367
最判昭和58・2・24金商672号42頁………362
札幌高決昭和58・3・17判夕500号170頁
　……………………………………………297
最判昭和58・4・14判時1131号81頁………373
最判昭和59・2・2民集38巻3号431頁
　…………………………………214,266,270
京都地判昭和59・10・30金法1108号56頁
　……………………………………………247
最判昭和60・7・19民集39巻5号1326頁
　…………………………………214,266,270
最大判昭和62・4・22民集41巻3号408
　頁…………………………………………154
最判昭和62・11・10民集41巻8号1559頁
　……………………………………………365
最判昭和62・11・12判時1261号71頁……363
最判昭和63・2・16民集42巻2号93頁…299
最判平成元・6・5民集43巻6号355頁…312
最判平成元・10・27民集43巻9号1070頁
　……………………………………254,287
最判平成元・11・24民集43巻10号1220頁
　……………………………………………153
最判平成2・1・22民集44巻1号314頁…306
最判平成2・4・19判時1354号89頁………250
最判平成2・11・20民集44巻8号1037頁
　……………………………………………140
最判平成3・3・22民集45巻3号268頁…312
東京地判平成3・4・22判時1405号57頁
　……………………………………………240

最判平成 3・7・16民集45巻 6 号1101頁
　……………………………………………190
最判平成 3・9・3 民集45巻 7 号1121頁
　……………………………………………325
最判平成 4・1・24判時1424号54頁 ……154
最判平成 5・7・19家月46巻 5 号23頁……67
最判平成 5・12・17判時1480号69頁 ……140
最判平成 6・9・13判時1513号99頁 ……113
最判平成 7・11・10民集49巻 9 号2953頁
　………………………………………284, 364
最判平 8・9・13民集50巻 8 号2374頁 …297
最判平成 8・10・29民集50巻 9 号2506頁…78
最判平成 8・10・31民集50巻 9 号2563頁
　……………………………………………154
最判平成 8・11・12民集50巻10号2591頁
　………………………………………111, 115
最判平成 9・2・14民集51巻 2 号375頁…307
最判平成 9・6・5 民集51巻 5 号2097頁

　……………………………………………284
最判平成10・1・30民集52巻 1 号 1 頁 …271
最判平成10・2・10判時1628号 3 頁 ……271
最判平成10・2・13民集52巻 1 号65頁 …170
最判平成10・12・18民集52巻 9 号1975号
　……………………………………………170
最判平成11・1・29民集53巻 1 号151頁…366
最大判平成11・11・24民集53巻 8 号1899
　頁……………………………………………20
最判平成11・11・24民集53巻 8 号1899頁
　……………………………………………313
最判平成11・11・30民集53巻 8 号1965頁
　……………………………………………261
最判平成12・6・27民集54巻 5 号1737頁…93
東京地判平成12・11・14金法1602号64頁
　……………………………………………299
最判平成14・3・12民集56巻 3 号555頁…274
最判平成17・2・22民集59巻 2 号314頁…272

ファンダメンタル法学講座
民　法　2　物権・担保物権

2005年4月15日　第1版第1刷発行
2006年8月30日　第1版第2刷発行

　　　　　　　　Ⓒ著者　中　山　知　己
　　　　　　　　　　　　草　野　元　己
　　　　　　　　　　　　清　原　泰　司
　　　　　　　　　　　　岸　上　晴　志
　　　　　　　　　　　　鹿　野　菜穂子
　　　　　　　　　　　　鶴　井　俊　吉

　　　　　　　　発行　不　磨　書　房
　　　　　〒113-0033　東京都文京区本郷6-2-9-302
　　　　　TEL 03-3813-7199／FAX 03-3813-7104

　　　　　　　　発売　㈱信　山　社
　　　　　〒113-0033　東京都文京区本郷6-2-9-102
　　　　　TEL 03-3818-1019／FAX 03-3818-0344

制作：編集工房INABA　　　印刷・製本／松澤印刷
2005, Printed in Japan

ISBN4-7972-9243-1　C3332

判例総合解説シリーズ

分野別判例解説書の新定番　　　　　　　　実務家必携のシリーズ

実務に役立つ理論の創造
緻密な判例の分析と理論根拠を探る

石外克喜 著（広島大学名誉教授）　2,900 円
権利金・更新料の判例総合解説
●大審院判例から平成の最新判例まで。権利金・更新料の算定実務にも役立つ。

生熊長幸 著（大阪市立大学教授）　2,200 円
即時取得の判例総合解説
●民法192条から194条の即時取得の判例を網羅。動産の取引、紛争解決の実務に。

土田哲也 著（香川大学名誉教授・高松大学教授）　2,400 円
不当利得の判例総合解説
●不当利得論を、通説となってきた類型化の立場で整理。事実関係の要旨をすべて付し、実務的判断に便利。

平野裕之 著（慶應義塾大学教授）　3,200 円
保証人保護の判例総合解説〔第2版〕
●信義則違反の保証「契約」の否定、「債務」の制限、保証人の「責任」制限を正当化。総合的な再構成を試みる。

佐藤隆夫 著（國学院大学名誉教授）　2,200 円
親権の判例総合解説
●離婚後の親権の帰属等、子をめぐる争いは多い。親権法の改正を急務とする著者が、判例を分析・整理。

河内 宏 著（九州大学教授）　2,400 円
権利能力なき社団・財団の判例総合解説
●民法667条〜688条の組合の規定が適用されている、権利能力のない団体に関する判例の解説。

清水 元 著（中央大学教授）　2,300 円
同時履行の抗弁権の判例総合解説
●民法533条に規定する同時履行の抗弁権の適用範囲の根拠を判例分析。双務契約の処遇等、検証。

右近建男 著（岡山大学教授）　2,200 円
婚姻無効の判例総合解説
●婚姻意思と届出意思との関係、民法と民訴学説の立場の違いなど、婚姻無効に関わる判例を総合的に分析。

小林一俊 著（大宮法科大学院教授・亜細亜大学名誉教授）　2,400 円
錯誤の判例総合解説
●錯誤無効の要因となる要保護信頼の有無、錯誤危険の引受等の観点から実質的な判断基準を判例分析。

小野秀誠 著（一橋大学教授）　2,900 円
危険負担の判例総合解説
●実質的意味の危険負担や、清算関係における裁判例、解除の裁判例など危険負担論の新たな進路を示す。

平野裕之 著（慶應義塾大学教授）　2,800 円
間接被害者の判例総合解説
●間接被害による損害賠償請求の判例に加え、企業損害以外の事例の総論・各論的な学理的分析をも試みる。

三木義一 著（立命館大学教授）　2,900 円
相続・贈与と税の判例総合解説
●譲渡課税を含めた相続贈与税について、課税方式の基本原理から相続税法のあり方まで総合的に判例分析。

二宮周平 著（立命館大学教授）　2,800 円
事実婚の判例総合解説
●100年に及ぶ内縁判例を個別具体的な領域毎に分析し考察・検討。今日的な事実婚の法的問題解決に必須。

手塚宣夫 著（石巻専修大学教授）　2,200 円
リース契約の判例総合解説
●リース会社の負うべき義務・責任を明らかにすることで、リース契約を体系的に見直し、判例を再検討。

信山社

◆既刊・新刊のご案内◆

gender law books

ジェンダーと法
辻村みよ子 著（東北大学教授）　■本体 3,400円（税別）

導入対話による
ジェンダー法学【第2版】
監修：**浅倉むつ子**（早稲田大学教授）／阿部浩己／林瑞枝／相澤美智子
山崎久民／戒能民江／武田万里子／宮園久栄／堀口悦子　■本体 2,400円（税別）

比較判例ジェンダー法
浅倉むつ子・角田由紀子 編著

相澤美智子／小竹聡／今井雅子／松本克巳／齋藤笑美子／谷田川知恵／
岡田久美子／中里見博／申ヘボン／糠塚康江／大西祥世　　［近刊］

パリテの論理
男女共同参画へのフランスの挑戦
糠塚康江 著（関東学院大学教授）
待望の1作　■本体 3,200円（税別）

ドメスティック・バイオレンス
戒能民江 著（お茶の水女子大学教授）　A5変判・上製　■本体 3,200円（税別）

キャサリン・マッキノンと語る
ポルノグラフィと買売春
角田由紀子（弁護士）
ポルノ・買売春問題研究会
9064-1　四六判　■本体 1,500円（税別）

■スポーツ法■

導入対話による スポーツ法学
9108-7

小笠原正（東亞大学）／井上洋一（奈良女子大学）／川井圭司（同志社大学）／齋藤健司（筑波大学）
諏訪伸夫（筑波大学）／濱野吉生（早稲田大学）／森浩寿（日本大学）　■ 2,900円（税別）

小笠原正・塩野宏・松尾浩也（編集代表）

スポーツ法学
の学習に必携

スポーツ六法
事故防止からビジネスまで
■ 3,200円（税別）

【編集委員】浦川道太郎／菅原哲朗／高橋雅夫／道垣内正人／濱野吉生／守能信次

不磨書房

憲法【第3版】 ☆ポイントを押さえた分りやすい基本書

工藤達朗（中央大学法科大学院）／畑尻剛（中央大学）／橋本基弘（中央大学） ■ 3,200円（税別）

■STEP UPシリーズ■

STEP UP 債権総論 ◇「明快」かつ「コンパクト」

片山直也／難波譲治／野澤正充／山田八千子 本体 2,800円（税別）

STEP UP 民法総則【第2版】

尾島茂樹／関 武志／野澤正充／渡辺達徳 本体 2,500円（税別）

■ ファンダメンタル　法学講座 ■

民 法 〈民法 全5巻 刊行予定〉

1 総則
草野元己（関西学院大学）／岸上晴志（中京大学）／中山知己（桐蔭横浜大学）
清原泰司（桃山学院大学）／鹿野菜穂子（立命館大学）　　本体 2,800円（税別）

2 物権
清原泰司／岸上晴志／中山知己／鹿野菜穂子
草野元己／鶴井俊吉（駒澤大学）　　本体 3,400円（税別）

〈提言〉学校安全法 ★子どもと学校を守る安全指針

喜多明人（早稲田大学教授）・橋本恭宏（中京大学教授）編　■本体 950円（税別）

トピック 社会保障法 基礎知識を立体的・実践的に学ぶ

本沢巳代子（筑波大学）／新田秀樹（大正大学）編著　　本体 2,400円（税別）

みぢかな民事訴訟法【第3版】　石川 明編　■本体 2,400円

■近刊案内■

労働法　9288-1

毛塚勝利（中央大学）編／青野覚（明治大学）／石井保雄（獨協大学）
浜村彰（法政大学）／山田省三（中央大学）／鎌田耕一（東洋大学）

日本の人権／世界の人権　横田洋三著　■ 1,600 円 (税別)

導入対話による 国際法講義【第2版】
廣部和也 (成蹊大学)／荒木教夫 (白鷗大学) 共著　■本体 3,200円 (税別)

みぢかな 国際法入門　松田幹夫編　■本体 2,400 円 (税別)

講義国際組織入門　家 正治編　■本体 2,900 円 (税別)

国際法 ◇ファンダメンタル法学講座　水上千之／臼杵知史／吉井淳編著　■本体 2,800 円 (税別)

◆はじめて学ぶひとのための　法律入門シリーズ◆　　［学部・LS 未修者に］

プライマリー 法学憲法　石川明・永井博史・皆川治廣 編
■本体 2,900円 (税別)

プライマリー 民事訴訟法　石川明・三上威彦・三木浩一 編

プライマリー 刑事訴訟法　椎橋隆幸 (中央大学教授) 編
■本体 2,900円 (税別)

早川吉尚・山田 文・濱野 亮 編

ADRの基本的視座
根底から問い直す "裁判外紛争処理の本質"

1　紛争処理システムの権力性と ADR における手続きの
　　柔軟化　　　　　　　　　　　　　　（早川吉尚・立教大学）
2　ADR のルール化の意義と変容アメリカの消費者紛争
　　ADR を例として　　　　　　　　　　（山田 文・京都大学）
3　日本型紛争管理システムと ADR 論議　（濱野亮・立教大学）
4　国による ADR の促進　　　　　　　　（垣内秀介・東京大学）
5　借地借家調停と法律家　日本における調停制度導入
　　の一側面　　　　　　　　　　　　　　（高橋 裕・神戸大学）
6　民間型 ADR の可能性　　　（長谷部由起子・学習院大学）
7　現代における紛争処理ニーズの特質と ADR の機能理
　　　　　　　　　　　　　　　　　　　　（和田仁孝・早稲田大学）
8　和解・国際商事仲裁におけるディレンマ
　　　　　　　　　　　　　　　（谷口安平・東京経済大学／弁護士）
9　制度契約としての仲裁契約　仲裁制度合理化・実効
　　化のための試論　　　　　　　　　　（小島武司・中央大学）
10　ADR 法立法論議と自律的紛争処理志向　（中村芳彦・弁護士）

A 5判　336頁　定価3,780円（本体3,600円）

不磨書房

不磨書房

■導入対話シリーズ■

導入対話による民法講義（総則）【第 3 版】　■ 2,900 円 （税別）
橋本恭宏 (中京大学)／松井宏興 (関西学院大学)／清水千尋 (立正大学)
鈴木清貴 (帝塚山大学)／渡邊力 (関西学院大学)

導入対話による民法講義（物権法）【第 2 版】　■ 2,900 円 （税別）
松井宏興 (関西学院大学)／鳥谷部茂 (広島大学)／橋本恭宏 (中京大学)
遠藤研一郎 (獨協大学)／太矢一彦 (東洋大学)

導入対話による民法講義（債権総論）　■ 2,600 円 （税別）
今西康人 (関西大学)／清水千尋 (立正大学)／橋本恭宏 (中京大学)
油納健一 (山口大学)／木村義和 (大阪学院大学)

導入対話による刑法講義（総論）【第 3 版】　■ 2,800 円 （税別）
新倉 修 (青山学院大学)／酒井安行 (青山学院大学)／高橋則夫 (早稲田大学)／中空壽雅 (獨協大学)
武藤眞朗 (東洋大学)／林美月子 (立教大学)／只木 誠 (中央大学)

導入対話による刑法講義（各論）　★近刊　予価 2,800 円 （税別）
新倉 修 (青山学院大学)／酒井安行 (青山学院大学)／大塚裕史 (岡山大学)／中空壽雅 (獨協大学)
信太秀一 (流通経済大学)／武藤眞朗 (東洋大学)／宮崎英生 (拓殖大学)
勝亦藤彦 (佐賀大学)／安藤泰子 (青山学院大学)／石井徹哉 (千葉大学)

導入対話による商法講義（総則・商行為法）【第 3 版】　■ 2,800 円 （税別）
中島史雄 (高岡法科大学)／神吉正三 (流通経済大学)／村上 裕 (金沢大学)
伊勢田道仁 (関西学院大学)／鈴木隆元 (岡山大学)／武知政芳 (専修大学)

導入対話による国際法講義【第 2 版】　■ 3,200 円 （税別）
廣部和也 (成蹊大学)／荒木教夫 (白鷗大学) 共著

導入対話による医事法講義　■ 2,700 円 （税別）
佐藤 司 (元亜細亜大学)／田中圭二 (香川大学)／池田良彦 (東海大学)／佐瀬一男 (創価大学)
転法輪慎治 (順天堂医療短大)／佐々木みさ (前大蔵省印刷局東京病院)

導入対話によるジェンダー法学【第 2 版】　■ 2,400 円 （税別）
浅倉むつ子 (早稲田大学)／相澤美智子 (一橋大学)／山崎久民 (税理士)／林瑞枝 (元駿河台大学)
戒能民江 (お茶の水女子大学)／阿部浩己 (神奈川大学)／武田万里子 (金城学院大学)
宮園久栄 (東洋学園大学)／堀口悦子 (明治大学)

導入対話によるスポーツ法学　■ 2,900 円 （税別）
井上洋一 (奈良女子大学)／小笠原正 (東亞大学)／川井圭司 (同志社大学)／齋藤健司 (筑波大学)
諏訪伸夫 (筑波大学)／濱野吉生 (早稲田大学)／森浩寿 (大東文化大学)

刑事訴訟法講義【第3版】　渡辺咲子 著
◇法科大学院未修者　基礎と実務を具体的に学ぶ　　定価：本体 3,400 円 （税別）